August Ebrard

Handbuch der mittelgälischen Sprache

August Ebrard

Handbuch der mittelgälischen Sprache

ISBN/EAN: 9783742843203

Hergestellt in Europa, USA, Kanada, Australien, Japan

Cover: Foto ©Thomas Meinert / pixelio.de

Manufactured and distributed by brebook publishing software (www.brebook.com)

August Ebrard

Handbuch der mittelgälischen Sprache

HANDBUCH
DER
MITTELGÄLISCHEN SPRACHE

HAUPTSÄCHLICH OSSIAN'S.

GRAMMATIK. — LESESTÜCKE. — WÖRTERBUCH.

VON

Dr AUGUST EBRARD
IN ERLANGEN.

MIT EINEM VORWORT VON PROFESSOR Dr O. AUTHENRIETH.

WIEN, 1870.
WILHELM BRAUMÜLLER
K. K. HOF- UND UNIVERSITÄTSBUCHHÄNDLER

Im Verlage
von W. Braumüller, k. k. Hof- und Universitätsbuchhändler in Wien
sind erschienen:

Untersuchungen über das Nibelungenlied
von Karl Bartsch
Professor an der Universität in Rostock.

gr. 8. 1865. Preis: 4 fl. — 2 Thlr. 20 Ngr.

Von demselben Verfasser:

Herzog Ernst.

gr. 8. 1869. Preis: 6 fl. — 4 Thlr.

Mittelhochdeutsche Dichtungen.

Echte Lieder von Gudrun nach Müllenhoff's Kritik.
Auszwahl aus Gottfrids von Strassburg Tristan
von K. A. Hahn
weil. Professor der deutschen Sprache und Literatur an der Universität in Wien.
Zweite, mit einer Biographie des verstorbenen Verfassers vermehrte Auflage.

gr. 8. 1859. Preis: 1 fl. 50 kr. — 1 Thlr.

Grammatik
der
classischen armenischen Sprache
von Dr. M. Lauer
in Trier.

8. 1869. Preis: 1 fl. 20 kr. — 24 Ngr.

Berthold von Regensburg.
Vollständige Ausgabe seiner Predigten.
Mit Anmerkungen und Wörterbuch
herausgegeben von
Dr. Franz Pfeiffer
weil. o. ö. Professor der deutschen Sprache und Literatur an der Universität in Wien.

Zwei Bände. I. Band. gr. 8. 1862. Preis: 6 fl. — 4 Thlr.

Von demselben Verfasser:

Marienlegenden.
Dichtungen des 13. Jahrhunderts.
Mit erläuternden Sach- und Worterklärungen.
Neue Ausgabe. 8. 1863. Preis: 1 fl. — 20 Ngr.

HANDBUCH

DER

MITTELGÄLISCHEN SPRACHE

HAUPTSÄCHLICH OSSIAN'S.

GRAMMATIK. — LESESTÜCKE. — WÖRTERBUCH.

VON

Dr. AUGUST EBRARD.

MIT EINEM VORWORT VON Dr. G. AUTHENRIETH.

WIEN, 1870.
WILHELM BRAUMÜLLER
K. K. HOF- UND UNIVERSITÄTSBUCHHÄNDLER.

Vorwort.

Das Keltische war früher ein Buch mit sieben Siegeln, bis, besonders durch Zeuss, eine genügende Grundlage zum Studium desselben geschaffen wurde; gleichwohl hat dieser es den Lesern seiner grammatica celtica nicht eben leicht gemacht und selbst die Form seiner Darstellung, abgesehen vom Umfang derselben und der Schwierigkeit des Gegenstandes, mochte viel eher abschrecken als zum Studium einladen. Seitdem ist nun freilich auf dem Gebiete der grammatischen, lexicalischen und antiquarischen Einzelforschung vieles geschehen: man braucht nur die Namen Glück, Ebel, Lottner, Pictet, Siegfried, Whitley Stokes (besonders dessen Goidilica) zu nennen, um sich die Fortschritte derselben zu vergegenwärtigen, abgesehen von den Bestrebungen der Highland Society. Hat man ja in neuerer Zeit überhaupt die Stelle des Keltischen in der indogermanischen Sprachfamilie erkannt und bestimmt. Und dennoch ist, wenigstens so lange die neue Bearbeitung von Zeuss durch Ebel nicht vollendet vorliegt, durch den Mangel eines Handbuchs dem Lernenden, falls er nicht Specialist ist, das Studium jenes Sprachzweiges sehr erschwert.

Mit gutem Grunde hat daher der leider zu früh verstorbene treffliche Schleicher unter den „sprachwissenschaftlichen Desideratis" als Wunsch auch dies ausgesprochen, es möge Jemand, am liebsten Herr Stokes, ein altirisches Wörterbuch und Grammatik verfassen; und ebendort — in seinen Beiträgen z. vgl. S. W. 5, 110 — andere Desiderata bezeichnet, deren Bearbeitung auf dem System der Arbeitstheilung beruht.

Ein Handbuch der mittelgälischen Sprache, zumal mit steter Berücksichtigung verwandter Dialecte, wird eben darum dem Linguisten nicht minder willkommen sein, als seiner Zeit z. B. ein mittelhochdeutsches es war, indem ja eben die Behandlung eines ganzen Sprachstammes oder eines älteren Zweiges um so sicherer wird, je genauer die einzelnen auch jüngeren Zweige durchforscht sind. In der That bietet einerseits die Formenlehre dieses gälischen Dialects — zum Theil freilich gemeinsam mit anderen keltischen — merkwürdige Erscheinungen dar, wie die Aspiration, Eklipse, geringe Entwicklung von Hilfszeitwörtern, Bildung eines Ind. constr., Potentialis, Optativ, — andererseits ist die Syntax so fein und so eigenthümlich ausgebildet, dass sie in der Saz- und Moduslehre sich nur mit dem Griechischen vergleichen lässt und dabei in ihrer Ellipse des Relativs an das Englische, in ihrer Inversion (Exposition) und der Gleichbehandlung negativer und fragender Säze an das Französische, in der Parataxe und der Figur der Anadiplosis (§. 183) an das homerische Griechisch, im Gebrauch des Comparativ für den Superlativ an orientalisch-indisches erinnert u. s. w. Doch wenn dergleichen zunächst nur die comparative Philologie interessirt, so ist durch die Schriftdenkmale dieser Sprache ein Stoff geboten, der für Poetik, Literatur- und Culturgeschichte vom höchsten Interesse ist.

Es war mir daher eine grosse Freude, dass der gelehrte Herr Verfasser, dessen linguistische Studien ich seit lange mit Theilnahme verfolgt habe, der uns auch bereits mit der geschmackvollen metrischen Uebersetzung von Ossian's Finghal nebst einem literar-histor. Anhang (Leipzig, Brockhaus 1868) erfreut hat, durch meine Anregung sich mit bestimmen liess, die Früchte seiner Studien einem grösseren Kreise zugänglich zu machen und zwar in einer Form, welche ebenso die wissenschaftlichen als die praktischen Bedürfnisse zu befriedigen geeignet ist.

Wenn ich daher auf den Wunsch des Herrn Verfassers mit diesen Zeilen sein Buch der philologischen Welt, welche ein derartiges bisher gänzlich missen musste, angelegentlich empfehle, so thue ich es in der Hoffnung, dass dasselbe durch seine bündige Klarheit, comparative Methode und die glückliche Vereinigung dieser Eigenschaften mit praktischer Brauchbarkeit sich recht viele Freunde gewinnen und nach den oben angedeuteten verschiedenen Richtungen reiche Früchte der Anregung und Belehrung tragen werde.

Erlangen, 4. September 1869.

Dr. G. Autenrieth.

Vorwort des Verfassers.

Quellenforschungen über die Urgeschichte der iroschottischen Kirche haben mich zum Studium des Alt-Irischen geführt. Ich überzeugte mich jedoch bald, dass bei der Schwierigkeit dieser Sprache und der ausserordentlichen Spärlichkeit ihrer, fast nur aus Glossen und Fragmenten bestehenden Literaturreste eine Uebung und Geläufigkeit im Lesen sich nicht erlangen lasse, wenn man nicht zuvor mit einem zugänglicheren Gliede des keltischen Sprachstammes sich gründlich bekannt gemacht und darin Geläufigkeit erworben habe. Am geeignetsten zu diesem Zwecke erschien mir die mittelgälische (d. h. mittelalterlich-gälische) Sprache welche eine reichentwickelte unmittelbare Tochter der altirischen ist, und zugleich eine reiche und anziehende Literatur uns darbietet.

Die in englischer Sprache geschriebenen Grammatiken und Wörterbücher, deren ich mich bediente, entsprechen weder den wissenschaftlichen Anforderungen, welche wir Deutsche an solche Werke zu stellen gewohnt sind, noch sind sie besonders praktisch eingerichtet. Die Grammatiken nehmen zu ihrem Ausgangspunkt das Neugälische, verfahren ohne Rücksicht auf die geschichtlich-organische Sprachentwicklung meist mit roher Empirie, und, was die Orthographie betrifft, mit Willkürlichkeit; ebenso gehen die Lexica in der Entwicklung der Wortbedeutungen vom Neugälischen aus, ohne auf die Sprachvergleichung Rücksicht zu nehmen. So werden, um nur ein Beispiel aus vielen anzuführen, die Stämme *luaidh* Freude, altirisch *lud*, ident. mit dem lateinischen *laetus*, und *luaidh* Loblied, identisch mit *laus* (wie das

Verbum *luaidh* besingen, mit *laudare*) ohne weiteres als Ein Wort behandelt!

Zunächst, um für mich selbst Klarheit über die Geseze und den Bau der Sprache sowie über die Etymologie und Grundbedeutung ihrer Wörter zu gewinnen, habe ich diese Grammatik und das Wörterbuch — lezteres mit gewissenhafter Benüzung der sprachvergleichenden Untersuchungen von Bopp, Diefenbach, Pictet, Benfey, Curtius, Graff und Zeuss — ausgearbeitet. Wenn ich dasselbe nun der Oeffentlichkeit zu übergeben wage, so geschieht dies auf die ermuthigende Zusprache meines verehrten Freundes, Herrn Dr. Autenrieth, welcher der Ansicht ist, dass ein Hülfsmittel dieser Art dem Philologen wie dem Aesthetiker willkommen sein dürfte — dem Philologen, weil es ihm die Möglichkeit gewährt, ohne grossen Aufwand von Zeit und Mühe in die gälische Sprache (welche eben nur durch Schuld der bisherigen ungenügenden Hülfsmittel für schwer gilt) einzudringen, und hiemit die natürlichste und bequemste Grundlage für das Studium des Alt-Irischen zu gewinnen — dem Aesthetiker, weil die poëtische Literatur der mittelgälischen Sprache eine so reiche und merkwürdige ist, dass es schon um ihrer selbst willen sich verlohnt, mit dieser Sprache sich zu beschäftigen. Denn um von der Reihe der späteren gälischen Epiker und Lyriker abzusehen, so sind die Epopöen, welche Ossian's Namen tragen, nicht allein höchst anziehend und schön, sondern auch so urwüchsig und ureigenthümlich, und für das Wesen des Volksepos an sich so lehrreich, dass durch das Studium derselben auch für das innere Verständnis und die Kritik Homer's manches Licht zu gewinnen ist. Und wenn auch Ossian niemals für die Schule ein Gegenstand des Unterrichts werden kann und soll (denn Gott behüte unsere Schulen vor noch grösserer Zersplitterung des Lehrstoffes!), so darf man sich doch, ohne Sanguiniker zu sein, vielleicht der Hoffnung hingeben, dass unter den gebildeten jungen Männern, welche eine tüchtige Schulbildung hinter sich haben, mancher eine Freude daran finden werde, den Ossian im Urtext zu lesen, sobald ihm die Möglichkeit, ohne unverhältnismässige Opfer an Zeit und Geld dahin zu gelangen, geboten ist. Jener Urtext ist in stereotypirter, wohlfeiler Ausgabe (4 Schill. = fl. 2·24 = 1 Thlr. 12 Sgr.) unter dem Titel: The poems of Ossian. Dana Oisein mhic Fhinn, zu Edinburg 1859 im Verlag von Maclachlan und Stewart erschienen; und zu ihrer Lectüre reicht das hier gegebene Wörterbuch vollständig aus.

Auch für die kritische Frage nach dem Alter der Ossian'schen Gedichte ist diese Grammatik sammt dem Lexicon von Bedeutung. Der Unterschied des Mittelgälischen, welches im Ossiantexte sich darstellt, vom Altirischen springt auf jeder Zeile in die Augen. Wer nun aber auch für den Unterschied zwischen dem Ossian'schen Mittelgälischen und dem Neugälischen einen Beweis verlangt, der versuche, nachdem er den ganzen Ossian durch- und sich in denselben so hineingelesen hat, dass er keines Wörterbuches mehr bedarf, alsdann nur die, demselben vorangeschickte neugälische Vorrede (*Roimhradh*) oder die, unsern Lesestücken beigegebenen Proben neugälischer Sprache zu lesen; er wird ohne Hülfe eines neugälischen Wörterbuchs keine Zeile verstehen, und bald genug gewahr werden, dass er sich hier in einer ganz andern Sprachregion befindet.

Was die Anlage meiner Grammatik betrifft, so war es mein Streben, dieselbe unbeschadet ihrer streng-wissenschaftlichen Haltung so praktisch einzurichten, dass man mit ihr ganz ohne Lehrer zurechtkommen könne. Wie gut sich beides vereinigen lasse, dafür glaube ich den Thatbeweis geliefert zu haben. Strengmethodischer Fortschritt, Klarheit und Bestimmtheit des Ausdrucks, tabellarische, übersichtliche Zusammenstellung der Formen, und Beigabe von Uebersezungsbeispielen (in der Formenlehre: aus dem Deutschen in's Gälische, in der Sazlehre umgekehrt) — dies sind die einfachen Hülfsmittel, welche dem praktischen Zwecke dienen. Ich möchte nur noch an jeden, welcher dieser Grammatik sich bedienen will, die dringende Bitte richten, dass er auch seinerseits streng dem Gange der Grammatik folge, und nicht etwa meine, die Lautlehre überschlagen und sogleich mit der Formenlehre beginnen zu dürfen. Gerade im Gälischen ist diese ohne jene absolut unverständlich. Nur das dritte Capitel der Lautlehre (die Wurzelbuchstaben in Hinsicht auf Sprachvergleichung) kann der Anfänger, falls es ihm nicht um philologisches Wissen, sondern nur um empirische Erlernung der Sprache zu thun ist, ohne Schaden übergehen. Ebenso kann er im Wörterbuch die in Klammern gesezte Eruirung der Etymologie unberücksichtigt lassen, welche jedoch darum mit Absicht vorangestellt ist, weil aus ihr sich die Grundbedeutung der Stämme ergibt. Ich bemerke noch, dass bei diesen etymologischen Bemerkungen die keltischen Wörter, sowie die Wörter andrer Sprachen (Sanskrit, Gothisch, Alt- und Mitteldeutsch, Latein u. s. w.) cursiv gedruckt sind. Bei der Transscription des Sanskrit bedeuten *c, ćh, ǵ, ǵh* die Palatalen; die Lingualen sind zum Unterschied von den Dentalen durch Punkte unter dem Buchstaben bezeichnet; *ç* ist der palatale Zischlaut, welcher (wie Schleicher richtig vermuthet) den gleichen Klang mit dem deutschen g in den Wörtern: legen, liegen, hatte.

Als der fünfte Band der Beitr. f. vgl. Sprachforschung mir zu Handen kam, war vorliegendes Werk bereits im Drucke nahezu vollendet; jener Band konnte daher nicht mehr berücksichtigt werden.

Inhalt.

I. Grammatik.

§. 1— 5. Einleitung 1

Erster Theil. Lautlehre.

§. 6 - 9. Cap. 1. Das Alphabet 5
§. 10— 15. Cap. 2. Von der Aspiration der Consonanten . . . 7
§. 16— 20. Cap. 3. Die consonantischen Wurzelbuchstaben in Hinsicht auf Sprachvergleichung 9
§. 21— 27. Cap. 4. Die Vocale und Diphthonge 18
§. 28— 33. Cap. 5. Das Lautgesez der Infection der Vocale . . 22
§. 34— 37. Cap. 6. Wortbildung 25

Zweiter Theil. Wörterlehre (Formenlehre).

§. 38—102. Abschn. 1. Das Nomen 30
§. 40— 45. Cap. 1. Der Artikel 30
§. 46— 79. Cap. 2. Das Substantivum und die Declination. (Erste Gruppe: Erste Decl. §. 51–60. Zweite Decl. §. 61–64. Dritte Decl. §. 65. — Zweite Gruppe: Vierte Decl. §. 66—74. Fünfte Decl. §. 75—78. — Unregelmässige Decl. §. 79) . 33
§. 80— 86. Cap. 3. Das Adjectivum. (Declination §. 81—84. Vergleichungsgrade §. 85—86) 57
§. 87— 88. Cap. 4. Das Zahlwort 62
§. 89—102. Cap. 5. Das Pronomen. (Das pron. person. §. 90—91. Das pron. person. emphaticum §. 92. Das pron. possess. §. 93—95. Die Reflexiva §. 96. Das pron. person. als Suffixum §. 97. Das pron. demonstr. §. 98. Das pron. relat. §. 99.

		Seite
	Das pron. interrog. §. 100. Pronominalia. §. 101. Adverbialpronomina §. 102)	64
§. 103—137.	Abschn. 2. Das Verbum	69
§. 103—130.	Cap. 1. Die Formen der gälischen Conjugation. (Altirische Conjugation §. 105. — Gälische Conjugation: Das Activum: A) Der indic. absol. §. 106. — 1. Der Aorist. §. 107. 2. Das Perfectum §. 108. 3. Das Futurum §. 109. B) Der Indic. constr. §. 110—111. C) Der Optativ §. 112. Potentialis §. 113. Imperativ §. 114. Das Partic. praes. act. und das Gerundialnomen §. 115—117. II. Das Passivum §. 118. A) Indic. absol. 1. Präsens §. 119—121. Aorist §. 122. Perfect. pass. §. 123. B) Indic. constr. §. 124—125. C) Potentialis §. 126. Partic. pass. §. 127)	69
	Uebersicht der Formen §. 128	81
	Veränderung der Verbalstämme §. 129—130	82
§. 131—132.	Cap. 2. Das Hülfsverbum bi sein	83
§. 133—135.	Cap. 3. Das regelmässige Verbum. (Paradigmen)	85
§. 136—137.	Cap. 4. Die unregelmässigen Verba	93
§. 138—152.	Abschn. 3. Die Partikeln	98
§. 138—142.	Cap. 1. Das Adverbium	98
§. 143—150.	Cap. 2. Die Präpositionen. (Aspirirende und nichtaspirende Präpositionen §. 145—146. Verkürzungen erleidende und bewirkende §. 147—149. Suffixa an Präpositionen §. 150)	101
§. 151—152.	Cap. 3. Die Conjunctionen	105
§. 153.	Anhang. Uebersicht der Fälle, wo Aspiration einzutreten hat	107

Dritter Theil. Sazlehre.

§. 154—241.	Abschn. 1. Der einfache oder absolute Saz	109
§. 154—164.	Cap. 1. Die Arten des einfachen Sazes und die Wortstellung	109
§. 165—170.	Cap. 2. Die Bestimmung des Nomens durch den Artikel (Weglassung des Artikels §. 167—168. Der deutsche unbestimmte Art. durch den bestimmten ausgedrückt §. 169—170)	113
§. 171—183.	Cap. 3. Erweiterung des Substantivums durch Attribute oder Apposition. (1. Der attributive Genitiv §. 171—177. 2. Das attributive Pronomen §. 178. 3. Das adjectivische Attribut §. 179—181. 4. Die Apposition §. 182—183)	115

§. 184—190. Cap. 4. Das Prädicat. (Das substantivische §. 185. Das adjectivische §. 186—187. Umschreibung adjectivischer Prädicate durch subst. c. praepos. §. 188—190) 121

§. 191—194. Cap. 5. Das Object und das entferntere Object . . 124

§. 195—208. Cap. 6. Vom Verbum. Gebrauch der Tempora. (Die Temporalbegriffe §. 195. Art, dieselben im Gälischen auszudrücken. §.196—208) . . . 125

§. 209—222. Cap. 7. Von den Modis. (Der Potentialis §. 212—215. Der Optativ §. 216—217. Der Optativ als Conditionalis §. 218—221. Der Imperativ §. 222) 134

§. 223—231. Cap. 8. Vom Infinitiv und Gerundialnomen. Gebrauch des Gerund. §. 223—230. Ein Substantiv vom Gerundium abhängig §. 231) 144

§. 232—241. Cap. 9. Von den Adverbien und Präpositionen. (1. Das Adverb. §. 233. 2. Die Präposit. §. 234 ff. a) die den Dat. und Accus. regieren. §. 237. b) die den Dat. regieren. §. 238. c) die den Accus. regieren. §. 239. — Genitiv der Beziehung anstatt einer Präpos. §. 240. — Accus. absol. §. 241) 149

§. 242—293. Abschn. 2. Die Verbindung abhängiger Säze mit dem Hauptsaze. 167

§. 242—250. Cap. 1. Der abhängige Saz im Allgemeinen . . . 167

§. 251—260. Cap. 2. Der Aggregatsaz. (Temporale Aggregatsäze §. 255, erläuternde §. 256, folgernde §. 257, causale §. 258, conditionale §. 259. Die Negation *nach* im Aggregatsaz §. 260) 172

§. 261—269. Cap. 3. Der einfache Relativsaz. (Einfache Relativsäze §. 261—264. Auslassung des Relativpronomens §. 265. — Umschreibung des Superlativ durch einen Relativsaz §. 266. — Adverbialrelativum §. 267. — Negativer Relativsaz §. 268. Ellipse des pron. demonstr. vor dem Relativsaz §. 269) 176

§. 270—280. Cap. 4. Der Expositionssaz. (Begriff und Gebrauch §. 270. a) Exposition der Adverbia §. 271. b) der Negation §. 272—274. c) des Fragworts §. 275—277. Directe Frage §. 278—279. Indirecte Frage §. 280) 183

§. 281—293. Cap. 5. Conjunctionssäze. (1. Objectssäze §. 282—284. 2. Temporalsäze §. 285—287. 3. Causal-, Final- und Folgerungssäze §. 290. 4. Concessionssäze

XIV

Seite

§. 291. 5. Vergleichungssäze §. 292. — Umschreibung von Conjunctionen durch Substantiva §. 293) 190

Anhang. Verzeichnis oft vorkommender Wörter und Synonyma. 203
Uebersezungsstücke 206

II. **Wörterbuch** 219

Zusäze zur Grammatik 302

Grammatik.

Einleitung.

§. 1. Der **keltische** Sprachstamm, welchem die **gälische** (hochschottische) Sprache angehört, ist ein nicht unwichtiger Zweig der grossen **indogermanischen** Sprachfamilie. Keltische Völker bedeckten in uralter Zeit einen grossen Theil von Europa. Es ist wahrscheinlich, dass die sämmtlichen Pfahlbautendenkmale der Bronzeperiode keltischen Stämmen angehört haben; gewiss aber ist, dass die Kelten vor der Einwanderung der Germanen nicht allein Gallien, Belgien, Holland und die britischen Inseln, sondern auch ein grosses Stück des nachherigen Deutschlands, sowie das ganze Oberitalien innegehabt haben. Unter Brennus (389 v. Chr.) eroberten sie Rom; um 250 v. Chr. unternahmen Kelten eine Heerfahrt bis in's Innere Kleinasiens, wo sie die (seitdem nach ihnen benannte) Landschaft Galatien eroberten und bevölkerten. — Später wurden sie durch die Germanen aus Deutschland, durch die Römer aus Oberitalien verdrängt; Jul. Cäsar unterwarf Gallien und einen Theil Britanniens; in Gallien mischte sich sodann in der Völkerwanderung die ursprünglich keltische Bevölkerung mit Germanen (Westgothen im Süden, Franken im Norden). Im fünften Jahrhundert wurden die keltischen Britonen in England von germanischen Angeln und Sachsen unterjocht und verdrängt; noch bestanden keltische Reiche der Albanier und Picten in Schottland, welche 843 sich zu Einem schottischen Reiche vereinigten, in welchem aber seit König Alexander (1107—1124) normannisch-englische Verfassung, Sprache und Sitte die Oberhand gewann, so dass die (keltische) **gälische** Sprache sich nebst der gälischen Tracht (Pleat und Kilt) und Clannverfassung nur bei den Hochschotten erhalten hat. Ein freies britonisches Reich erhielt sich in Wales (und Cornwales) bis in's 13. Jahrh. Die **wälische** (oder **kimri-**

sche) Sprache ist heute noch in Wales die Volkssprache. In Irland, welches 1172 von England unterworfen wurde, ist heute noch eine keltische Sprache, die irische, im Volke herrschend. Auch die Bretagne ist von einem keltischen Stamme bevölkert, und spricht noch das keltische Bretonisch als Volkssprache.

§. 2. Die Verwandtschaft des keltischen Sprachstammes mit dem indogermanischen lässt sich durch folgende Tafel versinnlichen:

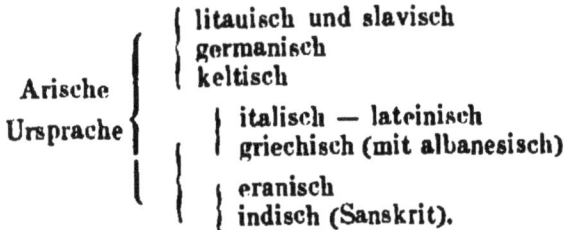

Wir nehmen hier mit Ebel und Lottner (gegen Schleicher) an, dass die keltische Sprachfamilie der germanischen näher verwandt sei, als der italischen. Mit der letzteren hat die keltische allerdings einige Bildungssuffixe (Flexionsformen) gemeinsam, die in der germanischen Familie verloren sind oder modificirt erscheinen. Dagegen sind die keltischen Wortstämme den germanischen zunächst verwandt.

Der keltische Sprachstamm selbst hat sich wieder in folgende Zweige getheilt:

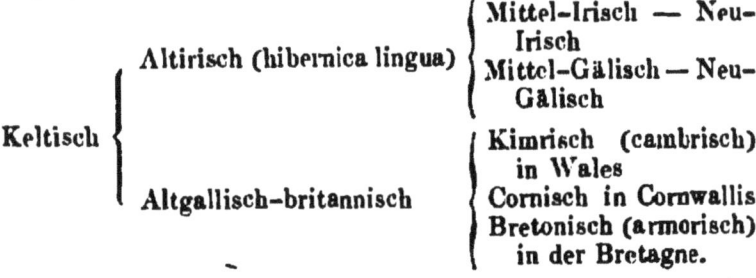

Anm. Hiebei ist zu bemerken, dass Irisch und Gälisch sich kaum als Dialecte unterscheiden. Unterschiede der Orthographie (dass z. B. die Aspiration im Irischen durch einen Punkt, im Gälischen durch ein beigeschriebenes h bezeichnet wird) gehören mehr dem Gebiete der Willkür als dem der Sprachentwicklung an.

§. 4. Obgleich schon zu Cäsar's Zeit die Kelten eine gewisse literarische Bildung, einen gelehrten Priesterstand (Druiden) und eine reiche poëtische Literatur hatten, so hat sich doch, da die Gedichte fast ausschliesslich durch Auswendiglernen also durch mündliche Tradition fortgepflanzt wurden, von jener ältesten Literatur nichts erhalten. Von der christlich-kirchlichen Literatur der iroschottischen Missionare des 6. bis 9. Jahrhunderts besitzen wir dagegen noch hinreichende Fragmente, um die **altirische** Sprache nach Formen und Satzbau kennen zu lernen. (**Zeuss**, grammatica celtica.) Ebenso lässt sich weiter die mittel- und neuirische, sowie die kimrische Sprache durch alle Jahrhunderte in ihrer Entwicklung verfolgen. Die letztere hat eine reiche Literatur, die der Bardenpoësie. (Vrgl. Th. **Stephens**, Geschichte der wälischen Literatur, deutsch von **San Marte**, Halle 1864.)

§. 5. Auch die **gälische** Literatur ist reich (vrgl. John **Mackenzie**, the beauties of Gaelic poetry, Glasgow 1865, und in Betreff der prosaischen, historischen Literatur M'**Lauchlan**, the early scotish church, Edinb. 1865). Das älteste Denkmal dieser Literatur ist zugleich das bedeutendste; es sind die epischen Gedichte, welche den Namen Ossian's (gälisch Oisian) tragen, in welchen Oisian, der Sohn des Albanierkönigs Fionnghal (im 3. Jahrhundert nach Christo) von sich in der ersten Person erzählt. Von diesen Gedichten besitzen wir gegenwärtig nur denjenigen Text, welchen der englische Candidat Mac Pherson 1760 sich von Gälen, welche die Gedichte auswendig wussten, dictiren liess und (in neugälischer Orthographie) niedergeschrieben hat. Es ist aber erwiesen, dass ältere Manuscripte existirt haben; das älteste derselben, ein mit den alten angelsächsischen Schriftzeichen geschriebener Pergamentcodex (der mindestens aus dem 13. Jahrhundert stammen musste), ist erst gegen Ende des vorigen Jahrhunderts auf schmachvolle Weise dem Untergange preissgegeben worden. Beachtet man, dass das Mittelalter unfähig war, sich in vergangene Culturzustände zurückzudenken, dass es vielmehr mit Naivität die Stoffe des Alterthums in die Formen mittelalterlicher Culturzustände kleidete, und hält man damit zusammen, dass in Ossian's Gedichten **keine** mittelalterlichen Culturzustände, **keine** Beziehung auf das Christenthum, sondern das **reine** Bild der primitiven Zustände des 3. Jahrhunderts sich darstellt, so ist ersichtlich, dass diese Gedichte ihrem **Inhalte** nach **treu** von Generation zu Generation (durch Auswendiglernen nach altkeltischer Bardenweise) überliefert worden sind. Dabei sind nur ganz allmählich, Hand in Hand mit der Sprachentwicklung selber, die neueren abgeschliffeneren Flexionsendungen an die Stelle der älteren (die wir aus dem Altirischen kennen) getreten. Dieser langsame Wandlungsprocess hörte jedoch auf, als jene Gedichte schriftlich fixirt wurden. Dies muss im 10. Jahrhundert (ohnehin einer Periode des Friedens und höfischen Glanzes am schottischen Hofe) geschehen sein; denn dem Irisch jener Zeit entspricht das Gälische dieser Gedichte; die mittelgälische Sprache der *dána Oisein* verhält sich zur altirischen einerseits und zur neugälischen andrerseits auf's Haar so, wie sich die mittelhochdeutsche Sprache des Nibelungenliedes zur althochdeutschen einerseits und zur neuhochdeutschen andrerseits verhält.

Erster Theil.
Lautlehre.

Erstes Capitel.
Das Alphabet.

§. 6. Die gälische Sprache des Mittelalters hat, wie die jetzige, achtzehn Buchstaben, nämlich fünf Vokale, zwölf Consonanten, und ein Zeichen (*h*), welches nur in Verbindung mit andern Consonanten zur Bezeichnung der Aspiration derselben (siehe Cap. 2) gebraucht wird.

§. 7. Im Mittelalter, und hin und wieder bis in die neuere Zeit, wurde das Gälische mit der angelsächsischen Schrift geschrieben. Schon das Altirische wurde gewöhnlich mit lateinischen Lettern geschrieben, und diese sind auch beim jetzigen Gälisch wieder eingebürgert.

Anm. Nach Caesar de bell. Gall. sollen sich die Gallier des griechischen Alphabets bedient haben. Zwei gallische Münzen (im Augsburger Museum) tragen die Inschriften:

OΨƎΠLꞍ

und ✕ΜƔΛΝ

Die letztere hat mit griechischen Lettern einige Aehnlichkeit. Eine etwas grössere gallische Inschrift in griechischen Lettern ist bei Vaison (Dep. Vaucluse) gefunden worden (vgl. Mommsen röm. Gesch. Bd. 3 S. 211). Eine Sammlung sämmtlicher bis jetzt gefundener gall. Inschriften siehe in Kuhn und Schleicher's Beitr. zur vergl. Sprachforschung, III, S. 162 ff. — Die älteste Schrift der Iren war die Ogamschrift (auf Steindenkmalen und in der Scriptura Ogmica im cod. Sangall. Nr. 904 pag. 170). Die meisten auf uns gekommenen Reste der altirischen Literatur (s. in Zeuss Grammatica celtica) sind mit lateinischen Lettern geschrieben. — Vom fünften Jahrhundert an bildeten die Iren (und Gälen) die römischen Schriftzeichen um zu einer eigenthümlichen Schrift, welche, weil sie von den Angelsachsen adoptirt wurde, die angelsächsische genannt zu werden pflegt. — Den 9. August 1800 deponirte der damals 95jährige Lachlan Mac Mhuirich vor Zeugen, dass sein Vater, welcher Hausbarde der Familie Clanronald war, noch einen in angelsächsischer Schrift geschriebenen Pergamentcodex der Ossian'schen Gedichte, sowie ein in gleicher Schrift von seinen unmittelbaren Vorfahren geschriebenes Papiermanuscript (theils historischen, theils poëtischen Inhaltes) besessen habe. Er selber habe, weil der angelsächsischen Schrift nicht kundig, diese Manuscripte — zu Schneidermassen verkauft. (Vgl. Mackenzie, beauties of Gaelic poetry, 1865, pag. 61 f.)

§. 8. Das Alphabet ist folgendes:

Angelsächsisch	Lateinisch	Name der Buchstaben
a	a	aim
b	b	beth
c	c	coull
d	d	duir
e	e	eagh
f	f	scarn
g	g	goibh
h	h	huath
i	i	iogh
l	l	luish
m	m	muin
n	n	nuin
o	o	ogh
p	p	bhog
r	r	ricus
s	s	suil
t	t	tin
u	u	uir

Anm. Die alten (jetzt nicht mehr gebräuchlichen) Namen der gälischen Buchstaben hat Captain Morrison in Greenock den 17. Juli 1804 (damals ein 84jähriger Mann) der Highland Society in London noch mitzutheilen vermocht. (Vgl. Sinclairs Poems of Ossian, Band I., introd. append. pag. CCXXV.)

§. 9. Der Klang der einfachen Buchstaben ist durchaus der gleiche, wie im Deutschen. A, e, i, o, u lauten a, e, i, o, u. Unter den mediis lauten b und d so, wie b und d in Süddeutschland gesprochen werden (etwas härter, als man sie in Norddeutschland und im Französischen spricht); g wird als echte sonans muta (wie im schwäbischen Dialect) gesprochen, d. h. so, wie der Süddeutsche g in „Gut," „Gabe" spricht (nicht als mollis aspirata wie in „Lage," geschweige denn als palataler Zischlaut, wie in „legen"). Die tenues p, t, c werden hart gesprochen, und zwar c immer wie das deutsche k. Das gälische h kommt, wie schon bemerkt, niemals

als selbständiger Laut vor, sondern ist nur Zeichen der Aspiration bei einem andern Buchstaben.

Anm. Im Neugälischen wird *d* nach *ch* nicht gesprochen (z. B. *sliochd* lautet slih'ch), und *gn* wird wie gr gesprochen (z. B. *gniomh* greh̄).

Zweites Capitel.
Von der Aspiration der Consonanten.

§. 10. Die gälische Sprache hat mehr Laute, als sie Buchstaben hat. Zu den beiden Classen
  der mediae ` g d b
  und der tenues c t p
gesellt sich noch eine dritte Classe, die der aspirirten Laute, welche mit   *ch, th, ph*
  gh, dh, bh und *mh, fh* und *sh*
bezeichnet werden.

Es sind nämlich nicht nur die tenues, sondern auch die mediae der Aspiration fähig, und überdies noch die spirans labialis *f* nebst der spirans dentalis *s* und der liquida labialis *m*, *s* jedoch nur, wenn es vor einem Vokal oder vor *l* oder *r* steht.

§. 11. Von diesen Aspiraten klingt nach jetziger gälischer Aussprache:

ch als spirans gutturalis, wie ch in „Bach."

th im Anlaut wie das deutsche h, in der Mitte wie *ch*, also wie ch in „Bach," nach Vocalen am Ende eines Wortes wird es oft gar nicht gehört, z. B. *thug* „hugg," *Cathbad* „Cachbad," *sith* „si'." (Daher konnte aus *ionrathaich iomraich*, aus *fuathasach fuasach* werden, und viele ähnliche Fälle.)

ph als f.

gh als leise, zarte spirans gutturalis, weicher, als g in „Lage."

dh als sehr weiches dj.

bh als w.

fh als leises hw (oft ganz stumm).

mh verleiht dem vorangehenden Vokal den Nasallaut. Es wird also z. B. *lamh* eben so ausgesprochen, wie man im französischen Worte *blanc* die vier letzten Buchstaben *lanc* ausspricht. Folgt noch ein Vokal, so tönt noch ein w; es wird z. B. *Eimhir* ebenso ausgesprochen, wie der Franzose *In-vir* sprechen würde.

sh ist völlig stumm, oder lautet wie h. (Schon im Altirischen findet sich neben der Schreibart *intshamil* die Schreibart *intamil* und analoge Beispiele mehr.)

§. 12. Obgleich aber diese Aspiraten selbständige, von den mutis und tenuibus verschiedene Laute oder Klänge sind, so nehmen sie doch im Gälischen nicht so, wie etwa die Aspiraten φ χ θ im Griechischen, die Stelle einer selbständigen Classe von Wurzelbuchstaben ein, sondern kommen nur als Abwandlungen von Wurzelbuchstaben vor.

§. 13. Die keltische Sprachfamilie nimmt nämlich (ähnlich wie die slavische) in dem Process der Lautverschiebung eine eigenthümliche Stelle ein. Es ist bekannt, dass die tenues der indogermanischen Ursprache (*k, t, p*) im Sanskrit, im Griechischen und im Lateinischen noch unverändert als tenues (κ, τ, π, *c, t, p*) — die mediae (*g, d, b*) noch unverändert als mediae (γ, δ, β, *g, d, b*) — die Aspiraten (*gh, dh, bh*) mit geringer Veränderung als Aspiraten (χ, θ, φ, *g* (*h, v*), *d* oder *f, b* oder *h*) erscheinen; es ist dies die Urstufe im Process der Lautverschiebung. Im Gothischen und Althochdeutschen dagegen stellt sich eine zweite Stufe dar; die tenues der ersten Stufe (κ, τ, π) haben sich hier in Aspiraten *h, th* (*d*), *f* verwandelt (z. B. *cornu*, Horn), die mediae sind zu tenuibus erhärtet (*g, d, h* zu *k, t, p*, z. B. γένος kuni, δαμάω tamjan) und die Aspiratae sind zu mediis geworden, (χ, θ, φ zu *g, d, b.* z. B. χέω, giessen, φέρω, baren). Endlich im Mittel- und Neuhochdeutschen stellt sich eine dritte Stufe dar, indem der gleiche Umwandlungsprocess sich (exceptis excipiendis) noch einmal wiederholt hat, indem aus dem gothischen h und t ein ch und z, aus d ein t (z. B. deds, Tat, rauds, rot, fadur, Vater) wurde, und aus dem gothischen th wieder ein d.

§. 14. In dieser Genealogie der Sprachen nimmt nun die keltische Sprachfamilie insoferne eine seltsame Stelle ein, als sie zwar die mutae und mediae der ersten Sprachstufe beibehalten, die alten aspiratae aber in medias umgewandelt hat, so dass sie nun in ihren Stämmen eigentlich keine aspiratae mehr hat.

Man vergleiche:

1. *canis*   *cu*
   tres   *tri*
2. *gignere*   *gen*
   γηρύω   *gairim*

reg (is)	rig
δύο	dá
tabes	tamh
3. ghdr (Sanskr.)	gor
dhámana (Sanskr.)	daim
φέρω, fero	ber

§. 15. Indessen wurde dieser Process sogleich wieder gekreuzt, durch einen, dem keltischen Sprachstamme als solchem innewohnenden Trieb: seine Consonanten nach einem eigenen Lautgesetze umzuwandeln.

Dieses Lautgesetz lässt sich kurz in die Worte fassen:

Momentane Consonanten (mutae und tenues), welche zwischen Vokale (oder zwischen einen vorangehenden Vokal und ein nachfolgendes *t*) zu stehen kommen, werden zu Aspiraten im keltischen Sinne, d. i. zu dauernden Spiranten erweicht. Ebenso tritt die Aspiration — als compensative — zuweilen dann ein, wenn ein vorangehendes Wort seinen auslautenden Consonanten durch verkürzende Apokope verliert. Z. B. *an coin* „des Hundes," oder *a' choin* (Vgl. §. 44 auch §. 94).

Anm. Der Sinn der Aspiration und des Wortes Aspirata ist ja eben im Keltischen ein ganz anderer, als im Sanskrit oder Griechischen. Die Aspiraten der ersten Lautstufe (Sanskr., Griechisch) sind — wenigstens ursprünglich — wirkliche Ad-spiraten gewesen, φ hat *pf* oder *pw*, χ hat *keh*, ϑ hat *ts* gelautet. Die keltischen Aspiraten sind (mit Ausnahme des *dh*) von Haus aus eigentliche dauernde Spiranten (*ch, f, w. u. s. w.*) — Man kann also, wenn solche sogenannte „Aspirateu" in einem Worte auftreten, darum nicht etwa sagen: das Keltische habe ja doch wenigstens etliche der alten Aspiraten bewahrt, oder wenigstens etliche mutae der ersten Lautstufe in Aspiraten verwandelt. Denn nicht vermöge dieses Gesetzes der Lautverschiebung, sondern vermöge einer specifisch-keltischen Wohllautsregel treten diese keltischen Aspiraten in Wortstämmen auf.

Eine genauere sprachvergleichende Betrachtung wird hier nicht unerwünscht sein.

Drittes Capitel.
Die consonantischen Wurzelbuchstaben in Hinsicht auf Sprachvergleichung.

§. 16. A) Die Mutae.

1. Die mutae der ersten Lautstufe (Sskr., Pers., Griech., Latein) sind im Anlaut im Altirischen und Gälischen mutae geblieben.

a) çvan,	κύων	canis	coin,	cu
		centum	cét,	ceud
		comis		caomh
hṛd,	καρδία	cor(d)	cride	cridhe
krudh		crudus	cruad	cruadh
		celare		ceil
	κλίνω	clinare		claon
		cum		con, co-
kapála		cap-illus		ciabh (Haupthaar)
	κλέος	cele-ber	cliu	cliu
armen. char	κόῤῥη	calx		carraigh u. carragh
çru	κλύειν		clu	clu
çura	κύριος			curaidh
	κόλος		call	call

Das Sanskr. ç ist im Gälischen vor l hin und wieder in s übergegangen

(çri-)		clivus	sliab	sliabh (Hügel)

In wenigen Fällen ist das anlautende k zu g erweicht:

		capere	gab	gab (nehmen)
	κόνις			gaineamh
(kram)	κράτος			grad (ahd. krad und girado)

b)				
		tribus	treb	treubh
tri	τρεῖς	tres	tri	tri
tanu		tenuis	tana	
tira		terra	tir	tir
		turris		tur
		tumere		taom
		tumulus		tom
		tendo	(téd)	teud
		timere		tiom
tṛ		strenuus	trén	treun.

Nur in wenigen Fällen findet sich t im Anlaut zum d erweicht:

τέλος	ter(minus)		deir-eadh

(vgl. deasach braten, von teas Hitze, domhail geschwollen, von taom, tumere).

2. Nur das anlautende p ist absolut weggefallen

pitṛ	πατήρ	pater	atir	athair
		piscis	iasc	iasy

		pectus		uchd
(pd)		(bibere) potare }	ibh	ibh
	πολύς, πλείων			ile, lia
	πέτομαι			ithe (Feder)
		penna	(én)	eun (Vogel)
	πήγνυμι πάγος			éigh (Eis)
		plenus	lan	lan
paçu		pecus	agh	

nur selten hat sich (als Uebergangsglied zwischen *p* und dem Wegfall von *p*) ein *f* erhalten

	πόῤῥω		farsainn	
prati	πρὸς		fris	ris
pri			fili (Dichter)	
		plicare	fill	
upa	ὑπὸ		fo	fo
paç	πήγνυμι		faigh	

welches *f* im Mittelgäl. sich in einigen wenigen Fällen wieder rückwärts zu *p* verhärtet hat (*pill* neben *fill*).

3. Im Innern des Wortstammes zwischen Vokalen und vor *t* haben sich die mutae in Aspiraten verwandelt

uçva	equus	ech		mater	mathir
	noct-is	nochd		frater	brathir
	pectus	uchd		πετεινός	ithe
	octo	ochd		scutum	sciath
	decem	deich		latus	leathan

Wenn *c* und *t* aufeinander folgen, wie bei *noct-*, *octo*, *pectus*, so wird, wie schon obige Beispiele zeigen, nur die erste Tenuis, *c*, aspirirt, die zweite, *t*, hat sich im Altirischen unverändert erhalten (*nocht*, *recht*, *ocht* u. s. w.) im Gälischen ist sie zu Media, *d*, erweicht (*nochd*, *rechd*, *ochd*) und ist im Neugälischen sogar stummer Buchstabe geworden, der zwar noch geschrieben, aber nicht mehr gesprochen wird.

Ein *t* zwischen *s* und *r* wurde ausgeworfen, z. B. *sternuo*, *sren*; *stratum*, *srath*; *sternere*, *sreth*.

Ein *n* vor *t* und *d* wurde assimilirt; das *t* blieb im Altirischen erhalten, während es im Gälischen zur Media *d*, wurde.

Lateinisch	Altirisch	Gälisch
centum	cèt	ccud
inter	ctar, itar	eadar

Lateinisch	Altirisch	Gälisch
dens (dent-)	dèt	deud
tendo (Strang)	tèt	teud

4. Nach *s* haben sich die Mutae als solche erhalten, z. B. *stuadh*, die Welle (στάθμη); *stri*, Streit; *stailinn*, Stahl; *stoirm*, Sturm, *sciath*, Schild (*scutum*); *scath*, zerhauen (*scindere*); *scriob*, *scribere*; *spionn*, σπάω; *spairn*, *spirare*. Die ganz neuerdings (durch M'Alpine) in Mode gekommene Orthographie, statt *sc* immer *sg* zu schreiben, ist daher als Sprachverderbnis zu verwerfen.

5. Die Muta labialis ist als Inlaut und Auslaut in *bh* übergegangen, wie in *craobh*, „der Baum," von Sskr. *kṛp*, „werden," woher κάρπος *carpinus*, — ferner in *ciabh*, „das Haupthaar", vom Stamm *caput* (ähnlich wie *capillus* von *caput*).

Gieng dem *p* eine assimilirbare Liquida voran, so erfolgte die Assimilation; dabei erhielt sich im Altirischen das *p*; im Gälischen wurde *b* daraus. So ist aus *rumpere* das gäl. *reub* „zerreissen," geworden, welches eine altirische Form *rep* voraussetzen lässt [1]).

Dass *p* hin und wieder in *g* übergegangen sei, ist unerweislich. Denn *feasgur*, „der Abend," worauf man sich beruft, ist nicht von *vespera*, sondern von *fo-esg*, „verhüllen," abzuleiten.

Vor *t* hat sich die labiale Muta *p* in die gutturale Aspirata *ch* verwandelt. Z. B. *sechd* aus *septem*, *necht* aus *neptis*.

Vor *n* und *s* ist das ursprüngliche (im Sskrt. noch vorhandene) *p* durch Assimilation verschwunden.

Sanskrit	Lateinisch	Gälisch
svapna	somnus	suan
tap	tep (*idus*)	tes, teas.

§. 17. B. Mediae.

1. Die Mediae: *g*, *d*, *b* der ersten Lautstufe bleiben im Anlaut Mediae.

gignere	gen, gniu[2])	δύο	dá	boa	bo
γηρύω	gairim	δρῦς	daraig	βίος	beo
grex	greigh	dens	dét deadh	balbus	balbh
genista	gas	dexter	dess, deas	βάρβαρος	borbh.

---

[1]) *Amprom* (*improbus*) scheint ein Fremdwort zu sein.
[2]) Daher *gniomh* (altirisch *gním*), „Heldenthat," dem lat. *gnavus* entsprechend.

gravis	*garbh*	δάκρυ	*deur*		
gena	*gnuis*	*drṡ*	*deargh*		
glaucus	*glas*	*decem*	*deich*		

Bei *rac* (δράκων) ist das *d* verloren gegangen. Ebenso das *b* von βούλομαι (das schon im Lat. zu *volo* erweicht ist) in *aill*, „der Wille."

2. Im Innern und am Ende des Wortes haben die Mediae die Aspiration erhalten.

rex, reg-	*righ*	*cord(is)*	*cridhe*	*balbus*	*balbh*
greg-	*greigh*	*laud(is)*	*luadh*	*pibámi, bibo*	*ibh*
ΠΗΓ	*éigh* (Eis)	*aridus*	*airidh*		

zuweilen ist die Tenuis aspirata eingetreten:

στέγη	*tech*	*khad*	*caith*
		edo	*ithim*

zuweilen hat sich die Media als solche erhalten:

arduus   *ard*.

Ist der Media ein *n* assimilirt, so hat sie sich unaspirirt erhalten, z. B. gothisch *jugg*, gälisch *og* (aus *ong*).

Die labiale Media *b* ist nicht selten in *m* oder *mh* übergegangen:

	Altirisch	Gälisch
ΛΑΒ (λαμβάνω)	*lám*	*lamh* (die Hand)
carbunculus	*carmocol*	
ἀμφί, *amb-*	*imm*	

Das auslautende *g* ist zuweilen zu *sg* geworden; so wurde aus

valy   *plosg*
valka   *plaosg*.

Anm. Eine Ausnahme ist *tagh* (statt *dagh*) „zeigen," von δείκνυμι, Sskr. *diç*. Ferner sind Ausnahmen diejenigen Wörter, welche unmittelbar aus germanischen Sprachen in's Gälische übergegangen oder aufgenommen worden sind; so z. B. das gothische *tiuhan* (lat. *ducere*), gäl. *toinn*.

§. 18. C. Aspiratae.

1. Die anlautenden Aspiraten sind in Mediae übergegangen:

ghor	*gor*	*dhámana*	*daim*	φύω, *fui*	*bu, buith*
χεῖμα, *hiems*	*gaim*	*dhá, θε-*	*den(im)*	φέρω	*biur*
χόρτος, *hortus*	*gart*	θύρα	*dorus*	*bhrû*	*bron*
ΧΑΔ, χανδάνω, χάος	*gaid,*			*bhrçam*	*brigh*
	gaoth			*frater*	*brathir*
				frango	*bris*
				φόνος	*ban, bas*

Vor Liquidis scheint *th* in *t* übergegangen zu sein.

θάλλω, θαλέθω   *tlath* (frisch, üppig).

Hin und wieder ist φ zur Spirans *f* geworden:

φίλος   *fial*
fucus   *faoch*
fallere   *foill*
fari   *fonn* (einer lat. Form *famen* „Sage" entsprechend)
bhima   *fiamh*

Theilweise ist das anlautende *z* ganz weggefallen:

χάμαι, *humus*   *aom* (sich neigen)
(*ferrum*)   *iarn?*).

Aus *dhanvan, dkanvida* ist *taifeid* (statt *daifeid*) geworden.

2. Die innern und auslautenden Aspiraten wurden meist Mediae

λιχ   *ligim* | αἰσθάνω   *éisd*
              | αἴθω   *aid* (Feuer)

zuweilen Tenues aspiratae:

οὖθαρ   *uth*

oder es trat Assimilation ein:

νφέλη   *nell, neull*

oder φ ist in *m* übergegangen, z. B. aus νέφος wurde *ném* (Himmel) vgl. übrigens das lat. *nimbus*; man kann auch λαμβάνω *lamh* hieherziehen, da der ursprüngliche Stamm in Sanskr. *labh* lautete.

Anm. Eine Verwechslung der Lautclassen wollte Zeuss nachweisen an:

rufus   *ruad, ruadh* (goth. *rauds*, deutsch, roth)
φύλλον   *duille* (das Blatt)
futuo   *goithim* (locken).

Aber *duille* ist nicht mit φύλλον sondern mit Sskr. *dala, goithim* nicht mit *futuo*, sondern mit Sanskr. *gai*, singen (*gathá* die Stimme, gäl. *guth*, die Stimme) und *ruad* nicht mit *rufus*, sondern mit Sskr. *róhita*, lat. *rutilus* identisch. — Nur bei *torc*, Eber (*porcus*) und *toll*, κοῖλος scheint eine wirkliche Vertauschung der Lautclassen stattgefunden zu haben.

§. 19. Spirantes.

1. Das *j* der ersten Lautstufe verwandelt sich in einen spiritus lenis, d. h. es fällt weg, und tritt der nackte Vokal ein:

Sskr. *juvança*, goth. *jugg*.   *og* (aus *oug*.)

2. Das anlautende *v* ist zu *f* geworden:

vir   *fer, fear*
video   *fid, fiss*
vox   *focal*

vanus   faoin
verus   fior
viginti   fichead

seltener ist *b* dafür eingetreten, wie in *varna* (lithauisch: „Krähe")
= *bran*, schwarz, *vallum*, „Wall" = *balladh*.
Dasjenige anlautende *v*, welches bereits im Griech. und
Latein. als spir. asper erscheint, ist meist völlig verschwunden.

ὥρα, *hora* (v. *var*)   *uair*
ὅλος   *uile*.
vása̓ra   *earradh*
vasanta, ver   *earrach*

Ueber *velle-aill* s. §. 17. In einigen Fällen ist das gälische
f zu *p* erhartet, z. B. *osp*, seufzen, aus *os-fd*, *uas-fd*, ausathmen, von Sskr. Wrzl. *vá*, wehen; *pill*, falten, aus dem daneben noch vorkommenden gäl. Verbum *fill* u. a.

Das inlautende *v* zwischen Vokalen ist verloren gegangen.

devas, lat. *deus*   *dia*
ava, lat. *ab*   *ua, o*
ovis   *oi*
navas, novus   *nu*
avara (der spätere)   *ur* (neu)
svasur   *siur* (aus sisur)
aevum   *ám*

Das finale *v* ist theils in *bh*, theils in *m* übergegangen:

gravis   *garbh*
laevis   *lóm*
clivus   *sliabh*

3. Das anlautende *s* ist geblieben:

siccus   *seac*
svasur   *siur*
sen (*ex*)   *siniu, sin, sean*
ἱστ (ἡμι) *sisto*   *seas*
solatium   *solas*
sol   *solus* (Licht)
sedere   *suidh*
sára Sanskr.   *sdr*
sequi   *seach*
somnus   *suain*
scutum   *sciath*

nur vor *t* ist es zuweilen verloren:
strenuus *treun*

in anderen Fällen ist vor *t* ein secundäres *s* eingeschoben
iter *astar*

das innere *s* ist verloren:
ausis (auris) *ó*
asmi *am* (altir.)
gisal (ahd.) *giall.* (altir.)

Die Sskr. sibilans guttur. *ç* ist vor *l* zuweilen zu *s* geworden:
çalaka *sleagh*
(clivus) *sliabh*

4. Der spiritus lenis ist als solcher erhalten:
aurum *or*
iter *astar*
unus *aon*
arduus *ard*
aridus *aridh*
εἶδος *édann eudann*
αἰσθάνω *eisd*
aquila *iolaire*
ordo *ort, ordd*
oratio *oraid* (Fremdwort)
Sskr. *urvi*, οὐρός *uir*

Anm. Im gegenwärtigen Gälisch wird *s*, wenn ein *i* oder *e* ihm vorangeht oder nachfolgt, als sch gesprochen. Z. B. *thairis* lautet hairesch, *tairis* tjäresch, *teisteil* tjästschjäl u. s. w. Auch *d*, dem ein *i* vorangeht, wird im Neugälischen meist dsch gesprochen, z. B. *cilid*, ejlidsch.

§. 20. Die Liquidae.

1. Die Laute r und *l* (welches letztere aus einem alt-indogermanischen r. entstanden ist) haben sich in der Regel so erhalten, wie sie im Griech. und Latein. sich darstellen, sowohl im Anlaut:

rectum	*reachd*	*lamina*	*lann*
rumpere	*reub*	*lacus*	*loch*
rufus	*ruadh*	*latus*	*leathan*
rex	*·righ*	λιγ-	*ligim*
ῥέω *ruere*	*ruith*	λαμβάνω	*lamh*
		laus	*luadh*
		laevis	*lom*

als im Innern der Wörter:

frangere	*bris*	*παλύς*	*ile*
morari	*mair*	*πλείων*	*lia*
mare	*muir*	*molere*	*meilim* (altir.)
sdra (Sanskr.)	*sar*		
strenuus	*treun*		
trans	*tar, thar*		
terra	*tir*		
turris	*tur*		
(*trahere*)	*tarruinn*		
οὐρός	*uir*		
ὥρα	*uair*		
φέρειν	*biur*		
pater	*athir* u. s. w.		

ebenso in Stämmen, die wir am nächstähnlichen in den germanischen Sprachen erhalten finden, z. B. *sceir* Schere (Riff), *scread* schreien, *strac* strecken, *srad* ahd. *straejen* (lodern), *stri* Streit (altlat. *stlis, lis*), *samhra* Sommer, *stailinn* Stahl, *sealg* (Jagd), ahd. *saljan* (tödten), *scal* Schalch, Sklave, *seol* Segel.

Nur selten hat noch eine verspätete Umwandlung von *r* in *l* stattgefunden:

Sskr. *grah* greifen	*glac*
serere	*sil*

Noch im Neugälischen hat sich neben *coimh-air* die Form *comhail* eingeschlichen.

Nur selten hat sich das auslautende *l* in einen Vokal oder Diphthong erweicht (wie bei *fiui* aus *pilum*, ahd. *phil*) oder ein auslautendes *r* in ein *n* (wie *monadh* aus *mor*, ahd. *muor* Moor).

2. Das anlautende *m* und *n* ist meist erhalten:

medium	*meadhon*	*νέφος*	*ném*
mens, Meinung	*miann*	*νεφέλη*	*nell, neul*
mare	*muir*	nackt	*nochd*
(manche)	*minig*	*nox, noct-*	*nochd*
mollis	*mall*		
miscere	*measg*		
μύω, μυχός	*mug*		
(morgen)	*maireach*		
morari	*mair*		
mitis	*math* gut, gütig		
μόνος	*main* (*mhain*)		

Ebrard, Gälische Grammatik.

In einigen Fällen jedoch ist das anlautende *m* zu *b* erhartet, so

μέλος (Glied)   *ball* (Glied)
μέλας   *ball* (Flecken)
moeror   *bron* (Trauer)

analog wie schon im Griechischen aus dem Stamme μολ-εῖν βλώσκω und aus μόρ-ος (μορτός) βρότος geworden ist.

Bei Wörtern, die die gälische Sprache mit der germanischen gemein (und vielleicht aus dieser entlehnt) hat, hat sich das anlautende *m* zuweilen in *sm* verwandelt, z. B.

maht, Macht   *smachd*
mdl, Maal   *smal*
melm (Staub)   *smal*
meinjan, meinen *smaoin*.

In der Mitte und am Ende des Wortes hält sich das *m*; z. B. *am, uime, cuimir, cuimse, aimsir*; ebenso erhält sich in Compositis ein aspirirtes *m*, z. B. *coimhne, coimhlion* aus *coimh* und *ne, coimh* und *lan*. Nur dem *n* wird es assimilirt, z. B. *suan* aus *somn(us)*, *fonn* aus *fomn* (vom Stamme *fam* = φημί *fama*, und dem Bildungsconsonanten *n*), *tonn* (vom Stamme *tum, taom* und dem gleichen Bildungslaut *n*), *fann* (id. mit *vimen*), *sonn* (wohl von dem *sup, sum* in *superus, summus* und jenem *n*).

Die liquida *n* erhält sich durchweg. Z. B.

penna   *eun*
wondn (wohnen)   *fan*
(Glanz)   *glan*
plenus   *lan*
somnus   *suain*.

Viertes Capitel.
Die Vokale und Diphthonge.

§. 21. Die Vokale sind in allen Sprachen das flüchtigere veränderlichere Element im Vergleich mit den Consonanten. Die drei Hauptvokalreihen der indogerm. Sprachen

1. *a* mit der Steigerung *â*,
2. *i* mit den Steigerungen *î, e, ai* und *oi, oe*,
3. *u* mit den Steigerungen *û* und *ua*

lassen sich zwar auch im Altgallischen und Altirischen annähernd noch unterscheiden (z. B. *dess, dexter; ech, equus; sech, sequi; ocht, octo; fin, vinum;* u. a.) doch schon hier zeigen sich Umbildungen, z. B. *cridhe* = καρδία, *cord-; muir* = *mar; sec* = *siccus sin* = *senex* u. s. w. Vollends aber hat bei dem Uebergang vom Altirischen in's Gälische noch ein grosser weiterer Umbildungsprocess stattgefunden.

Anm. Solche Umbildungen sind hauptsächlich durch Hereinziehung eines ursprünglich angehängten Bildungsvokales (Termination) in die Stammsilbe entstanden. So entstanden aus den gallischen Wörtern *mori, bodi* die irischen Wörter *muir, buaid*. Ursprünglich helle Vokale sind im Keltischen zu dumpfen umgelautet, und ursprünglich dumpfe durch Hereinziehung eines hellen Endungsvokals in helle verwandelt worden.

§. 22. Die neugälische Orthographie, nach deren Regeln Mac Pherson und Sinclair die (dem ersteren meist mündlich überlieferten) Gedichte Ossian's niedergeschrieben und edirt haben, weicht in Beziehung auf Vokalisation wesentlich ab von der Orthographie, die wir in mittel-irischen Quellen finden. Es kann kaum ein Zweifel obwalten, dass die mittelgälische Orthographie der mittelirischen ähnlicher war, als der neugälischen. Gleichwohl werden wir wohlthun, für Ossian's Gedichte die neugälische Vokalisation beizubehalten *a)* weil wir kein älteres Manuskript Ossian's mehr besitzen, wir also die ältere Orthographie nicht mit Sicherheit eruiren können, *b)* weil die neugälische Orthographie der Vokale sich in consequenter und gar nicht ungeschickter Weise (vgl. §. 29 Anm.) aus der älteren entwickelt hat, indem sie Modificationen und Trübungen von Vokalen, welche (den Lautabwandlungen nach zu schliessen) schon im Altirischen vorhanden gewesen sein müssen, genau bezeichnet. (Z. B. das helle, ein folgendes *a* in *ea* umwandelnde *e* durch *e*; das gedehnte, ein folgendes *a* unverändert lassende *é* durch *eu*; das getrübte *a* — *à* — durch *ea* u. s. w.) Gerade für die grammatische Darstellung der Flexionsregeln ist diese neuere Orthographie sehr bequem. — Wir haben nun gemäss dieser Orthographie zu unterscheiden: 1. einfache Vokale, 2. Modificationen einfacher Vokale, welche als Diphthonge geschrieben werden, wie z. B. *ea* = ā, *eu* = eh (η), 3. wirkliche Diphthonge z. B. *ai* = ai, *oi* = oi.

§. 23. Die *a*-Classe.

1. Das einfache *a* entspricht unserm deutschen *a*. Ohne Accent ist es kurz; der Accent (*á*) ist im Gälischen Zeichen der Länge.

Nach moderner Aussprache klingt der Vokal *a* nicht immer völlig rein, sondern bald etwas dumpf nach einem offenen *o* hinüber (wie das dänische aa, oder wie *u* im englischen Worte *walk*), bald etwas nach ö hinüber.

ea in Flexionssilben ist eine Modification des a-Tones, das trübe oder nach e hin gebrochene a, welches wir mit ä bezeichnen. Es wird in der Regel kurz gesprochen. Es kommt auch eine Brechung des a noch o hin vor, die aber durch keine besondere Schreibart bezeichnet wird.

Den o-ähnlichen Klang hat nämlich *a* vor *dh* und *gh*; nach ö hinüber klingt es im Artikel.

§. 24. 2. *e* lautet wie das deutsche e, bald mehr offen (wie im deutschen „wer?") theils mehr geschlossen (wie im deutschen: „legen," „Meer").

ea (in Stammsilben), *eu* und *ei* sind Modificationen des E-Tones; *ea* lautet wie ein kurzes geschlossenes e oder ä, z. B. *fear*, der Mann, „ferr" „färr." Es entspricht dem altirischen kurzen betonten *e*. (Altirisch: *fer*, der Mann.)

eu ist ein Halb-Diphthong, mit dem Accent auf dem *e*, nämlich bestehend aus einem langen scharfen e und einem kurz, ja kaum hörbar nachschlagenden dumpferen vokalischen Laut, den wir als Deutsche wohl mit einem (stummen) e schreiben würden. Es lautet also *eu* so wie die Buchstaben ehe in den deutschen Wörtern „gehen, stehen," oder wie der E-Laut in dem Worte „Gewehr."

Ceum „der Schritt" lautet keh'm
Leum „der Sprung" „ leh'm
Beum „der Hieb" „ beh'm
Beud „das Unglück" „ beh'd u. s. w.

Ganz ebenso ist *ei* ein langes scharfes geschlossenes e mit kurz nachklingendem, einem *j* ähnlichen *i*, *Feidh* (gen. von *Fiadh* „der Hirsch") lautet fêj'(d) übrigens mit kaum hörbarem d.

§. 25. 3. *i* lautet wie das deutsche i.

ia und *io* sind Modificationen des I-Tones; nämlich *ia* ein langes *i* mit nachklingendem ganz kurzem e oder ä (wie im deutschen Wort „Gewich'r"), *io* ein langes *i* mit nachklingendem ganz kurzem offenem ö.

Fiar „quer" lautet fih'r
Fionnghal „ Fi³n-ghall.

4. *o* lautet, wie das deutsche o (zuweilen mehr offen, nach *a* hinüberlautend, wie im engl. Worte *lord*). Eine Modification von *o* ist *eo* (lautet jo).

5. *u* lautet wie im deutschen. (Nur in den Wörtern *gu*, zu, und *rud*, Ding, lautet es wie ein offenes gutturales ö.) Eine Modification von *u* ist *iu*, bestehend aus einem oft kaum hörbaren kurzen *e* (oder einem j) und einem scharfbetonten kurzen u. *Diult*, „Abweisung," lautet djult.

§. 26. 6. Eigentliche Diphthonge (zusammengesetzte Laute).

Es gibt ein doppeltes *ai*, ein der Wurzel angehöriges, und ein durch Infection (s. Cap. 5.) oder durch Umlaut (s. Theil 2. Cap. 2) entstandenes.

Für's Mittelgälische haben wir unbedingt anzunehmen, dass *ai* als ein (langes oder kurzes) ä mit nachfolgendem ganz kurzen i — also äj — gesprochen worden sei. Im Neugälischen lautet es vor *r* als offenes ö, ausserdem in betonter Silbe als ä, in tonloser als offenes i:

aiteal „Schimmer" lautet neugälisch ātjall
ais „zurück" „ „ äsch
gairm „rufen" „ „ görm
athair „Vater" „ „ achir.

oi, ebenfalls theils Wurzellaut, theils Umlaut, lautet oe, es besteht aus einem kurzen o und einem darauf folgenden kurzen geschlossenen e (offenen i), mit gleichmässiger Vertheilung des Tones, ganz wie das griechische οι.

uu lautet wie es geschrieben wird.

7. *ao* ist Bezeichnung eines dem Gälischen eigenthümlichen, schwer nachzubildenden Tones, den man vielleicht am besten als ein vomitives *a* bezeichnen könnte. Wenn es Einen, dem unwohl ist, zum Erbrechen hebt, ohne dass es wirklich dazu kommt, so hört man tief aus dem Schlunde eine Art ö. (zwischen a und ö) tönen. Durch eine willkürliche Schlundbewegung ähnlicher Art bringt der Gäle sein tiefgutturales *ao* hervor, das genau ebenso, nämlich zwischen einem offenen (nach *o* klingenden) *a* und einem ganz offenen ö in der Mitte klingt.

Etymologisch ist dieser Ton an die Stelle eines ursprünglichen *u* getreten (vgl. *taom tumere, aom humum se inclinare*), doch hat er sich auch an die Stelle anderer Vokale eingeschlichen

(z. B. *aotrom*, wofür freilich von Andern correkter *eutrom* geschrieben und gesprochen wird; es ist das altirische *étrom*, nämlich *trom* mit dem e privativum).

§. 27. 7. In der Flexion entstehen auch **Triphthonge** als **Umlaute von Diphthongen**.

Aus *ao* wird *aoi* (*ao* mit ganz kurzem i oder j)
„ *eo* „ *eoi* (lautet *jöe*)
„ *ea* „ *eai* (lautet *äj*)
„ *ua* „ *uai* (lautet *úai*)

aoi und *uai* kommen auch in einigen Wortstämmen (z. B. *aois*, *buaidh*) vor. Vgl. §. 21. Anm.

Fünftes Capitel.
Das Lautgesetz der Infection der Vokale.

§. 28. Schon im Altirischen herrscht das Gesetz, dass der Vokal des Wortstammes einen umgestaltenden Einfluss auf den (ursprünglichen) Vokal der Derivations- oder Flexions-Endung hat. Im Altirischen hat aber auch umgekehrt der Vokal der Endung einen abwandelnden Einfluss auf den der Stammsilbe. Beides ist auch im Gälischen der Fall. Ein umwandelnder Einfluss einer (theilweise verloren gegangenen, im Altirischen aber noch nachweisbaren) Flexionsendung auf den Vokal der Stammsilbe zeigt sich in der Declination bei der Bildung des Genitivs. Wir bezeichnen diese Umwandlung als den **Umlaut**, und werden hievon erst Theil II Cap. 2 bei der Declination selber handeln können, da die Regeln des Umlauts ganz und gar mit den Flexionsregeln der Declination verwachsen sind. — Dagegen bezeichnen wir den umgekehrten Einfluss des Stammvokals auf den Vokal der Endung als **Infection** oder **Beugelaut**; das Gesetz der Infection ist ein allgemein die Sprache — in Wortbildung wie Flexion — beherrschendes, und muss in dieser seiner Allgemeinheit betrachtet werden, da ohne die Kenntnis desselben sich kein specieller Theil der Sprachlehre verstehen lässt.

§. 29. Dem Gesetze der Infection liegt zu Grunde die Eintheilung der Vokale (resp. Diphthonge) der Stammsilbe in **dumpfe** und **helle**.

Dumpfe Vokale sind: *a, o, u*.

Dumpfe Diphthonge sind: *ea, ia, ua, ao, io, iu,* kurz alle diejenigen, welche ihrer Schreibart nach mit *a* oder *o* oder *u* endigen, wenn auch (wie bei *ea, ia* und *io*) der A-Laut nicht mehr oder kaum mehr hörbar ist.

Helle Vokale sind: *e* und *i*.

Helle Diphthonge sind: *ai, eai, oi, aoi, eoi, uai* kurz alle auf ein *i* ausgehenden.

Anm. Hier zeigt sich die praktische Geschicktheit der neugälischen Vokalisation. Alle Modifications-Vokale und Diphthonge, welche als dumpfe wirken, sind so bezeichnet, dass ihr letzter Buchstabe ein *a* oder *o* oder *u* ist, alle, welche als helle wirken, so, dass ihr letzter Buchstabe ein *e* oder *i* ist.

§. 30. Das Lautgesetz der Infection ist nun in den beiden Regeln enthalten, dass sowohl bei der Derivation (Bildung nominaler und verbaler Wortstämme durch Anhängung von Bildungsendungen an die Wurzel) als bei der Flexion (Declination oder Conjugation des Wortstammes)

1. ein ursprüngliches *i* der Endung sich nach dumpfen Stamm-Vokalen (resp. Stamm-Diphthongen) in *ai* verwandelt,

2. ein ursprüngliches *a* der Endung sich nach hellen Stamm-Vokalen (resp. Stamm-Diphthongen) in *ea* verwandelt.

Anm. Es zeigt sich hier, dass *ea* und *ai*, obgleich jetzt beide ähnlich, nämlich wie ä klingen, doch von verschiedener Herkunft und Bedeutung sind. *Ea* ist ein nach *e* hinübergebogenes *a*, ein echtes ä; *ai* dagegen ist ein dumpf gewordenes *i*; *ai* ist ursprünglich sicherlich als wirklicher Diphthong: ai oder ae ausgesprochen worden.

§. 31. Anwendung auf Derivationen.

A) Nominale:

-*achd*, z. B. *cleasachd* von *cleas*
    dagegen *caismeachd* von *cais'm*

-*ach*, z. B. *samhlach* von *samhal*
    dagegen *tuineach* von *tuin*

-*iche*, z. B. *finiche* von *fine* (neugälisch)
    dagegen *maraiche* „der Seemann" von *mar*

-*inn* z. B. *thiginn* „das Kommen," von *thig* „kommen,"
    dagegen *caomhainn* „das Schonen," von *caomh* „schonen,"

-*ir*, z. B. *aimsir* „die Zeit," von *am* „die Zeit, das Zeitalter,"
    dagegen *iolair* „der Adler."

B) **Verbalstämme:**

-*ich*, z. B. *cairich* „bringen," von *cuir* „stellen,"
dagegen *iosla ich* „erniedrigen," von *iosl = iosal* „niedrig," *tioma ich* „sanft sein," von *tiom* „sanft,"

-*inn*, z. B. *teirinn* „ankommen" von Stamm *teir*,
dagegen *caomh a inn* „schonen," von *caomh* „mild."

Anm. Sogar *criothn aich*, obgleich von *crithe*, weil in *criothn-*der O-laut eingeschoben ist. Ebenso *riaghlaich* von *righ*.

§. 32. Anwendung auf Flexionen.

A) **Declination:**

dat. plur. -*ibh*, von *faidh faidhibh*, dagegen von *cas cas aibh*, von *dorus dors aibh*.
gen. sing. -*inn*. *Ta lamh*, *talmh a inn*.
gen. sing. -*ach*, *da llach* (von *dail*), dagegen *aims ire a ch* (von *aimsir*).
nom. plur. -*an*, *riogh achdan* (von *riogachd*) dagegen *clars-a ichean* (von *clarsach*).

B) **Conjugation:**

fut. act -*idh*, *b ithidh*, dagegen *glac a idh*.
2 pl. imper. -*ibh*, *glua i sibh*, dagegen *g a b a ibh*.
1 sing. optat. -*inn*, *bhe irinn*, dagegen *g a bha inn*.
praes. pass. -*ar*, *togar*, dagegen *br is e ar*.
2 ff. optat. act. -*adh*, *to gadh*, dagegen *t ige adh*.
potent. act. -*as*, *togas*, *glacas*, dagegen *br is e a s*.

Wir werden der Einfachheit und Kürze halber die durch Infection entstehenden Endungen von nun an stets durch das vorgesetzte Zeichen × charakterisiren.

Z. B. „Das fut. act. hat die Endung *idh*, × *aidh*" heisst: das fut. act. hat (bei hellem Stamm) die Endung *idh*, (bei dumpfem Stamm) durch Infection die Endung -*aidh*.

„Das praes. pass. hat die Endung -*ar*, × *ear*" heisst: es hat (bei dumpfem Stamm) die Endung *ar*, (bei hellem Stamm) durch Infection die Endung *ear*.

§. 33. Eine Art von Umlaut kommt bei der Bildung von Compositis vor. Die Präpos. *con* mit, verwandelt sich vor Stämmen, die einen ursprünglichen hellen Vokal haben, schon im Altirischen in *coin* oder *coi*, im Gälischen in *coim* oder *coimh*. Z. B. altirisch *coi-tchen* „gemeinsam" aus *coi-techt*, „mit (einander) besitzen;" so im Gälischen *coimh-ead* „sehen" (aus *con* und *eadh* = ἰδεῖν), *coimh-thional* „Versammlung," *coimh-lion* „gleichviele," u. a.

Sechstes Capitel.
Wortbildung.

§. 34. Die Wörter der gälischen Sprache sind theils **Wurzelwörter**, welche aus der reinen Wurzel bestehen (wo also Wurzel und Wortstamm sich decken), theils **Derivata**, wo aus der Wurzel durch Ableitungsendungen neue Wortstämme gebildet sind, theils **Composita**, wo mehrere Wurzeln zu einem neuen Wortstamm zusammengesetzt sind.

Anm. Wir betrachten hiebei, wie sich von selbst versteht, auch die Präpositionen als Wurzeln, und dies um so mehr, als gerade im Keltischen manchen Derivatis eine blosse Präposition als Stamm zu Grunde liegt.

§. 35. Derivation A) der Nomina.

–*al* und –*ail* bildet substantiva a) nomina verbalia wie *togail* „das Erheben" von *tog* — b) Eigenschaftssubstantiva wie *samhal* Aehnlichkeit von einem Stamme *SAM* = *similis*, *iosal* „niedrig" von *ios* „unten" u. s. w.

–*ail* bildet Adjectiva, z. B. *uasail* „lieblich" von *uas*, *gabhail* „nehmend" von *gabh* „nehmen," *samhlachail* „bildlich" vom Deriv. *samhlach* (s. unter –*ach*).

–*an*, –*n* (–*on*, –*ann*, –*ean*) bildet Substantiva von Verbalstämmen. So *tonn* (aus *taoman*, *taomn*) „die Woge" von *taom* „fluthen;" *fonn* (*faman*, *famn*) „das Lied, die Sage," von *FAM* (φημί, *fari*); *lann* (aus *lamina*); *crann* „Baum" von *cr-esco*, aus *craman*; *dan* „die Kunst, der Gesang" von *da de* „thun;" *sallan* „Salz" von *SAL*; *eudann* „Angesicht" von *eid* (= ἰδεῖν); *glasan* „Säge" von *gluais* „vorwärtsgehen."

Auch Adjectiva, z. B. *firean* „gerecht" von *fior* „wahr," *meadhon* „der mittlere" von *MED* (*medius*).

-*ar* bildete Substantiva der Handlung, so *gniomhar* „die That" von *gniomh* „die That," *labhar* „das Wort: die Rede" von *labh* „Wort."

-*ach* (✕ *each*) bildet Eigenschaftsadjectiva (zuweilen auch Substantiva) z. B. *samhlach* „bildlich" von *samhal* (s. oben), *bronach* traurig von *bròn* „Trauer," *cleasach* spielend von *cleas* das Spiel; *clannach* „fruchtbar" von *clann* „die Nachkommenschaft; *tuirsach* wehmüthig, von *tuirse* die Wehmuth; *tuineach* wohnend v. *tuin* wohnen; *gailbeach* schrecklich v. *gilbh* (?); *giuthsach* Tannenwald v. *giuthas* Tanne.

-*achadh* (✕ *eachadh*) oder -*a:hd* (✕ *eachd*) bildet abstrakte Eigenschaftssubstantiva, meist von den Adjectivis auf *ach* abgeleitet. So *samhlachd* Aehnlichkeit von *samhlach*; *cleasachd* Spielerei v. *cleasach*; *caismeachd* der Kriegslärm (von einem Stamme *caiseam*, woher *caiseamadh* „mit dem Fuss stampfend"); *tuineachadh* Wohnung v. *tuineach* wohnend.

Tlachd „die Liebe," scheint von *tlath* „weich, feucht, mild" zu kommen.

-*ang* bildet Adjectiva und Adjectiva verbalia, wie *cumang* „eng" von *cum* „halten;" *fulang* „duldend" v. *FUL* „dulden."

-*adh* ✕ *eadh* bildet 1. Substantiva, wie die Gerundialnomina *rogadh* „das Wählen," *plosgadh* „das Schälen" u. s. f. u. s. f. 2. ferner *samhladh* „die Form" von *samhal* (s. oben), 2. Adjectiva, wie *samhlachadh* „ähnlich" von *samhlach* (s. oben). — Statt *adh* findet sich auch die (falsche) Schreibart *agh*.

-*aidh* bildet Adjectiva des Stoffes, wie *iarnaidh* eisern von *iarn*, Eisen.

-*as* bildet abstrakte Substantiva, wie *ceartas* Richtigkeit v. *ceart*; *eolas* das Wissen v. *eol* wissen, *maitheas* Mitleid, v. *math* gütig.

-*da* bildet Adjectiva, wie *aosda* alt von *aois* das Alter.

-*eadh*, -*idh*, -*e* bildet Substantiva. Z. B. *tuinnidh* Wohnung; *buairedh* und *buaire* Täuschung; *tuillidh* Menge; *cuimhne* Erinnerung (v. *cuimhn–ich*).

-*eir* bildet abstrakte Substantiva, wie *dolleir* Blindheit, von *dall* blind.

-*ag* bildet Substantiva, wie *nioghnag* Tochter von *nioghann* Tochter.

-*es*, -*eas* bildet Adjectiva, wie *teas* (altir. *tes*) = *tepidus*; *diles dileas* treu, von *dl*, *dil* ausharren.

-*iche* (✕ *aiche*) bildet Nomina, wie *maraiche* der Seemann von *mar* das Meer.

id bildet Adjectiva, wie *ailid* schön von *AL* (*aile* Schönheit).

-*inn* (✕ *ainn*) bildet Gerundialnomina, z. B. *cluinn* „das Hören" v. *clu* hören; *tighinn* das Kommen.

-*ir* (✕ *air*) bildet Substantiva. Z. B. *aimsir* die Zeit von *am* Zeit; *iolair* der Adler (*iol* = *aquil*-), *teachdaire* der Bote v. *teachd* ankommen.

-*uinn* bildet Adjectiva, wie *aluinn* schön von *AL* (s. oben *ailid*); auch Substantiva, wie *maduinn* der Morgen, von *MAT* (*matutinus*).

-*m*, -*mh* bildet Substantiva der Handlung von Verbalstämmen, z. B. *gniomh* die That von *gniu*, thun; *cuirm*, das Gastmahl v. *cuir* (vor-)setzen.

-*s* bildet Substantiva, auch Adjectiva. Z. B. *bás*, der Tod vom Stamme *BAN* (φόνος); *gnuis* Gesicht, von *gniu*, *GEN* (*gignere*), *cruas* Kühnheit v. *cruadh*.

-*se* bildet abstrakte Substantiva, z. B. *laigse* Schwäche, von *lag* schwach; *tuirse* die Trauer von *tuir* (Trauerlieder) singen; *gaolsé* Lieben von *gaol*, lieben.

-*tuinn* bildet Gerundialnomina, wie *sealltuinn* das Sehen von *seall* sehen.

Auch durch innere (starke) Umwandlung (nämlich Umlaut und Aspiration) werden Nominalstämme abgeleitet. So z. B. *oigh* die Jungfrau und *oige* die Jugend von *og* der Jüngling.

§. 36. B) **Derivation der Verba.**

Hin und wieder ist eine altirische Flexionsendung in den Verbalstamm gezogen worden; so ist aus *gair-im*, der 1. sing.

praes. act. des altirischen *gair* „rufen," der gälische Verbalstamm *gairm* rufen, gebildet worden.

Eigentliche Derivationsendungen sind:

-*ich* (✕ *aich*) z. B. *islich* erniedrigen von *iosal* niedrig; *cairich* „bringen" von *cuir* stellen; *cuirnich* bedecken von *CORN* kleiden; *tiomaich* sanft sein von *tiom* „sanft;" *crithnaich* zittern v. *crith* zittern.

-*inn* (✕ *ainn*) z. B. *tarruinn* ziehen v. *TARR* (*traho* zerren), *caomhainn* schonen von *caomh* mild. — Statt *inn* findet sich die (falsche) Schreibart *ing*.

-*ran*, z. B. *seachran* wandern v. *seach* (*sequi*).

-*ail*, z. B. *riaghail* lenken v. *rig* (*reg, regere*).

§ 37. Composita.

Selten sind Compositionen von Nomen und Nomen (z. B. *seachduin* Siebenzeit, Woche, aus *seachd* und *uine*), sehr häufig die Composition von Verbal- und Nominal-Stämmen mit Präpositionen. — Die Infection findet bei Compositionen keine Stelle, wohl aber der Umlaut, indem *ar* vor hellen Vokalen zu *air*, *comh* zu *coimh* wird.

Beispiele: *ag* bei: *agair* (aus *ag-gair*) verlangen.

ar, *air* zu: *airsid* Eintracht, *araon* miteinander.

(*con*=)*comh* mit: *cunnart* Gefahr (*con-neart*), *coimh-ead* sehen (*Витv*); ohne Umlaut *chunnaic* (*con-aic*) sehen.

do zu: *doreir* (v. *reir*) gemäss; *duisg* (*do-diu-seg*) aufwecken.

eas aus: *eascairdeach* feindlich (v. *caraid* Freund).

eadar zwischen: *eadarscar* trennen; *eadarsholus* Zwielicht.

fo unter: *faic* = *fo-aic* sehen; *fochar* (*fo-cuir*) Gegenwart.

fris gegen: *freasgur* erwiedern (v. *gair*).

mu um: *muinntir* Volk (von *innte* innen).

ri zu: *riamh* immer (v. *am* Zeit), *riochd* Gestalt (v. *aic*, sehen).

ro vor: *roimh* vorn (v. *ro* und *inn*?)

os, *uas* empor: *osag* der Athem (Derivationsendung -*ag*).

inn (*ann*) in: *innis* berichten.

dor, (*do-air*): *dorn* die Faust (*do-air* mit der Derivationsendung *an*), *doir-linn* Inselchen (v. *linn* der See).

diomh (*do-inn*): *diomhair* geheim (*do-inn* und Derivationssilbe -*ir*).

to (*do-fo*): *tuirt* „er sprach" (*do-fo-biur*).

Hier ist auch das *eu* privativum und das *an* privativ. zu erwähnen, z. B. *aneagal* Furchtlosigkeit (v. *eagal*) *eutrom* leicht (v. *trom* schwer).

Zweiter Theil.
Wörterlehre.

Erster Abschnitt.
Das Nomen.

§. 38. Das gälische Nomen ist, wie in allen indogermanischen Sprachen 1. eigentliches Nomen, welches einen qualitativen Begriff ausdrückt, u. zw. α) substantivum, das den Begriff als selbständig subsistirenden — und β) adjectivum, das ihn als in einem Andern subsistirend ausdrückt; 2. numerale, welches einen quantitativen Begriff ausdrückt; 3. pronomen, welches eine nackte Subsistenz ohne Bezug auf begriffliche Bestimmtheit bezeichnet.

§. 39. Das gälische Nomen hat nur zwei Genera: masc. und femin. Eine, im Altirischen noch vorhanden gewesene, besondere Form für das Neutrum ist im Gälischen verloren. Nur in dem Fragpronomen *ciod* was, hat sich eine vereinzelte Spur jenes alten Neutrums erhalten.

Das Gälische hat zwei numeri, sing. und plur. und in jedem derselben fünf Casus: Nominativ, Genitiv, Dativ, Accusativ und Vocativ. Selbständige Formen sind eigentlich nur für die drei ersten Casus vorhanden; der Accusativ ist stets dem Nominativ gleich, und der Vocativ ist eine Modification des Genitiv oder des Nominativ oder des Dativ (nach Regeln, welche die Formenlehre kennen lehrt).

Anm. Spuren eines num. dual. siehe unten §. 59 und §. 87.

Erstes Capitel.
Der Artikel.

§. 40. Die gälische Sprache hat nur den bestimmten Artikel. Der Grundstamm desselben, wie er im altirischen erscheint, ist *in* (mit charakteristischem, wurzelhaftem *n*).

Anm. Dieser Grundstamm scheint etymol. identisch zu sein mit dem Sanskr. Pronominalstamm *ana*, welcher im instrum. sing. und plur. des pron. demonstr. *ajam* auftritt. Auch das griechische *νιν* dürfte zu vergleichen sein.

§. 41. Die altirische Declination des Artikels war folgende:

		Masc.	Fem.	Neutr.
S.	n.	*in* (-*t*)	*in* (*d*)	*an, a*
	g.	*in* (*d*)	*inna* oder *na*	*in* (*d*)
	d.	*do'n* (*d*)	*do'n* (*d*)	*do'n* (*d*)
	as.	*in, inn*	*in, inn*	*an, a*
Plur.	n.	*in* (*d*)	*inna* oder *na*	*inna* oder *na*
	g.		*innan* oder *nan*	
	d.		*do- naib*	
	a.		*inna* oder *na.*	

Anm. Die Bindelaute *t*, *d* traten vor Vokalen und Aspiraten ein.

§. 42. Aus diesem altirischen Artikel ist nun der gälische in folgender Weise entstanden:

1. Statt des ursprünglichen Vokals *i* ist durchgängig der Vokal *a* eingetreten, welcher aber hier — seinem Ursprung gemäss — immer als ein dumpfes e (oder offenes ö) ausgesprochen wird.
2. Im gen. sing. fem. und nom. gen., und acc. plur. ist die kürzere Form (*na* und *nan*) beibehalten, im dat. plur. die Endung *ib* abgeworfen und nur *na* beibehalten.

Die Declination des gälischen Artikels ist also folgende:

		Masc.	Femin.
Sing.	nom.	*an*	*an*
	gen.	*an*	*na*
	dat.	*an* (*do'n*)	*an* (*do'n*)
	acc.	*an*	*an*
Plur.	nom.	*na*	
	gen.	*nan*	
	dat.	(*do*) *na*	
	acc.	*na.*	

Anm. 1. Steht der Dativ pure, d. h. ohne vorangehende Präposition, von der er abhienge, so wird er gewöhnlich durch die Präposition *do* pleonastisch umschrieben. Nach ihr, so wie nach den vokalisch auslautenden Präpositionen *ro, o, fo, gu, le, ri* wird der Artikel *an* apostrophirt zu 'n.

Anm. 2. Vor dem Vokativ steht gewöhnlich die Interjection *á*, welche mit dem Artikel nichts zu schaffen hat, sondern etymologisch = *ò* ist. Dieselbe kann aber fehlen, z. B. Carthonn 85: *Is dubh–dorcha do smaointean, árd laoich*, dunkelschwarz sind deine Gedanken, hoher Kämpe. Carraigth. 469: *oigh gun bhoud*, Mägdlein ohne Tadell

§. 43. Der Artikel erleidet aber verschiedene Umwandlungen, je nach dem anlautenden Vokal des Wortes, vor welchem er steht. Diese Umwandlungen bestehen theils im Hinzutritt eines **Bindelautes**, theils in einer **Apokope** des *n*, theils in einer **Assimilation** des *n*.

1. **Bindelaute.** a) Vor dem gen. und dat. sing. solcher masc. und vor dem nom., dat. und acc. sing. solcher Feminina, welche mit *s* und folgendem Vokal oder Diphthong, oder welche mit *sl, sn, sr* beginnen, sowie vor dem nom. und acc. sing. vokalisch anlautender Masculina tritt der Bindelaut *t* ein.

b) Vor dem gen. sing. vokalisch anlautender Feminina, sowie vor dem nom., dat. und acc. plur. aller vokalisch anlautenden Substantiva tritt der Bindelaut *h* ein.

Z. B. a) sing. nom. *an soillse*   *an-t-sleagh*
gen. *an-t-soillse*   *na sleigh*
dat. *an-t-soillse*   *an-t-sleigh*
acc. *an soillse*   *an-t-sleagh*

a) und b) sing. nom. *an-t-iasg*   b) *an oiteag* (fem.)
gen. *an eisg*   *na-h-oiteige*
dat. *d'on iasg*   *d'on oiteig*
acc. *an-t-iasg*   *an oiteag*
plur. nom. *na-h-iasgan*   *na-h-oiteigean*
gen. *nan iasg*   *nan oiteig*
dat. *na-h-iasgaibh*   *na-h-oiteigean*
acc. *na-h-iasgan*   *na-h-oiteigean*

§. 44. 2. Apokope. Vor dem gen. und dat. sing. derjenigen Masculina — und vor dem nom., dat. und acc. sing. derjenigen Feminina, welche mit *b, m, p* anlauten, wirft der Artikel sein *n* ab, und pflegt mit einem Apostroph *a'* geschrieben zu werden, worauf die Aspiration eintritt.

Das gleiche kann vor *c* und *g* geschehen, in welchem Falle diese beiden Buchstaben in dem betreffenden Casus aspirirt (also zu *ch* und *gh*) werden.

Z. B. *a'ghaoth* der Wind (Carthonn 197) *anns a'chomrag* (ebendas. 271).

Z. B. *an cu*	der Hund	*a'mhathair*	die Mutter
a'choin	des Hundes	*na muthar*	der Mutter
d' a' chu (oder		*d'a'mhathar*	der Mutter
d' an cu)	dem Hunde	*a'mhathair*	die Mutter
an cu,	den Hund.		

So ferner *an bàs* der Tod, gen. *a' bhais*.

§. 45. 3. **Assimilation.** Vor dem nom. und acc. sing. der mit *b, m, p, f* anlautenden Masculina verwandelt sich *an* in *am*, und im gen. plur. (der masc. und fem.) *nan* in *nam*.

Z. B. *am fear*	der Mann	*na fir*	die Männer
an fhir	des Mannes	*nam fear*	der Männer
d' on fir	dem Manne	*na fearaibh*	den Männern
am fear	den Mann	*na fir*	die Männer

Anm. Es ist einleuchtend, dass bei Masculinis, welche mit *b, m, p* anlauten, die beiden Regeln §§. 44 und 45 Anwendung erleiden,

z. B. *am bard*	der Barde	*na barda*	die Barden
a'bhaird	des Barden	*nam bard*	der Barden
d'a'bhard	dem Barden	*na bardaibh*	den Barden
am bard	den Barden	*na barda*	die Barden

Anm. 2. Der Artikel erscheint also in übersichtlicher Tabelle folgendermassen:

Masc.			Femin.		
an		am	an	an-t-	a'
an	an-t-	a'	na		na-h-
an	an-t-	a'	an	an-t-	a'
an		am	an	an-t-	a'

Plural.	
na	na-h
nan	nam
na	na-h
na	na-h

Zweites Capitel.
Das Substantivum und die Declination.

§. 46. Da die Feminina in der Flexion von den Masculinis abweichen, so ist zuvörderst nöthig, die gälischen Genusregeln kennen zu lernen.

I. **Grundregel.** Diejenigen Wörter, welche Menschen oder Thiere des männlichen Geschlechtes, oder die Jungen von Thieren bezeichnen, oder Namen von Bäumen sind, sind masculina.

Feminina dagegen sind diejenigen Wörter, welche Menschen oder Thiere weiblichen Geschlechtes bezeichnen, ferner die Namen von Ländern und von musikalischen Instrumenten.

Z. B. Masculina: *athair* Vater; *righ* König; *carald* Freund; *fear* Mann, *teachdaire* Bote; *cu* Hund, *darach* Eiche.

Feminina: *mathair* Mutter; *nighean* Tochter; *oigh* Jungfrau; *Eirinn* Irland; *Lochlin* Norwegen; *clarsach* Metallharfe; *cruit* Harfe mit Darmsaiten.

§. 47. II. Für diejenigen Substantiva, welche nicht in eine der beiden obigen Classen gehören, gelten folgende Regeln:

A) Masculina sind 1. die Wurzelwörter, welche in ihrer letzten (oder einzigen) Silbe einen dumpfen Vokal oder Diphthong (s. §. 29) haben z. B. *ceò* der Nebel; *fonn* das Lied; *stoc* das Schlachthorn u. s. w.;

2. ebenso die zweisilbigen älteren Derivaten, welche in der Endsilbe einen dumpfen Vokal oder Diphthong haben;

3. die jüngeren (abstracten) Derivaten auf *as* (× *eas*), *achas*, *al* (× *ail*), *ir* (× *air*), *iche* (× *aiche*), sowie die Gerundialnomina auf *adh* (× *eadh*) (wie *loingeas* Flotte; *barail* Meinung; *beucail* Gebrüll; *maraiche* Seemann u. s. w.; *comhair* Richtung).

Ausnahmen.

1. Von der ersten Classe.

Feminina sind:

a) mit *a*: *abh* Wasser, *adhart* Stirn, *agh* Wildsau, *barc* Boot, *crag* (aus *carraig*) Klippe, *cas* Fuss, *clach* Stein, *blar* Feld, *blad* Blüthe, *fras* Regen, *gag* Spalt, *glac* Griff, *lamh* Hand, *lann* Klinge, *mag* Feld, *pramh* Schlummer, *rann* Vers, *scar* Fuge, *srad* Funke, *srann* Schnauben, *tal* Axt.

b) mit *ea*: *bean* Weib, *cealg* Betrug, *cearb* Rand, *clearc* Locke, *creag* Klippe, *earb* Reh, *feart* Mannheit, *fleadh* Gastmahl, *leac* Stein, *leac* Wange, *lear* Meer, *learg* Matte, *scread* Schrei, *sreath* Schicht.

c) mit *eo*: *deo* Athem.

d) mit *ia*: *ciabh* Haar, *fiamh* Furcht, *fiamh* Miene, *griann* Sonne, *iall* Riemen, *iar* West, *sciamh* Schönheit, *scian* Messer, *srian* Zügel.

e) mit *io*: *cioch* die (weibliche) Brust.

f) mit *iu*: *cliu* Ruhm, *iul* Führung.

g) mit *o*: *brog* Huf, *dronn* Rücken, *loch* See, *lon* Sumpf, *long* Schiff, *lorg* Spur, *nochd* Nacht, *os* Ellenthier, *scor* Gabel, *scorr*, Klippe, *sron* Nase, *tonn* Woge.

h) mit *ao*: *craobh* Baum, *caor* Feuerschein, *gaoth* Wind, *maol* Haide.

i) mit *eu*: *geug* Ast, *meur* Finger, *reul* Stern, *steud* Stute, Ross, *teud* Strang, *treub* Stamm.

k) mit ua: *cluas* Ohr, *cruach* Felshang, *cuach* Falte, *duan* Lied, *stuadh* Welle, *tuagh* Beil, *tuath* Norden, *tuath* Volk, *namh* Erdboden.

2. Von der zweiten Classe:
Feminina sind
a) auf a: *arda* Höhe, *bliadhna* Jahr, *carbad* Wagen, *darag* Eiche, *eala* Schwan, *earbsa* Vertrauen, *eathar* Boot, *eolas* Kenntniss, *feusag* Bart, *gealach* Mond, *guallan* Schulter, *gucag* Sprosse, *leaba* Bett, *luachar* Binse, *mala* Angesicht, *ordag* Daumen, *osann* Seufzer, *rionnagh* Stern, *urram* Ehrfurcht.
b) auf ea: *beatha* Leben, *buidheann* Bande, Trupp, *cuiseag* Riedgras, *duilleag* Blatt, *gaineamh* Sand, *loingeas* Flotte, *oiteag* Luftzug, *saighead* Pfeil, *uinneag* Fenster.

3. Von der dritten Classe:
Feminina sind
a) auf as: *luathas* Schnelle, *naimhdeas* Feindschaft.
b) auf al: *cruadal* Härte.
c) auf adh: *comhladh* Thor, Thür.

§. 48. B) Feminina sind:
1. Die einsilbigen Wurzelwörter und mehrsilbigen älteren Derivata, welche in der einzigen oder in der letzten Silbe einen hellen Vokal oder Diphthong haben.
2. Die jüngeren, abstracten Derivata auf *ach* (× *each*) *achd* (× *eachd*), *ais*, *aid*, *ead*, *e*, *inn*, *idh* wie z. B. *beachd* Meinung, *misneach* Muth, *tuinidh* Wohnung.

Ausnahmen.
1. Aus der ersten Classe:
Masculina sind:
a) mit ai: *ais* Rücken, *ainm* Name, *cnaimh* Knochen, *braigh* Nacken, *cail* Kraft, *casgairt* Gemezel, *iolair* Adler.
b) mit aoi: *aois* Alter, *caoidh* Klage, *daoi* Thor, *faoil* Freigebigkeit, *maoin* Schaz.
c) mit i: *c'i* Kraft, *tigh* Haus, *tir* Land.
d) mit e: *cre* Leib.
e) mit ei: *reidh* Ebene.
f) mit oi: *foill* Ruhe.
g) mit ui: *comhnuidh* Wohnung, *muing* Nähe.

2. Aus der zweiten Classe:
Masculina sind:
a) auf inn: *leirsinn* der Anblick.
b) auf e: *aite* Platz, *baile* Stadt, *bile* Lippe, *buille* Hieb, *cridhe* Herz, *coile* Gefährte, *daoine* und *duine* Mensch, *doire* Gehölz, *maide* Stab, *mairge* Banner, *teine* Feuer, *uisce* Wasser.
c) auf ach: *ceathach* Nebel, *cruadhlach* steiniger Platz, *deatach* Rauch, *reachd* Sorge. (Dagegen *gealach* Mond, ist fem.)

§. 49. Die Declination ist der schwierigste und complicirteste Theil der gälischen Formenlehre. Wie im Altirischen, so lässt sich auch noch im Gälischen eine starke und eine schwache Declination unterscheiden, und in jeder verschiedene Formenreihen. Ist es schon Zeuss im Altirischen nicht gelungen, die einzelnen Reihen zu voller Klarheit zu bringen, so ist vollends in der neueren gälischen Grammatik die Verwirrung gross geworden. Die Einen haben zu viele einzelne Declinationen unterschieden, die Andern zu verschiedenartiges in je Eine „Declination" zusammengestellt.

Wir glauben am besten Licht in die Sache zu bringen, indem wir **fünf Declinationen** unterscheiden, welche in der Art in **zwei Gruppen** zerfallen, dass die drei ersten die Gruppe der **starken und halbschwachen**, die zwei letzten die der **schwachen Declinationen** bilden.

Anm. Die von mir als „schwache" bezeichneten Declinationen entsprechen der 1. und 2. series der consonantischen Decl. bei Zeuss (ainm, plur. anman, menma plur. menmin). Was im Mittelgälischen als „starke" Declination erscheint, das hat sich erst secundär durch Hereinziehung von Endungsvokalen in die Stammsilbe so gebildet. Wie dies geschah und welche Veränderungen die starke keltische Declination erlitt, zeigt folgende (von Ebel in Kuhn's und Schleicher's Beitr. zur vergl. Sprachf. Bd. I. S. 155 ff. gegebene) Tabelle, in welcher die zu supponirende urirische, die altirische und die mittelirisch-gälische Declinationsform jedesmal nebeneinander gestellt sind.

I. Consonantische Declination:

S. *athar*   *athar*   *athir*
athras   *athars*   *athur*
athri   *athir*   *athir*
atharin   *athirn*   *athir*

Pl. *atharis*   *athirs*   *athir*
athrán   *athran*   *athre*
athrabis   *athraibs*   *athraib*
athrds   *athrd*   *athra*

II. Vokalische Declination:

a) S. *ballas*   *balls*   *ball*
ballí   *balli*   *baill*
ballui   *ballu*   *baull*
ballan   *balln*   *ball*

Pl. *ballí*   *balli*   *bail*
ballán   *ballan*   *ball*
ballabis   *ball(a)ibs*   *ball(a)ib*
ballás   *ballū*   *baulln*

u) S. *bithus*   *biths*   *bith*
bithavas, bithds   *bethd*   *betha*
bithui   *bithu*   *biuth*
bithun   *bithn*   *bith*

Pl. *bithavis, bithais*   *bethai*   *betha*
bithavón, bithavan   *bethán*   *betha*
bithubis   *bithuibs*   *bithuib*
bithuns, bithús   *bithú*   *betha*

D) S. *dénmadis*   *dénmidr*   *dénmid*
   dénmadajas, dénmaddr *dénmadd*   *dénmada*
   dénmadi   *dénmadi*   *dénmid*
   dénmadin   *dénmidn*   *dénmid*
Pl. *dénmadajis, dénmadis* *dénmidi*   *dénmidi*
   dénmadajdn, dénmadajan *dénmaddn* *dénmada*
   dénmadabis   *dénmidibs*   *dénmidib*
   dénmadins, dénmadis *dénmidi*   *dénmidi*

Erste Gruppe.
Starke Declinationen.

§. 50. Wesentlich ist, dass die Casusbildung (ganz oder theilweise) — mindestens die Bildung des gen. sing. und plur. — auf innerlichem Wege: durch Umlaut und Aspiration, ohne Anhängung von Flexionsendungen erfolgt.

Gemeinsam ist dieser Gruppe: 1. dass der voc. sing. masc. aus dem gen. sing., der voc. sing. fem. aus dem nom. sing. fem. und der voc. plur. (masc. und fem.) aus dem nom. plur. (durch Aspiration) entsteht; 2. dass der gen. plur. dem nom. sing. gleich ist.

Erste Declination.

§. 51. Nach der ersten Declination gehen die meisten einsilbigen Stammwörter mit dumpfen Vokalen (mit Ausnahme der im §. 65 angeführten, die nach der 3. gehen), ferner einige Wörter auf *uai* und *ui*.

Nach der jüngeren, streng mittelgälischen Form der ersten Declination bleibt der Wortstamm durch alle Casus einsilbig und erleidet nur innere Veränderungen durch den Umlaut. Indessen finden sich bei Ossian häufig neben diesen Formen auch Reste älterer (und zwar starker) Endungen. Nämlich im gen. sing. der Feminina und einiger Masculina wie *òg* Jüngling, *cliabh* Brust (Croma 155), die Endung *e*; im nom. und acc. plur. von Masculinis und Fem. die Endung *a* und im dat. plur. die Endung *ibh* ($\times$ *aibh*).

Anm. Im Neugälischen ist bei *og* und den fem. das *e* im gen. sing. Regel; die Endungen *an* und *ibh* ($\times$ *aibh*) sind häufig; die Endung *a* kommt nur noch bei der Decl. der Adjectiva vor, wo sie sogar Regel ist.

§. 52. Was die streng mittelgälischen Formen betrifft, so haben bei den Masculinis der gen. und voc. sing. und der nom., dat., acc. und voc. plur. bei den Femininis aber der gen. und dat. sing. und der nom., dat., acc. und voc. plur. den Umlaut. Beim voc. sing. und plur. kommt noch die Aspiration des aspirabeln Anlautconsonanten hinzu.

§. 53. Der Umlaut selbst tritt nach folgenden Regeln ein:
1. aus *a*   wird *ai*   z. B. *lamh, laimh; marb, mairbh,*
             oder *i*   z. B. *mac, mic,*
             oder *oi*   z. B. *clach, cloich,*
             oder *ui*   z. B. *alld, uilld; carn, cuirn.*
2. aus *ao* wird *aoi* z. B. *gaoth, gaoith,*
3. aus *ea* wird *ei*   z. B. *sealg, seilg,*
             oder *i*   z. B. *ceann, cinn.*
4. aus *eo* wird *iui* z. B. *seol, siuil,*
             oder *eoi* z. B. *seod, seoid.*
5. aus *eu* wird *eoi* z. B. *deur, deoir; neul, neoil,*
             oder *ei*   z. B. *geug, geig.*
6. aus *ia* wird *ei*   z. B. *ciar, ceir; sciath, sceith; fiadh, feidh.*
7. aus *io* wird *i*   z. B. *siol, sil.*
8. aus *iu* wird *iui* z. B. *iul, iuil.*
9. aus *o*   wird *oi*   z. B. *lon, loin,*
             oder *ui*   z. B. *tonn, tuinn; tom, tuim; sonn, suinn.*
10. aus *u* wird *oi*   z. B. *cu, coi(n),*
             oder *ui*   z. B. *cul, cuil.*
11. aus *ua* wird *oi*   z. B. *sluagh, sloigh,*
             oder *uai* z. B. *sluagh, sluaigh; stuadh, stuaidh.*
12. aus *uai* wird *ua* z. B. *buaidh, buadh.*
13. aus *ui* wird *u*   z. B. *cruit, crut.*

Anm. Es führt also:
der Umlaut *a*   auf einem Stamm mit *ai*
           ai   *a*
           aoi   *ao*
           ei   *ea* oder *eu* oder *ia*
           eoi   *eu* oder *eo*
           i   *a* oder *ea* oder *io*
           iui   *eo* oder *iu*
           oi   *a* oder *o* oder *u* oder *ua*
           ua   *uai*
           uai   *ua*
           ui   *a* oder *o* oder *u*
           u   *ui*.

§. 54. Die Declination des Masculinums und Femininums gestaltet sich also folgendermassen:

	Masculinum.			Femininum.		
S. n.	an	tòm	der Hügel	an-t-sealg	die Jagd
g.	an	tuim	des Hügels	na seilg	der Jagd
d.	do'n	tòm	dem Hügel	do'n-t-seilg	der Jagd
a.	an	tòm	den Hügel	an-t-sealg	die Jagd
v.	à	thuim	o du Hügel	à shealg	o Jagd
Pl. n.	na	tuim	die Hügel	na	seilg	die Jagden
g.	nan	tòm	der Hügel	nan	sealg	der Jagden
d.	(do)na	tuim	den Hügeln	(do)na	seilg	den Jagden
a.	na	tuim	die Hügel	na	seilg	die Jagden
v.	à	thuim	o ihr Hügel	à	sheilg	o Jagden

§. 55. Für den dat. sing. hat sich nun aber in einigen wenigen Wörtern noch eine andere starke Form, bestehend in einem andersartigen Umlaute, erhalten. Es wird nämlich im Dativ

das *ea* des nom. in *io*
eu *ia* verwandelt.

So finden wir bei Ossian noch *ceann* das Haupt, und *neul* die Wolke declinirt (beides Masuclina).

an	ceann	an	neul
an	cinn	an	neoil
do'n	cionn	do'n	nial
an	ceann	an	neul
à	chinn	a	neoil

§. 56. Bei *neul* findet sich die Form *nial* überdies auch noch in sämmtlichen Casus des plnr., im Dativ ausschliesslich, und zwar mit der älteren Endung *aibh*, in den übrigen Casus theils in alter, theils in junger Declination:

Pl. n.	na	neoil	und na	nial	und na	niala
g.	nan	neul		nan nial	nan	niala
d.					(do)na	nialaibh
a.	na	neoil			na	niala
v.	à	neoil	à	nial		

§. 57. Das Masculinnm *seol* das Segel, behält unregelmässigerweise den Umlaut zuweilen auch im gen. plur. bei, *nan siuil*, statt: *nan seol*.

§. 58. Völlig unregelmässig gehen *cu* der Hund und *bu* die Kuh.

S. an	cu	Pl. na	coin	
an	coin (a'choin)	nan	con	
do'n	cu (d'a'chu)	(do)na	coin	
an	cu	na	coin	
à	choin	(à	chonnaibh	nach Analogie von Decl. 4).
S. a'	bho	Pl. na	bo	
na	boine	nam	bo	
d'a'	bhoin	(do)na	bo	
a'	bho	na	bo	
à	bho	à	bho.	

Anm. *Triath* der Fürst, hat ausser der regelmässigen starken ersten Declination auch noch Formen, die der 3. Decl. angehören. s. unten §. 65 Anm. *Buaidh* Sieg, bildet den plur. unregelmässig, nom. *buaidh.* gen. *buadh* u. s. w.

§. 59 Was die älteren Declinationsformen betrifft, so wird die Endung des gen. sing. *e*, wo sie sich findet, an den umgelauteten Stamm gehängt (z. B. *na gaoithe, na cleibhe, na cloinne*, von *gaoth* und *cliabh* und *clann*.) Dagegen treten die Pluralendung des nom., acc. und voc. *a* sowie die schwache Endung *an* stets an den unveränderten Stamm, (z. B. *na treuna, na treunan* von *treun, na gleannaibh* von *gleann*). *Na dosain* die Mähnen von *dos* (Fionngh. I., 362), scheint eine alte Dualform zu sein.

S.. n.	an	treun der Held		an	gleann das Thal
g.	an	trein		an	glinn und an glinne
d.	do'n	treun		do'n	gleann
a.	an	treun		an	gleann
v.	à	threin		à	ghlinn
Pl. n.	na	treinu. na treuna		na	glin u. na gleannan
g.	nan treun			nan	glinn
d.	na	trein und na treunaibh		(do)na	glinn und na gleannaibh
a.	na	treinu. na treuna		na	glinn u. na gleannan
v.	à	threin und à threuna.		a	ghlinn.

Der ältere Genitiv auf *e* findet sich bei Ossian bei den Femininis (wie *clann, gaoth*) und bei *cliabh* und *òg*. Der ältere dat. plur. kommt häufig vor. Der ältere nom. (gen., acc. u. voc.) plur. auf *a* findet sich bei *treun* Held, *neul* Wolke, *gleann* Thal, *deur* Thräne, *bard* Barde, *raon* Ebene, *mac* Sohn, neben der jüngern Form. Der schwache plur. auf *an* findet sich bei *clann* Stamm, *treun* Held und *clach* Stein, auch zuweilen bei *lon* und *lamh*.

§. 60. Wir stellen nun zur Uebersicht eine Reihe Paradigmen zusammen.

a) Mit besonderem Umlaut im dat. sing.:

an	ceann	das Haupt, masc.	an	neul	die Wolke, masc.
an	cinn		an	neoil	
do'n	cionn		do'n	nial	
an	ceann		an	neul	
à	chinn		à	neoil	

na cinn (*cinne*)   na neoil, na nial, na niala
nan ceann   nan neul, nannial, nanniala
na ceannaibh   na nialaibh
na cinn   na neoil,   na niala
à chinn   à neoil, à nial

b) Wörter mit *a*:

bard	Barde, masc.	lamh	Hand, fem.
baird		laimh	
bard		laimh	
bard		lamh	
bhaird		lamh	

baird (*barda*)	laimh (*lamhan*)	
bard	lamh	
baird (*bardaibh*)	laimh	
baird (*barda*)	laimh (*lamhan*)	
bhaird (*bharda*)	laimh.	

mac	Sohn, masc.	clach	Stein, fem.
mic		cloich (*cloiche*)	
mac		cloich	
mac		clach	
mhic		chlach	

mic	cloich (*clachan*)	
mac	clach (*clachan*)	
mic (*macaibh*)	cloich (*clachaibh*)	
mic	cloich (*clachan*)	
mhic	chloich	

c) Wörter mit *ea*:

fear Mann	*cearb* Lücke, fem.	*sealg* Jagd, fem.
fir	*cirb*	*seilg(e)*
fear	*cirb*	*seilg*
fear	*cearb*	*sealg*
fhir	*chearb*	*shealg*
fir	*cirb*	*seilg*
fear	*cearb*	*sealg*
fir	*cirb*	*seilg*
fir	*cirb*	*seily*
fhir	*chirb*	*sheilg*

d) Wörter mit *ao*:

braon Regen, masc.	*gaoth* Wind, fem.
braoin	*gaoith (gaoithe)*
braon	*gaoth*
braon	*gaoith*
bhraoin	*ghaoth*
braoin	*gaoith*
braon	*gaoth*
braoin	*gaoith*
braoin	*gaoith*
bhraoin	*ghaoith*

e) Wörter mit *eu*:

deur Thräne, masc.	*geug* Ast, fem.
deoir	*geig (geige)*
deur	*geig*
deur	*geug*
dheoir	*gheug.*
deoir (deura)	*geig (geugan)*
deur	*geug*
deoir (deuraibh)	*geig (geugaibh)*
deoir (deura)	*geug (geugan)*
dheoir (dheura)	*gheig.*

f) Wörter mit *ia*:

fiadh Hirsch, masc.	*sciath* Schild, fem.
feidh	*sceith (sceithe)*

fiadh	sceith
fiadh	sciath
fheidh	sciath
feidh	sceith (sciathan)
fiadh	sciath
feidh (fiadhaibh)	sceith (sciathaibh)
feidh	sceith (sciathan)
fheidh	sceith

g) Wörter mit *io*:   h) Wörter mit *o*:

siol Geschlecht, masc.	sonn Held, masc. lon Sumpf, fem.
sil	suinn loin (loine)
siol	sonn loin
siol	sonn lon
shil	shuinn lon
Plural fehlt.	suin (sonna) loin (lonan)
	sonn lon
	suinn loin (lonaibh)
	suinn loin (lonan)
	shuinn loin

i) Wörter mit *u*:   k) Wörter mit *ua*:

cul Rücken, masc. cu s. §. 58.	sluagh Heer, masc.
cuil	sloigh und sluaigh
cul	sluagh
cul	sluagh
chuil	shloigh und shluaigh
cuil	sloigh und sluaigh
cul	sluagh (auch slogh [1])
cuil (culaibh)	sluaigh
cuil	sluaigh
chuil	shluaigh

l) Wörter auf *uai*:

buaidh Sieg, fem.	buaidh
buadh	buadh
buadh	buaidh (buadaibh)
buaidh	buaidh
(bhuadh)	(bhuaidh).

---

[1]) Der Umlaut *sloigh* führt auf eine verloren gegangene Nominativform *slogh*, die als gen. pl. sich erhalten hat.

Nach *bard* declinire man *marbh* der Todte, nach *lamh*: *bàs* der Tod und *lann* die Klinge, nach *clach*: *clann* der Stamm (die Nachkommenschaft), nach *sealg*: *sleagh* der Speer, nach *braon*: *laoch* der Recke und *raon* die Ebene, nach *deur*: *feur* das Gras und *beul* der Mund, nach *fiadh*: *triath* der Held, *cliabh* die Brust, *fial* die Gastlichkeit und *sliabh* der Hügel, nach *sciath*: *grian* die Sonne, nach *sonn*: *tonn* die Woge, *tòm* der Hügel, *bron* die Trauer; nach *lon*: *lom* die Beere und *long* das Schiff; nach *cul*: *run* Geliebter; nach *sluagh* (gen. *sluaigh*); *stuadh* die Welle (gen. *stuaidh*).

Uebungsstück über die erste Declination.
(Man beachte dabei §§. 43—45.)

Es sprach[1] der Barde: O Sohn des Helden, es sind[2] zahlreich[3] die Thränen der Männer. — Es wichen[4] die Heere gleich[5] einer Wolke des Regens, und[6] sie giengen[7] durch[8] das Thal und über[9] den Hügel[10]. — Es gewann[11] Cathmor, der Mann[12] der Klingen, den Sieg. — Er sprach[13]: O Geschlecht[14] der Recken[15], es waren[16] tapfer[17] die Hände; es waren[16] herrlich[18] die Schritte[19] des Heeres neben[20] dem Sumpfe. — Es ist[2] furchtbar[21] das Wehen[22] des Windes; es kräuselt sich[23] das Laub[24] der Aeste; es flohen[25] die Hirsche unter[26] Regen über das Gras. Es rollen[27] die Wogen auf[28] die Steine der Ebene; es tanzen[29] die Schiffe auf[30] dem Rücken der Welle[31]. — O Barde der Harfen, nimm[32] die Harfe in[33] die Hand, erhebe[34] den Ruhm[35] des Stammes[36]. O Auge der Sonne, blicke[37] auf[28] die Männer der Schilde und der Siegel — Es sass[38] Malmhina unter[39] Trauer; sie erhob[40] das Auge unter Thränen um[40] den Tod des Jünglings. Es waren[16] die Augen der Jünglinge ruhend[41] auf[30] dem Todten; es waren[16] dröhnend[42] die Gesänge[43] der Barden unter dem Gang[44] des Windes.

[1]*Tuirt.* [2]*tha.* [3]*lionmhor.* [4]*geill.* [5]*mar* c. dat. [6]*is.* [7]*siubhal iad.* [8]*ro* c. dat. [9]*thar* c. dat. [10]*sliabh.* [11]*faiyh.* [12] „der Mann" bleibt unübersetzt. [13]*Tuirt* e. [14]*siol.* [15]*laoch.* [16]*ba.* [17]*treun.* [18]*corr.* [19]*ceum* (schwach decl.) [20]*aig.* c. dat. [21]*baoth.* [22]*siubhal*, masc. [23]*lub.* [24]*coille*, fem. [25]*teich.* [26]*fo* c. acc. [27]*taom.* [28]*air.* c. dat. [29]*leum.* [30]*air* c. acc. [31]*stuadh.* [32]*ylac-sa.* [33]*an* c. dat. (wird vor dem Artikel apostrophirt: 'n). [34]*eirich.* [35]*cliu* fem. [36]*clann.* [37]*-call-sa.* [38]*suidh.* [39]*fo* c. dat. [40]*eirich.* [40]*mu.* [41] bleibt unübersetzt. [42]*fuaimear.* [43]*fonn.* [44]*triall.*

Zweite Declination.

§. 61. Zur zweiten Declination gehören diejenigen zwei- und mehrsilbigen **alten** Derivata, welche in der zweiten Silbe einen dumpfen Vokal oder dumpfen Diphthong oder *ai* haben. Wir nennen **alte** Derivata diejenigen, welche schon im Sanskr. als Derivata erscheinen (wie *pitr̥*, *matr̥*, *sudsr̥*) und **concrete** Bedeutung haben; im Gegensatz zu den neueren, specifisch gälischen Derivatis **abstracter** Bedeutung auf *-achd*, *-each*, *-iochd*.

§. 62. Im Singular hat ganz nach Analogie der ersten Decl. bei Masculinus der gen. und voc., bei Femininus der gen. und dat den Umlaut in der letzten Silbe, und der Vocativ beider Geschlechter noch die Aspiration, der gen. sing. der Feminina aber häufig auch noch die Endung *e*.

Es wird hier aus *a ai*
ea ei oder *i*
o oi
u ui
ai a.

Die übrigen Vokale sind keines Umlauts fähig.

Z. B. *Mothair* hat im gen. *mothar*, *clarsach clarsaich*, *fasach fasaich*, *brollach brollaich*, *bruadar bruadair*, *carradh carraidh*, *cogadh coghaidh*, *faobhar faobhair*, *aonar aonair*, *iomall iomaill*, *solus soluis*, *gaineamh gaineimh*, *oiteag oiteige*, *gaisgeach gaisgich*, aber *gniomh gniomh*.

Anm. *Talamh* die Erde, bildet den gen. sing., irregulär: *talmhainn*.

§. 63. Der nom. plur., der im Altir. stark ist, wird schon im Mittelgälischen vielfach, im Neugälischen aber durchweg schwach gebildet, mittelst der Endung *-an*. Diese wird in der Regel an den unveränderten nom. sing. gehängt, z. B. *comhrag comhragan*; nur die Wörter auf *ach* und *ar* erleiden eine Abänderung des Stammes, indem die ersteren *ach* in *aich*, die letzteren *ar* in *raich* verwandeln, und nun bei beiden die Endung *an* durch Infection sich in *ean* verwandelt, z. B. *athar* der Vater, hat im nom. pl. *aithraichean* (oder *aithrichean*), *brollach* die Brust, *brollaichean*. *Dorus* das Thor, wirft im plur. sein *u* aus, *dorsan dorsaibh*.

Die Wörter, welche mit *bh* oder *mh* enden, hängen kein *an* an, sondern bilden den nom. pl. gleich dem nom. sing. Z. B. *gniomh*, *claidheamh*.

Der gen. plur. ist dem nom. plur. gleich, also nur durch den Artikel *nan* unterschieden. Z. B. *na-h-aithrichean* die Väter, *nan aithrichean* der Väter.

Der dat. plur. verwandelt die Endung *an* in *aibh*, die Endung *ean* in *ibh*. — Die Wörter, welche mit *bh* oder *mh* enden, bilden (aus phonischem Grunde, zur Vermeidung des übellautenden *bhaibh* oder *mhaibh*) den dat. plur. gleich dem nom. plur.

Der acc. plur. ist dem nom. plur. und der voc. plur. dem aspirirten nom. plur. gleich.

Bei Ossian haben auch manche zweisilbige Wörter (wie *gaisgeach*, *biorach*, *seobhag*, *carraig*) im plur. die starken Formen [ohne *-an*]).

§. 64. Paradigmen.

S. n.	*an-t-*	*athair* der Vater	*a'*	*mhathair* die Mutter	
g.	*an*	*athar*	*na*	*mathar*	
d.	*do'n*	*athair*	*d'a'*	*mhathar*	
a.	*an-t-*	*athair*	*a'*	*mhathair*	
v.	*à*	*athar*	*à*	*mhathair*	

Pl. n.	*na*	*h-aithrichean*	*na*	*mathrichean*	
g	*nan*	*aithrichean*	*nam*	*mathrichean*	
d.	(*do*)*na*	*h-aithrichibh*	(*do*)*na*	*mathrichibh*	
a.	*na*	*h-aithrichean*	*na*	*mathrichean*	
v.	*à*	*aithrichean*	*à*	*mhatrichean*	

S. n.	*an*	*clarsach* die Harfe (masc.)	*an-t-seabhag* der Habicht (fem.)	
g.	*an*	*clarsaich*	*na*	*seabhaig*
d.	*do'n*	*clarsach*	*do'n-t-seabhaig*	
a.	*an*	*clarsach*	*an-t-seabhag*	
v.	*à*	*chlarsaich*	*à*	*sheabhag*

Pl. n.	*na*	*clarsaichean*	*na*	*seabhaig*
g.	*nan*	*clarsaichean*	*nan*	*seabhag*
d.	(*do*)*na*	*clarsaichibh*	(*do*)*na*	*seabhag*
a.	*na*	*clarsaichean*	*na*	*seabhaig*
v.	*à*	*chlarsaichean*	*à*	*sheabhaig*.

Zweite Declination.

S. n. *an-t-iomall* der Saum (masc.)
g. *an iomaill*
d. *do'n iomall*
a. *an-t-iomall*
v. *à iomaill*

Pl. n. *na-h-iomallan*
g. *nan iomallan*
d. (*do*)*na-h-iomallaibh*
a. *na-h-iomallan*
v. *à iomallan.*

S. n. *an*   *gaisgeach* der Held   *an*   *nighean* die Tochter
g. *an*   *gaisgich*   *na*   *nighinn*
d. *do'n*   *gaisgeach*   *do'n* *nighinn*
a. *an*   *gaisgeach*   *an*   *nighean*
v. *à*   *ghaisgich*   *à*   *nighean*

Pl. n. *na*   *gaisgich*   *na*   *nighinn*
g. *nan*   *gaisgeach*   *nan*   *nighean*
d. (*do*)*na*   *gaisgich*   (*do*)*na* *nighinn*
a. *na*   *gaisgich*   *na*   *nighinn*
v. *à*   *ghaisgich*   *à*   *nighinn.*

S. n. *a'*   *bhiorach* das Füllen (fem.)   *Clutha* Clutha (fem.)
g. *na*   *bioraich*   *Cluthai*
d. *d'a'*   *bhioraich*   *Cluthai*
a. *a'*   *bhiorach*   *Clutha*
v. *à*   *bhiorach*   *a Chlutha*

Pl. n. *na*   *bioraich*
g. *nam*   *biorach*
d. *do na*   *bioraich*
a. *na*   *bioraich*
v. *à*   *bhioraich.*

S. n. *claidheamh* das Schwert, masc.   *gaineamh* Sand, fem.
 claidheimh   *gaineimh*
 claidheamh   *gaineimh*
 claidheamh   *gaineamh*
 claidheimh   *ghaineamh.*

claideamh
claideamh
durch alle Casus.

(*gaineamh*
durch alle Casus.)

Nach *athair* declinire man *brathair* der Bruder; nach *mathair*: *iomairt* das Waffenspiel, *gabhail* der Antheil und *agaidh* das Angesicht; nach *clarsach*: *bruadar* der Traum; nach *biorach*: *tannas*, der Geist, Gespenst, *comhrag* der Kampf, *codal* der Schlaf, *cluaran* Distel; nach *seabhag*: *gealach* der Mond, *ordag* der Daumen; nach *gaisgeach*: *tuineadh* die Wohnung, *dithean* Pflanze, *fitheach* Vogel.

Anm. Von *Clutha* kommt neben dem regelmässigen Genitiv *Cluthai* (Carthonn 139) auch ein unregelmässiger Genitiv *Cluaith* (ebend. V. 129) vor.

Dritte Declination.

§. 65. Zur dritten Declination gehört eine grosse Anzahl einsilbiger Stammwörter mit dumpfen Vokal (wie *guth* Stimme, *maol* Haide, *cliu* Ruhm, *beud* Missgeschick, *beus* Zucht, Sitte, *beum* Hieb, *ceum* Schritt, *leum* Sprung, *feum* Anlass, *teud* Strang, Saite u. a. ferner eine Anzahl älterer Derivata mit dumpfen Endvokalen (wie *talla* Halle, *monadh* Moor), endlich die jüngeren Derivata auf *achd* (✕ *eachd*), *iochd* und die meisten Gerundialnomina auf *adh* (✕ *eadh*), z. B. *tilleadh*, *sliochd*, *imeachd*.

Diese Wörter haben keinen Umlaut, setzen aber im Singular auch keine Casusendung an, so dass alle Casus des Singular einander gleich sind, mit Ausnahme des Vocativ, welcher die Aspiration hat.

Im Plural findet sich in Ossian bei den meisten dieser Wörter die starke Declination, zwar natürlich ohne Umlaut, doch was die Hauptsache, ohne Casusendung. Der gen. plur. wird durchaus ohne Casusendung gebildet. (*Nam beum, nan ceum, nan talla* u. s. w.) Hin und wieder kommt im nom. und acc. die schwache Endung *an* vor (z. B. *na tallan, na ceuman*), sehr gewöhnlich im dat. plur. die alte starke Endung *aibh*. — *Reul* der Stern, bildet den plur. *reultan*.

S. n. *a' mhaol* die Haide (fem.)   *an ceum* der Schritt, masc.
   g. *na maol*   *an ceum*
   d. *d'a' mhaol*   *do'n ceum*
   a. *a' mhaol*   *an ceum*
   v. *a mhaol*   *a cheum*

Pl. n.	*na*	*maol*		*na*	*ceum (ceuman)*
g.	*nan*	*maol*		*nan*	*ceum*
d.	*(do)na*	*maol (aibh)*		*(do)na*	*ceumaibh*
a.	*na*	*maol*		*na*	*ceum (ceuman)*
v.	*à*	*mhaol*		*à*	*cheum*

S. n.	*an*	*talla* die Halle (masc)		*an*	*imeachd* der Gang (fem.)
g.	*an*	*talla*		*na*	*h-imeachd*
d.	*do'n*	*talla*		*do'n*	*imeachd*
a.	*an*	*talla*		*an*	*imeachd*
v.	*à*	*thalla*		(*à*	*imeachd*)

Pl. n.	*na*	*tallan*		*na*	*h-imeachd (-an)*
g.	*nan*	*talla*		*nan*	*imeachd*
d.	*na*	*tallaibh*		*na*	*h-imeachd*
a.	*na*	*tallan*		*na*	*h-imeachd (an)*
v.	*à*	*thallan*		*à*	*imeachd (an).*

Anm. 1. *Triath* der Fürst findet sich sowohl nach der ersten als nach der dritten decliuirt.

S. n.	*an*	*triath*		*an*	*triath*
g.	*an*	*treith*		*an*	*triath*
d.	*do'n*	*triath*		*do'n*	*triath*
a.	*an*	*triath*		*an*	*triath*
v.	*à*	*treith*		*à*	*thriath.*

Pl. n.	*na*	*treith*		*na*	*triath, na triathan*
g.	*nan*	*triath*		*nan*	*triath*
d.	*(do)na*	*threith*		*na*	*triathaibh*
a.	*na*	*treith*		*na*	*triathan*
v.	*à*	*threith*		*à*	*thriata.*

Anm. 2. Im Neugälischen ist im Plural die Endung *an* bei den meisten dieser Wörter, insbesondere bei allen den Derivatis auf *achd* × *euchd* und *iochd*, Regel; und zwar wird diese Endung bei den lesteren durch alle Casus — auch für den dat. plur. — beibehalten.

Anm. 3. Von dem Gerundialmodus *briseadh* findet sich Fionugh. II. 22 ein gen. *brisidh* nach der zweiten Decl.

Uebungsstück
über die zweite und dritte Declination.

Ich sah[1] den Kampf des Gespenstes[2] gegen[3] den Helden[4] der Schiffe. Aus[5] der Wolke, der Wohnung[6] des Windes schimmerte[7]

[1] *Cunnaic mi.* [2] *tannas*, 2. [3] *ris.* c. acc. [4] *gaisgeach*, 2. [5] *o* c. dat. [6] *tuineadh*, 2. masc. [7] *boilleg.*

das Licht[8] des Mondes[9], wie[10] das Gesicht[11] eines Todten. Es waren[12] fern[13] auf[14] der Haide[15] und auf dem Moore[16] die Schritte der Barden; es erhoben sich[17] aus[5] den Aesten der Bäume[18] die Stimmen[19] der Habichte. Es lag Caomh-mhala auf[19] dem Felsen[20], einen Traum um[21] das schlummernde Haupt[22]. Sie sah[23] die Gestalt[24] des Geliebten unter[25] Gewalt[26] des Todes. Aber[27] aus[5] dem Osten[28] stiegen[17] die Strahlen[29] der Sonne. Es flohen die Wolken; es sank[30] die Wuth[31] der Wellen[32]. Schnell[33] kamen[34] die Helden[35] an[36] das[37] Land[38]. In[39] der Halle wurde ausgebreitet[40] die Freude[41] des Festmahls[42]. Es kam Caomh-mhala zu[36] dem[43] Fürsten der Schilde und der Schwerter[44]. Es erhoben sich[35] die Lieder[46] von[47] den Thaten[48] des Helden[49], des Vaters der Tapfern[50]. Es blickten[51] herab[52] die Geister der Väter aus den Wolken.

[5]*solus*, [9]*yealach*, 2. fem. [10]*mar* c. dat. [11]*againh*, 2. fem., ohne Artikel. [12]*Ba*. [13]*fada*. [14]*air* c. acc. [15]*maol*. [16]*monadh*. [17]*eirich*. [18]*crann*, 3. [19]*guth*, schwach. [20]*carn*, 3. [21]*mu* c. dat. [22]Uebersetze: um das Haupt des Schlafes. [23]*cunnaic i*. [24]*cruth*, 1. [25]*fo* c. dat. [26]*smeachd*, 3. [27]*Ach*. [28]*sar*, 3. [29]*gath*, 3. schwach. [30]*islich*. [31]*colg*. [32]*stuadh*, 1. [33]*Gu luath*. [34]*tainig*. [35]*sonn*. [36]*gu* c. acc. [37]Bleibt unübersetzt. [38]*cala* wird nach *gu* aspirirt. [39]*Anns* c. dat. [40]*sgaoileadh*. [41]*solas*. [42]*fleagh*, 3. [43]*'n*. [44]*cluideamh* 2. [45]*toy*. [46]*fonn*, 3. stark. [47]*mu* c. acc. [48]*gniomh*, 2. [49]*gaisgeach*, 2. [50]*treun*, 1. [51]*Coimhead*. [52]*sios*.

Zweite Gruppe.
Schwache Declinationen.

§. 66. Wesentlich ist, dass die Casusbildung, schon im gen. sing., ohne Umlaut durch Anhängung von Endungen — oftmals unter Umänderung des Stammes — erfolgt. Gemeinsam ist dieser Gruppe: 1. dass der voc. sing. bei masc. wie fem. aus dem nom. sing. gebildet wird, 2. dass der voc. pl. aus dem dat. plur. gebildet wird, 3. dass der nom. plur. die stabile Endung *ean* hat, welche auf die vorangehende Stammsilbe umlautend oder sonst umgestaltend einwirkt.

Vierte Declination.

§. 67. Zur vierten Declination gehören diejenigen Wörter, welche in der letzten Silbe einen hellen Vokal oder Diphthong haben, mit Ausnahme a) derjenigen zweisilbigen Feminina, welche sich auf *air* oder *ir* endigen, b) der Wörter *dail* Verzug, *sail* Ferse, *lair* See, *cuid* Theil, *feoil* Fleisch, *muir* Meer, *sroin* Nase, *traigh* Strand und dem sing. von *suil* Auge.

Anm. Von den zweisilbigen Femininis auf *air* gehen *mathair* Mutter (und die neugälischen *piuthair* Schwester und *shrathair* Korbsessel) nach der 2. Declin. Ebenso gehen die einsilbigen Wörter *cruit* die Harfe, *smuid* die Rauchsäule und *truid* der Staar, und der sing. von *suil* (gen. *sul*) nach der ersten Declin. Die übrigen, sowie die unter b) angeführten gehen nach der fünften Declination.

§. 68. Der gen. sing. hat zuweilen die Endung *e*. Dieselbe wird an den Nominativ gehängt, z. B. *tir* das Land, *tire* des Landes (dagegen *an righ* des Königs). Endet aber schon der Nomin. auf *e*, so ist der gen. dem nom. gleich, z. B. *ceile* der Gatte, gen. *ceile* des Gatten. Die Wörter auf *ais, ainn, inn* und *eann* werfen vor der Genitivendung den Vokal der Endsilbe aus, und nehmen in der Wurzelsilbe den Umlaut an, *gobhainn, goibhne, abhainn, aibhne*.

Anm. 1. Die Masculina auf *ir* und *air* lassen im gen. die Endung *e* hinweg, bilden also den gen. dem nom. gleich. Z. B. *aimsir*, die Zeit, hat im gen. wieder *aimsir*, *cealgair* der Heuchler, wieder *cealgair*. Vgl. übrigens unten §. 76. Anm. 1.

Anm. 2. Statt der Endung *e* kommt eine alte Endung *a* vor in *ceann-fheadhaa* (von *feadhainn*) Haupt des Volkes.

§. 69. Der dat. und acc. sing. sind dem nom. gleich, der Vocativ ist ebenfalls dem nom. gleich, nur dass, wenn das Wort mit einem aspirationsfähigen Consonanten beginnt, die Aspiration eintritt.

§. 70. Der nom. plur. hängt die Endung *ean* an den Wortstamm. Das *ean* erscheint bei Ossian öfters zu *e* verkürzt, und bleibt mitunter ganz hinweg (z. B. *curaidh*, Fionngh. 1, 665). Die Wörter auf *e* werfen vor dieser Endung ihr *e* ab, z. B. *teachdaire*, *teachdair-ean*. Die Wörter auf *ear, ainn, uinn* und *aid* werfen, wie vor der Endung des gen. sing., den Vokal der Endsilbe des Stammes aus, und nehmen in der Wurzelsilbe den Umlaut an, wenn ein solcher möglich ist, z. B. *abhainn, aibhnean, sinnsear, sinnsrean, caraid, cairdean*. Die Wörter auf *ile, eil, eile, aile, ain, oin* und *ein* (auch manche auf *uil, uile*), hängen (nach abgeworfenem *e*) die Endung *ean* mittelst des Bindelautes *t* an den Wortstamm. Z. B. *baile* die Stadt, *bailtean*, *smaoin*, *smointean*, *mile* das Tausend, *miltean*.

Anm. *Duthaich* hat im plur. irregulär *dutchannan*. Beinn *gaillinn* und *stailinn* werfen im plur. *einn* und *inn* ganz ab und bilden den plur. *beann stailean, gaillean*; *slige* die Schale hat im plur. wieder *slige*.

§. 71. Der gen. plur. ist dem nom. plur. gleich. Nur die einsilbigen Wörter bilden ihn stark, d. h. entweder dem nom. sing.

4*

gleich (z. B. *dail, nan dail*), oder mit umlautender Vokalveränderung (z. B. *suil, nan sùl*).

§. 72. Der dat. plur. wird gebildet aus dem nom. plur. durch Verwandlung von *ean* in *ibh* ✕ *aibh*. Z. B. *suil, suilibh; dail, daltaibh; baile, bailtibh; gamhainn, gamhnaibh*.

Anm. Bei mehrsilbigen Wörtern kommt daneben hin und wieder ein dem nom. plur. gleicher dat. plur. (auf *-ean*) vor. *Beinn* hat im dat. plur. immer *beann*.

§. 73. Der acc. plur. ist dem nom. plur. gleich, der voc. aber dem Dativ, nur mit beigefügter Aspiration.

Anm. 1. Wenn sich als Interjection hin und wieder ein acc. plur. findet (z. B. *na suilean* „o der Augen!" neben dem voc. *à shuilibh*, „o ihr Augen!"), so muss man diesen nicht für eine zweite Form des Vocativ ansehen.

Anm. 2. *Oigh* die Jungfrau hat im plur. neben dem schwachen nom. auch einen starken nach Analogie der ersten Decl. *Na-h-oigh* die Jungfrauen (Carthonn 154 und 160 u. a.) neben *na-h-oighean*.

Anm. 3. *Righ* hat im nom. dat. acc. und voc. plur. *righre*, im dat. plur. *righribh*. *Druim* der Rücken (Nebenform von *drom* der Rücken) bildet den plur. *druimionn*.

§. 74. Paradigmen.

S.	n.	a'	mhaidinn	der Morgen (fem.)	an	ceile	der Gatte
	g.	na	maidne		an	ceile	
	d.	d'a'	mhaidinn		do'n	ceile	
	a.	a'	mhaidinn		an	ceile	
	v.	à	mhaidinn		à	cheile	

Pl.	n.	na	maidnean		na	ceiltean	
	g.	nam	maidnean		nan	ceiltean	
	d.	do na	maidnibh		do na	ceiltibh	
	a.	na	maidnean		na	ceiltean	
	v.	à	mhaidnibh		à	cheiltibh	

S.	n.	a'	bhanais	die Hochzeit (fem.)	an	ahhainn	der Bach (fem.)
	g.	na	bhainnse		na	h-aibhne	
	d.	d' a'	bhanais		do'n	abhainn	
	a.	a'	bhanais		an	abhainn	
	v.	à	bhanais		à	abhainn	

Pl. n.	*na*	*bainnsean*	*na*	*h-aibhnean*
g.	*nam*	*bainnsean*	*nan*	*aibhnean*
d.	*do na*	*bainnsibh*	*do na*	*h-aibhnibh*
a.	*na*	*bainnsean*	*na*	*h-aibhnean*
v.	*à*	*bhainnsibh*	*à*	*aibhnean*.
S.	an	*toireann* der Donner (fem.)	an	*linne* der See (fem.)
	an	*toirne*	*na*	*linne*
	do'n	*toireann*	*do'n*	*linne*
	an	*toireann*	an	*linne*
	à	*thoireann*	*à*	*linne*

Uebungsstück
über die vierte Declination.

Wir schlugen[1] die Feinde[2] und schützten[3] die Freunde. Von[4] den Bergen strömten[5] die Bäche; es war der Gang[6] der Flüsse[7] nach dem[8] Meer[9]. — Wer ist da?[10]). Wer, als[51] der Bruder des Seemanns[11]. Es sieht[12] der Wandersmann[13] eine Flamme[14] des Himmels[15] bei[16] dem Rande[17] des Sumpfes auf[18] dem Grabe[19] des Helden[20]. Gefallen sind[21] die Mauern[22] der Stadt[23] unter Schutt[24]; es wuchsen[24b] Disteln[25] in[26] der Halle.; Vögel[27] sassen[28] auf dem Getrümmer[29]. Es floh der Sohn des Königs[30] von der Klippe[31]; vor[32] den Wolken schwebte[33] der Adler[34] der Riffe[35]. Es waren die Mägdlein[36], die Töchter[37] des Recken[38] unter Thränen. Es floh der Jüngling durch[39] das Dickicht[40]; es fand ihn[41] die Hand des Feindes aus[42] dem Lande[43] der Fremden[44]; es ist auf dem Sande das Grab des Herrlichen[45]. Die Gedanken[46] des Tapfern[47] (sind) bei[48] seinem[49] Ruhme[50].

[1]*Buail sinn.* [2]*namhaid.* [3]*tearrainn sinn.* [4]*O dat.* [5]*taom.* [6]*siubhal.* [7]*sruth*, 1. [8]*gu'n.* [9]*cuan.* [10]*Co as?* [11]*maraiche*, 4. [12]*Chi.* [13]der Mann der Reise; *fear* der Mann, *astar* 1. die Reise. [14]*teine.* [15]*speur*, 3. Plur. tantum. [16]*aig* c. dat. [17]*cruach*, 1. fem. [18]*air* c. acc. [19]*uaigh*, 4. fem. [20]*saor*, 1. [21]*Tuit.* [22]*balla*, 3. [23]*baile*, 4. masc. [24]*smuir*, 4. [24b]*fas.* [25]*cluaran*, 2. masc. (stark). [26]*anns* c. acc. [27]*fitheach*, 2. masc. [28]*a suidhe.* [29]*muig*, 4. [30]*rìgh*, 4. [31]*carraig*, 4. fem. [32]*roimh* c. dat. [33]*snamh.* [34]*iolair*, 4. masc. [35]*sceir*, 4. [36]*oigh.* [37]*nigheann*, 2. [38]*laoch* 1. [39]*ro* c. acc. [40]*doire*, 4. masc. [41]*fuar e.* [42]*o* c. dat. [43]*tir*, 4. [44]*daimh*, 3. stark. [45]*corr.* [46]*smaoin.* [47]*treun.* [48]*air* c. acc. [49]*a.* [50]*cliu*, wird aspirirt. [51]*Co ach.*

Fünfte Declination.

§. 75. Nach der fünften Decl. gehen die Feminina auf *air*, ferner die (schon §. 67 angeführten) Wörter *dail, lair, cuid, sail,* (die Ferse), *fuil* Blut, nebst *caora* Schaf, und *feadhainn* Volk, und *muir, feoil, sroin, traigh* nebst dem sing. von *suil*.

§. 76. Das Charakteristicum dieser Declination ist der gen. sing. auf *ach*. Die Wörter auf *air* werfen vor demselben den Diphthong *ai* aus, z. B. *cathair* der Fuss (des Berges), *cathrach; nathair* die Schlange, *nathrach*. Von den oben angeführten neun einsilbigen Wörtern bilden *dail* Vorzug, *lair* See, *cuid* Theil, *dail* Wiese, und *sail* Ferse, die Genitive *dalach, larach, codach, salach* (aber *sail* Salzfluth, nach der vierten *saile*). Dagegen werfen *feadhainn, traigh, suil, muir, feoil* und *sroin* das *ch* ab und bilden *feadhna* (Conlaoch 79), *sùla* (daneben nach der 1. Decl. *sùl), mara, feòla, sròna* (daneben auch *srone*), *tragha, fola*. *Caora* hat *caorach* (und im plur. *caorich*).

Anm. 1. Auch von den masculinis auf *air* und *ir*, welche nach der 4. Decl. gehen, findet sich daneben hin und wieder ein gen. sing. nach der fünften, z. B. *aimsireach*.

Anm. 2. Diese Declination mit dem gen. auf *ach* kommt schon im Altirischen vor. Uebrigens ist *ach* nicht für eine wirkliche Genitivendung zu halten, sondern für die ursprüngliche Endung (Derivationsendung) des Wortstammes, welche allein im gen. sing. und dem plur. sich erhalten hat. (Vgl. γυνή, γυναικός.) In den andern cas. des sing. ist *ach* abgeworfen, und vor dem *r* ein phonisches *ai* (*cathair* für *cathr*) eingeschoben. Bei den Stämmen, die wie *lair, suil* u. s. w., mit einfachem Consonanten schliessen, ist nur das *i* vor demselben als eingeschoben zu betrachten.

§. 77. In allen übrigen Casibus folgt die fünfte Decl. den Regeln der vierten. Der nom. plur. *ean* wird an den gen. sing. angehängt, dessen Endung *ach* jedoch in *aich* umlautet. Z. B. *cathair, cathrach, cathraichean; nathar, nathrach, nathraichean; cuid, codach, codaichean*. Die Wörter, welche den gen. auf *a* bilden, hängen im nom. plur. einfach *ean* an den Wortstamm, z. B. *suil, sula, suilean*.

§. 78. Paradigmen.

S. n.	*an*	*t-suil* das Auge (fem.)	*an*	*cuid* der Theil (masc.)
g.	*na*	*sùla (sùl)*	*an*	*codach*
d.	*do'n*	*t-suil*	*do'n*	*cuid*
a.	*an*	*t-suil*	*an*	*cuid*
v.	*à*	*shuil*	*à*	*chuid*
Pl. n.	*na*	*suilean*	*na*	*codaichean*
g.	*nan*	*suilean (sul)*	*nan*	*codaichean*
d.	*do na*	*suilibh*	*do na*	*codaichibh*
a.	*na*	*suilean*	*na*	*codaichean*
v.	*à*	*shuilibh*	*à*	*chodaichibh*

S. n. *an*   *cathair* der Fuss des Berges
    na   *cathrach*
    do'n *cathair*
    an   *cathair*
    à   *chathair*
Pl. n. *na*   *cathraichean*
  g. *nan*   *cathraichean*
  d. *do na* *cathraichibh*
  a. *na*   *cathraichean*
  v. *à*   *chathraichibh*

Unregelmässige Declination.

§. 79. Die meisten irregulären Substantiva sind schon oben bei den einzelnen Declinationen erwähnt. Doch mag eine übersichtliche Zusammenstellung nicht überflüssig sein.

Triath der Fürst wird sowohl nach der ersten als nach der dritten, *suil* im sing. nach der ersten (und fünften), im plur. nach der vierten declinirt.

Cu und *bo* bilden den gen. sing. *coin* und *boine*; ersteres bildet den Plural von einem Stamme *con*, letzteres ist im Plural indeclinabel: *bo*.

Oigh hat neben dem regelm. plur. *oighean* auch (nach Analogie der ersten Decl.) den starken Plural *oigh*.

Righ hat im Plural *righre* (dat. *righribh*), *drom* den plur. *druimionn*.

Nun sind nur noch als eigentliche Anomala zu nennen:

1. Die Indeclinabilia: *ear* Ost, *iar* West, *bliadhna* fem. Jahr, Jahre.

2. Das Wort *là* der Tag (zusammengezogen aus *latha*)
  S. n. *là* der Tag (masc.)
    g. *lai, là*
    d. *la*
    a. *la*
    v. *la*
  Pl. n. *laithean* (*laithe, laith', lai*)
    g. *laithean*
    d. *laithib*
    a. *laithean*
    v. *laithean*

3. Das Wort *bean* Weib
S. n. *bean*
g. *bàn*
d. *mnaoi*
a. *bean*
v. *bhean*

Pl. n. *mnai* (?)
g. *mna*
d. *mnathaibh*
a. *mnai*
v. *mhnai*.

Bei Ossian findet sich nur der gen. pl. *nam mnà* Fionngh. I., 211 und der dat. sing. *mnaoi* III. 337.

Uebungsstück
über die fünfte und sämmtliche Declinationen.

Wir sassen[1] am[2] Fuss[3] des Berges, auf[2] dem Grase des Ufers[4], anschauend[5] den Schaum[6] der Wellen[7]. Es war[8] ein Adler schwebend[9] auf[10] dem Wind; es traf ihn[11] ein Pfeil[12] aus[13] der Hand meines[14] Vaters. (Der) Stahl[15] des Helmes[16] glänzte[17] auf (dem) Antlitz[18] des Kämpen[19]; es loderten[20] die Augen, es hob sich[21] (das) Mühen[22] der Brust. Es stieg nieder[23] von der Jagd der Fürst; gesehen wurden[24] (die) Schiffe der Fremden[25]). Es sind aufgestanden[26] die Tausende zum[27] Kampf[28]. Es flossen[29] Ströme Blutes[30] in der Mitte[31] der Speere. Es kam (die) Finsterniss[32] der Nacht[33]; (die) Sterne[34] des Himmels glänzten[17] über[35] den Wolken. Es kamen die Barden mit[36] Gesang[37]; es ging vorüber[38] die Nacht; es erhob sich[21] das Licht[39] des Morgens aus dem Osten. Es schimmerte[40] das[41] Angesicht meines Vaters gleich[42] einer Flamme[43] des Himmels. „O Strahl[44] des Muthes"[45], sprach mein[14] Vater, „ergreife[46] den Speer, und lege[47] den Rest[48] der Feinde unter Verfolgung[49].

[1]*Suidh sinn.* [2]*air* c. acc. [3]*cathair*, 5. [4]*traigh*, 5. fem. [5]*a coimhead*, wörtlich; „im Anschauen." [6]*cobhar*, 1. masc. kommt in den Genitiv. [7]*stuadh*, 1. [8]*Is.* [9]*a snamh.* [10]*air* c. dat. [11]*buail e.* [12]*iuthad*, 1. [13]*o* c. dat, [14]*m'*. [15]*cruaidh*, 4. fem., der Artikel bleibt unübersetzt. [16]*ceann-bheairt*. 2., fem. [17]*a dealrudh.* [18]*oudan.* 2., masc. [19]*curaidh*, 2. [20]*làs.* [21]*tog.* [22]*spairn*, 4. [23]*tearn.* [24]*chunnacas.* [25]*daimh*, 4. [26]*dh'eir:ch.* [27]*gu* c. acc. [28]*stri*, 4. [29]*taom.* [30]*fuil*, 5. fem. Ist zu aspiriren. [31]*a'measg.* [32]*ciar.* [33]*oidche*, 4., fem. [34]*reul*, §. 65. — [35]*os* c. acc. [36]*le* c. acc. [37]*fonn*, 1. [38]*chaidh thairis.* [39]*soillse*, 4. fem. [40]*boillsg.* [41]der Art. bleibt hier unübersetzt. [42]*mar* c. dat. [43]*teine*, 4., fem. [44]*gath*, 3., masc. [45]*treunas*, 1. masc. [46]*glac-sa.* [47]*cuir-sa.* [48]*deireadh* 3. [49]*ruaig*, 4., fem.

Drittes Capitel.
Das Adjectivum.

§. 80. Es gibt zwei Arten von Adjectivis, a) einsilbige, deren Wortstamm der Wurzel gleich ist (wie *ban* weiss, *mor* gross, *caomh* freundlich, *fann* schwach, *faoin* eitel, *dall* blind u. s. w.), b) mehrsilbige, deren Wortstamm aus einer Wurzel und einer Derivationsendung besteht (wie *aluinn* schön, *bronach* traurig, *gailbeach* schrecklich u. s. w.)

§. 81. Alle einsilbigen Adjectiva werden nach der ersten Declination, alle mehrsilbigen nach der zweiten Declination declinirt.

§. 82. Das Adjectivum kann dem Substantivum, zu welchem es als Attribut gehört, vorangestellt oder nachgestellt werden. Das vorangestellte Adjectivum bleibt stets, das nachgestellte (bei Ossian) oft undeclinirt. (Im Neugälischen wird das nachgestellte Adjectivum stets declinirt.) — Z. B. Cathlod. I. 33 *an truscan ciar* (undeclinirt). V. 54: *nan duan cuin.* V. 89: *air m'aitrichibh treun* u. s. f. Aber auch (Fionngh. I. 389) *fo mhala chruim dhorcha chaoil*, u. a. dgl.

§. 83. Die Declination erfolgt nach folgenden Regeln:

A) Alle einsilbigen Adjectiva werden nach der ersten Declination declinirt.

a) im gen. sing. (masc. und fem.) verwandelt sich

a in den Umlaut *ai*
o *ui*
ea
eu *ei*
ia
ao *aoi*
io *i*
eo bleibt *eo*, *i* bleibt *i*.

b) Im gen. und dat. sing. fem. tritt noch die Endung *e* an den umgelauteten Stamm.

B) Die mehrsilbigen Adjectiva gehen nach der zweiten Declination.

C) Die sämmtlichen Casus des Plural haben die Endung *a*.

Paradigmen.

ban weiss		*dearg* roth	
M.	F.	M.	F.
S. n. *ban*	*ban*	*dearg*	*dearg*
g. *bain*	*baine*	*deirg*	*deirge*
d. *ban*	*baine*	*dearg*	*deirge*
a. *ban*	*ban*	*dearg*	*dearg*
v. *bhain*	*bhan*	*dheirg*	*dhearg*
Pl. n. *bana*		*dearga*	
g. *bana*		*dearga*	
d. *bana*		*dearga*	
a. *bana*		*dearga*	
v. *bhana*		*dearga*	

S. n. *ur* neu	*ur*	*bronach* traurig	*bronach*
g. *uir*	*uire*	*bronaich*	*bronaich*
d. *ur*	*uire*	*bronach*	*bronaich*
a. *ur*	*ur*	*bronach*	*bronach*
v. *ur*	*ur*	*bhronaich*	*bhronach*
Pl. *ura*		Pl. *bronacha*	
durch alle Casus.		durch alle Casus.	

A n m. 1. *Geal* weiss, *teann* dünn, und *beag* klein, bilden den gen. auf *i*: *gil, tinn, big*.

A n m. 2. Im Neugälischen bilden die meisten einsilbigen Adj. mit *a* den Gen. auf *oi*, z. B. *dall, doill*; *mall, moill* u. s. w. Die mehrsilbigen ermangeln im Neugälischen der Endung a.

§. 84. Wenn ein Adjectivum als Attribut mit einem Substantivum verbunden wird (z. B. der grosse Held, die weisse Hand), so tritt bei demjenigen der beiden Wörter, welches nachsteht, die Aspiration ein, und zwar nach folgenden Regeln:

a) Geht das Adject. (als undeclinirtes) dem Substantivum voran, so hat das letztere stets die Aspiration. *O garbh ghleann* aus dem rauhen Thal; *an flar ghlinn* des Querthals; *nan ard ghniomh* der grossen Thaten; *na mor shuinn* die grossen Helden; *ciar thuinn* schwarze Wellen. Dadurch unterscheidet sich das attributive Adjectivum vom prädicativen. *Bha ciar an oidche is beucach bruaillean* heisst: es war schwarz die Nacht und brüllend (waren) Wirbel; dagegen: *bha ciar an oidche is bencach bhruaillean* heisst: es war schwarz die Nacht, und (es waren) brüllende Wirbel.

Ist das Adj. ein compositum, so wird in der neugälischen Orthographie die Aspiration zuweilen unterlassen. Z. B. *an gorm-shuileach treun* der blauaugige Held. Schwerlich mit Recht, da man doch umgekehrt auf ein subst. compos. die Aspiration des Adj. folgen lässt, z. B. *gu lamh-gheal ghasda*.

b) Das dem Subst. nachgestellte undeclinirte Adjectiv finden wir in den gedruckten Ausgaben meist unaspirirt geschrieben (s. die Beispiele oben im §. 82). Wohl mit Recht, da die Verbindung hier keine so enge ist, man sich vielmehr die Stimme abgesetzt denken muss, analog wie im Deutschen: „Der Degen gut," „die Jungfrau zart."

c) Das dem Substantivum nachgestellte declinirte Adjectiv hatte im Altirischen die Aspiration, ausgenommen den nom. und acc. sing. und nom. (und acc.?) plur. der Masculina und Neutra, und den gen. und acc. sing. der Feminina. Dem entsprechend finden wir auch noch im Mittelirischen, im *Leabhan breac* (praef. zum hymnus Patricii) den acc. sing. masc. ohne Aspiration. *Rucad h-é cus in mac dall clarenech* (gebracht wurde er zu dem blinden stumpfnasigen Sohn) den nom. sing. ebenso: *luirech diten* ein schützender Panzer, analog auch einen unaspirirten acc. plur. neutrius: *na tri caipitulu dedinacha de*, die drei letzten Capitel davon.

Auch im Neugälischen gilt noch als Regel, dass der nom. sing. der Masculina und der gen. sing. der Feminina unaspirirt bleibe. Im Plural lässt das Neugälische die Aspiration bei allen Casibus des masc. (zuweilen sogar auch des fem.) hinweg. In den gedruckten Ausgaben Ossian's herrscht vollends bunte Verwirrung. In der Edinb. Ausg. v. 1859 finden wir Tighm. VIII. 427 den gen. sing masc. *sruith moir*, Carthonn 51 den gen. plur. masc. *nan cleasan mora* und v. 253 ebenso *nan uchd glana*, an andern Stellen den acc. sing. fem. *an sgiath bhallach* u. s. f.

Wir werden für das Mittelgälische als Regel annehmen dürfen, dass im Mascul. der nom. und acc. im Singular und Plural, im Femin. der gen. und acc. im Singular aspirationslos sei, alle andern Casus aber die Aspiration haben.

Hienach wird also für die mittelgälische Declination der mit Substantiven verbundenen Adjectiva folgendes Schema zu gelten haben:

I. **Das Adjectivum dem Substantivum vorangestellt:**

Masc.
- S. n. *am mor fhear* der grosse Mann
- g. *a' mhor fhir*
- d. *d' a' mhor fhear*
- a. *am mor fhear*
- v. *à mhor fhir*
- Pl. n. *na mor fhir*
- g. *nam mor fhear*
- d. *(do)na mor fhearaibh*
- a. *na mor fhir*
- v. *à mhor fhir*

Fem.
- S. n. *a' bheag*[1]) *chlan* der kleine Stamm
- g. *na beag chloinne*
- d. *d' a' bheag*[1]) *chlann*
- a. *a' bheag*[1]) *chlann*
- v. *à bheag chlann*
- Pl. n. *na beag chloinn*
- g. *nam beag chlann*
- d. *(do)na beag chloinn*
- a. *na beag chloinn*
- v. *à bheag chloinn.*

II. **Das undeclinirte Adjectivum dem Substantivum nachgestellt.**

Masc.
- S. n. *am fear mòr*
- g. —
- d. —
- a. *am fear mòr*
- v. *(à fhir mhoir)*
- Pl. n. *na fir mòr*
- g. *nam fear mor*
- d. *(do) na fearaibh mor*
- a. *na fir mor*
- v. *mor*

Fem.
- *an clann beag*
- —
- —
- *an clann beag*
- —
- *na cloinn beag*
- *nan clann beag*
- *(do) na clannaibh beag*
- *na cloinn beag*
- *à chloinn beag.*

III. **Das declinirte Adjectivum dem Substantivum nachgestellt.**

Masc.
- S. n. *am fear mor*
- g. *an fir mhoir*

Fem.
- *an clann bheag*
- *na cloinne bige*

---

[1]) Siehe §. 44.

	Masc.	Fem.
d.	*do'n fir mhòr*	*do'n cloinne bhige*
a.	*am fear mor*	*an clann beag*
v.	*à fhir mhoir*	*à chlann bheag*
Pl. n.	*na fir mora*	*na cloin bheaga*
g.	*nam fear mhora*	*nan clann bheaga*
d.	*(do)na fearaibh mhora*	*(do) na clannaibh bheaga*
a.	*na fir mora*	*na cloinn bheaga*
v.	*à fhir mhora*	*à chloinn bheaga*

Vergleichungsgrade.

§. 85. Der Comparativ ist 1. bei einsilbigen Adj. gleichlautend mit dem gen. sing. fem. z. B. *ban* weiss, *baine* weisser; *mor* gross, *moire* grösser, *dearg* roth, *deirge* röther, *binn* fein, *binne* feiner.

2. Bei mehrsilbigen wird, um den Comparativ zu bilden, dem gen. sing. fem. ein *e* angehängt. Z. B. *bronach* traurig, *bronaiche* trauriger; *uasail* lieblich, *uasaile* lieblicher, *liath* grau, *leithe* grauer, *fiar* quer, *fiaire* querer, *ciar* finster, *ceire* finsterer, (*diadhaidh* heilig, *diadhaidhe* heiliger).

Anm. 1. Mehrsilbige Adj. auf *ta* oder *da* (wenn dies durch Apokope aus *tach*, *dach* entstanden ist) hängen *cha* an, z. B. *curanta* heldenmüthig, *curantacha* heldenmüthiger. (Auch die adj. auf *-aidh* bilden neben *-aidhe* einen Comp. *-aidhiche*.)

Anm. 2. Die adj. auf *na*, *da* bilden den comp. auf *aine*, *aide*. Z. B. *fada* lang, *faide* länger; *tana* dünn, *taine* dünner.

Anm. 3. *Domhainn* tief, bildet *doimhne*, *dorcha* schwarz, *duirche*, *beo* lebendig, *beoithe* (auch *beothaidh*).

Anm. 4. Anomal sind
mor   *mò* (aus *momha*)
beag   *lugha*
duilich betrübt, *duileacha* und *dorra*
fagasg nahe, *faisge*
furas leicht, *fasa*, *fhusa*
gearr kurz, *giorra*
tagh lieb, *annsa*
dogh wahrscheinlich, *docha* (*dàcha*)
math gut, *fearr*
olc schlecht, *uilce* und *miosa*
trith heiss, *teoithe*
iomadh
minic } viele, *tuille* mehr, mehrere.
lionmhor

§. 86. Der Superlativ wird gebildet aus dem Comparativ durch Umschreibung mit dem pron. rel. *a* und der Copula *'s* (aus is). Z. B. *a's baine* „welcher ist der weissere" = „der weisseste." Z. B. *am fear a's mò*, „der Mann, welcher ist der grössere (im Vergleich mit allen)," d. h. der grösste Mann. Auch das blosse *is* kommt vor, z. B. Carthonn 68, *gu talamh is ceire daimh* „zum Lande des finstersten Fremden."

Viertes Capitel.
Das Zahlwort.

§. 87. Cardinalia. Im Neugälischen sind es folgende:

1. *an* (*a-h-aon* der eine)	40. (*da fichead*)
2. *dà*	50. *leitchiad*
3. *tri*	60. (*tri fichead*)
4. *ceithir*	70. (*deich is tri fichead*)
5. *coig*	80. (*ceithir fichead*)
6. *sè* (*sia*)	90. (*deich is ceithir fichead*)
7. *seachd*	100. *ceud* (altirisch *cèt*)
8. *ochd*	200. (*dà chiad*)
9. *naoidh*, *naoi*	300. (*tri chiad*)
10. *deug*	u. s. w.
10. *deich*	1000. *mile*.
20. *fichead*	2000. *dà mile*
30. (*deich ar fichead*)	u. s. w.

11. *aon deug*. 12. *dha deug*. 13. *tri deug*. 14. *ceithir deug* u.s.w. 21. *aon ar fichead*. 22. *dha air fichead* u. s. w.

Bei Ossian finden sich von diesen allen nur die Zahlen von 1 bis 10, dann *dà—deugh*, *ceud* und *mile*. Dabei ist zu bemerken, dass *dà* (schon im Altirischen) aspirirend wirkt. (Im Altirischen auch *oen* ein, und *cethir* vier.)

Es ist eine Spur eines alten Duals, dass bei *dà* das subst. noch in der Form des nom. sing. steht, und erst von *tri* an der plur. eintritt. *Da fhear* zwei Männer; *tri fir* drei Männer.

§. 88. Die Ordinalia werden gebildet von 4 an durch Anhängung der Endung *amh* ($\times$ *eamh*) an die Cardinalzahl.

Der erste *an ceud* (altirisch *cetne*).
Der zweite *an dara*.
Der dritte *an treas*.
Der vierte *an ceathramh*.
Der fünfte *an coigeamh*.

Der sechste *an siamh.*
Der siebente *an seachdamh.*

u. s. w.

Bei zusammengesetzten Cardinalien bekommt im Neugälischen die kleinste Zahl die Endung; die andere wird mit *thar* („über") beigefügt, z. B. *an ochdamh fear thar an fichead* der 28ste Mann („der 8te Mann über die zwanzig.")
Multiplicirte Cardinalien (wie z. B. *da fichead*) werden als einfache behandelt. Der 20ste *an ficheadamh*
der 40ste *an dá ficheadamh*
der 60ste *an tri ficheadamh*
dagegen der 30ste: *an deichamh thar an ficheadh.*
Bei Ossian findet sich von Ordinalien nur *an ceud* und *an ceathramh.*

Von Numeralsubstantivis findet sich *ochdnar*, die Achtzahl (Fionngh. IV. 53).

Die Multiplication wird a) durch das Substantivum *uair* (Stunde, Zeit) ausgedrückt. Z. B. Fionngh. IV. 69: *Naoi uairean reub e namhaid thall* neun Zeiten (neunmal) verwundete er den Feind dort. (Dies ist in's Englische übergegangen, *nine times*); b) durch *cuairt* (Kreislauf), z. B. ebendas. o. 71: *tri cuairt do-bhris mi a sciath* dreimal habe ich gebrochen seinen Schild.

Uebungsstück
über die Adjectiva und Numeralia.

Es kam die Jungfrau der weissen[1] Hand, mit[2] rother[3] Wange[4], ihre[5] Farbe[6] wie weisser[7] Schnee[8] der kalten[9] Berge. Es war[10] zart[11] das blaue[12] Auge der weichen[13] Wimpern[14]; es war schön[15] die Wonne[16] der Hunderte. Zwei Augen blickten[17] auf[18] die Tochter Toscar's[19]; nicht sah sie[20] den hellen[21] Jüngling der scharfen[22] Klingen. Es waren[10] die schweren[23] Seufzer[24] seiner[5] Brust[25] nach[26] ihrer[5] Liebe[27]. Er ging[28] zur (*do*) hohen[29] Klippe der rothen[30] Hirsche, zur[31] luftigen[32] Wohnung[33] der schnellsten[34] Hirschkuh[35].

L, II., III. bedeutet die drei Arten der Verbindung des Adj. mit dem Subst. wie sie in §. 84 angegeben sind.

[1]*geal*, II. [2]*le* c. dat. [3]*dearg*, III. [4]*gruaidh*, 4. fem. [5]*a*. [6]*tuar*. [7]*ban*, I. [8]*sneachd*, 3. masc. [9]*fuar*, III. [10]*Ba*. [11]*tlath*. [12]*gorm*, I. [13]*mall*, II. [14]*rosg*, 3. (stark). [15]*uillidh*. [16]*aoibhneas*. [17]*a coimhead*. [18]*air* c. acc. [19]1. Decl. [20]*cha-n-fhaic i*. [21]*glan* III. [22]*geur* I. [23]*trom*, III. [24]*osnadh*, 3. [25]*uchd*. [26]*mu* c. acc. [27]*gradh*, 1. masc. [28]*Gluais e*. [29]*ard*. II. [30]*ruadh*, III. [31]*gu* c. dat. [32]*faoin* III. [33]*comhnuidh*, 4. masc. [34]*luath*, der Superl. steht dem Subst. nach. [35]*eilid*, 4.

beim Sprung³⁶ seines⁵ herrlichen³⁷ Pfeiles³⁸ von (o) seinem Daumen³⁹. Wie ein grosser Sturm⁴⁰ ergoss er⁴¹ seine⁵ wilde⁴² Kühnheit⁴³. Echter⁴⁴ Sohn Cumhals⁴⁹, edel⁴⁵ (bist) du⁴⁶ gleich dem milden⁴⁷ Glanze⁴⁸ der herrlichen Sonne, welche⁴⁹ aufgestiegen ist⁵⁰ aus der finstern⁵¹ Wolke der schwarzen⁵² Nacht. Es fielen⁵³ zwei Eber⁵⁴ unter dem Speer des jungen⁵⁵ Helden⁵⁶; er legte sie⁵⁷ zu⁵⁸ den Füssen⁵⁹ der Weisshand⁶⁰. Drei Tage war helle Freude⁶¹ der gastlichen⁶² Schalen⁶³; an⁶⁴ dem vierten gab⁶⁵ Toskar (der Mann) der grossen Siege, seine⁵ milde⁶⁶ Tochter dem Sohne Cumhals.

³⁶*ag leum*. ³⁷*corr* III. ³⁸*iuthadh*, 2. masc. ³⁹*ordag*, 2. fem. (dat.) ⁴⁰*bruaillean*, 2. masc. ⁴¹*taom e*. ⁴²*garbh*. III. ⁴³*treunadas*, 1. masc. ist zu aspiriren. ⁴⁴*dearbh*, I. ⁴⁵*ar*. ⁴⁶*thu*. ⁴⁷*caoin*, II. ⁴⁸*soillse*, 4. fem. ⁴⁹*a*. ⁵⁰*dh' eireas*. ⁵¹*dorcha* II. ⁵²*dubh*, III. ⁵³*tuit*. ⁵⁴*tore*, 1. masc. ⁵⁵*og* III. ⁵⁶*sonn*. ⁵⁷*cuir e iad*. ⁵⁸*do*, c. dat. ⁵⁹*cas*, 1. fem. Umlaut oi. ⁶⁰weissen Hand, II. ⁶¹*solas*, I. ⁶²*fial*, III. ⁶³*slige*. ⁶⁴'n. c. dat. ⁶⁵*toir*. ⁶⁶*ciuin*, II.

Fünftes Capitel.
Das Pronomen.

§. 89. Das Pronomen personale in seiner einfachen Form ist Folgendes:

mi	ich	*sinn*	wir
tu	du	*sibh*	ihr
e	er	*iad*	sie
i	sie		

Anm. Altirisch: *me* tu; *e* (he) *si*, *ed*; *sni* (ni); *sib*; *é* (he).

§. 90. Dies Pron. pers. ist im Gälischen indeclinabel. Den Genitiv vertritt das Pron. possess., der Dativ wird durch die vorangestellte Praepositio dativi: *do*, ausgedrückt; der acc. ist dem nom. gleich. Der Vocativ kommt nur von *thu* und *sibh* vor; über ihn s. §. 91.

§. 91. Das Pron. person. emphaticum:

Schon im Altirischen findet sich das Pron. pers. häufig verstärkt durch ein enklitisch angehängtes Demonstrativum, welches dort als -*me*, -*su*, -*se*, -*ni*, -*si* (-*se*?) erscheint, und somit die Formen *messe*, *tussu*, *hese*; *snisni*, *sissi* (*hese*?) bildet. Es entspricht diese enklit. Verstärkung solchen Bildungen, wie im Griechischen ὅδε, im lat. *egomet*, *tumet*, *nosmet* etc.

Im Gälischen hat nun dies emphatische Pron. poss. folgende Gestalt:

mise	ich	*sinne*	wir
tusa	du	*sibhse*	ihr
esan	er	*iadsan*	sie
ise	sie,		

§. 92. Die emphatische Form der 2. pers. sing. und plur. bildet zugleich den Vocativ für diese Personen. Derselbe wird namentlich beim Imperativ sing. häufig angewendet, *gab thusa* „nimm," *gluais thusa* „geh vorwärts" u. s. w.

§. 93. Das pron. possessivum ist indeclinabel, und hat folgende Form:

mo	mein	*ar*	unser
do	dein	*bhur (ur)*	euer
a	sein, ihr	*an*	ihr (vor *b, f, m, p: am*)

(Altirisch: *mo, do, a, arn, farn, an.*)

§. 94. In Betreff des pron. poss. gelten folgende Regeln:

1. Vor Wörtern, die mit *fh* oder mit einem Vocal beginnen, wird *mo* und *do* apostrophirt, z. B. *m' athair* mein Vater, *d'fhaithne* dein Ring.

2. Ist *a* das pron. poss. 3. sing. masc. („sein"), so zieht es die Aspiration nach sich, nicht aber, wenn es pron. poss. der 3. sing. fem. („ihr") ist. Z. B. Fionngh. I. *thog e a ghorm-lann dh'a deoir*, er gab sein blaues Schwert ihren Thränen. Aspirirend wirkt *a* auch noch dann, wenn es elidirt (durch ein Apostroph ersetzt wird). Z.B. *Cha robh 's hiubal mar shiubal nam fear* nicht war sein Gang wie der Gang der Menschen. (Carthonn 210.) — So schon im Altirischen.

3. Als pron. poss. 3 sing. masc. wird *a* vor vocalisch anlautenden Wörtern elidirt, als pron. poss. 3. sing. fem. wird es mit ihnen durch den Bindelaut *h* verbunden. Z. B. *'anam* seine Seele (Cathlod. II., 46) *d'a-h-athair* ihrem Vater (ebend. III., 101.)

Anm. Die Ursache der unter 2. aufgeführten Erscheinung scheint darin zu liegen, dass *a* sein aus einer altindogermanischen Form *svas*, a ihr aus einer Form *svi* entstanden ist. Das *s* von *svas* bewirkte durch seinen Wegfall die compensirende Aspiration. (S. §. 15.)

§. 95. Auch das pron. possess. wird mit einer emphatischen Enclitica combinirt, welche die Formen

-sa	*-ne*
-sa	*-sa*
-sa	*-sa*

hat, und dem subst. oder dem auf dasselbe folgenden attributiven Adjectiv angehängt wird.

Z. B. mo *lamh-sa* meine Hand
do *lamh-sa* deine Hand
a *lamh-sa* seine (ihre) Hand

ar *lamh-ne* unsere Hände
bhur *lamh-sa* eure Hände
an *lamh-sa* ihre Hände.

§. 96. Die **Reflexivbeziehung** wird bei dem pron. person. sowie bei dem pron. possess. durch Nachsetzung des indeclinabeln pron. *féin* (zweisilbig, entstanden aus dem altirischen *fésin*, etymol. identisch mit *ip-se*; auch *fade-sin*, etym. = αὐτό- und sin) ausgedrückt.

Z. B. *aom an righ e fein* der König neigte sich; *ceileam mi fein* (oder *mise fein*) ich will mich verbergen; *ceil thu fein* verbirg dich; *ceilibh sibh fein* (oder *sibhse fein*) verberget euch; *scuoil na ceibh iadsan fein* die Locken breiten sich aus. Ferner: *seall mi m' athair fein* ich sah meinen Vater; *scaol thu do siur fein* du riefest deine Schwester; *fag e 'aite fein* er verliess seinen Platz; *fag i a run fein* sie verliess ihren Geliebten; *buail sinn ar naimhdean fein* wir schlugen unsere Feinde, u. s. w.

Anm. Oft hat *fein* auch die Bedeutung des lat. *et ipse*. Z. B. Fionngh. IV, 271 f.: „mein Schwert war wie ein Blitz; auch du Oskar, warst furchtbar, *b'uamhasach tu fein.*"

§. 97. **Das pron. personale als suffixum.**

Mit Präpositionen verbunden, tritt das pron. person. nicht als selbständiges Wort auf, sondern wird, zu einem Suffixum verkürzt, der Präposition angehängt, und schmilzt mit ihr zu Einem Wort zusammen, kann übrigens auch in diesem Falle seine enclitica (§. 91) annehmen.

Die Form dieser suffixa ist folgende:

-m   oder *m-sa*   mir, mich
-t (d)   *t-sa*   dir, dich
-s (the)   *the-se*   ihm, ihr (sich)
-inn   *inne*   uns
-ibh   *ibhse*   euch
-ibh oder *ce* oder *the*   *ibh-sa*   sie (sich).

Da aber hiebei die verschiedenen Präpositionen sehr verschiedenartige Umwandlungen erfahren, so kann das Nähere hierüber erst bei der Lehre von den Präpositionen entwickelt werden. Als Beispiel diene vor der Hand die Präposition *do*, zu, welche den Dativ des pron. pers. bildet.

dhom (domh)	mir	oder *dhom-sa*	mir
dhuit	dir	*dhuit-se*	dir
da	ihm	*dhaibh-san*	ihm
dhi	ihr	*dhi-se*	ihr
dhuinn	uns	*dhuinne*	uns
dhuibh	euch	*dhuibh-se*	euch
dhoib	ihnen	*dhoibh-sa*	ihnen.

§. 98. Das pron. demonstrativum substantivum heisst *siod* (*sud*) dieser, jener; es ist indeclinabel, d. h. in nom. und acc. und nach Präpositionen unverändert. Z. B. *Siod an duine* „dieser (ist) der Mann."

Pronomina demonstrativa adjectiva sind: *so* dieser, und *sin* und *ud* jener. Beide sind indeclinabel, und werden dem mit dem Artikel versehenen Subst. nachgestellt. Z. B. *an duine so* dieser Mann, *au duine sin* jener Mann, *an nighean so* dies Mädchen, *na daoine so* diese Männer, *na daoine sin* jene Männer.

Anm. *Sin* scheint blosse Ableitung von *so* (altir. *se* oder *so*, auch *de*, an das sanskr. *asau* erinnernd).

§. 99. Das pron. relativum ist ein doppeltes, ein positives und ein negatives. Das erstere heisst *a* welches (nicht, wie der Artikel: ä, sondern als kurzes a ausgesprochen) folgendermassen declinirt wird.

a	welcher, welche	*na*	welche, die
an	dessen, deren		—
do'n (do'm) oder *a* oder *dh'an*	dem, der	*dh'an* oder *a*	denen
a	welchen, welche	*na*	welche, die.

Der plur. *na* wird häufig auch absolut, d. h. mit der Ellipse des vorangehenden Demonstrativs, im Sinne von *quicunque, si quis*, wer nur immer, gebraucht. *Na dh'fhalbh* „diejenigen, welche vorüber sind" = was vergangen ist. *Na dh' tuit* „diejenigen, welche gefallen sind" = die Gefallenen.

Das pron. relat. negat. *nach* welcher nicht, ist aus *nu* und der Negativpartikel *cha* nicht entstanden, und ist indeclinabel, d. h. durch alle Casus gleich.

Anm. Das pron. relat. heisst schon im Altirischen *an*, *a*, ist sonach ein vom Artikel *an*, der im Altir. *in* hiess, unterschiedener Pronominalstamm, wofür auch heute noch die verschiedene Aussprache Zeugniss gibt.

§. 100. Das pron. interrogativum ist:

1. subst. *co* wer; *ciod* (auch *de*) was. 2. adj. *cia*, *ce* welcher, welche.

Anm. 1. Altirisch 1. *cia* und *ce* wer? und was? *cid* was? 2. *cia*, *ce*, *ced* welcher, welche, welches.

Anm. 2. Die Fragpartikeln *an* (= lat. *num*, *-ne*) und *nach* (= lat. *nonne*) gehören vernünftigerweise nicht zu den pronominibus.

§. 101. Pronominalia.

neach irgend ein; jemand (indecl.)
gach jeder, jede indecl. (*gach aon* jeder einzelne)
eile (der) andere
cdch der (die) übrige
uile alle; ganz.
ath (der) nächste, folgende.

§. 102. Adverbialpronomina werden meist durch Verbindung von pron. mit praepos. oder adv. oder nomin. gebildet:

an sin (wörtl. in diesem) dort.
an so hier; *o so* von nun an.
cia mar wie? (Auch bei Adjectiven, *cia annsa* wie lieb, *quam carus*)
c' aite („was (ist) die Stelle") wo?
c' uinne wann?
o' ar son warum?
c' uime (was die Ursache) warum?
a und nach *gus*, *mu*, *gu*: *an* oder *am* (relativum adverbiale) da, wo, wobei (dass).
a mhain allein (wird als Adverbium dem betreff. Nomen oder Pronomen beigesetzt, z. B. *m' mathair a mhain* mein Vater allein, *thu fein a mhain* du allein).

Uebungsstück
über die Pronomina.

Wer (bist) du mit[1] deinem grossen Schild? Es rief[2] mein Vater seinem[3] tapfern[4] Sohn. Unsre Väter blicken[5] nieder[6] auf (*air*) unsern Ruhm[7]. Siehst du[8] jene Fremden[9] mit ihren rothen[10] Augen? Ergreift[11] eure scharfen[12] Speere; begegnet[13] den[14] raschen[15] Feinden! Es erhob[16] die Maid deiner Liebe[17] ihre Augen auf[18] deine Thaten. — Dort stand[19] der Fremdling in seiner Wuth[20]. Welche Gedanken[21] (sind's, welche) sich erheben[22] in deiner Seele[23]? Wer (bist) du, welcher erhebt[24] seinen[25] Speer gegen[26] den König dieses Landes?[27] Ich nahm[28] meinen langen[29] Speer von meinem Rücken, welchem war[30] schärfste[31] Schneide[32]. Es ergriff[33] der andere seinen Speer, welcher nicht traf[34] mich. Aber[35] mein Speer (stack)[36] in[37] seinem Schild. Wir[38] zogen, jeder sein Schwert[39], welches nicht nichtig[40] (war). Es fielen[42] die Feinde unter unsern Klingen. Es wurden gelegt[41] in[37] das Grab (diejenigen), welche gefallen waren[42].

[1]*le* c. dat. [2]*gairm*. [3]statt des dat. seze *thuige* c. acc. [4]*treun* II. [5]*a coimhead*. [6]*sios*. [7]*cliu*. [8]*An faic thu*. [9]*daimh* 4. [10]*dearg* III. [11]*Glacaibh*. [12]*geur* III. [13]*tachraibh*. [14]Statt des blossen dat. seze *ri* c. acc. [15]*colg* III. [16]*tog*. [17]*gradh*, 1. [18]*air* c. acc. [19]*sheas*. [20]*feary*, seze den plur. [21]*smaoin*, 4. [22]*bu ag eireadh*. [23]*anam*, 3, masc. [24]*togas*. [25]reflex. [26]*air* c. acc. [27]*talamh*. [28]*Tarruinng mi*. [29]*fada* I. [30]*is*, 's. [31]I. [32]*faobhar*. [33]*Glac*. [34]*buail*. [35]*ach*. [36]bleibt unübersezt. [37]*anns* c. dat. [38] „Wir" wird dem verb. nachgesetzt. [39]*claidheamh*. [40]*faoin*. [41]*cuireadh*. [42]*tuit*.

Zweiter Abschnitt.
Das Verbum.

Erstes Capitel.
Die Formen der gälischen Conjugation.

§. 103. Das gälische Verbum hat zwei genera: Activum und Passivum, zwei Paare von modis: den Indicativus absolutus und constructus und den Potentialis und Optativus, wozu noch als Nebenformen der Imperativ nebst Gerundialnomen (Infinitiv) und Participium kommen; in dem ersten Paar von modis vier tempora: Präsens, Aorist, Perfectum und **Futurum**, wovon jedoch das Präsens nur im Pass., das Futurum nur im Act. vorhanden ist; zwei numeri: **Singular** und **Plural**, und **sechs** (resp. sieben) Personen (sieben, insofern im Sing. die 3. masc. von der 3. fem. unterschieden ist).

§. 104. Um den Bau und Sinn dieser Verbalformen zu verstehen, muss man auf das altirische Verbum zurückgehen. Dasselbe hatte im Activum und Passivum drei tempora: praesens, perfectum und futurum, welche den temporibus des gälischen Indicativus entsprechen, sofern das altirische Präsens Activi im Gälischen seine Form und Bedeutung geändert hat und Aorist (dem Sinne nach) geworden ist. Aus diesen alten temporibus haben sich im Gälischen ferner noch die neuen Temporalformen des Indic. constructus herausgebildet, der im Altirischen fehlt. im Gälischen aber (bei einem Theile der Verba) klar heraustritt.

Ausser den genannten drei temporibus hatte das Altirische auch noch zwei andere Formen, welche Zeuss als tempora secundaria bezeichnet hat, und bei welchen sich kein Unterschied von schwacher und starker Conjugation zeigt, nämlich einen **Optativ** (bei Zeuss „praesens secundarium") und einen **Potentialis** (bei Zeuss „forma relativa"), welche in unserm Gälischen als Potentialis und Optativ wiederkehren, nebst dem Imperativ, Gerundialnomen und Participium.

Anm. Zeuss zählt in den drei Haupttemporibus nicht zwei, sondern vier Conjugationen; seine zweite und dritte fallen aber unter den gemeinsamen Begriff der starken Conjugation zusammen, und seine vierte ist ein einfaches Deponens (passive Form mit activer oder reflexiver Bedeutung).

§. 105. Der Hauptunterschied zwischen der altirischen und unserer gälischen Conjugation besteht darin, dass jene für die einzelnen Personen Afformativendungen hatte (entstanden, wie alle dergleichen Afformanten, aus Präpositionen, welche dem Verbalstamm enclitisch angehängt und durch Verkürzung förmlich einverleibt wurden), während die gälische Sprache diese Personendungen abgeworfen und dafür die Personalpronomina *mi, tu* (asp. zu *thu*), *e, i, sinn, sibh, iad* wieder als selbständige encliticas dem unveränderten Temporalstamm anhängt. Nur im Optativ und Imperativ haben sich — dort theilweise, hier ganz — besondere Personalendungen erhalten.

Anm. 1. In der poet. Sprache werden die Personalpronomina zuweilen weggelassen, wenn das Verbum genugsam durch den Context bestimmt ist. Z. B. Carth. 255, *chunnaic bàs* sie sahen den Tod.

Anm. 2. Die altirische Conjugation der drei Hauptzeiten war folgende:

	Schwaches Verbum *car*:	Starkes Verbum *gen* u. *ber*:	
Praesens:	*cairim* ich liebe	*gniu* ich thue	*biur* ich trage
	cairi	*gni*	*bir*
	carid (cairad)	*gniid*	*beir*
	caram	*gniam*	*beram*
	cairid	*gniith*	*berith*
	caired	*gniat*	*berat.*
Perfectum:	*rocharus*	*rognius*	*rubart*
	rocharis	*rognis*	*rubirt*
	rochar	*rogni*	*robart*
	rocharsam	*rogensam*	*robartmar* ⎫ Depo-
	rocharsid	*rogensid*	—? ⎬ nential-
	rocharsat	*rogensad*	*robartatar* ⎭ formen.
Futurum:	*carub*	*gen*	—?
	cairfe	*gene*	*bere*
	cuirfed	*gen*	*bera*
	carfam	*genam*	*beram*
	cairfid	*genid*	*berid*
	carfat	*genat*	*berat.*

Dagegen heisst im Gälischen z. B. das fut. von *beir*, „tragen":

s. *beir mi*
beir thu
beir e
beir i

pl. *beir sinn*
beir sibh
beir iad.

Während aber das Gälische die alten Personenendungen abwarf, hat es dafür (theilweise auf Grund der 3. sing. der altirischen Conjugationen) Endungen zur Bezeichnung der Tempora und Modi geschaffen. Wir müssen nun diese Modi und Tempora einzeln nach ihrer Form und Bedeutung kennen lernen.

Das Activum.

§. 106. I. Der **Indicativus absolutus** steht als unbedingte, kategorische positive Aussage, daher im Hauptsaze, wenn dieser kein negativer und kein Fragsaz ist.

§. 107. 1. Der **Aorist** ist, wie gesagt, aus dem altirischen Präsens entstanden, durch Wegwerfung aller Personalendungen und Beibehaltung des nackten Verbalstammes, z. B. *leum mi* ich sprang, *caisg e* er hemmte, *tearn sinn* wir stiegen herab, *aom i* sie neigte sich, *tarruin iad* sie zogen u. s. w.

Mit der Abwerfung jeglicher Temporal- und Personalendung ging Hand in Hand die Umwandlung der Bedeutung. Der nackt hingestellte Verbalstamm drückt eben recht eigentlich die absolute Handlung, das tempus absolutum, das schlechthinige Geschehensein aus. Daher hat dies Tempus in den meisten Fällen die Bedeutung eines Aorist, kann aber auch, wenn ein abhängiger Saz mit der Conjunction *mu 'n* „ehe" folgt, oder auch sonst dem Zusammenhang nach, den Sinn eines Plusquamperfect annehmen.

§. 108. **2.** Das Perfectum wurde im Altirischen durch die Vorsatz- oder Augmentsilbe *ro* gebildet, welche vielleicht mit dem (im Altirischen übrigens nicht nachweisbaren) Verbum *rinn* „thun" zusammenhängt. Statt dieser Silbe findet sich aber schon im Altirischen auch die Augmentsilbe *do* (vom Stamme *dean*, altir. *den*, „thun"). Im Gälischen ist diese zur Regel geworden. Meist findet sie sich zu *dh'* verkürzt; doch kommt bei Ossian auch noch die volle Form *do* mit Aspiration des anlautenden Stammconsonanten hin und wieder vor. — Dagegen bleibt nach *dh'* die Aspiration gewöhnlich hinweg, da dieselbe auf das Augment zurückgezogen ist. Doch kommt sie zuweilen vor, z. B. *dh' fhairich* Tighm. 6, 349. *Dh' fag mi* ich habe verlassen; *dh' fag thu* du hast verlassen u. s. w. oder: *do fhag mi* etc.

Die Bedeutung ist die eines wirklichen Perfectum (im Sinne der griechischen Grammatik). Eine in der Gegenwart als vollendet vorliegende Handlung. Natürlicherweise kann auch dies Tempus unter Umständen den Sinn eines Plusquamperf. annehmen.

§. 109. 3. Das Futurum ist entstanden aus der 3 sing. fut. des altirischen Verbums. Es wird gebildet durch Anhängung der Endung *-idh* (×*aidh*) an den Verbalstamm. *Caisgidh mi* ich werde hemmen, *caisgidh thu* du wirst hemmen u. s. w. *Caisgidh sinn* wir werden hemmen u. s. f. *Glacaidh mi* ich werde ergreifen u. s. w.

Die Bedeutung ist die gewöhnliche der Futuralbedeutung. daher auch mit der Modification: „ich will," oder: „ich bin im Begriff."

§. 110. II. Der Indicativus constructus (von den neuern schottischen Grammatikern „interrogative and negative mood" genannt) ist ein eigenthümlicher Besitz der gälischen Sprache. Er hat durchaus nicht den Sinn eines Conjunctivs; denn für die conjunctivischen Begriffe ist der Potentialis und Optativ (welcher letztere zugleich die Stelle eines Conditionalis vertritt) vorhanden. Der ind. constr. dient vielmehr nur dazu, eine an sich keineswegs hypothetische Aussage in einfache Abhängigkeit von einer andern Aussage, in Relation zu einer andern Aussage zu sezen. Er ist der eigentliche modus relativus. Er steht daher a) vor allem in sämmtlichen Relativsäzen, b) ferner in sämmtlichen abhängigen Säzen (Vordersaz eines Hauptsazes, Folgesaz eines Hauptsazes), welche nicht etwa ihrem besondern Sinne nach einen Potent. oder Optativ verlangen. Er steht c) in allen, directen wie indirecten Fragesäzen, weil auch die directen Fragen als abhängig von einem „sage mir" gedacht werden. Er steht endlich d) in allen negativen Säzen nicht bloss nach dem pron. relat. negat. (vgl. oben §. 99) *nach*, sondern auch der einfachen Negativpartikel *cha* „nicht." Der Gäle denkt sich die negative Aussage folgendermassen: „nicht dass es so ist."

§. 111. Der indic. constr. unterscheidet sich im Activum des regelm. Verbums wenig vom indic. abs. Weit mehr tritt beim Hülfsverbum *ba* sein, bei einem Theil derjenigen Verba, deren Stamm einer Verkürzung fähig ist (s. §. 129) und vor allem bei den verbis anomalis der Unterschied zwischen beiden modis hervor. Im Aoristus Activi ist bei allen einsilbigen und vielen zweisilbigen Stämmen der indic. constr. dem indic. abs. der Form nach völlig gleich, nur dass nach *cha* und nach dem Fragewort *an* (*am*) zuweilen die Aspiration eintritt. Einzelne zweisilbige Stämme erscheinen im ind. constr. verkürzt, so findet sich vom Stamme *iomairc* „entfernen" der ind. constr. *imrich*. Auch tritt in der Bedeutung der wichtige Unterschied ein, dass der aor. constr. eigentlich zeitlos ist, insofern er eben so gut Präsens- als Aorist-Bedeutung haben kann. *Cha suidh mi aig luachair nan cruach* „nicht size ich am Schilf der Felsränder" (Carraigth. 75).

Und eben darum dient die gleiche Form (der nackte Stamm) auch als Futurum des ind. constr.

§. 112. III. Der Optativ ist entstanden aus dem altirischen (von Zeuss sogenannten) praes. secundarium. Dasselbe hatte die Formen   *nocharinn*
nocharta
nocharad
nocharmis

nocharihe
nochartis.

Das Augment *no* ist im Gälischen abgeworfen, die Aspiration (*char* für *car*) fällt mit dem Augment hinweg; von den Endungen haben sich die 1. und 3. sing. erhalten, so dass die erstere für die 1. sing., die andere für alle übrigen Personen dient. Erstere ist unverändert geblieben und lautet *inn* (✕*ainn*); die Endung *ad* ist in *adh* (✕*eadh*) übergegangen. Bei der 1. sing. ist ein beigesetztes *mi* unnöthig. Z. B. *Gabhainn thu, a rùn, 'am choir, 's bheirinn thu gu comhnuidh d'athar*, ich möchte nehmen dich, o Geliebte, in meine Nähe, und ich möchte bringen dich zur Wohnung deines Vaters" (Carraigth. 157 f.). Dagegen *gabadh thu* du möchtest nehmen; *gabadh e* er möchte nehmen: *gabadh i* sie möchte nehmen u. s. w.

Anm. Die neueren gäl. Grammatiker Schottlands führen die Optativform ungeschickterweise doppelt auf, erstlich wenn er in optativischer Bedeutung steht, als „subjunctive mood" des „past tense" (d. h. des Aorist), zweitens, wenn er in Conditionalsäzen steht, als „future subjunctive 2."

Anm. 2. Ueber einen etwaigen optat. perfecti siehe §. 221. Anmerk.

§. 113. Der Potentialis ist aus der alten (von Zeuss sogenannten) „forma relativa" entstanden, von welcher sich in altirischen Sprachresten die 3. sing. auf *as*, und die 3. plur. auf *ite* vorfindet. Die gälischen Endungen sind *am* (✕*eam*) für die 1. sing. und *as* (✕*eas*) für alle anderen Personen. Die Bedeutung ist die eines griechischen Optativ mit ἄν. Der Potentialis wird allerdings vorzugsweise in Relativsäzen gebraucht, aber nicht, um die einfache relativische Abhängigkeit vom Hauptsaz auszudrücken, (weshalb denn die Bezeichnung „forma relativa" eine durchaus irreführende und unberechtigte ist), sondern wenn der Relativsaz eine allgemeine Qualitätsbestimmung ausdrückt. Z. B. *Tri chuairt dh' eirich guth an laoich, mar osag gaoith a bhriseas thall o nial air càrn s' an oidche*, „dreimal hat sich erhoben die Stimme des Kämpen gleich dem Stoss eines (solchen) Windes, welcher (wie er etwa) dort aus den Wolken auf den Fels stürzen mag in der Nacht" (Cathloduinn III. 128 ff.) Der Relativsaz erzählt keine Thatsache, sondern eine Möglichkeit. — Daher regiert *n' uair* in der Bedeutung „wenn" (si c. conj. praes.) den Potentialis, dagegen in der Bedeutung „als" den indic. constr.

„Als er sich erhob" heisst: *n' uair thog e*; „wenn (so oft) er sich erhebt": *n' uair thogas*.

Der Potentialis hat selbst wieder ein perfectum (mit dem Augment *dh'*). *An so fein tha comhnuidh nan treun a dh' eireas gu beum a bháis*, „eben dort ist die Wohnung der Helden (derjenigen Classe von Helden), welche etwa (nämlich je und je, wo es immer gewesen sein mag) aufgestanden sein mögen zu tödtlichen Hieben (Cathlod. III. 164.) — *Tigeadh aillidh, mar bogha braoin, a nall's a gleann, n' uair dh' fheuchas e' cheann s' an airde;* „sie komme, schön wie ein Regenbogen, daher im Thale, wenn er gezeigt hat sein Haupt in der Höhe" (so schön, wie der Regenbogen jedesmal ist, wenn immer er sein Haupt in der Höhe zeigt). (Auch Carthonn 187, *dh' aomas*. Tighm. VII. 200, *dh' eiream*.)

Anm. Die neuern gäl. Grammatiker führen den potent. praes. als fut. subj. 1 auf. Den potent. perf. kennen sie gar nicht:

§. 114. Der Imperativ hatte im Altirischen die Endung:
sing. 2. *e*
3. *ad, ed*
pl. 1. *am, em*
2. *id*
3. *at, et*.

Das Gälische hat noch eine 1. sing. auf *am* ✕ *sam* hinzugefügt (welche also mit der 1. sing. des Potentialis gleichlautet, aber nicht mit ihr verwechselt werden kann). Von der 2. sing. wurde das *e* abgeworfen; der nackte Stamm bildet die 2. sing. imper. doch kann *thu* beigefügt werden; oft wird das pron. pers. enclit. *sa* angehängt. Die 3. sing. und plur. werden auf *adh* ✕ *eadh* gebildet, sind also an Form wie an Bedeutung der 3. sing. und plur. des Optativ gleich. Die 1. plur. hat die Endung *amaid* ✕ *eamaid* (vgl. die entsprechende Sanskrit-Endung *ámahé*, deren Substanz im Gälischen besser erhalten ist, als im Altirischen), die 2. plur. hat die Endung *ibh* ✕ *aibh*.

§. 115. Als partic. praes. activi findet sich bei einigen Verbis noch die Formen auf *-ang*, z. B. *fulang* ertragend v. *fuilinn*.

Gewöhnlich wird der Begriff des ptc. act. durch das Gerundium ausgedrückt.

Dies besteht aus dem Gerundialnomen und einer Präposition.

Schon das Altirische gebrauchte neben dem **eigentlichen Infinitiv**, der aus dem nackten Verbalstamm bestand, ein **Nomen verbale als Infinitiv**. Im Gälischen ist jener echte **Infinitiv** fast ganz verschwunden (es findet sich *teachd* Tighm. 5, 56, *ospairn* Tighm. 7, 237 vielleicht *tog* Carthonn 273) und es tritt überall das **Nomen verbale als Gerundialnomen** ein. Die gewöhnliche und regelmässige Ableitungsform ist *adh* ✕ *-eadh*. Bei einzelnen Verbis traten aber auch andere Nominalbildungsformen (vgl. oben §. 35) ein.

So bildet *tog* das Gerundialnomen *togail*
luidh *luidhe*
faic *faicinn*
tuit *tuiteam*
feuch *feuchainn*

Anm. 1. Ueber die Abwerfung oder Verkürzung der Endsilbe bei mehrsilbigen Verbalstämmen siehe unten §. 129.

Anm. 2. Von manchen Verbalstämmen sind nur noch die Gerundialnomina vorhanden. (Z. B. Tional. Die tempora müssen hier durch Umschreibung mit *bi sein* gebildet werden.)

§. 116. Die Präpositionen, mit welchen das Gerundialnomen verbunden wird, sind *an* in, *aig* bei, *do* oder *gu* zu.

1. *An* erscheint regelmässig zu *a* verkürzt, z. B. *a thaomadh*, *a luidhe, a thuineadh*; oft wird es völlig verschlungen und durch ein Apostroph ersetzt; vor vocalisch anlautenden Stämmen tritt *h* als Binde-Spiritus ein, z. B. *a-h-aomadh*. Wegen der Verkürzung des *an* tritt die Aspiration ein, als compensative (s. §. 15.) Die Bedeutung ist „im thun," z. B. *a suidhe* im Sitzen, *a luidhe* im Liegen, *a tearnadh* „im Herabsteigen." Daher gewinnt diese Verbindung, wenn vom verbum *bi* sein abhängig, den **Sinn eines Präsens oder eines Imperfect.**

Z. B. *tha a thearnadh* er ist im Herabsteigen, er steigt herab. *Bha a scaoileadh* er war im Ausbreiten, er breitete aus.

Von einem anderweitigen Verbum abhängend, hat die Gerundialverbindung den Sinn eines **Participiums, einer Participial-Apposition.**

2. *Aig* erscheint gewöhnlich zu *ag* verkürzt, *ag aomadh*, und hat die Bedeutung „im Begriff, etwas thun zu wollen;" z. B.

ag aomadh „im Begriff, zu neigen," inclinaturus. Sie vertritt daher ein partic. futuri activi, und, mit der Copula verbunden, das fut. act. der conjug. periphr. *Tha ag buaileadh* „er ist im Begriff zu schlagen" inflicturus est; *bha ag buaileadh*, inflicturus erat. — Es kommt auch *ag* verbunden mit dem pron. poss. *a* vor, in welchem Falle nach §. 94, 2. die Aspiration eintritt, wenn das Subject ein Masculinum ist. Z. B. *ag a ghiulan* „sich haltend," Carth. 213.

3. *Do* erscheint gewöhnlich zu *dh'* verkürzt; und häufig geht noch ein *a* vorher. Die Bedeutung ist die finale: „um zu (thun)." Z. B. *Cuir mise o Loduinn a null gu làmh-gheal gasda a dh' iarruidh d' a-h-athair a ciabh*, „er sandte mich von Lodunn hieher zur Weisshand der schönen um zu verlangen für ihren Vater die Locke." (Cathlod. 3, 99 ff.)

Gu mit dem Gerundialnomen hat die gleiche Bedeutung: „um zu (thun)."

§. 117. Die Gerundialnomina werden nach verschiedenen Formen gebildet. a) Die gewöhnlichste und so zu sagen regelmässige Form ist die auf -*adh* (×*eadh*). So *tuineadh* v. *tuin*, *plosgadh* v. *plosg* u. s. w. und *mosgladh* v. *mosgail* mit Auswerfung des tonlosen Vocals der zweiten Silbe (s. §. 129). So *boillsgeadh* v. *boillsg* u. s. w. Die Endung *eadh* findet sich oft zu *e* verkürzt, z. B. *soillse, boillsge, luidhe, suidhe* für *soillseadh, ooillsgeadh, luidheadh, suidheadh*.

Als Nebenformen derselben erscheinen die Formen auf -*aidh*, -*nidh*. So bildet z. B. *tuinich* mit Abwerfung der tonlosen Endsilbe -*ich* das Gerundialnomen *tunaidh*, und von *iarr iarruidh*.

b) Eine zweite Form ist die vollere auf *eachadh*, welche sich in den Verkürzungen -*achd* und -*eachd* (vgl. oben §. 35) findet. So bildet *feadair* pfeifen, *feadaireachd, foighnich* „fragen" mit Abwerfung der tonlosen Endsilbe -*ich* das Gerundialnomen *foighneachd* *).

c) Die Verba auf *ich, ig* bilden neben jener schwachen Gerundialform auch noch eine starke, indem sie -*ich* in -*aich*, -*ig* in -*aig* verwandeln. So findet sich von *tuinich* die starke Gerundial-

---

*) Man darf hier die Silbe *neachd* nicht für eine Umwandlung der Stammsilbe *nich* halten. Sonst müsste das Gerundialnomen *foignseachadh* lauten. Auch die Analogie von *tuinich, tuinadh* spricht für die Abwerfung der Stammsilbe -*ich*.

form *tuinaich* neben der schwachen *tuinaidh*, so von *aisig* die Gerundialform *aiseg*.

d) Die Verba, deren Stamm mit *-inn* endigt, verwandeln *-inn* in *neas*. So kommt vom Verbalstamm *coisinn* das Gerundialnomen *coisneas* vor.

e) Ferner finden wir Gerundialformen auf *-tinn, -tuinn*, bei consonantisch auslautenden einsilbigen Stämmen. So von *seall sealtuinn*, von *leann leantuinn*, von *cluais claistinn*.

f) Ferner finden sich Gerundialnomina auf *-amh* und *-eamh*. So *caramh* von *cuir*, *sheasamh* von *sheas*, *feitheamh* von *feith* „warten."

g) Die Verba auf *-air* bilden ihr Gerundialnomen auf *-airt*. Z. B. *a labhairt* von *labhair* sprechen, *iomairt* v. *iomair* spielen, kämpfen.

h) Endlich kommen Gerundialnomina auf *-ail* vor. So regelmässig *togail* von *tog* „erheben."

Anm. Neben dem Gerundium auf *adh* ✕ *eadh* kommt auch noch ein besonderes Participium Activi mit der gleichen Bildung *adh* ✕ *eadh* vor, aber nur selten, nur im Sinn eines nomen actoris, und zwar nur in der Redensart *briseadh nan sciath* „Brecher der Schilde." (Tighm. V. 99; VI. 167.) Der gewöhnliche Begriff des partic. praes. act. wird stets durch Umschreibung mit dem Gerundium gebildet, z. B. *seas e a' thogadh a shleig* „er stand im Erheben seines Speeres" d. h. er stand, seinen Speer erhebend.

Das Passivum.

§. 118. Die Modi 1. indic. abs. 2. indic. constr. 3. optativus und 4. potentialis, kommen in gleicher Bedeutung, wie im Activum, vor.

Die Tempora sind ebenfalls die gleichen, nur dass eine Präsensform als solche, unterschieden von der Aoristform, in gewöhnlichem Gebrauch ist. Dafür kommt keine besondere Futuralform vor, sondern das Präsens vertritt dieselbe (wie schon im Altirischen, wo eine besondere Futuralform im Passiv nur schwer nachweisbar ist.)

§. 119. I. Indic. absolutus. 1. Praesens (und futurum). Im Altirischen sind die Formen:

sing. *ur (ar)*
— ?
ethar (athar, tar, ir, ar)

plur. *emmar*
igid
etar (atar, iter, ter)

nachgewiesen. Aus der 3. sing. *-ethar* hat sich durch Erweichung des *th* zum *h*-Laut (s. oben §. 11) und endlich zu einem spir. lenis die Endung *ar* (✕*ear*) für alle Personen beider Numeri herausgebildet. *Cluinnear mi* ich werde gehört; *chithear thu* du wirst gesehen, *cuirear e* er wird gestellt u. s. w. *togar e* er wird erhoben.

§. 120. Die Präsensbedeutung steht fest, und ergibt sich unzweifelhaft aus Stellen wie folgende: „*Dh' fhalbh thu, Shilric...'s tha mise 's a' bheinn am' aonar; chithear am fiadh air a' cruaich gun duine 'g a ruaig o 'n fheur*" (Carraigh. 86 ff.) „Fort bist du, Silric; ... und ich bin allein auf dem Berge; gesehen wird der Hirsch auf dem Felsrand ohne einen Mann, ihn zu jagen (d. h. ohne einen Mann, der ihn jagte) vom Grase hinweg." Die Futuralbedeutung hätte hier keinen Sinn. Ebenso v. 12 f. *togar mile solus suas ri fuaim 'tha seimh o chlarsaich ghrinn*, „es werden erhoben tausend Lichter (Fackeln) hinauf, beim Schall, welcher ist sanft von der schönen Harfe her." (Es folgen die Worte: „Es erwachte die Freude in der Halle der Wellen; zurückkehrte der König" u. s. w. Das Ganze ist also Schilderung eines gegenwärtigen, nicht eines künftigen Zustandes). U. dgl. Stellen mehr.

§. 121. Dass aber diese Präsensform auch das Futurum vertritt, ergibt sich aus Stellen; wie folgende: Carraigth. 113: *Bitidh mo cheum o aisrigh an t-sluaigh gu diomhair 's gun tuar 's an-t-sliabh; chithear leam dite do shuain*, „es wird sein mein Schritt (fern) vom Pfade des Volks, heimlich und farblos (bleich) auf dem Hügel; es wird gesehen werden von mir die Stätte deines Schlummers (dein Grab)." Binnbheul spricht diese Worte zu Silric, der noch lebend vor ihr steht, aber in den Kampf zu ziehen im Begriff ist.

§. 122. Der Aorist hat die aus dem Altirischen nicht nachweisbare (eigentlich activisch lautende) Form *-adh* (✕*eadh*).

Z. B. *An soillse bhu aile adh leam an comhrag le Cairbre 'an comhstri nan sliabh* (Tighm. II. 221), „im Tageslicht wurde geschlagen von mir der Kampf mit Cairbre im Streit der Hügel" *Thuit 's an raon an sciath fo lainn; ... as ceangladh e ri daraig thall* (Cathloduinn III. 172 ff.), „es fiel auf den Boden der Schild unter dem Schwert (streich), und gebunden wurde er (Starno) an die Eiche dort." — Ebenso Carraigth 121: *Caitheadh leis còmhrag 'na feirg.* V. 173: *Togadh leam an uaigh 's a' bhlàr.* V. 506: *Fuaradh cuirm nan slige fial,* u. s. f. unzählig oft.

§. 123. Von einem perfectum passivi kommen Spuren vor. Zwar wenn es Tighm. 1, 517 ff. heisst: *Dh' fhavidte gu'n druideadh bliadhna suas ... 's gu 'm bi 'n làmh so làidir an còmhrag nan treun* („es ist ermöglicht worden [d. h. es kann sein], dass im Hinaufverschliessen der Jahre, [d. h. in der Zukunft] es ist [geschieht], dass diese Hand wuchtig sei im Kampfe der Tapferen), so ist hier *dh' fhavidte* nichts als das gewöhnliche ptc. pft. pass. mit hinzuzusupplirender Copula *is*. Dagegen findet sich ein wirkliches pft. pass. mit dem Augment *do* und der Endung *ad* (×*eadh*) Carthonn 18, „der Fels, *'s an dochuireadh air chùl an laoch,* in welchen gelegt worden ist auf den Rücken der Mann." Croma 146: *Cha dothogadh leis claidheamh,* nicht ist (war) erhoben worden von ihm ein Schwert.

§. 124. II. Der indicativus constructus ist der Form nach vom indic. absol. nicht unterschieden; das praesens hat die Endung *-ar,* der Aorist die Endung *-adh.*

1. Das Präsens. Z. B. Carraigth. 17: *Mar fuaim nach cluinnear ni 's mò,* „wie ein Geräusch, welches nicht mehr gehört wird." Und mit Futuralbedeutung v. 490 f.: *Cha togar le baird an duan; cha-n-fhaicear an uaigh no 'n carn;* von der Zeit nach seinem Tode und von einem künftigen unedlen Geschlecht redend, sagt Fionnghal: „nicht wird erhoben werden ihr Gesang; nicht wird gesehen werden ihr Grab noch ihr Felsstück."

§. 125. 2. Der Aorist. Z. B. Carraigth. 431: *'n uair nochdadh gun mhàil 'a thaobh, dh 'aom bàs thar smaointean an triath,* „als entblösst wurde ohne Rüstung seine Seite, hat sich gesenkt der Tod über die Gedanken des Fürsten." V. 151 ff.: *Nam faicinn mo ghaol 's an-t-sliabh ... a cheile ad le ceò nan carn* „werde ich sehen meine Geliebte auf dem Hügel, welche verhüllt wurde vom Nebel der Felsen?" (V. 139 war erzählt, dass Binnbheul's Geist dem Silric erschienen, aber gleich darauf wieder in Nebel zerflossen war.)

§. 126. III. 1. Für den Optativ hat das Passivum keine besondere Form; es wird dafür der Indicativ gebraucht. Z. B.

Carraigth. 565: *Cuirear airm sholuis 'am láimh* „es mögen genommen werden (ich will nehmen) die Waffen des Lichtes (die strahlenden Waffen) in meine Hand." Cathlod. I. 84 ff.: *Innsear dha, nach faoin mo sholas*, es möge ihm erzählt werden, dass meine Freude nicht eitel war.

Für den Potentialis hat das Gälische die Form-*tadh* (✕*teadh*), z. B. *sintheadh* Tighm. I, 359; für die 1. sing. und plur. imperativi die Form *tar* (✕*tear*).

§. 127. Das ptc. passivi hat (wie im Altirischen) die Endung *te*. Z. B. *bhriste* zerbrochen. (Fionngh. I. 282 findet sich die Endung *ta*, *muchta* belastet, von *much*.) Dasselbe vertritt, mit *is* („ist") verbunden, die Stelle des pfct. pass. (wobei die copula oft ausgelassen wird und zu suppliren ist).

§. 128. Uebersicht der Formen:

Activum.

	Indicativus		Pot. und Opt.
	absol.	constr.	Potentialis.
Aorist	—	—	1. *am*
			2. ff. *as*
			Pot. perf.
Perfect.	*do-*	(fehlt)	1. *dh-am*
			2. ff. *dh-as*
			Optativus.
Futur.	-*idh*	—	1. -*inn*
			2. ff. *adh*
Imper.	-*am*		
	—		
	-*adh*		
	-*amaid*		
	-*ibh*		
	-*adh*		
Partic.	(-*ang*).		

Passivum.

	Indicativus		Pot. und. Opt.
	absol.	constr.	Potentialis
Praesens	-*ar*	-*ar*	-*tadh*
Aorist	-*adh*	-*adh*	
Perfect.	*do-adh*	(fehlt)	Optat.
Futur.	(fehlt)		(fehlt)
Partic.	-*te*.		(Imp. 1. -*tar*)

§. 129. Veränderung der Verbalstämme.

Schon an einzelnen der bisher angeführten Beispiele war ersichtlich, dass die Terminationsformen, welche mit einem Vocal beginnen, nicht immer an den unveränderten Stamm des Verbums angehängt werden.

Unverändert bleiben die einsilbigen Stämme, sowohl diejenigen, in welchen die etymol. Wurzel mit dem Verbalstamm identisch ist (wie *leum* springen, *buail* schlagen, *fas* wachsen, *fag* verlassen, *caill* verlieren, *ceil* verbergen u. s. w.) als diejenigen, wo die mit einer oder mehreren Präpositionen componirte Wurzel zu einer Silbe zusammengewachsen ist (wie *faic* sehen, aus *fo-aic*, *duisg* aufwecken, aus *do-diu-sech*).

Dagegen erleiden die mehrsilbigen Stämme in der Regel eine Verkürzung, indem nämlich der Vocal (oder Diphthong) der Endsilbe elidirt wird, dies auch dann, wenn die Endsilbe die etymol. Wurzel enthält.

So bildet
fogair (von *fo* und *gair*) die Formen *fogradh, fograidh* u. s. w.
foghainn (von *fo* und *gainn*) *fogneadh, fognaidh* u.s.w.

So bildet *caochail* (von *caoch*) die Formen *caochladh, caochlas* u. s. f.

tachair den Potent. *tachram*,
freasdail den 2. plur. imp. *freasdlaibh* (Fionngh. I., 206),
caomhainn den Imperativ *caomhnaibh*.

Anm. Nur von *feadair* „pfeifen" findet sich Tighm. VIII., 408 das Gerundialnomen *feadcireachd* mit unverkürztem Verbalstamm.

§. 130. Dabei gehen die Verbalstämme noch andere Veränderungen ein.

1. Die Stämme, welche in der ersten Silbe den Diphthong *io* haben, verkürzen diesen zu *i*; ein in der zweiten durch Infection entstandenes *ai* verwandelt sich dann in *i* zurück. So verkürzt sich *ioslaich* zu *islich* (auch im perfect., welches *dh' islich* heisst), so *iomairc* zu *imrich* (mit Metathesis des *r*).

2. *Tarruinn* verkürzt sich vor vokalischen Endungen zu *tairn* oder *tairng*, indem der *i*-Laut in die erste Silbe zurück rückt.

3. Einzelne Verba auf *air* gestalten ihren Stamm in *-rich* (mit Infection *-raich*) um. Z. B. von *saltair* „hüpfen" bildet

sich der Potentialis *saltraicheas*. Andre, wie *tachair*, werfen einfach das *ai* aus, z. B. *tachradh*.

4. Die Verba auf *ich* bilden den opt. auf *eachadh* z. B. *fairich, faireachadh*. Nur *eirich* aufstehen, sich erheben, wirft *ich* ganz aus, und bildet den Opt. *eireadh* und den Pot. *eiream eireas*. Ebenso zuweilen *islich* sich senken, setzen. Z. B. *dh' isleas*, Fionngh. 3, 223.

Zweites Capitel.
Das Hülfsverbum *ba* sein.

§. 131. Die altirische Sprache hat, wie alle indogermanischen Sprachen, für das Verbum sein verschiedene Wurzeln, nämlich 1. *as* (Sanskr. *asmi*, griech. ἐσμι, εἰμι „ist"), 2. *bi, ba* (φύω, *fui* bin), 3. *ta*, 4. einen Stamm *fil*. Vom Stamme *bi* hat sie eine vollständige Conjugation: Praes. *biu — bid, bimmi, biedsi, biit*; Perf. *roba — robe, robammar, rubaid, robatar*; Fut. — — *bieid, biam — biet, bethesi, bethis*; Potent. *Biis-bite, bias — beta*; Optat. *biinn, — bith, bemmis, bethesi, bethis*. Dazu noch einen Conjunctiv: *ba — bee, bam, bad, bat*. — Von *at* hat sie nur ein praesens: *atto, tai, atá, attaam, ataid, ataat*. — Von *as* ein praesens; *am, as, is, ammi, —, it. Fil* ist impers. „es ist," „es sind."

Aus diesen Formen hat sich die gälische Sprache ihr Verbum substantivum folgendermassen zusammengesetzt. Vom Stamme *ta* hat sie die 3. sing. mit weggeworfenem anlautendem *a* und mit Aspiration des *t* als indic. abs. praes., den Stamm *fil* in *bheil* umgewandelt als indic. constr. praes. benützt. Von dem Stamme *ba* ist die Wurzel *ba* selbst mit der Aspiration, also *bha*, als Aorist (abs. und constr.) benützt; als aor. constr. findet sich daneben noch die Form *bu*. Das Perfectum ist (für den ind. abs. und constr.) in der Form *robh* herübergenommen. Der indic. abs. des Futurums lautet, aus der 3. sing. fut. mit Einfügung eines als *th* geschriebenen Hauchlautes gebildet, *bithidh*; analoger Weise ist aus dem potent. *bii* der Potentialis *bitheas* (für alle Personen, auch die 1. sing.), und aus dem Optativus *biinn, bith* der Optativus *bithinn, bitheadh* entstanden. Der indic. constr. des Fut. lautet *bi*, eine Verkürzung aus *bithid*. Neben dem allem ist noch vom Stamme *as* die 3. sing. *is* als singul. des praes. und aor. (sowohl abs. als constr.) herübergenommen, von der als 2. sing. ind. constr.

auch noch die Form *as* vorkommt in der Verbindung: *Co as* „wer ist's" (obwohl sich dies *as* auch als Contraction von *a is* erklären liesse; „wer (ist), der (da) ist.")

§. 132. Die Conjugation ist also folgende:

Indicativus absolutus.	Indicativus constructus.	
Praesens.		
Tha mi (is mi) ich bin	*(An) bheil mi (is mi)* —	(wo) ich bin
tha thu (is thu) du bist	*bheil thu (is thu)*	du bist
tha e (is e) er ist	*bheil e (is e)*	er ist
tha i (is i) sie ist	*bheil i (is i)*	sie ist
tha sinn wir sind	*bheil sinn*	wir sind
tha sibh ihr seid	*bheil sibh*	ihr seid
tha iad sie sind.	*bheil iad*	sie sind.
Aorist.		
Bha mi (is mi) ich war	*bha (bu) mi (is mi)*	ich war
bha thu (is thu) du warst	*bha (bu) thu (is thu)*	du warst
bha e (is e) er war	*bha (bu) e (is e)*	er war
bha i (is i) sie war	*bha (bu) i (is i)*	sie war
bha sinn wir waren	*bha (bu) sinn*	wir waren
bha sibh ihr waret	*bha (bu) sibh*	ihr waret
bha iad sie waren.	*bha (bu) iad*	sie waren.
Perfectum.		
Robh mi ich bin gewesen	*robh mi*	ich gewesen bin
robh thu du bist gewesen	*robh thu*	du gewesen bist
robh e er ist gewesen	*robh e*	er gewesen ist
robh i sie ist gewesen	*robh i*	sie gewesen ist
robh sinn wir sind gewesen	*robh sinn*	wir gewesen sind
robh sibh ihr seid gewesen	*robh sibh*	ihr gewesen seid
robh iad sie sind gewesen.	*robh iad*	sie gewesen sind.
Futurum.		
Bithidh me ich werde sein	*bi mi*	ich sein werde
bithidh thu du wirst sein	*bi thu*	du sein wirst
bithidh e er wird sein	*bi e*	er sein wird
bithidh i sie wird sein	*bi i*	sie sein wird.
bithidh sinn wir werden sein	*bi sinn*	wir sein werden
bithidh sibh ihr werdet sein	*bi sibh*	ihr sein werdet
bithidh iad sie werden sein.	*bi iad*	sie sein werden.

Potentialis.

Bitheas mi (wo)	ich sein mag
bitheas thu	du sein magst
bitheas e	er sein mag
bitheas i	sie sein mag
bitheas sinn,	wir sein mögen
bitheas sibh	ihr sein möget
bitheas iad	sie sein mögen.

Optativus.

Bithinn möchte ich sein! (*Mar bithinn* wenn ich wäre)
Bitheadh thu möchtest du sein! (*Mar bithead thu* wenn du wärest.)
Bitheadh e möchte er sein! etc.
Bitheadh i möchte sie sein!
Bitheadh sinn möchten wir sein!
Bitheadh sibh möchtet ihr sein!
Bitheadh iad möchten sie sein!

Imperativus.

Bitheam lass mich sein!
Bi (*bith*) sei!
(*Bitheadh e* er sei, er möge sein!)
(*Bitheadh i,* sie sei, sie möge sein!)
Bitheamaid, lasst uns sein!
Bithibh, seid!
(*Bitheadh iad* sie seien, sie mögen sein!)

Gerundialnomen.

Bith. A bhith seiend, zu sein.
Ag bith, im Begriff zu sein.
Do bith, ag do bith um zu sein.

Anm. Statt *a bhith* findet sich auch *air bith* (z. B. Fionngh. 4, 75) seiend.

Drittes Capitel.
Das regelmässige Verbum.

§. 133. Da nur von wenigen Verbis noch eine Präsensform vorkommt, so wird das Präsens gewöhnlich mit *tha* (oder *is*) und dem Gerundialnomen mit *a* umschrieben. *Tha mi a leumadh* „ich springe." *Is e a cheiladh* „er verbirgt sich."

Wir lassen nun ein Paradigma mit einem dumpfen Laut, und eines mit einem hellen Laut folgen; beim ersteren ist das *i* der Terminationen durch Infection zu *ai*, beim letzteren das *a* der Terminationen durch Infection zu *ea* geworden.

1. *Fag* verlassen.

Activum.

Indicativus absolutus.		Indicativus constructus.	
Fag mi	ich verliess	(*an*) *fag mi*	(wo) ich verliess
fag thu	du verliessest	*fag thu*	du verliessest
fag e	er verliess	*fag e*	er verliess
fag i	sie verliess	*fag i*	sie verliess
fag sinn	wir verliessen	*fag sinn*	wir verliessen
fag sibh	ihr verliesset	*fag sibh*	ihr verliesset
fag iad	sie verliessen	*fag iad*	sie verliessen.

Aorist.

Perfectum.

Dh' fhag mi ich habe verlassen
dh' fhag thu du hast verlassen
dh' fhag e (i) er (sie) hat verlassen
dh' fhag sinn wir haben verlassen
dh' fhag sibh ihr habt verlassen.
dh' fhag iad sie haben verlassen.

Futurum.

Fagaidh mi ich werde ver- (*an*) *fag mi* (wo) ich verlassen
            lassen   werde
fagaidh thu du wirst verlassen   *fag thu* du verlassen wirst
u. s. w.   u. s. w.

Potentialis praes.

fagam (wo immer) ich verlassen mag
fagas thu   du verlassen magst
fagas e (i)   er (sie) verlassen mag
fagas sinn   wir verlassen mögen
fagas sibh   ihr verlassen möget
fagas iad   sie verlassen mögen.

Potentialis perf.

dh' fhagam (wo immer) ich verlassen haben mag
dh' fagas thu   du verlassen haben magst
u. s. w.

Optativus.

Fagainn möchte ich verlassen!
fagadh thu du mögest verlassen!
fugadh e (i) er (sie) möge verlassen!
fagadh sinn möchten wir verlassen!
fagadh sibh ihr möget verlassen!
fagadh iad sie mögen verlassen!

Imperativus.

Fagam lass mich verlassen! ich will verlassen!
fag (fag-sa, fag thu) verlass!
(*fagadh*, er (sie) soll verlassen!)
fagamaid lasst uns verlassen!
faguibh verlasst!
(*fagadh iad* sie sollen verlassen!)

Gerundialnomen.

Fagadh das Verlassen.
a fhagadh „im Verlassen" = verlassend.
ag jagadh „beim Verlassen" = im Begriff zu verlassen.
do fagadh, *gu 'n fagadh* „zum Verlassen" = um zu verlassen.

Passivum.

Indicativus absolutus.   Indicativus constructus.

Präsens (und Futurum).

Fagar mi ich werde verlassen   *fagar mi* (wo) ich verlassen werde
fagar thu du wirst verlassen   *fagar thu* du verlassen wirst
u. s. w.   u. s. w.

Aorist.

Fagadh mi ich wurde verlassen   *fagadh mi* (wo) ich verlassen wurde
fagadh thu du wurdest verlassen   *fagadh thu* du verlassen wurdest
u. s. w.   u. s. w.

Perfectum.

Dh' fagadh mi ich bin verlassen worden.
dh' fagadh thu du bist verlassen worden.
u. s. w.

Potentialis praes.

fagtadh mi (wo immer) ich verlassen werden mag.
fagtadh thu du verlassen werden magst. u. s. w.

Optativus.

(*fagar mi* möchte ich verlassen werden!).
(*fagar thu* du mögest verlassen werden!)
u. s. w.

Participium.
Fagte verlassen.

§. 134. *Bris* brechen.

Activum.

Indicativus absolutus.   Indicativus constructus.

Aorist.

Bris mi ich brach   *bris mi* (wo) ich brach
bris thu du brachst   *bris thu*   du brachst
                                u. s. w.

Perfectum.
Dobhris mi (*dh' bris mi*) ich habe gebrochen
dobhris thu du hast gebrochen
u. s. w.

Futurum.
Brisidh mi ich werde brechen   *bris mi* (wo) ich brechen werde
brisidh thu du wirst brechen   *bris thu*   du brechen wirst
                                     u. s. w.

Potentialis praes.
briseam (wo immer) ich brechen mag
briseas thu   du brechen magst
briseas e (i)   er (sie) brechen mag
briseas sinn   wir brechen mögen
briseas sibh   ihr brechen möget
briseas iad   sie brechen mögen.

Potent. perfecti.
Dobhriseam (wo immer) ich gebrochen haben mag
dobhriseas thu   du gebrochen haben magst
                u. s. w.

Optativus.
Brisinn   möchte ich brechen!
briseadh thu   du mögest brechen!
briseadh e(i)   er (sie) möge brechen!

briseadh sinn möchten wir brechen!
briseadh sibh ihr möget brechen!
briseadh iad sie mögen brechen!

Imperativus.

Briseam lass mich brechen!
bris brich!
(*briseadh* er soll brechen!)
briseamaid lasst uns brechen!
brisibh brecht!
(*briseadh iad* sie sollen brechen!)

Gerundialnomen.

Briseadh das Brechen (gewöhnlich *bhristeadh*).

Passivum.

Indicativus absolutus.   Indicativus constructus.

Praesens.

Brisear mi ich werde ge-   *brisear mi* (wo) ich gebrochen
brochen.   werde.
u. s. w.   u. s. w.

Aorist.

Briseadh mi ich wurde ge-   *briseadh mi* (wo) ich gebro-
brochen   chen wurde
u. s. w.

Perfectum.

Dobhriseadh mi ich bin gebrochen worden
u. s. w.

Potentialis.

bristeadh mi (wo immer) ich gebrochen werden mag
u. s. w.

Optativus.

(*Brisear mi* möchte ich gebrochen werden)
u. s. w.

Participium.

Briste gebrochen.

§. 135. Wir lassen nun einige Verba folgen, bei welchen eine Aenderung des Stammes (nach §. 129 f.) eintritt.

1. *Mosgail* aufwecken.

Activum.

Indicativus absolutus.	Indicativus constructus.
	Aorist.
Mosgail mi	*mosgail mi*
	Perfectum.
Domhosgail mi.	
	Futurum.
Mosglaidh mi.	*mosghail mi.*

Potent. praes.
mosglam
mosglas etc.

Potent. perf.
domhosglam
domhosglas etc.

Optat.
Mosglainn
mosgladh etc.

Imperativus.
Mosglam
mosgail
mosglamaid
mosglaibh.

Gerundialnomen.
Mosgladh.

Passivum.

Indic. abs. u. constr.

Praesens.	Potent.
Mosglar mi.	*mosgailteadh mi*
Aorist.	Opt.
Mosgladh mi.	*mosglar mi.*
Perfect.	
Domhosgladh mi.	

Partic.
Mosgailte.

2. *Jomairc* entfernen (sich).

Activum.

Indic. abs.	Indic. constr.
	Aorist.
Iomairc mi.	*Imrich mi.*

Dh' imrich mi,

Imreachaidh mi,
    Potent. praes.
Imreacham mi
imreachas thu etc.
    Pot. perf.
Dh' imreacham
dh' imreachas.
    Opt.
Imreachainn
imreachadh thu.

    Perfectum.

    Futurum.
    imreachaidh mi.
    Imper.
    Imreacham
    imrich etc.
    Gerundialnomen
    iomairc und *imrich*

3. *Tarruinn* ziehen

Activum.

Indic. absol.
tarruin mi
(oder *tarruing mi*).

do tharuinn mi.

tairnidh mi.
    Potent. praes.
tairneam
tairneas thu etc.
    Potent. perfect.
dothairneam etc.
    Optativ.
tairninn
tairneadh thu etc.
(oder *tairngeadh* *).

Indic. constr.
tarruinn mi,

    Perf.

    Futurum.
    tairnidh mi.
    Imper.
    tairneam
    tarruin etc.
    Gerundialnomen.
    tarruinn.

---

*) Carthonn 109.

Passivum.

Ind. abs. und. constr.
tairnear mi.
Aorist.
tairneadh mi.
Perfect.
dothairneadh mi.

Pot. praes.
tairneadh mi.
Opt.
tairnear mi.

Partic.
(*tarruinte?*)

4. *Fairich* fühlen.

Activum.

Indic. abs. u. constr.
Aor. *Fairich mi.*
Perf. *Dh' fhairich mi.*
Fut. *faireachaidh mi.*
Imp. *faireacham*
    fairich
    faireachamaid
    faireachaibh
Ger. *fairich.*

Potent.
faireacham
faireachas thu.
Pot. pers.
dh' fhaireacham u. s. w.
Opt.
fairechainn
faireachadh thu etc.

Passivum.

Indic. abs. und constr.
Praes. *faireachar mi.*
Aor. *faireachadh mi*
Perf. *dh' fhaireachadh mi*

Potent.
(?)
Optat.
faireachar mi.

Partic.
(?)

5. *Eirich* aufstehen, sich erheben.

Activum.

Indic. abs. und constr.
Aor. *Eirich mi.*
Perf. *Dh' eirich mi.*
Fut. *Eiridh mi.*
Imp. *eiream*
    eirich etc.
Ger. *eiridh.*

Potent. praes.
eiream
eireas thu etc.
Potent. perf.
dh' eiream etc.
Opt.
(*eirinn?*)
eireadh thu etc.

6. *Saltair* hüpfen, und *tachhair* begegnen.

	Indic. abs. und constr.	Pot. praes.
Aor.	*Saltair.* *Tachair.* *Saltraicheam.*	*Tachram.*
Perf.	*Do shalthair. Do thachair. Saltraicheas.*	*Tachras.*
Fut.	*Saltraichidh. Tachraidh.*	Pot. perf.
Imp.	*Saltraicheam. Tachram. Do saltraicheam.*	*Dh'tachram.*
	Saltair etc. *Tachair* etc.	Opt.
Ger.	*Saltair. Tachradh. Saltraichinn*	*Tachrainn.*
	Saltraicheadh. tachradh. etc.	

Viertes Capitel.
Die unregelmässigen Verba.

§. 136. Unregelmässige Verba im gewöhnlichen Sinn gibt es im Gälischen nicht. Die ganze sogen. Unregelmässigkeit besteht darin, dass bei einer Anzahl von Verbis gewisse Tempora oder Modi von einem anderen Verbalstamm, als die übrigen, gebildet werden.

Die im Ossian'schen Mittelgälisch vorkommenden Fälle dieser Art sind folgende:

Cluin hören, bildet den Aorist von der erweiterten Form *cual*; *faic* sehen (d. i. *fo-aic*) bildet einzelne Formen von *cunnaic* (*con-aic*), andere von *chi chith*; *beir* bringen hat keinen aor. act. und pass. und sezt dafür *tug* ein; *toir* geben, sezt ebenso im Aor. act. und pass. *tug* ein, und vertauscht im fut. und pot. oft den Stamm *toir* mit dem Stamme *beir*. *Dean* thun, entnimmt einzelne Formen vom Stamme *rinn* (ident. mit Sanskr. *r*, *ire movere adhibere*), andere vom Stamme *ni* (Sanskr. *ni, adducere*). *Tig* kommen (*do-ic*) sezt in einzelnen Formen den Stamm *tainig* (*do-ann-ic*) ein. *Faigh* finden, erlangen bildet einzelne Formen von dem Stamme *fuar* (im Neugäl. andere vom Stamme *geibh*). *Tuirt* sagen (eigentlich *tubhairt*, von *do-ber* „vorbringen") sezt in einzelnen Formen den Stamm *abair* (*ad-ber*), in andern den Stamm *teir*, wieder in anderen einen Stamm *radh* (auch *gradh* = *ag-radh*, vom altir. *rad* „denken") ein. Defectiv ist der Aorist *chaidh* gehen (vielleicht ident. mit Sanskr.

cést), als dessen Gerundialnomen *dol* (*do-ell, deviare*) gebraucht wird. Ebenfalls defectiv ist *faod* **können**.

§. 137. In welcher Weise diese verschiedenen Stämme sich auf einzelne Verbalformen vertheilen, lehrt die auf Seite 96—97 folgende Tabelle. — Zu bemerken ist nur noch, dass von *cuala* und *cunnaic* sich die alten Formen der 1. sing. aor. act.: *cualam* und *cunnam* und ein aor. pass. auf -*as*: *cualas* und *cunneas* (auch *facas*) finden.

Uebungsstück
über die Conjugation.

O sanfter[1] Lufthauch[2], stets unsichtbarer[3], warum[4] verliessest du[5] meine Ohren[6]? Nicht[7] wird gehört[8] das Geräusch[9] der grauen[10] Ströme[11]. Nicht wird gesehen werden[8] von mir[9] Gormal. — Du hast verlassen[10] den blauen Pfad[11] des Himmels, o Sonne; es sind die Thore[12] der Nacht dir[13] bereit[14]. Es werden kommen die Wellen langsam[15], anschauend[16] den Mann[17], welchem ist hellste[18] Wange[19], hebend[20] unter Furcht[21] ihre Häupter[17]; sie entflohen ohne (*gun*) Farbe von deiner Seite[22]. Nimm[23] Schlaf in[24] deiner Höhle[25], o Sonne, und kehre zurück[26] aus deiner Ruhe[27]. Es mögen erheben[28] die Barden ihre Lieder[29].

„Nehmet[23] unter euer Haupt den Pfad des Ruhmes! Erregt[30] eure Speere! Lasst uns schlagen[31] den Fremden, welcher steht[32] wie die Klippe[33], wenn[34] erwacht[35] der Wind der Wildnisse[36] in (*air*) ihrem Rücken. Es ziehe[37] jeder Held seine Klinge! Es erhebe[38] jeder Kämpe seinen Speer!"

Es wurden gezogen[39] die Klingen; es wurden erhoben die Speere. „Ich will begegnen[40] dem Fremdling der hohen Wogen." So rief[41] ich; es glänzte[42] mein grosser[43] Schild wie das Licht des Morgens, wenn[34] es ausgebreitet ist[44] über die Wellen des Meeres[45]. „Möchte ich erlangen[46] den Sieg; möchte ich legen[47]

[1]*caoin*. [2]*aiteal*. [3]übersez e: „ohne (*gun* c. acc.) dein Gesehenwerden (gerund. von *faic*) jemals (*a chaoid*)." [4]*c'uime*. [5]*treigh*, aor. indic. constr. [6]*cluas*, 1 (schwach). [7]*Cha*. [8]ind. constr. [9]*gairm*. [10]*liath* I. [11]*sruth*, 1. [9]*leam*. [10]*fay*, perf. [11]*astar*, 1. [12]*dorus*. §. 63. [13]§. 97. [14]*reidh*. [15]*gu mall*. [16]*coimhead*, gerund. [17]*genit*. [18]*hell*, glan. [19]*gruaidh*. [20]*tog*, gerund. [21]*eagal*, 3. [22]*taobh*, 3. acc. [23]*gabh*. [24]*an* c. dat. [25]*còs*, masc. [26]*till*. [27]*clòs*, masc. [28]*tog*. Opt. [29]*duan*, 1. [30]*gluais*. [31]*buail*, imp. [32]*sheas*. [33]*scorr*, 3. [34]'n *uair*. [35]*mosgail*, pot. praes. [36]*frith*, 4 (plur. stark). [37]*tarruing*, Optat. [38]*tog*, Optat. [39]Aor. pass. [40]*Tachair*, 1. sing. imp., mit *ri*, c. acc., [41]*gairm*. [42]*soillsich*; seze *is* mit dem gerund. [43]III. [44]*sin*, pot. pass. [45]*muir*, s. [46]*faigh*, Optat. [47]*cuir*.

den Feind unter Bande[48]! Ich werde erlangen (den) Sieg; es werden sagen die Barden, dass[49] ich erlangen werde[50] Ruhm." Erlangt wurde[51] von mir Sieg und Ruhm; gehört wurden von[52] meinem Namen[53] die Gesänge der Barden. Ob[54] gesehen wurde[55] jemals[56] ein Tage der Freude, wie dieser?

[48]*iall*, 1, der Riemen (Plur. auf *a*). [49]*gu 'n*. [50]Indic. constr. fut. [51]Aor. pass. [52]*mu* c. acc. [53]*ainm*. [54]*am*. [55]Aor. pass. Indic. constr. [56]*a chaoidh*.

Verba anomala.

	Cluin hören	Faic sehen	Beir bringen	Toir geben
A c t i v u m. Aoristus absolutus.	1. s. cualam [1]) euala thu etc.	1. s cunnam [1]) cunnaic, cunna	tug	tug (Perf. d' thug)
Aoristus constructus.	euala	fac, faca [2]) cunnaic [2])	tug	tug
Futurum absolutum.	cluinnidh	chi	beir	beir
Futurum constructum.	cluinn	fac, faic	beir	beir toir
Potentialis praes.	1. s. cluinneam cluinneas etc.	1. s. chiteam [4]a) faiceam [4]b) chi	1. s. beiream beireas etc.	beir
Optativus.	1. s. cluinninn cluinneadh etc.	1. s. faicinn chitheadh	1. s. beirinn beireadh	beirinn, toirinn (thugainn) etc.
Imperativus.	cluinneam cluinn etc.	faiceam	beiream	toiream, tugam
Gerundialnomea.	claistinn	faicinn, faicsinn	beirsian	toirt
P a s s i v u m. Praes. absolutum.	cluinnear	chithear	beirear	beirear
Praes. constructum.	cluinnear	faicear	beirear	toirear
Aoristus absolutus.	cualadh, cualas [3])	cunnacas cunneas	(tugadh)	tugadh
Aoristus constructus.	cualadh	facadh facas [5])	(tugadh)	tugadh
Potentialis.	(cluinnteadh)	(chitheadh)	—	—
Optativus.	cluinnear	chithear	beirear	beirear
Participium.	cluinnte	(chite) faicte	—	—
	[1]) Carraigth 169. [2]) Carthonn 134. Tighm. 7. 218.	[1]) Carraigth. 60. [2]) Tighm. 1. 57. [3]) Gaolnannd. 75. [4]a) Caomh. 35, Tighm. VI. 11. [4]b) Fionngh. V. 220. [5]) Carthonn. 137, 328.		

Verba anomala.

Chaid gehen	Tig kommen	Dean thun	Faigh finden	Tuirt sagen	Faod können
chaidh	tainig	rinn	fuair	tuirt (tubhairt)	(faodadh) dh' fhaoidhte
—	tainig	rinn	fuair	tvirt	—
theid	tig	ni	geibh	their	(faod)
theid	tig	dean	faigh	their [1]) abair	—
theid	tig, taixeas	(ni)	geibh	their	—
—	1. s tiginn tigeadh	1. s. deannain deannaidh	1. s. faighinn faigeadh	theirinn	(faodainn)
—	tigeam	deunnam	faigheam	(abairsam)	—
dol	tighinn, teachd	deanamh	faghail	radh	—
—	—	(nithear)	(geibhear)	theirear	—
—	—	(deanar)	faighear [1])	(abairear)	—
—	—	(rinneadh)	fuaradh	(tuirteadh)	—
—	—	(rinneadh)	fuaradh	(tuirteadh)	—
—	—	—	—	—	—
—	—	—	gheibhear	—	—
—	—	deanta	faighte geibte [2])	—	—
			[1]) Carraigth. 109 [2]) Fionngh 11, 83.	[1]) Calthoun. 278.	

Ebrard, Gälische Grammatik.

Dritter Abschnitt.
Die Partikeln.
Erstes Capitel.
Das Adverbium.

§. 138. Das Adverbium gibt Umstände oder Beschaffenheit eines Geschehens an, steht daher zunächst beim Verbum, unter Umständen auch bei einem Adjectiv, nämlich um anzugeben, unter welchen Umständen oder in welchem Grade die durch das Adjectiv ausgesagte Eigenschaft stattfinde. (Z. B. der allzeit vergnügte Knabe = der allezeit vergnügt seiende Knabe. Mein Schmerz ist zu gross = ist ein in abnormem Maasse gross seiender.)

§. 139. Es gibt zwei Arten von Adverbiis, 1. selbständige Adverbialbegriffe des Ortes, der Zeit, des Maasses, der Vergleichung, 2. von Adjectiven abgeleitete Adverbia der Beschaffenheit.

§. 140. Selbständige Adverbialbegriffe sind:
a) der Vergleichung:

na als, wie (bei Vergleichung, „grösser als —, *mó na*...), z. B. Fionngh. I, 46. *Is treine na gailleann nan stuadh* er ist stärker als (die) Stürme der Wellen.

co, cho-mar so...wie...*(ceart co-is* „genau so, wie," eigentlich „genau so ist diess und jenes.")

cho-ri, so... wie... (wobei *ri* Präposition ist, und den Dativ regiert, z. B. *Co, dha'm bheil an guth cho caoin cho labhara ri gaoith,* „wer (ist), welchem wäre die Stimme so sanft, so beredt gleich dem Winde," d. h. wie der Wind? (Carraigth. 522 f.)

ro beim adj. a) sehr; b) zu (sehr). Aspirirt.

ach als, z. B. *co th' ann, ach mac Chumhail* wer ist's (anders), als der Sohn Cumhals. (Carthonn 33.) *Cha-n' neil annad fein, ach gaoth* nicht (s) ist in dir, als Wind. (Tiglim. 8, 396.)

mar sin („wie jenes"), *mar so* („wie dieses") so.
cia mar wie (interrog.)

b) Des Ortes:

an so („in diesem") hier.
an sin („in jenem") dort.

nall hier.
thall dort.
a nall hieher.
a null dorthin.
a ris hervor.
rompa voraus.
far an wo (relativisch).
c' ait' an wo (interrog. „Welches (ist) der Plaz, da").
air (die Präposition, adverbial gebraucht), dabei, daneben.
ann (ebenso) darin (z. B. Fiongh. I, 354).
iosal darnieder (liegend), unten.
suas empor.
sios nieder, abwärts.
a nios herboi.
a nuas hinunter.
mach aussen.
a mach heraus, hervor.
thairis vorüber, vorbei.
tharam vorüber, oben vorüber.
an aigh in der Nähe.
coimh-air gegenüber.

   c) Der Zeit:
nis, a nis jezt.
nis, mò jemals mehr (in negativen Säzen, z. B. *cha-n-fhaic mi iad nis mò*, „nicht werde ich sie jemals mehr sehen" = ich werde sie nie mehr sehen).
riamh immer; in neg. Säzen; jemals.
gu brath für immer.
a gnath fort und fort, unaufhörlich.
a chaoidh jemals.
an diugh heute.
am maireack morgen.
o so von nun an.
moch früh (Morgens).

   d) Der Beziehung:
gu leir gänzlich.
do reir entsprechend, gemäss (mit folgender Präpos. *mar*: *do reir mar* entsprechend so wie, geradeso wie).

e) Der Möglichkeit:
teagamh vielleicht.
f) Der Frage:
cia mar wie...?

Anm. *Ro* wird auch Substantivis vorgesetzt, um den Begriff derselben zu verstärken. Z. B. Calthoun 70: *Teutha nan ro-thoirm, Teutha* (der Strom) der Sehr-Getöse (des sehr starken Rauschens.) Conlaoch 26: *an ro-chuan* das grosse Meer. Achnlich wie *ro* wird auch *lion* voll, gebraucht, z. B. *lion dorcha* ganz finster. Conlaoch 159.

§. 141. Aus den Adjectivis werden Adverbia gebildet durch Vorsetzung der Partikel *gu* vor den unveränderten Stamm des Adjectivums. Z. B. *Gluais e gu luath* er ging schnell; *labhair i gu caoin* sie sprach sanft.

Dies *gu* kann jedoch auch wegbleiben. Z. B. Carthonn 227: *Làn mile claideamh dubh-gorm geur a' dealradh glan 'an tallæ Shelma*, ein volles Tausend dunkelblaue scharfe Schwerter blitzten hell in der Halle Selma's. Fionngh. I. 423: *Fuil a' dhortadh dluth* Blut wurde vergossen dicht (stromweise).

Zuweilen, wenn *gu* fehlt, nimmt der Adjectivstamm die Endung *a* an. Z. B. Carthonn 314: *Is iomadh gorm thòm ag eiridh arda*, es erheben sich manche grüne Hügel hoch.

§. 142. Endlich werden durch Verbindung von Nominibus mit Präpositionen viele, sehr häufig vorkommende Adverbia gebildet.

Von *àm* die Zeit:	*an àm so* damals,
	air àm zur Zeit, jezt.
von *ais* Rücken:	*air ais* zurück.
von *aon* Einer:	*mar-aon* zusammen (wörtlich: „wie Ein Mann").
von *caol* enge:	*air chaol* \ in der Nähe, dicht dabei.
	air a chaol /
von *ceile* Mann:	*le cheile* beisammen,
	o cheile auseinander, entzwei,
von *coir* Nähe:	*air coir* beisammen, zusammen,
von *comhla* Begleitung:	*air comhla* zusammen,
von *cuairt* Umkreis:	*mu 'n cuairt* ringsumher,
von *cul* Rücken:	*air cul* hinten,
	gu chul ganz und gar („bis hinten"),

o chul hinten.
o chulaobh (d. i. *o chul-thaobh*) von hinten,
von *deigh* Rückseite: *an deigh* darnach, später.
von *ur* neu: *as ur* von neuem, abermals.
von *seach* Folge, Wechsel: *ma seach* wechselsweise, abwechselnd.

Zweites Capitel.
Die Präpositionen.

§. 143. Die Präposition bestimmt die Beziehung eines Geschehens zu einem, durch ein Substantivum ausgedrückten Begriffe. Die keltischen Sprachen sind an Präpositionen sehr reich, und die Bedeutungen derselben sind eben so fein als bestimmt ausgebildet. Hier jedoch haben wir diese Redetheile noch nicht in Bezug auf ihre Construction und Bedeutung, sondern nur in Bezug auf die Formenlehre zu betrachten.

§. 144. In dieser Beziehung nun sind die Präpositionen in dreifacher Richtung Gegenstand unserer Betrachtung:

a) insofern sie auf den (aspirabeln) Anlautconsonanten des mit ihnen verbundenen, zunächst auf sie folgenden Wortes aspirirend wirken, oder nicht;

b) insofern sie, vor gewissen Wörtern stehend, Verkürzungen erleiden oder bewirken;

c) insofern die von ihnen regierten pronomina personalia als Suffixa mit ihnen verbunden werden.

§. 145. A) Aspirirende Präpositionen sind:
de von   *gun* ohne
do zu   *mar* wie, gleich
fa auf   *mu* um
feadh durch   *o* aus
fo unter   *troimh* durch
gu zu

Anm. Im Altirischen wirkten alle vocalisch auslautenden Präpositionen aspirirend, nämlich *de*, *do*, *fo*, *gu*, *imme* (woraus *mu* entstand), *o*, *tre* (woraus *troimh* entstand), ferner *air* (aus *ari* entstanden), *cen* (jezt *gun*), *fiad* (jezt *feidh*). In allen diesen, ausgenommen in *air*, hat sich die aspirirende Kraft erhalten. Wenn im Neugälischen nach *mu* die Aspiration zuweilen weggelassen, zuweilen wieder vollzogen wird, so ist die Weglassung jedenfalls ein neuerer Eindringling, und im Ossiantexte wird die Aspiration nach *mu* überall wiederherzustellen sein. Wenn aber das Neugälische die aspirirende Kraft der Präposition nicht bloss auf das unmittelbar darauf folgende, sondern auch auf das durch einen Artikel oder ein Possessivpronomen von der Präposition getrennte Nomen wirken lässt (z. B. nicht bloss *o choille, gun fheum*, sondern auch *o 'n bhalla, gun an chairdean*) so ist dies ebenfalls als moderne Verweichung der Sprache zu betrachten und für den Ossiantext zu verwerfen. Z. B. *Mu chairdibh* um Freunde; *mu' chairdibh* um seine Freunde. *Mu' cairdibh* um ihre Freunde.

§. 146. Nichtaspirirende Präpositionen sind:

aig, ag bei, neben	*gus* bis, zu	*ro* durch
air, ar auf, über	*le* mit, durch	*thar* über
an in	*leis* sammt	*throimh* durch
anns in	*ma-ri* zugleich mit	*thuige* zu
as aus	*os, uas* über	*uime* um — willen
car während	*ri,* zu, gegen	
edar zwischen	*roimh* vor	

Anm. *Roimh* ist das altirische *ren*, daher nicht aspirirend (vrgl. §. 145. Anm.) *Le* ist, wie *leis*, aus dem altirischen *las* entstanden, daher ebenfalls nicht aspirirend. Wenn im Neugälischen nach *eadar* (altir. *etar*) zuweilen die Aspiration gesezt wird, so ist dies als eine, für's Mittelgälische nicht in Betracht kommende Neuerung anzusehen.

§. 147. B) Verkürzungen erleiden die Präpositionen *aig (ag), an, anns, de, mu* und *ri,* auch *do.*

aig und *ag* wird vor dem Artikel sowie vor vokalisch anlautenden Nominibus und Gerundialnominibus häufig zu '*g* verkürzt.

an wird vor dem Artikel in der Regel verkürzt, und zwar auf verschiedene Weise;

aus *an an* wird '*an* oder '*n an* oder '*na*
an am   '*am*   '*n am*
an a   '*na*

dagegen bleibt *an na* unverändert.

anns wird vor dem Artikel *an*, sowie vor dem pron. possess. 1. plur. *ar* unser, zu '*s* verkürzt. Z. B. '*s an talla* in der Halle; '*s an-t-sliabh* auf dem Hügel, '*s ar baile* in unsrer Stadt.

de wird vor Vokalen in *dh'* verwandelt. Z. B. *mile dh' ialla* ein Tausend (von) Riemen.

ri wird vor dem pron. possess. 3 sing. *a* sein, ihr, zu *r'* apostrophirt. Z. B. *r' a thaobh* an seiner Seite, *r' a taobh* an ihrer Seite.

do wird vor dem pron. poss. *a* zu *d'*. Z. B. *d' a deoir.*

§. 148. Verkürzungen bewirken die Präpositionen *do, fo, mu, o*. Nach ihnen wird der Artikel *an*, sowie der Plural *an* des pron. relat. zu *'n*, das pron. possess. 1. plur. *ar* „unser" zu *'r*, und die pron. possess. 1. und 2. sing. *mo, do* zu *m'* und *d'* verkürzt.

Z. B. *o'n ear* aus dem Osten; *do'n* welchem;
o'r taobh, von unsrer Seite (z. B. Tighm. II. 84);
fo m' laimh unter meiner Hand (z. B. Fionngh. I, 33);
ri m' thaobh an meiner Seite (z. B. Carraigth, 544);
ri d' thaobh an deiner Seite u. s. w.

Hiebei wird *do* zuweilen in *da* verwandelt. Z. B. *da 'm minn* nach meinem Willen.

Die pron. possessiva *mo* und *do* werden auch nach den Präpositionen *lo* und *as* zuweilen zu *m'* und *d'* verkürzt.

A um. Nach vokalisch auslautenden Präpositionen wird das mit vokalisch anlautenden femininis durch –*h*– verbundene pron. poss. 3. sing. fem. *a* ihr gewöhnlich elidirt. Statt *le a-h-aille* „mit ihrer Schönheit" steht *le-h-aille* (z. B. Caomh. 75).

§. 149. Eine doppelte Verkürzung, sowohl der Präposition als des Pronomens, findet Statt, wenn *aig* bei, oder *an* in, mit *mo* mein, *do* dein, zusammentritt. Es wächst *a' m'* zu *am* und *a' d'* zu *ad* oder *'n ad* zusammen (z. B. *am' deigh* hinter mir, nach mir. Cathlod. III, 142); *ad' luidhe* Fionngh II, 234. *Aig do* wächst zu *'gad* zusammen (Fionngh. V, 423).

§. 150. Wird von den Präpositionen *aig, air, an, de, do* (vgl. §. 97), *thuige, le, o, roimh, ri* ein Personalpronomen regiert, so wird dasselbe unter mancherlei Umwandlungen des Präpositionsstammes mit diesem als Suffixum verbunden. In welcher Weise, lehrt die folgende Tafel. Die emphatischen Encliticae sind bei Ossian oft beigefügt, oft fehlen sie.

aig bei	*air* über
agam-sa bei mir	*orm-sa*
agad-sa bei dir	*ort-sa*
aige-san (*sa*) bei ihm	*air-san*
aige-se bei ihr	(*urra-se*)
againn-ne bei uns	*oirn-ne*
agaibh-se bei euch	*oirbh-se*
aca-san bei ihnen [a]	*orra-san*

[a] Tighm. VI, 336.

Präpos. mit Suffixen.

    an in
annam [1]b)
annad [1]c)

    de von
diom-sa
diot-sa
deth-sa
dith-se
dinne
dibh-se
diuth-sa.

    do (zu)
domh-sa mir
duit-se dir
da (*dhaibh-san*) ihm
  dhi-se ihr
duinn (*dhuinne*) uns
duibh-se euch
doibh-sa ihnen

    thuige zu
thugam-sa zu mir
thugad-sa zu dir
thuige-san zu ihm
  thuice-se zu ihr
thugainn zu uns.
thugaibh-se zu euch
thuca-san zu ihnen.

    le mit, durch
leam-sa mit dir, durch mich
leat-sa
leis-san
  leatha [1]d), *leath-sa*
lein-ne
leibh-se
leatha [2]), *leo* [3])

    o aus, von
uam-sa
uat-sa
uime-se
  (?)
uainn
uaibh
uime-san.

    ri zu, gegen
rium
riut?
ris

ribh [3]b)

    roimh vor
romham-sa
romhad-sa
roimhe [4]) (*roimhe-se*)
  roimhe [5])
ruinne [6])

romhaibh
(*rompa-san*)

    mu um
umam um mich
umad um dich

---

[1]b) Fionngh II, 206. [1]c) Tighm. VIII, 396. [1]d) Tighm. IV, 445.
[2]) Carraigth. 83.
[3]) Tighm. III, 217, *leo fein* im Sinn von *pro se quisque*, jeder bei sich selbst. V, 250 einfach reflexiv.
[3]b) Tighm. IV, 252.
[4]) Carraigth. 363.
[5]) Tighm. VIII, 84.
[6]) Tighm. VI, 102.

Hiezu gesellt sich noch die Form *eatorra*, d. i. *eadar* mit dem suff. der 3. plur. „zwischen ihnen."

Anm. Diese Suffixa können auch das Relativpronomen vertreten. So z. B. Conlaoch 34: *Co, deth tha cearb do thruscain?* was (ist's) von dem der Saum deines Kleides ist? (d. h. aus was besteht der Saum deines Kleides?)

Uebungsstück
über die Präpositionen.

Wenn[1] du geben würdest[2] mir dein Schwert, (so) würde fallen[2] Cathmor durch[3] mich. Es standen die Geister[4] der Ahnen[5] bei[6] mir auf der Wolke des Nebels[7]; ich sprach zu[8] ihnen, und sie hörten meine Stimme. Vor[9] mir erhob sich die Klippe des Mooses[10]. Es ist mein Pfad unter Ruhm gleich (dem) Wallen[11] der blauen[12] Salzfluth[13]; nach mir[14] werden kommen Jahre der Schwäche[15]. Geflohen ist[16] vor[17] mir der Recke der blauen (I) Klingen. Gebt uns Gesänge (ihr) Barden; erlangt werde[18] das Gelage[19] der Gastlichkeiten[20]. Wenn[21] aufgegangen sein wird[22] der Mond[23], und kommen wird über[24] uns der süsse[25] Schlummer[26], wird herherabsteigen[27] zu[28] mir die Gestalt[29] der herrlichen Maid meiner Liebe, und es wird kommen mit[30] ihr Freude[31] in[32] mich und Friede[33] in meine Seele, und liegen werde ich[34] unter Pracht[35] ohne Kummer[36] bis[37] (zum) Morgen.

[1]*nan*. [2]Optat. [3]*le*. [4]*taibhse*, 4. fem. [5]*sinnsear*, 4. [6]*aig*. [7]*ceo*, 3. [8]*thuige*. [9]*roimh*. [10]*coineach*, 2. masc. [11]*siubhal*. [12]III. [13]*sail*, 4. masc. [14]*in* (an) meinem Rücken (*deigh*). [15]*laigse*, 4. fem. [16]Perf. [17]*o*. [18]Opt. pass. [19]*cuirm*, 4. fem. [20]*fial*, 3. [21]*n'* uair. [22]*eirich*, pot. perf. [23]*rè*. 4. masc. [24]*air*. [25]*ciun*, III. [26]*suain*, 4. fem. [27]*tearn*. [28]*ri*. [29]*cruth*. [30]*le*. [31]*solas*. [32]*an*. [33]*sith*. [34]*luidh*. [35]*morchuis*, 4. fem. [36]*bròn*. [37]*gu*, c. acc.

Drittes Capitel.
Die Conjunctionen.

§. 151. Die im Ossianischen Mittel-Gälisch vorkommenden Conjunctionen sind folgende:

Paratactische:
1. negative: *cha* nicht, *nach* dass nicht (in abh. Sätzen), *no* noch (*neque*)
ni nicht, *nior* nicht.

Syntactische:
gun ohne dass (*gu no*)

2. **interrogat.**: *an* (Fragwort) vor
Labialen *am*
nach (= *nonne*)
'*n a* Fragwort (*num*)
        an (*am*) ob
        nach ob nicht

3. **adversative**: *ach* aber (altir. *act*)
        ach gu 'n nur dass.

4. **conditionale**: *neo* sonst (*alias*)
        nan, nam wenn (auch: = *utinam* wenn doch)
        ma wenn
        mar, mur wenn nicht

5. **concessionale**:
        ge wie sehr auch
        ged selbst wenn, *etiamsi*

6. **causale**: *oir* denn
        (—) weil

7. **folgernde**: *reir* demgemäss; daher
        (—) so, dass

8. **enunciative**:
        gu, gur dass (ὅτι)
        gu 'n dass nicht.

9. **temporale**:
        mu 'n ehe, bevor
        gus bis, bis dass
        o, o'n (o 'n uair) seitdem
        '*n uair a* als, wenn
        fad as so lange als

10. **finale**:
        chum c. inf. um zu.
        mus damit nicht
        chum nach damit nicht
        (*mu 'n* damit nicht)
        ar eagal gu „aus Furcht, dass" = damit nicht
        gus nach damit nicht.

11. **vergleichende**: *neo* sonst (ausserdem)
        mar gu 'n („wie dass") = als wenn, als ob
        mar so wie (auch: so wie damals, als)

§. 152. In Bezug auf Formenlehre ist nur dies zu bemerken, dass die Negativpartikel *cha* ein folgendes mit *b, m, p, c, g* anlautendes Wort (Verbum) immer, und ein mit *d, t, s* anlautendes zuweilen aspirirt (z. B. *cha bhuail mi* ich schlage nicht), und dass sie vor ein vokalisch anlautendes Wort, sowie vor jenes aspirirte den Bindelaut *n* einschiebt (z. B. *cha-n-ann* es ist nicht vorhanden; *cha-n-fhaic mi* ich sehe nicht). Der indic. constr. praes. der Copula: *bheil*, wirft nach *cha* sein *bh* ab, und nimmt den Bindelaut *n* an. (*Cha-n-eil mi* ich bin nicht.)

Anhang.
Uebersicht der Fälle, wo Aspiration einzutreten hat.

§. 153. A) In der Declination:
a) beim Vocativ sing. und plur. der Substantiva und Adjectiva;
b) nach dem zu *a'* gekürzten Artikel, s. §. 44.

B) In der Verbindung von attributiven Adjectiven mit Substantiven:
Aspirirt wird: a) das Subst., dem sein Adject. vorgestellt ist;
        b) das declinirte Adjectiv, das dem Substantiv folgt, mit Ausnahme α) des nom. und acc. im Sing. und Plural. masc., β) des gen. und acc. sing. fem.

C) Nach dem Zahlwort *dhá*.

D) Bei Pronominibus, nach den Possessivpronominibus der 1. und 2. Person sing. und der 3. sing. masc., also nach *mo* mein, *do* dein, *a* sein (nicht nach *a* ihr. Niemals nach dem pron. relat. *an, a*).

E) In der Conjugation:
a) im pft. act. und pass. und pot. pft. nach der Präformationssilbe *do* (oder *do* wird selbst zu *dh'*). S. §§. 108, 113, 123;
b) die Formen des Hülfsverbums: *bha, tha* s. §. 132;
c) in einzelnen unregelmässigen Verbis, s. §. 137;
d) so oft vor einem Gerundium die verkürzte Präposition *a'* (für *an*) steht, tritt die compensative Aspiration ein.

F) Bei Präpositionen:
Nach den Präpositionen: *de, do, fa, feadh, fo, gu, gun, mar, mu, o, troimh* wird das Substantiv aspirirt.

G) Bei Adverbien:
Das adv. *ro* sehr, zu sehr, wirkt aspirirend auf sein adj.

H) Bei Conjunctionen:
Das auf *cha* „nicht" folgende Verbum wird nach §. 152 aspirirt.
Ebenso das auf *mar* „wie" folgende

I) **Nach syntactischen Regeln:**

a) Der genit. eines Substantivs wird aspirirt, wenn dies Substantiv, sowie dasjenige, wovon es als Genitiv abhängt, artikellos ist. (S. unten §. 172.)

b) Wird vor dem verb. finit. das pron. relat. oder das Relativadverbium ausgelassen, so wird das Verbum aspirirt. *Fear, a tuitidh*, oder: *fear' thuitidh*, der Mann, welcher fallen wird; *'n uair a ghuaiseas an righ*, oder: *'n uair ghluaiseas righ*, zur Stunde, da der König aufsteht.

K) In Compositis (so auch nach dem *neo* — privativum und *an* — privativum) wird das zweite Wort aspirirt.

Alle anderweitigen Aspirationen gehören nur der neugälischen Sprache an, und sind aus dem Ossiantext zu tilgen. (Vgl. z. B. unten S. 158 Anm. 3.)

———⋅⋅⋅⋅⋅———

Dritter Theil.

Sazlehre.

Erster Abschnitt.
Der einfache oder absolute Saz.

Erstes Capitel.
Die Arten des einfachen Sazes und die Wortstellung.

§. 154. Jeglicher Saz enthält entweder eine Aussage über ein **Sein** (Zustand, Beschaffenheit) oder über ein **Werden** (Veränderung eines Zustandes, Geschehen, Handlung). Die Säze der ersteren Art (**Zustandssäze**) bestehen wesentlich aus drei Theilen a) dem **Subject**, von welchem ein So-beschaffen-sein prädicirt wird, b) der **Copula** „sein" (oder ihren Stellvertretern), c) dem **Prädicat**, welches das Wie-beschaffen-sein ausdrückt. Die Säze der zweiten Art (**Handlungssäze**) bestehen ebenfalls wesentlich aus drei Theilen: a) dem **Subject**, von welchem die Handlung ausgesagt wird, b) dem **Verbum finitum**, welches die Handlung selbst bezeichnet, c) dem **Object**, welches den Gegenstand benennt, an welchem die Handlung vollzogen wird, auf welchen sie gerichtet ist.

§. 155. Es ist nun aber eine **Reduction** dieser wesentlichen Saztheile möglich.

A) Eine Reduction auf bloss zwei Saztheile tritt ein: a) im **Zustandssaz**, wenn von dem Subject keine besondere Beschaffenheit, sondern nur die **Existenz** im Allgemeinen, also das **Dasein** ausgedrückt wird. In den meisten Sprachen umfasst in solchen Fällen das Verbum „sein" die Copula und das Prädicat.

Z. B. im Lateinischen: *sunt novem Musae*, d. h. neun Musen sind existirend, „es gibt" neun Musen. Auch im Gälischen kann diese Reduction eintreten, wenn nämlich das Subject noch einen Relativsaz bei sich hat. (Z. B. *Is lionmhor righ, a b' airde triath*, es waren viele Könige, welche hohe Fürsten waren. Cathlod. II, 175, Daneben hat aber diese Sprache für den Prädicatsbegriff der reinen Existenz das besondere Wort (nomen verbale) *ann* seiend, vorhanden (seiner ursprünglichen Bedeutung nach identisch mit der Präposition *ann* in, im adverbialen Sinn von da). Z. B. *Tha ann mòr ghaisgich*, es gibt grosse Helden; *b' ann lionmhor bhlar*, es waren viele Schlachten u. s. w. b) Im Handlungssaz, wenn die Handlung aus einer blossen Bewegung besteht, bei welcher das Object hinwegfällt. Solche Fälle kommen im Gälischen, wie in allen Sprachen vor. Z. B. *ghluais an righ*, „der König ging vorwärts;" *sheas Cumhal*, „Cumhal stand;" *suidh Cuchullin*, „Cuchullin sass." Und zwar kann im Gälischen ein Verbum der Bewegung nie einen Accusativ (wie *cursum currere*, einen Weg gehen u. s. w.) bei sich haben. Ebenso fällt beim passivischen Saze selbstverständlich das Object hinweg. *Cunnacas luingeas*, gesehen wurde die Flotte.

§. 156. In mannigfachster Weise kann umgekehrt eine Erweiterung des einfachen Sazes stattfinden durch Hinzutritt anderweitiger Bestimmnugen zu den wesentlichen Saztheilen. Erstlich kann das Substantivum (in seiner dreifachen Stellung, als Subject, Prädicat oder Object) durch den Hinzutritt des Artikels bestimmt werden. Zweitens kann das Substantivum (in seiner dreifachen Stellung) durch Attribute erweitert werden, nämlich a) durch attributive Genitive, b) durch attributive Pronomina adjectiva (z. B. pron. demonstr. oder pron. possess.) c) durch attributive Adjectiva, d) durch Appositionen. Drittens kann zur Objectsbestimmung noch die Bestimmung des sogen. „entfernteren Objects" als Dativ treten. Viertens kann das Verbum (in seiner zwiefachen Stellung: als Copula und als Verbum der Haudlung) eine nähere Bestimmung nach Zeit, Ort und Umständen erhalten durch beigefügte Adverbia. Fünftens endlich können durch Verbindung von Substantivis mit Präpositionen noch anderweitige Nebenbeziehungen sowohl der Handlung als des Zustandes oder auch der Beschaffenheit einzelner Nominalbegriffe ausgedrückt werden.

§. 157. Wir werden nun in den folgenden Capiteln diese verschiedenen Punkte einzeln näher betrachten. Vor der Hand aber müssen wir den Bau des Sazes, d. h. die Wortstellung in's Auge fassen, welche in den keltischen Sprachen eine durch sehr bestimmte Regeln geordnete, zugleich aber von der Wortstellung anderer indogerm. Sprachen sehr abweichende ist.

§. 158. Die Grundregel in der gälischen Sprache ist, dass das Verbum (sei es Copula oder sei es Handlungsverbum) den beiden andern wesentlichen Saztheilen vorangeht.

Anm. 1. Im einfachen oder absoluten Saze kann dem Verbum also nur eine paratactische Conjunction (z. B. *is* und, *ach* aber) oder eine paratactische Negativpartikel (*cha* nicht, *no* noch) oder unter Umständen eine Präpositional- oder Adverbialbestimmung vorangehen.

Anm. 2. Ausnahmen sind sehr selten. Z. B. *Do thoirne-sa, a Lora nan sruth, tog cuimhne an diugh air na trèig*, dein Brausen, o Lora, (Land) der Ströme, erhebt (weckt) Erinnerung heute an die, welche dahin sind. (Carthonn 3 f.) Analog Oigh. 7, 46—48. Conlaoch 112 und 130.

Anm. 3. Im Neugälischen ist es Regel, dass das den Saz beginnende Verbum die Aspiration erhalte. Da die mittelirische Sprache hievon ebensowenig etwas weiss, als die altirische, so sind diese Aspirationen (als moderne Verweichung von Lautelementen) aus dem Ossiantext zu tilgen.

§. 159. Besteht das Subject des Sazes aus dem pron. person., so folgt es in der Regel unmittelbar auf das Verbum. Z. B. *Buail mi an sciath* ich schlug den Schild. *Tha mise bronach* ich bin traurig. (Ausnahme: *is fuar 'n am chliabh e*, Fionngh. I., 281, eine poëtische Licenz. Analog Tighm. V. 364.)

§. 160. Ist ein Substantivum Subject, so gelten folgende Regeln:

Im Zustandssaz folgt auf die Copula das Subject und auf dieses das Prädicat, wenn lezteres ein Substantiv oder ein solches Adjectiv ist, welches ein temporäres Verhalten ausdrückt. Dagegen solche Prädicats-Adjectiva, welche eine Eigenschaft oder eine Menge ausdrücken, werden dem Subject (zwischen Copula und Subject) vorangestellt, namentlich wenn lezteres noch einen Relativsatz bei sich hat.

's muir beucach fo ghaoith a' stri; 's neo-lionmhor glan oigridh num beann, das Meer war brüllend unter den Winden des Kampfes (kämpfenden Winden), nicht zahlreich war die helle Jugend (junge Mannschaft) der Berge. (Cathloduinn I., 14 f.) — *Tha bàs a snàmh mar faileas ciar*, der Tod ist schwebend gleich

einem schwarzen Schatten. (Ebendas. v. 22.) — Dagegen: *Is dorcha tuar do mhala*, es ist düster die Farbe deiner Brauen. (Carraigth. 527.) — *Is ciuin mo chomnuidh anns na neoil*, lieblich ist meine Wohnung in den Wolken. (Carraigthura 266.) — *Is fuar an lann*, kalt ist die Klinge. (Fionngh. I., 280.)

Anm. Ausnahmen sind selten. Z. B. Carthonn. 116: *gun eagal tha Cleasamor*, ohne Furcht ist Cleasamor.

§. 161. Wird die Copula weggelassen, so folgt das Prädicat auf das Subject.

Do shámladh cho baoth ri d' airm, deine Gestalt (ist) so toll wie deine Waffe. (Carraigth. 247.) — *Do chlaidheamh lòm mar thein' air mòr thonn*, dein (Schwert ist) nichtig wie eine Flamme auf den grossen Wogen (ebendas. v. 252).

§. 162. Im Handlungssaze folgt auf das Verbum das Subject, auf dies das Object.

Bhuail Starno a chruaidh n' a taobh, Starno schlug seinen Stahl in ihre Seite (Fionngh. III., 128). — *Cha 'n fhaic mi chaoidh an ceuman*, nicht sehe ich mehr ihre Schritte (ebendas. v. 275).

Anm. Ausnahmen sind äusserst selten und mehr als licentia poët. zu betrachten. Z. B. *Tog uaimh do na marbh mi 's a bheinn*, errichtet habe das Grab den Todten ich auf dem Berge. (Tighm. V., 364.)

§. 163. Präpositionale und sonstige Nebenbestimmungen treten, wie schon aus den obigen Beispielen erhellt, in der Regel an das Ende des Sazes. Doch gibt es hier zahlreiche Ausnahmen, die ihre logischen oder rhetorischen Ursachen haben. Z. B. nach vorangegangenem Gleichniss steht die mit *cho* „so" eingeleitete Adverbialbestimmung an der Spize des Sazes. Z. B. *Mar thaomas an cuan o tràigh mu cheud innis gaireach nan torc, cho beucach, dublaidh, leathan, mòr ghluais Lochlin fa chòir an righ*, wie der Ocean fluthet vom Ufer um hundert dröhnende Inseln der Wallfische, so furchtbar, düster, breit, gross bewegt sich Lochlin gegen den König. (Fionngh. III., 259 ff.) — Aber auch in andern Fällen kommt die Voranstellung von Nebenbestimmungen vor. Z. B. *O 'n ceathach glas air toirm nan stuadh chunnacas luingeas nan seòl ban*, aus dem grauen Duft über'm Gebrause der Wellen wird erblickt die Flotte der weissen Segel. (Fionngh. III., 252 ff.)

§. 164. Attributive Erweiterungen eines Substantivbegriffs stehen meist unmittelbar bei lezterem. Stellungen, wie im Lateinischen: *disjecti membra poetae* sind im Keltischen nicht möglich. Das attributive Adjectivum kann (vgl. §. 82) seinem Substantiv vorangehen oder folgen; der Genitiv folgt stets auf sein Substantiv.

Anm. Doch kann eine präpositionelle Bestimmung adjectivischen Sinnes zwischen das Substantiv und dessen genitivisches Attribut treten. So z. B. *Oigh gun bheud nan rèidh rosg mall*, Jungfrau-ohne-Tadel der hellen sanften Augenlider, d. h. tadellose Jungfrau mit den hellen sanften Augenlidern. (Carraigth. 469.)

Zweites Capitel.
Die Bestimmung des Nomen durch den Artikel.

§. 165. Die keltischen Sprachen haben, gleich der griechischen, nur den bestimmten Artikel *an der, die (das)*. Dem deutschen unbestimmten Artikel entspricht im Gälischen das artikellose Nomen.

Tha tannas caol is faoin is fuar mall ag aomadh mu uaigh an t-seoid, es ist ein dünnes und nichtiges und kaltes Gespenst sich neigend auf das Grab des Helden (Carthonn 19 f.) *Mi 'fhaicinn briseadh mòr mo chairdean*, ich (bin) sehend eine grosse Entzweiung meiner Freunde. (Tighm. III., 354.)

§. 166. Es versteht sich von selbst, dass das Prädicat oder das Object eben sowohl wie das Subject den Artikel haben oder nicht haben können, je nach dem logischen Verhältnis des Gedankens. Auch können, wie im Deutschen, Adjectiva durch Vorsezung des Artikels in sogen. Substantivalia verwandelt werden. Z. B. *na laig* die Schwachen, *nan lag* der Schwachen (obwohl der nomin. in solchem Fall lieber in einen Relativsaz aufgelöst wird).

§. 167. Darin aber weicht das Gälische im Gebrauche des Artikels vom Deutschen ab, dass es — analog dem Griechischen — den bestimmten Artikel in vielen Fällen weglässt, wo wir im Deutschen denselben zu sezen pflegen. Es geschieht dies dann, wenn die Auslassung keine Zweideutigkeit in die Rede bringt, also a) häufig (nicht immer) bei Wörtern, welche einen nur einmal vorhandenen oder durch den Gegensaz bestimmten Gegenstand bezeichnen, wie *lar* der Erdboden, *sliabh* der Hügel (im Gegensaz zum daneben befindlichen Thal), *gleann* das Thal, *gaoth* der Wind, *maduinn* der Morgen u. s. w. b) zuweilen auch, wenn ein Substantiv durch einen beifolgenden Genitiv bestimmt ist, z. B. *sòlas na slige* die Freude der Schalen (d. h. das Festmahl). c) Bei Collectivbegriffen, z. B. *cluaran* die Distel (= die Disteln). Fionngh. VI., 248, *cha 'n aithnich sealgair ar 'n uaimh*, nicht kennt der Jäger das Grab = nicht kennen die Jäger das Grab. *Mar ghealach a' bhoillsgeadh ro gleann*, wie der Mond im Scheinen (wenn er scheint) durch die Thäler (Cathloduinn III., 69). *Cuir gaoth mo shiuil bàn fo ruaig*, es sezt der Wind mein weisses Segel unter Verfolgung (Carthonn 92). *Dh' eirich maduinn le sòlas corr*, es stieg der Morgen mit Freude (empor) herrlich (ebendas. 203). *Gach sùil ar righ fuar-ghleann an fraoich*, jedes Auge (ruhte) auf dem König der kalten Thäler der Haide (ebendas. v. 223). *Cuireadh sòlas nan slige m' an cuairt*, gesezt wurde die Freude der Schalen rings umher (ebend. v. 98). *An sin cluaran a' ghluasad fo ghaoith, agus coineach a' chaoineadh fo thur*, dort geht (wallt, bewegt sich) die Distel unter dem Wind und das Moos (ist) klagend unter dem Thurm (eben. 163 f.).

Anm. Dagegen *a' ghrian* die Sonne. Tighm. I. 400 u. dgl. m.

§. 168. Sehr häufig wird der Artikel weggelassen in Gleichnissen, wo es freisteht, den Gegenstand als bestimmt oder als unbestimmt zu denken. So kann man sagen: „gleich einem Bliz, der über die Wellen leuchtet," oder: „gleich dem Bliz, der über die Wellen leuchtet." Im Gälischen bleibt in solchen Fällen der Artikel in der Regel hinweg. Z. B. *Bithibh mar charragh 'an cois sàile*, seid (steht so fest) wie der Fels an (unter) dem Fuss der Ferse (Fionngh. I., 409). *Mar onfha beucach a' chuain*, wie die heulende Wuth des Meeres (ebend. 428). *Mar thorunn air cul nan cruach*, wie Donner (oder: wie der Donner) auf dem Rücken der Felshänge (ebend. 430). *Iad cosmhuil ri braon nan sian*, sie (sind) ähnlich dem (einem) Tropfen der Wettergüsse (ebend. 631). *Mar gharbh neart 'bhriseadh o mhòr chuan*, wie (eine — die) grosse Kraft hervorbricht aus dem Ocean (Tighm. III., 394). *Mar cheò a tha' thaomadh 's 'a triall*, wie der Nebel (ein Nebel) welcher ist sich ergiessend in seinem Gang.

Aber auch ausserhalb Gleichnissen findet sich der Artikel ausgelassen in Fällen, wo es der Willkür überlassen ist, sich den Begriff bestimmt oder unbestimmt zu denken. Z. B. *To-*

gaibhse fonn, cuiribh slige m' an cuairt, erhebt Gesang (oder: den Gesang), setzt Schalen (oder: die Schalen) umher (Carthonn 185).

§. 169. Nun kommt aber auch das umgekehrte Verhältnis vor, dass im Gälischen der (bestimmte) Artikel gesezt wird, wo wir den unbestimmten Artikel zu sezen gewohnt sind. Fälle dieser Art sind: a) Der Gebrauch des Artikels vor Eigennamen, welche in casibus obliquis stehen. Z. B. *Crith anam an Oscair lé solas*, Oskar's Seele zitterte vor Freude (Tighm. I., 264). b) Der Gebrauch des Artikels vor den Namen der Himmelsgegenden, z. B. *o 'n ear* von Osten (Carthonn 288 u. v. a.). c) Vor den Substantiven, die den Stoff anzeigen, woraus etwas besteht, z. B. Carraigth. 99, *meall de 'n uir*, eine Erhöhung von Erde (gälisch: von der Erde scil. genommen). d) In Redensarten, wie folgende: *Tha 'n oidche mu chárn* (*Oigh nam mhòr shuil* 80), wo wir im Deutschen sagen: es ist Nacht um das Felsgestein her.

§. 170. Wenn mit einem Substantivum, das den Artikel hat, ein zweites ebenfalls als bestimmt gedachtes durch und (*is*) verbunden wird, so wird häufig bei diesem zweiten der Artikel wiederholt. „Die Barden stimmten die Lieder und Gesänge an," heisst: *Tog baird na duanan 's na duain*. (Calthonn 39.) Gehört zu zwei solchen Substantiven ein Adjectivum als gemeinsames Attribut, so steht dasselbe undeclinirt nach dem zweiten Substantiv, z. B. Calthonn 77: *Caolmhal nan ciabh's nan rosg mall*, Caolmhal (die Maid) der weichen Haare und Augenlider.

Anm. Keine Wiederholung des Artikels, z. B. Calthonn 157: *Caolmar nan carbad is fleagh.*

Drittes Capitel.
Erweiterung des Substantivum durch Attribut oder Apposition.

§. 171. Der attributive Genitiv.

Der Genitiv wird im Gälischen gebraucht a) wie in den übrigen indogerm. Sprachen zur Bezeichnung der natürlichen oder juridischen Zugehörigkeit in jeglichem Sinn. Z. B. *Mac Chumhail* der Sohn Chumhal's; *dubhra chraoibh* der Schatten des Baumes; *dearrsa ghreine* der Strahl der Sonne; *smaointean an fir* die Gedanken des Mannes; *righ Shealma* der König

Selma's u. s. w. Auch können zwei Genitive von Einem Substantiv in der Art abhängen, dass der erstere mit dem Subst. zusammen Einen Begriff bildet. Z. B. *Gathan greine nan laithean, a dh'aom*, Strahlen der Sonne (d. h. Sonnenstrahlen) der Tage, welche hinuntergegangen (vergangen) sind. (Carthonn 155.)

§. 172. Hiebei ist Regel, a) dass der gen. stets auf sein regierendes subst. (und zwar meistens unmittelbar) folgt, nie demselben vorangeht; b) dass, wenn das im Genitiv stehende Substantiv keinen Artikel hat, und wenn auch das regierende Substantiv artikellos ist, — gewöhnlich die Aspiration (falls diese möglich ist) erhält. *Dubhra chraoibh* der Schatten des Baumes. *An dubhra craoibh* der Schatten des Baumes. *Mac Chumhail, am mac Cumhail.*

Anm. Dem poëtischen Stil gehört es an, wenn zwischen ein Substantiv und den davon abhängigen Genitiv andere Wörter in die Mitte treten. Tighm. 7, 351: *Buail eagal clann Bholga gu luath ghlan neoil o Tonntheine*, Furcht schlug das Geschlecht Bolga's schnell (Furcht vor) der weissen Wolke (die) vom Tonntheine (-Stern heranzog). Anders Tighm. I. 499 *ag cleith fo gruaim a leois* zur Verbergung-unter-Dunkel seines Schimmers, wo *cleith fo gruaim* gleichsam Einen Begriff bildet. Ebenso Gaolnand. 37.

§. 173. Der Genitiv der Zugehörigkeit wird zuweilen aber auch umschrieben, durch die Präpositionen *do* („zu," Zeichen des Dativs) oder *de* („von") oder *aig, ag* („bei") oder *gu* („zu," „aus"). Z. B. *Togsa gu-h-ard m' uaigh 'n an comharadh do d' rùn, a Bhinnbheil*, errichte hoch mein Grab im (als) Zeichen deiner Liebe (oder: deines Geliebten, für deinen Geliebten). (Carraigthora v. 100.) Unzweideutiger ist folgende Stelle: *Jonadh sud do chlann coigrich 'cur failt air cairdibh do triath Mhorbheinn*, Ursache haben Jene des fremden Geschlechtes, Gruss darzubringen den Freunden des Fürsten Morben's.

De wird besonders zur Bezeichnung des Stoffes gebraucht, aus dem etwas besteht, z. B. Cathlod. II. 90: *nial de clachanmeallain* eine Wolke aus Schlossen bestehend; ähnlich Fionnghal, 371: *làn mhile dh' ialla tana*, ein volles Tausend dünner Riemen; *ag* zur Bezeichnung der juridischen Zugehörigkeit, des Besizes, z. B. *sciath aig Starno* der Schild des Starno, der dem Starno gehörige Schild (vgl. Cathlod. III., 173, s. unten §. 265). *Eolas, a bu aige 'n-t-saoi* Kunde, welche dem Helden war. (Fiong. II., 84.) *stoc aig Fionnghal* (III, 309). *Gu* zur Bezeichnnng jeder Art von Angehörigkeit. Z. B. *Le 'n gniomhraibh gu siol nam mòr thriath*, bei den Thaten des Geschlechtes der grossen Fürsten (Tighm. VIII., 106). *O* wird nur gebraucht, um ein Wort, eine Rede als aus jemandes Munde kommend (und in sofern als Wort dieses Menschen) zu bezeichnen (vgl. §. 237).

Auch der gen. partit. wird durch *aig* umschrieben. Z. B. *Bheil aca-san, na thogas ò chul sleag fada*, sind unter ihnen (solche), welche heben von ihrem Rücken die lange Lanze? (Tighm. VI., 336.)

§. 174. b) Ein Gebrauch des Genitivs, um abstracte Beziehungen abstracter Begriffe auszudrücken (z. B. „die Folge der Unvorsichtigkeit," „die Grösse meiner Liebe") kommt im Ossian'schen Gälisch nicht vor. Höchstens findet sich ein Abstractum mit einem Concretum durch einen genit. der Beziehung verbunden. Z. B. *eagal ghlan neoil* Furcht (vor) der weissen Wolke. (Tighm. VII., 351 f.) Wohl aber werden Beziehungen concreter Dinge zu einander durch den gen. ausgedrückt, z. B. *gormsleagh nan torc*, der (stahl) blaue Speer der Wildschweine, d. h. womit die Wildschweine gejagt werden. (Cathlod. I., 86.)

§. 175. c) Der Genitiv der Eigenschaft findet sich in einer ganz eigenthümlichen und sehr ausgebildeten Weise. Erstlich tritt an Appellativa ein Eigenschaftsgenitiv, z. B. *urla soluis* Antliz des Lichtes, = Licht-Antliz, leuchtendes Antliz; *faoghar na gaoith* der Herbst des Windes, der windige Herbst (Carthonn 60); *agaidh an-t-sneachda* Schnee-Angesicht, schneeweisses Angesicht, u. dgl. wo der Begriff der Eigenschaft durch den gen. eines concretum ausgedrückt ist. Solche Genitivverbindungen gelten dann geradezu als Ein Begriff, so dass von ihnen wieder ein weiterer Genitiv der Beziehung oder der Eigenschaft abhängen kann. Z. B. *Cunnacas urla soluis na muirn*, erblickt wurde das Licht-Antliz der Gastfreundschaft, = das die Gäste erfreuende Licht-Antliz. (Carthonn 96.) Analoger Weise kann eine Präpositionsbestimmung mit dem regierenden Substantiv einen Begriff bilden, von welchem dann ein Eigenschaftsgenitiv abhängt. Z. B. *oigh gun bheud nan réidh rosg mall*, Jungfrau-ohne-Tadel der hellen sanften Augenlider, d. h. tadellose Jungfrau mit den hellen sanften Augenlidern (Carraigth. 469).

§. 176. Zweitens aber tritt zu einem Eigennamen irgend ein abstracter Eigenschaftsbegriff (z. B. *tainig Ullin na brigh*, es kam Ullin der Kraft, d. h. Ullin, der Mann der Kraft, der starke Ullin, Carthonn 303), oder noch häufiger ein Concretum im gen. plur., um eine Eigenschaft auszudrücken. Zwischen dem nom. prop. und diesem gen. hat man jedesmal im Gedanken eine appellativische Apposition zu suppliren. Z. B.

Selma nan sian, Selma (das Land) der Stürme, d. i. das umstürmte Selma (Fionngh. I., 35).

Alba nan sonn, Albanien (das Land) der Helden, das heldenreiche Albanien (ebend. 128).

Morbheinn nan treun 's nan craobh, Morwen (das Land) der Helden und der Bäume (Tighm. 2, 346).

So *Lubar nan sruth*, Lubar (der Fluss) der Strömungen, d. h. der strömende Lubar. *Gall nam feachd*, Gall (der Mann) der Gefechte (Fionngh. VI., 366). *Ullin nam fonn*, Ullin (der Mann) der Gesänge, der liederreiche Ullin. *Cuchullin nan carrad*, Cuchullin (der Lenker) der Wagen. *Fionnghal nam beum uasal*, Fionnghal (der Held) der furchtbaren Hiebe (Fionngh. VI., 200). *Starno nam buadh*, Starno (der Mann) der Siege, der sieggewohnte Starno, u. s. w.

Zuweilen ist das zu supplirende Appellativum dem Eigennamen bereits vorangegangen. Z. B. *air caol-ghlean Chòna nan sruth mall*, über das schmale Thal der Cona (das Thal) der sanften Ströme. (Carthonn 32.)

Anm. Hin und wieder dient dieser gen. auch dazu, nicht eine bleibende Eigenschaft, sondern eine augenblickliche Beziehung auszudrücken. So sagt Toskar (Conlaoch 133 ff.), wenn ein Luftzug durch die Bäume säusle, so wolle er denken, es sei *Cuthonna nan aoidh*, „Cuthonna der Besuche," d. h. Cuthonna, welche komme, ihn zu besuchen.

§. 177. Hiebei ist zu merken, dass dieser Pluralgenitiv der Eigenschaft stets auf den unmittelbar vorangehenden Eigennamen, und nicht etwa auf ein diesem vorangehendes oder ihn regierendes Appellativum, zu beziehen ist. Z. B. *'an talla Chluthai nam bruach ard* (Carthonn 332) heisst nicht: in der auf hohen Berghängen erbauten Halle von Clutha, sondern: in der Halle von Clutha, (der Stadt) der hohen Berghänge (d. h. der auf Gehängen erbauten Stadt). *Mac Chumhail nan lann 's nan fear* (Carraigthura 364) heisst nicht: der schwert- und mannen-reiche Sohn Cumhals, sondern: der Sohn Cumhals (des Mannes) der Schwerter und der Mannen.

§. 178. Das attributive Pronomen.

Unter den pronominibus können das demonstrativum, das interrogativum und das possessivum als Attribut mit einem Substantiv verbunden werden.

a) Das demonstr. wird dem, mit dem Artikel versehenen Substantiv enklitisch angehängt. Z. B. *am fear-so* dieser Mann, *an fir-so* dieses Mannes; *am fear-sin* jener Mann; *an nighean-so* dies Mädchen; *na fir-so* diese Männer.

b) Das interrog. adj. *cia, ce* tritt vor das subst., wird aber bei Ossian selten, und fast nur in Verbindungen wie *c'uime* „welche Ursache" = warum; *c' aite* „welcher Ort, welchen Orts" = wo, gebraucht. Ausserdem bedient sich die mittelgälische Sprache des pron. demonstr. subst., indem es das adjectivische „welcher Mann?" in einen Saz: „wer ist der Mann, der" auflöst.

c) Das pron. possess. tritt an die Stelle des Artikels (der nie mit ihm verbunden vorkommt) vor das Substantiv, wobei diesem noch die emphatische Enklitica angehängt werden kann. (Vgl. §. 95).

§. 179. 3. Das adjectivische Attribut.

Das Adjectivum als Attribut kann dem Substantivum vorangehen oder folgen. Im ersteren Falle bleibt es stets, im lezteren bei Ossian häufig (im Neugälischen nie) indeclinabel.

a) *Nighean Rinmhail nan geur lann*, die Tochter Rinmhals (des Mannes) der scharfen Klingen (Carraigth. 516).

b) *Measg an fraoich, 'an truscan dubh*, inmitten der Haide, in den schwarzen Gewändern (Fionngh. II., 5.) *An iomall fasaich tlath*, am Saum der feuchten Oede (Carraigth. 461).

c) *C' aite bheil triath nan cleasan mora*, wo sind die Fürsten der grossen Kampfspiele? (Carthonn 51.)

Wenn zwei Attribut-Adjectiva auf das Substantiv folgen, bleiben sie stets undeclinirt. Z. B. *Lann gorm geur*, die blaue scharfe Klinge (Carraigth. 566). *Ldn mhile claidheamh dubhghorm geur*, ein volles Tausend dunkelblauer scharfer Schwerter (Carthonn 227). Sehr oft stellt auch Ossian von zwei undeclinirten Adjectiven das eine dem Substantiv voran, das andere nach, z. B. *Cluinneur luath ghuth fuar a' bàis*, gehört wurde die schnelle kalte Stimme des Todes (Carthonn 247). In Fällen der lezteren Art bildet häufig das vorangestellte Adjectiv mit dem Substantiv zusammen einen Begriff, z. B. *Donnal balbh nan luath chon corr*, das leise Geheul der edlen Schnell-Hunde (ebend. 230).

§. 180. Ob das Substantivum den Artikel hat oder nicht, ändert hierin nichts. Auch bei dem Artikel kommen alle drei Fälle vor, z. B. *nan garbh thriath*, der wuchtigen Fürsten (Fionngh. I., 439); *nan daimh treun*, der tapfern Fremden (Carthonn 77). *Nan cleasan mhora*, der grossen Kampfspiele (Carthonn 51). Auch *nun réidh rosg mall*.

§. 181. Das Zahlwort (num. cardin.) wird stets dem Substantiv vorgesezt. Z. B. *Mar dhà chraoibh*, wie zwei Bäume (Carraigth. 460). *Ceud failte*, hundert Grüsse (Fionngh. I., 101). *Tri ldi*, drei Tage (Fionngh. VI., 79). *Dh' eirich mile sciath an aird*, es erhoben sich tausend Schilde in die Höhe (Carthonn 226).

Dhà hat den Singular (d. h. einen alten Dual., s. §. 87) bei sich. (In dem Beisp. Carraigth. 460 ist *chraoibh* der dat. sing. vom Femin. *craobh*.)

Von Ordinalzahlen kommt bei Ossian nur *an ceud* der erste, und *an ceathramh* der vierte, vor. Auch sie werden dem Substantiv vorangestellt. Z. B.*'n uair ghlas an ceathramh maduinn*, als der vierte Morgen graute (Fionngh. VI., 89).

§. 182. 4. Die Apposition.

Appositionen finden sich bei Ossian häufig. Die Apposition folgt im Casus dem Substantiv, zu welchem sie gehört, braucht aber nicht unmittelbar bei demselben zu stehen. Z. B. *Caill Frothal an laoch a sciath*, es verlor Frothal, der Kämpe, seinen Schild (Carraigth. 430). *Air ainnir gun mhòrchuis, geug òg, tha m' anam*, bei der Maid ohne Stolz, dem jungen Zweig, ist meine Seele (ebend. v. 402 f.). *Ba smaointean an fir air Cairbre, laoch, a tuit leis*, es waren die Gedanken des Mannes bei Cairbre, einem Kämpen, welcher gefallen war durch ihn (Fionngh. I., 5 f.). *Seachnadh Fionnghal fein an stri, ard cheannard shil Alba nan sonn*, vermeiden würde selbst Fionnghal den Kampf, der hohe Häuptling des Geschlechtes des heldenreichen Albaniens (ebend. v. 127 f.).

§. 183. Mit der Apposition verwandt ist die, bei Ossian sehr häufige appositionelle Wiederholung eines Wortes. Z. B. *Faic loingeas námhaid ag éiridh, ag éiridh suas air iomall tráigh*, siehe die Flotte des Feindes sich erheben, sich erheben empor auf den Saum der Küste (Fionngh. I., 120 f.). *Eiridh* ist im Gälischen nomen verbale und somit als Substantiv construirt zu denken. — Ebenso kommt bei adjectivischen Prädicaten die appositionelle Wiederholung vor. Z. B. *Is fuar an lann, a reul nan triath, is fuar 'n am chliabh e, Mhuirn'*, kalt ist das Schwert, o Stern der Fürsten, kalt in meiner Brust ist es, o Murne! (Fionngh. I., 280). Es ist dies der Uebergang aus einer grammat. Constructionsweise zu einer rhetorischen Figur. Auch das Personalpronomen wird als Apposition zu einem Substantivum gesezt, um lezterem Nachdruck zu verleihen. Z. B. Calthonn 298: *Togaidh duin' eile, iad, an comhrag*, erheben werden andere Männer, sie, den Kampf (deiner bedarf es nicht.)

Ortsnamen (Namen von Flüssen und Bergen), welche bei dem Appellativum des Gattungsnamens als Apposition stehen sollten, werden bei Ossian häufig in den Genitiv gesezt, und so mit den Gattungsnamen verbunden. Z. B. *Sruth Thurthoir* der Strom Turthor (wörtlich: der Strom Thurthor's). Cathlod. III., 150. *Sruth Lubair* der Strom Lubar. Tighm. II., 452.

Viertes Capitel.
Das Prädicat.

§. 184. In den beiden vorangehenden Capiteln sind die Bestimmungen und Erweiterungen betrachtet, welche das Nomen in jeglicher Stellung, sei es als Subject oder als Prädicat oder als Nebenglied des Sazes, zu erleiden vermag. Nunmehr sind diese einzelnen Stellungen selbst in ihrer specifischen Eigenthümlichkeit in's Auge zu fassen; und zwar ist zunächst vom Prädicat des einfachen Zustandssazes zu handeln.

Das Prädicat kann seinem Begriffe nach sein: a) ein Substantiv, b) ein Adjectiv oder eine Umschreibung eines solchen, c) ein Adverbium oder eine Umschreibung desselben.

§. 185. 1. Das **substantivische Prädicat** hat, den Regeln der allgemeinen Logik entsprechend, dann den (bestimmten) Artikel **nicht** bei sich, wenn das in dem Saz ausgedrückte Urtheil ein **subsumirendes** ist, d. h. wenn von dem Subject ausgesagt wird, dass es der und der Gattung oder Species angehöre (dass ihm somit die Qualitäten dieser Gattung oder Species zukommen). Wie wir im Deutschen sagen: „Fionnghal war ein Held," so sagt die gälische Sprache: *ba Fionnghal gaisgeach.* Z, B. *Is e sar shealgair nan ciar drd*, er ist ein edler Jäger der finstern Höhen. (Carraigth. 60.)

Ist dagegen das Urtheil ein **bestimmendes, definirendes**, welches nicht angeben will, was und von welcherlei Art das Subject sei, sondern **wer** oder **welcher** Gegenstand mit dem Subject gemeint sei, so steht der Artikel, oder als dessen Stellvertreter ein pron. poss. Z. B. *B' iad-sin d' fhocail*, diese (*scil.* Worte) waren deine Worte (Fionngh. V., 41).

Doch kann im Gälischen auch im lezteren Falle (nach §. 167) der Artikel fehlen, wenn der Nominalbegriff schon anderweitig, namentlich durch Genitive bestimmt ist. Z. B. Cathlod. I., 91. *Am a' chunnairt b' e dm am beum*, „die Zeit der Gefahr, sie war die Zeit ihrer Hiebe" wo durch die Wiederaufnahme des Prädicats *dm a' chunnairt* in *e* der definitive Charakter des Sazes noch mehr hervorgehoben ist. Welche Zeit, die Zeit ihrer Hiebe (Kriegsthaten) gewesen sei, soll angegeben werden. *Is e caraid mo cheud ruin, a th' ann*, er, welcher da ist, ist der Freund meiner ersten Liebe (Fionugh. V., 82).

§. 186. 2. Das **adjectivische Prädicat** besteht stets aus dem undeclinirten Wortstamm des Adjectivums. Z. B. *Is ciuin mo comnuidh anns na neoil*, lieblich ist meine Wohnung in der Wolke (Carraigth. 266). *Is muir beucach*, das Meer ist brüllend (Cathlod. I., 14).

Anm. Carraigth. 527 findet sich am adjectivischen Prädicat eine alte Endung *a*. *Is dorcha tuar do mhala*, düster ist die Farbe deiner Brauen.

§. 187. Dies dem Begriffe nach **adjectivische Prädicat** ist aber im Gälischen ohne Zweifel **adverbial** gedacht, (sowie wir ja auch im Neudeutschen das adjectivische Prädicat bei der Copula eigentlich als Adverbium denken, wenn wir sagen: „wie ist der Wein? er ist gut"). Dass dem so sei, ergibt sich daraus, dass nicht selten sich als Prädicat geradezu die volle eigentliche Adverbialform mit *gu* (s. oben §. 141) findet. Z. B. *Is bha 'anam gu ciar fo bhròn*, und es war seine Seele finster unter Trauer (Cathlod. II., 46).

§. 188. Hiemit hängt es denn auch zusammen, dass dem Begriff nach adjectivische Prädicate sehr häufig durch Substantiva mit Präpositionen umschrieben werden. Z. B. Gaolnand. 84: *Ar-n-aitrichean 'n an naimhdean*, unsre Väter (waren) in (unter) ihren Feinden, d. h. einander feind. Ganz gewöhnlich sind die Redensarten: *ba fo ghruaim*, „er war unter Düsterkeit," *ba fo bhron*, „er war unter Trauer," im Sinn von: er war traurig; *ba fo dheoir*, „sie war unter Thränen," im Sinne von: sie war weinend. Daher dann auch die umgekehrte Redensart: *Bitheadh aoibneas air anam do shloigh*, es sei Freude über der Seele deines Heeres (Carraigth. 452) und: *Bithidh doruinn ciar air òigh nan tonn*, es wird sein finstre Wehmuth über dem Mägdlein der Wogen (Carthonn 296.)

Anm. Diese Umschreibung von Adjectiv-Begriffen findet sich auch sonst. Z. B. *Seas iad 'n an sccimh 'san fraoch*, sie standen in ihrer Züchtigkeit (d. h. züchtig) auf der Haide. *Eiridh neart nan dàn gun mhùig*, es wird sich erheben die Kraft der Lieder ohne Rost (d. h. der glänzenden Lieder) (Carraigth. 487). — Ueber den Gebrauch der einzelnen Präpositionen s. §. 235 ff.).

§. 189. Hier reiht sich denn auch der Gebrauch des Gerundiums zur Umschreibung des Präsens (oder Imperfectums) an. Z. B. Carraigth. 447: *Is e 'thogail a ghuth le spairn*, er war im Erheben seiner Stimme mit Mühe, d. h. er war erhebend seine Stimme mit Mühe. Das Gerundium ist Umschreibnng eines ptc. act., somit eines adjectivischen Begriffes.

§. 190. 3. Sehr häufig ist im Gälischen der Gebrauch eines dem Begriff nach adverbialen Prädicates, welches meist durch Nomina mit Präpositionen ausgedrückt wird, und zur Umschreibung von Verbis der Richtung oder Bewegung dient. Z. B. Carraigth. 417: *Bà 'suil gu diomhair air an sonn*, es war ihr Auge heimlich auf dem Helden (ruhte auf ihm, war auf ihn gerichtet). — Ebend. v. 584: *air a lot bha smaoin an taibhse*, auf seine Wunde war (gerichtet) der Gedanke des Gespenstes; d. h. das Gespenst dachte an seine (empfangene) Wunde. — Ebend. v. 427 f.: *Ba shleagh, an cunnart nuch mall, is dealan a lann mu 'n cuairt*, es war sein Speer, der in Gefahr nicht sanft war, und der Bliz seines Schwertes umher (d. h. sein Speer und der Bliz seines Schwertes zückten nach allen Seiten).

Fünftes Capitel.
Vom Object und vom entfernteren Object.

§. 191. Das Object steht überall, wie sich von selbst versteht, im Accusativ. Hat das Object noch ein Objectsprädicat (wie namentlich bei den Verbis der Wahrnehmung, z. B. „ich sehe ihn fallen, ich höre ihn singen" *video eum cadentem* etc.) so wird dies Prädicat im Gälischen entweder durch das Gerundium oder noch weit häufiger durch Umschreibung mit einem Substantiv und einer Präposition ausgedrückt. Z. B. *cunnaic òigh bu caoin ag èirigh*, er sah die Maid, welche sanft war, im Aufstehen, d. h. er sah sie aufstehen (Carraigth. 457.) — *Cunnaic i-se am bárd a triall*, sie sah den Barden im Gang, d. h. sie sah ihn gehen (Ebend. v. 419).

§. 192. Das sogen. entferntere Object steht im Dativ. Dieser Casus hat gewöhnlich die Präposition *da*, zu, als signum dativi bei sich. Z. B. Fionng'h. I., 273: *Tug e a' ghorm-lann d' a' deoir*, „er gab seine blaue Klinge ihren Thränen" (tropisch für: er gab ihr auf ihre Thränen hin seine blaue Klinge). Diese Präposition *do* kann aber auch hinwegbleiben. Z. B. Carthonn 73: *mo lamh* (s. im folgenden §.)

§. 193. Analog wie beim Genitiv kommt auch hier der Fall vor, dass zwei Dative zusammenrücken, die aber dann auf verschiedene Wörter sich beziehen und verschiedene Modificationen ausdrücken. Z. B. Carthonn 73: *Cha-n aithne do 'n bogha mo lamh*, „nicht ist Kenntnis dem Bogen meiner Hand," *do 'n bhoga* gehört zum Substantiv *aithne*, und der Dativ, d. h. *do*, steht zur Umschreibung eines Genitivbegriffs (s. §. 173), „Kenntnis dem Bogen," „Kenntnis für den Bogen" ist so viel wie „Kenntnis des Bogens." Dagegen der zweite Dativ: *mo lamh* hängt von dem zu supplirenden Verbum *bheil* ab; „nicht ist meiner Hand Kenntnis des Bogens" (meine Hand versteht nicht den Bogen zu führen).

§. 194. Hängt der Dativ von einer diesen Casus regierenden Präposition ab, so versteht es sich von selbst, dass die einfache Form ohne *do* gesezt wird.

Sechstes Capitel.
Vom Verbum. Gebrauch der Tempora.

§. 195. Nachdem das Nomen in seinen verschiedenen Stellungen als wesentlicher Saztheil betrachtet ist, muss nun auch das **Verbum** betrachtet werden. Dem Verbum, sei es die Copula *bi* oder sei es ein Verbum der Handlung, ist eigenthümlich, dass es das **zeitliche Verhältnis der Handlung** durch bestimmte Formen ausdrückt. Im Allgemeinen gibt es drei Hauptverhältnisse temporaler Beziehung.

A) **Das absolute Geschehen**, zeitlos gedacht, d. h. dasjenige, was **immer** geschieht, was unter gegebenen Vorbedingungen **stets** zu geschehen pflegt: das **praesens indefinitum** z. B. „auf den Bliz folgt der Donner;" „die Jäger meiden diesen Ort." Das war so, ist so und wird weiter so sein.

B) **Das Geschehen in seinem objectiven zeitlichen Verlauf**, ohne Rücksicht darauf, welche temporale Stellung es zu dem Sprechenden einnehme, d. h. der **Aorist**. „Die Sonne ging auf; er stieg in's Schiff." Dass der Aorist gewöhnlich von einer Folge **vergangener** Begebenheiten gebraucht wird, hat darin seinen Grund, dass man in der Regel eben nur diese kennt und zu erzählen vermag. An sich drückt der Aorist nicht aus, dass die Handlung in **Bezug auf den Sprechenden** in der Vergangenheit liege, sondern nur, dass die einzelnen **Handlungen objectiv auf einander gefolgt seien** (oder — bei etwaiger prophetischer Rede — dass sie auf einander folgen werden.)

C) **Das Geschehen in seiner temporalen Beziehung zum Bewusstsein des Sprechenden.** Hier kann das Geschehen a) als ein **vollendet vorliegendes** oder als ein **noch im Verlauf begriffenes** aufgefasst werden, und beiderlei Arten von Geschehen können b) als der **Vergangenheit** oder der **Gegenwart** oder der **Zukunft** angehörig betrachtet werden. So ergeben sich folgende sechs eigentliche **Tempora**:

1. ein in der Gegenwart im Verlauf begriffenes Geschehen, praesens definitum.
2. ein in der Vergangenheit im Verlauf begriffenes Geschehen, imperfectum.
3. ein in der Zukunft im Verlanf begriffenes Geschehen, futurum.
4. ein in der Gegenwart vollendet vorliegendes Geschehen, perfectum.
5. ein in der Vergangenheit vollendet vorliegendes Geschehen, plusquamperf.
6. ein in der Zukunft vollendet vorliegendes Geschehen, fnt. exactum.

Ein Nebenbegriff des praes. defin. ist das inchoativum, eine Handlung, deren Verlauf in der Gegenwart soeben beginnt.

§. 196. Fragen wir nun, welcher Conjungationsformen sich die mittelgälische Sprache bedient, um jene Temporalbegriffe auszudrücken.

Wir erinnern uns aus Buch II. Abschn. 2, dass im Gälischen nur das Copula-Verbum *bi* für praesens definitum, futurum, perfectum und aoristus durchgängig besondere Formen hat. Bei den übrigen Verbis fehlt im Activum das praesens, im Passivum das futurum. Für das praes. indef. das imperf. das plusquamperf. und das fut. ex. sind gar keine besonderen Formen vorhanden.

§. 197. Der Begriff des praesens indefinitum wird a) im unabhängigen Saz: im Activum, in positiven Säzen durch das Futurum, in negativen durch den Aorist ausgedrückt, im Passivum stets durch das praesens.

Z. B. Fionngh II., 531 f. *Chi maraich' an uaigh maraon, 's e 'g eiridh air druim xan stuadh*, es sieht der Schiffer (collect.) ihre Gräber bei einander (liegen), wenn er sich erhebt auf dem Rücken der Wellen. — Carraigth. 283: *Cha theich*, nicht flieht er (nie flieht er, es ist nicht seine Art zu fliehen.) — Catblod. L, 158 ff.: *Glac e mo lamh, is tog e 'n seol; cuireadh mis' an cos duibhre; air uairibh tig esa, mar cheò*, er griff meine Hand und spannte das Segel; gesezt wurde ich in die Höhle der Finsternis; von Zeit zu Zeit kommt er (pflegt er zu kommen) wie ein Nebel u. s. w. — Ebend. 87 f.: *chithear am fiadh air a chruaich gun dhuine 'ga ruaig o 'n feur*, gesehen wird (seit Silric todt ist) der Hirsch auf dem Berghang ohne einen Mann, der ihn vom Grase verjagte. (Vgl. Croma v. 49 ff.)

Bei der Copula tritt natürlich die Präsensform *tha* ein, um das praes abs. auszudrücken. Z. B. Tighm. I., 707: (Gleichnis von einer gefallenen Eiche; Beschreibung derselben): *'n 'a ghaire tha ceum an-t-sealgair*, in ihrer Nähe ist der Schritt des Jägers.

Anm. Carthonn v. 17 (vgl. unten §. 205) steht der Aorist *teich* nicht im Sinn eines praes. indef., sondern als malerische concrete Schilderung. „Es floh ein Hirsch vom Grabe; ein kaltes Gespenst neigt sich auf das Grab" (d. h. ein Hirsch, weil er dies Gespenst sah, floh.)

§. 198. b) Im abhängigen Saz kann das praes. indef. durch die Präsensumschreibung mittelst des Gerundiums ausgedrückt werden, (wie §. 197 in dem Beispiel Fionngh. II., 532: *'s e 'g eiridh*, was aber freilich nach gälischer Construction kein eigentlich abhängiger Saz ist, vgl. unten §. 231). Die eigentliche Form für den Begriff des praes. abs. in abhängigen, d. h. Relativ-Säzen ist aber der poteutialis. Z. B. Cathlod. III., 164: *An so féin tha comhnuidh nan treun, na èireas gu bheum a bhàis*, dort ist die Wohuung der Helden, welche sich erheben (zu erheben pflegen) zum Todesstreich. Fionngh. V. 25: *Da d' fhocal, a geilleas na miltean*, deinem Worte (ist's), dass sich unterwerfen die Tausende.

§. 199. Für den Begriff des Aorist hat das Gälische im Activum die Aoristform, welche denn auch bei Ossian zahllos sich als die stehende Form der Erzählung findet. Z. B. Fionngh. I., 57 ff.: *Buail e 'n sciath ballach gu grad; freagair gach bad agus coill'; siubhail caismeachd ro 'n doire gun stad*, er schlug den gefleckten Schild schnell; es antwortete jeder Busch und Wald; es bewegte sich der Allarm durch den Forst ohne Aufenthalt. Cathlod. III., 115: *Tuit codal air an namhaid thall*, Schlaf fiel auf den Feind dort u. s. w. — Ebenso ist im Passivum die Aoristform vorhanden (vgl. 122); sie kömmt darum vergleichsweise seltener vor, als im Activum, weil es naturgemässer ist, im Activum als im Passivum zu erzählen. Carraigth. 507: *Fuaradh cuirm nan slige fial*, erlangt wurde das Mahl der gastlichen Schalen. Carraigth. 155 f.: *a suil gorm mu 'cairdibh làn, a ceilleadh le ceò nan carn*, ihr blaues Auge um ihrer Freunde willen voll (von Thränen), welches verborgen wurde durch den Nebel der Felsen.

§. 200. Der Begriff des **praesens** als Tempus der eigentlichen Gegenwart (der so eben im Verlauf begriffenen Handlung) wird im Activum gewöhnlich durch die Umschreibung mit der Copula und dem Gerundium mit *a* ausgedrückt. Steht beim Gerundium *ag*, *'g*, so entsteht der Sinn eines **Inchoativums**. Uebrigens kommt, um den Inchoativbegriff auszudrücken, auch das Futurum vor. Und beim Verbum *faic*, sehen, sowie in Fragesäzen wird auch der eigentliche Präsensbegriff in der Regel durch das Futurum ausgedrückt. Seltener ist der Gebrauch des Aorist im Sinn eines Präsens, meist nur als Fortsezung einer im Gerund. oder Futurum begonnenen Schilderung, oder in negativen Säzen und negativen Fragesäzen (mit *na*).

Carraigth. 61: *tha 'mhiol-choin a phlosgadh r' a thaobh*, seine Doggen springen an seine Seite.

Fionngh. I., 92: *Meaghal miolchon 'chleasadh ard*, blasse Doggen heulen empor.

Ebend. I., 94: *Gach curaidh treun ag iarraidh blàir*, jeder tapfere Kämpe ist im Begriff zum Kampfe zu fordern (glüht darnach einen Gegner zum Kampfe zu fordern).

Ebend. V., 37: *Cluinnidh sealgair fada thall fuaim mòr mall nam fuath a' stri*, es hört (beginnt zu hören, vernimmt) der Jäger fern dort das laute langsame Tosen der im Kampfe begriffenen Unholde.

Carraigth 5: *Tig na stuaidh mu 'n cuairt gu mall*, es kommen (rollen heran, inchoat.) die Wellen ringsumher (von allen Seiten) langsam.

Ebend. v. 163: *An tig thu, òigh a 's aillidh ciabh, thar carraig is sliabh 'am dhàil?* kommst du, Maid des schönsten Haares, über Klippe und Hügel ohne Verzug?

Ebend. 520: *Co tig cho sàmhach o 'n aonach?* wer kommt so still vom Bergjoch?

Ebend. 159: *An i fèin, a chi mi fada thall*, ist sie's selbst, welche ich sehe fern dort.

Tighm. I., 131: *chi sinn dubh-nial a bhàis*, wir sehen die finstere Wolke des Todes.

Carraigth v. 9. (*tig na stuaidh*...) *teich iadsan gun thuar o d' thaobh*, (es kommen die Wellen ...) sie fliehen ohne Farbe von deiner Seite.

Carthonn 200: *Ach seasaidh thu, athair, leat fein*, aber du, Vater, stehst allein.

Fionngh. VI., 248: *Cha n' aithnich sealgair ar 'n uaimh*, nicht kennt der Jäger das Grab. Carraigth. 75: *cha shuidh mi aig luachair nan cruach*, nicht size ich an der Binse der Felsränder. v. 129: *Na luidh e 'n tigh caol*, liegt er nicht im engen Hause? v. 167: *Na thill mo gaisgeach o 'n blar*, kehrt mein Held nicht aus der Schlacht zurück? V. 181: *cha-n fhac mi* nicht sehe ich.

§. 201. Im Passivum ist für den Präsensbegriff die Präsensform vorhanden. Z. B. Carraigth. 13 in der Schilderung eines gegenwärtigen Zustandes (praes. histor.) *togar mile solus suas ri fuaim 'tha' shéimh o chlarsach grinn*, es werden gehoben tausend Lichter empor, beim Schall, welcher schwebt von der schönen Harfe her. Cathlod. I., 6. *Cha chluinnear gairm nan liath sruth àrd*, nicht wird gehört das Murmeln der grauen hohen (hochherabstürzenden) Ströme.

§. 202. Der Begriff des Imperfectums wird im Activum ausgedrückt durch Umschreibung mit dem Gerundium und dem Aorist des Copula-Verbums, welcher leztere aber oft ausgelassen wird. Z. B. Tighm. I., 548: *Bha bàird nan duan ag aomadh*, die Barden der Gesänge neigten sich. Ebendas. v. 544 f.: *Glac esa bogha cròm 'na làimh; na deoir a 'snamh m' a ghruaidh*, er nahm den krummen Bogen in seine Hand; die Thränen schwammen um sein Angesicht (für: *bha na deoir a' snamh*).

Der Imperfectbegriff des Passivum wird völlig auf die gleiche Weise ausgedrückt, da das Gerundialnomen die Handlung sowohl als passive wie als active bezeichnet (s. unten §. 223). Z. B. Tighm. V., 216: *taom Fillean an ruaig thar Eirinn; es 'a leantuinn roi' treun fhuaim an raoin*, Fillan goss die Verfolgung über Eirinn; dieses wurde verfolgt (wörtl. war in Verfolgung) vor dem tosenden Helden auf der Ebene.

Das active und passive Imperfectum findet sich nebeneinander. Fionngh. 1., 421—423:

Bha cruaidh a' screudan air cruaidh;
Bha clogaidean suas 'y an sgoltadh;
Fuil a dhortadh dluth mu 'n cuairt.

„Stahl knirschte auf Stahl; Helme wurden oben gespalten; Blut wurde vergossen stromweise ringsumher." (Wörtl.: es war Stahl im Knirschen; es waren Helme in Spaltung, Blut in Vergiessung.)

§. 203. Für den Begriff des Futurums ist im Activum die Futuralform vorhanden. Im Passivum tritt die des Präsens supplirend ein.

Cathlod. II., 21 f.: *Crithidh fear-shiubail 'n a thriall.* zittern wird der Wandersmann in seinem Gange. Carraigth, 111 ff.: *Bithidh m' astar 'an gleannaibh nan cruach,'n uair dh' islicheas suas a' ghrian; bithidh mo cheum o aisrig an-t-sluaigh gu diomhair's gun thuar's an-t-sliabh; chithear leam aite do shuain*, mein Weg wird sein in den Thälern der Felswände, wenn untergegangen sein wird oben die Sonne; mein Schritt wird sein (fern) vom Pfade des Volkes heimlich und ohne Farbe auf dem Hügel; gesehen werden wird von mir die Stelle deines Schlummers. Carthonn 182 f.: *Bithidh sinne sdr 'n ar ldithean fein; bithidh comharadh mo lainn 'am bldr; bithidh m' ainm aig bàrd an trein*, wir werden tapfer sein in unseren Tagen; sein wird die Spur meiner Klinge auf dem Schlachtfeld; mein Name wird sein bei dem Sänger des Helden. Tighm. II., 451 ff.: *'n uair chaillear thusa, clach nan savi, 'n uair thraoghas sruth Lubair o lear, aomaidh fear-astair a thriall an codal air sliabh nam fear; gluaisidh ré mar chearcal dubh*, wenn du zu Grunde gehst, Stein der Recken, wenn (dich) hinwegschwemmen sollte der Strom Lubar vom Erdboden, so wird der Wandersmann seinen Gang neigen in Schlaf auf dem Hügel der Mannen; aufgehen wird der Mond wie eine finstere Scheibe. Carraigth. 173: *Cha-n faicear o so iad 's an-t-sliabh*, nicht werden sie gesehen (werden) von nun an auf dem Hügel.

§. 204. Dabei versteht es sich fast von selbst, dass das Futurum, indem es das Zukünftige ausdrückt, auch zur Bezeichnung des Willens und Entschlusses dient (wohl unterschieden vom modus optativus, welcher den blossen Wunsch ausdrückt).

Cathlod. III., 140 f.: *Cha mharbar fo nial leam féin; le soillse bithidh m' astar 's an-t-sliabh,* nicht (geschieht) Mord unter der Wolke (der Nacht) durch mich; im Tageslicht soll (wird) sein mein Gang auf dem Hügel. Carraigth. 39 f.: *Togaibh-se, mo bhàird, am fonn; am maireach bithidh long fo sheòl;* erhebt, ihr meine Barden, den Gesang; morgen soll das Schiff unter Segeln sein.

§. 205. Für den Begriff des Perfectum ist im Activ und Passiv die Perfectform mit dem Präformanten *do* oder *dh'* vorhanden. Form und Begriff decken einander. Die Perfectformen stehen nie im Sinn eines Aorist, sondern bezeichnen durchaus die in der Gegenwart vollendete Handlung. Auch wenn die Reihe der Aoriste durch ein perf. unterbrochen wird, hat dies (analog wie im Deutschen) den Sinn, dass diese einzelne Handlung aus der Reihe des objectiven Geschichtsverlaufes heraus und dem Hörer gleichsam dicht vor die Augen gerückt wird.

Carthonn 69: *Cha do-thill sinn gun fhuil air ar sceith; cha robh solas air tréith nan lann,* (oft unternahmen wir Kriegszüge;) nicht (= niemals) sind wir zurückgekehrt ohne Blut auf unsern Schilden; nicht ist gewesen Freude über den Fürsten der Klingen. v. 155: *Gathan gréine nan laithean, a dh' aom,* Sonnenstrahlen der Tage, welche hinuntergegangen (vorüber) sind.

Cathlod. III., 111 f.: *Cuir Corman an-t-slige 'am lamh; dh' iarr e an aoibhneas mo thamh,* es legte Corman die Schale in meine Hand; erbeten hat er die Freude meiner Ruhe (= er hat mich gebeten, als Gast bei ihm zu übernachten.) — v. 155: *Dh' at ardan 'an anam an laoich,* geschwollen ist (= da ist geschwollen) der Zorn in der Seele des Recken. Carraigth. 181: *Dh' falbh i mar fhaileas fo ghaoith,* (nach einer Rede der Binnbheul an ihren Geliebten:) verschwunden ist sie (= da ist sie verschwunden) wie ein Schatten unter dem Winde.

Carthonn 17 f.: *Teich fiadh o iomall a' chuirn, 's an dochuireadh air cùl an laoch,* es floh der Hirsch vom Saume des Felsen, in welchem gelegt worden ist auf den Rücken (= begraben worden ist, begraben liegt) der Recke.

•Fionngh. I., 594: *Cunnaic iad e anns an-t-sliabh, 's dh' uraich trom-dhorran nan laoch,* sie sahen ihn auf dem Hügel und erneuert hat sich der schwere Angriff der Mannen.

Tighm. VIII., 401: *Fo chloich dh' adhlaic triath a lann*, (er errichtete den Stein;) unter dem Stein hat der Fürst sein Schwert vergraben, (so dass es jetzt noch dort liegt.) Cathlod. III., 127: *Tri cuairt dh' eirich guth an laoch*, dreimal hat sich erhoben die Stimme des Recken.

§. 206. Der Begriff des Plusquamperfectum, für den es eine eigene Form nicht gibt, wird gewöhnlich durch den Aorist, seltener durch das Perfectum, beim Verbum *bi* aber durch die Verbindung mit *ann* (§. 155) ausgedrückt.

Cathlod. III., 149 ff.: *Buail e ro oidche gu luath gu shruth Thurthoir, 'tha suas 's a' chòs, 's na chuir e nighean Thorcuil*, er stürzte sich durch die Nacht schnell zum Strome Turthor, der oben an der Höhle ist, in welche er gesezt hatte die Tochter Torcul's. v. 172 f.: *Tuit 's an raon an sciath fo lainn, sciath scaoille, 'b h' aig Starno ri 'thaobh*, es fiel auf die Ebene der Schild unter dem Schwert (= streich), der hingebreitete Schild, welcher gewesen war dem Starno an dessen Seite (welchen Starno an der Seite getragen hatte). Carraigth. 216 ff.: *Air iosal bha raon gun mhorchuis, agus feur is craobh ri cuan, craobh, a buain a gaoth, 's i ard, o iomall nan carn gu raon*, unten war die Ebene ohne Pracht, und Gras, und ein Baum gegen (das) Meer hin, ein Baum, welchen gejagt hatte der Wind — und er war hoch — vom Saume der Felsen zur Ebene hinab. — v. 326 f.: *A bhorbh-intinn air Cuthul 's air' fhuil; tugh dheth cis air cur nan laoch*, sein wildes Gemüth (war gerichtet) auf Cathul und auf sein Blut; er hatte ihm gegeben Tribut für den Schuz der Mannen. v. 414 f.: *Bha· osnadh chaoin-Utha 's an-t-sliabh; lean ise o chian an laoch*, es war (erscholl) der Seufzer der zarten Utha auf dem Hügel; sie war gefolgt seit lange dem Kämpen (war ihm heimlich nachgegangen, als er zur Schlacht gieng). Tighm. VIII. 49 f.: *Cum sinne o shuilibh an righ; cha do-bhuadaich leinn stri 'nan raon*, wir hielten uns (fern) von den Augen des Königs; (denn:) nicht hatte er gewonnen durch uns die Schlacht auf der Ebene. Carraigth. 506 f.: *Dh' fhosgail dorsan Charraig nan ceud; fuaradh cuirm nan slige fial*, es hatten·sich geöffnet die Thore Carraig's,· (der Stadt) der Hunderte; es wurde erlangt (empfangen) das Mahl der gastlichen Schalen.

Oighn. 172: *na bliadhna, a bh' ann*, die Jahre, welche gewesen waren.

§. 207. Der Begriff des Futurum exactum kommt selten, und nur in abhängigen Säzen vor, und wird stets durch den potentialis perfecti ausgedrückt.
Carraigth. 111 f. (s. bei §. 203). Carthonn 187 f.: *'n uair d h' aomas thusa, chi mi suas, ma dh' aomas thusa a sholuis mhòir*, wann du untergegangen sein wirst, werde ich aufwärts blicken, wenn du untergegangen sein wirst, o grosses Licht. Fionngh. I., 304: *'n uair shuidicheas m' anam as ùr, 'a dh' islicheas farum a' bhlàr*, wenn meine Seele wieder sizen (ruhen) wird, und wenn gesunken sein wird der Lärm des Krieges.
Uebrigens versteht sich von selbst, dass der pot. pft. nur dann diese Bedeutung eines fut. ex. haben kann, wenn das Verbum des Hauptsazes im Futurum steht. (Vgl. Carthonn. v. 197: *Bu cosmhuil sin ri fuaim nan teud, 'n uair dh éireas a' gaoth mall o 'n ear*, dieses (Lied) war ähnlich dem Klange der Saiten, wenn sich der Wind sanft von Ost erhoben hat.)

§. 208. Die verschiedenen Bedeutungen, welche die Tempora des gälischen Verbums haben können, lassen sich übersichtlich in folgender Tabelle darstellen:

Gälische Tempusform.	Hauptbedeutung.	Sonstige Bedeutung.
Activ. (praes. der cop. mit ger.)	praes. defin.	(inchoat. mit *ag*.)
(aor. der cop. mit ger.)	imperf.	
aorist	aorist	praes. def. in neg. und Fragsäzen.
		praes. indef. (in neg. Säzen.)
		plusquamp.
futurum	futur.	praes. indef.
		inchoat.
		(praes. def. bei *faic*)
perfect.	perfect.	plusquamp.
(potent.)		(praes. indef. in abhäng Säzen)
(potent. perf.)		(fut. exact.)

Gälische Tempusform.	Hauptbedeutung.	Sonstige Bedeutung.
Pass. praesens	praes. defin.	praes. indef. futurum
(aor. der cop. mit gerund.)	imperf.	
perfect.	perfect.	

Siebentes Capitel.
Von den modis.

§. 209. Unter den modis kommt für den **absoluten** d. h. unabhängigen einfachen Saz der indicativus constructus noch nicht in Betracht. Dieser eigenthümliche Modus hat seine Stelle nur in abhängigen Säzen, und kann daher erst im zweiten Abschnitt, wo von der Verbindung mehrerer Säze gehandelt wird, in Betrachtung gezogen werden.

Anm. Wenn in einfachen negativen Säzen, sowie in directen Fragen, der indic. constr. steht, so ist dies nur scheinbar im Widerspruch mit dem so eben Gesagten. Wir werden seiner Zeit sehen, dass es directe Fragen und einfache negative Säze im Gälischen gar nicht gibt. Siehe §. 272 ff.

§. 210. Zwar kommt auch der potentialis fast nur in abhängigen Säzen vor, muss aber gleichwohl hier schon in Betracht gezogen werden. Während nämlich im indic. constr. sich durchaus keinerlei **objective** besondere Modalität, sondern vielmehr nur dies ausdrückt, dass der Sprechende **subjectiv** den einen Saz in eine Abhängigkeitsbeziehung — nämlich in eine **enge Verknüpfung** mit dem andern sezen wolle, so drückt dagegen der potentialis eine **objective Modalitätscategorie** aus; er stellt das Gesagte nicht als wirklich, sondern nur als **möglich** hin.

Anm. Für die Bedeutung des Potent. erscheint es also als eine Zufälligkeit, dass er meist in abhängigen Säzen (doch vgl. Tighm. VI., 217 und VII., 156 in §. 213) gebraucht zu werden pflegt. Löst man einen solchen relativen Saz vom regierenden Hauptsaz ab, und betrachtet ihn als einfachen Saz, so bleibt die Modalbedeutung des Potentialis unalterirt bestehen.

§. 211. Es ist nämlich der **Indicativ** (der indic. constr. ebenso, wie der indic. absol.) der Modus der **Wirklichkeit**, der Potentialis der der **Möglichkeit** oder des **Könnens**, der Optativus der des **Wunsches** oder des **Sollens**. Auch der

Imperativ kann, als ein modus des Befehles, diesen dreien coordinirt werden.

§. 212. 1. Der Potentialis stellt das Geschehen nicht, wie der Indicativ, als ein wirkliches, sondern als ein mögliches, und zwar als ein in abstracto mögliches hin, was in einer unbeschränkten Menge von Fällen — von deren concreten Vorbedingungen dabei schlechterdings abgesehen wird — sich verwirklichen kann. Eben darum hat der Potentialis durchaus nicht etwa den Sinn eines Conditionalis; er stellt die Handlung nicht als eine bedingte, sondern gerade umgekehrt als eine unbedingt mögliche, als eine geschehenkönnende hin.

§. 213. Diese Grundbedeutung des Potentialis tritt an manchen Stellen mit voller Klarheit an den Tag, an Stellen, wo der Potent. geradezu das Im-Stande-sein, das valere, bezeichnet. So z. B. Carthonn 201: *Co e, coimeas righ Shelma nam feart?* wer (ist) er, (der) gleich zu sein vermag dem König Selma's (dem Manne) der Muth-Thaten? (= der ihm gewachsen ist?) Tighm. VI., 217: *cluinneamsa an righ*, da vermag ich den König zu hören (seine Stimme dringt bis zu mir herab, so dass ich ihn hören kann). Es entspricht dies ganz und gar dem griech. Optativ mit ἄν. Der Gedanke ist durchaus nicht der conditionale: „wer würde dem König gleichen, wenn er so und so beschaffen wäre?" — sondern der echt potentiale: „wer vermag dem König gleich zu sein?" = „Niemand vermag dem König gleich zu sein." So Tighm. VII, 156 f.: *mòr thalla nan stri, atas e domhail air Gall*, die grosse Halle der Kämpfe (d. h. voll Streiter), sie mag nur immer schwellen, sich über Gall zu ergiessen; es ist nicht der Wunsch: „möchte sie doch schwellen," sondern die (hier subjective) Möglichkeit: sie kann meinethalben — sie darf — noch mehr mit Feinden sich anfüllen.

Anm. Daraus erklärt sich, dass der pot. perf. zuweilen beinahe im Sinne eines fut. exacti steht. So Tighm. VII., 200: *Dh' eiream o 'n stri*, „ich kann aus dem Kampf gestiegen sein" = ich werde (möglicherweise) aus dem Kampfe hervorgestiegen sein (wenn er zu Ende ist) wie eine Flamme der Nacht.

§. 214. Der Unterschied zwischen dem Indicativ und dem Potentialis wird besonders einleuchtend in Sätzen mit *'n uair a* („zu der Stunde, wo" = wann, a) als, b) wann, so oft.) Fionngh.

I., 5 ff.: *Ba smuointeun an fir air Cairbre . . . n' uair thainig fear coimhead a' chuain*, es waren (weilten) die Gedanken des Mannes (Cuchulliu's) bei Cairbre (d. h. er dachte eben an Cairbre), als der Spähe-Mann (Wächter) des Oceans kam (d. h. da kam der Wächter). Tighm. I. 45 ff.: *Jad is triath' eile gun chunntas a' dluth-theannadh mu righ Eirinn, 'n uair thainig fear-coimhead a' chuain*, sie und andre Fürsten ohne Zahl (waren) dicht sich schaarend um den König Eirinn's, als der Wächter des Oceans kam (d. h. da kam der Wächter). v. 225: *Tainig mi gu thalla nan feile, 'n uair a teich iad o Fhionnghal nam buadh*, ich kam zu der Halle der Gastlichkeiten, als sie flohen vor dem sieggewohnten Fionnghal. — In allen diesen Fällen, wo eine einmal geschehene, wirkliche Handlung durch *'n uair a* temporal (sei es als Haupthandlung, wie in den beiden ersten Beispielen, sei es als Zeitbestimmung, wie im dritten) angeknüpft wird, wo wir also *'n uair a* im Deutschen mit „als" zu übersezen haben, steht bei *'n uair a* der Indicativ. Anders in folgenden Beispielen: Tighm. I., 267 ff.: *Dorcha, mar thonn ciar a chuain, seal mu 'n eirich air stuaidh gaoth, 'n uair dh' aomas a cheann gu bhruaich*, finster wie die schwarze Woge des Oceans, im Augenblick wo sich erhebt über die Wellen der Wind, wenn sich geneigt hat sein (des Oceans) Haupt gegen den Küstenhang. v. 293 ff.: *Mar charraig briste dh' aom an sonn, a tuiteas grad o shliabh nan cròm, 'n uair chrathas Eirinn uain i fein o bheinn gu bheinn, o mhuir gu mhuir*, wie ein zerbrochener Fels ist gesunken der Held, welcher (Fels) schnell fällt vom Hügel der Krümmungen, wenn das grüne Eirinn sich schüttelt (im Erdbeben) von Berg zu Berg, von Meer zu Meer. v. 384: *'n uair a cluinneas triathan mòr m' an cloinn, nach cluinn mi 's an dm ort, a thriath*, wenn (jedesmal wenn, so oft) die grossen Fürsten hören werden von ihren Söhnen, werde ich dann nicht hören von dir, o Fürst. v. 492 ff.: *Seas Cormac 'n am meadhon cho aillidh ri òg-reul ag eiridh 'n an speur, 'n uair sheallas i 'an solus ciuin*, es stand Cormak in der Mitte so schön, wie ein junger Stern im Aufgehen am Himmel, wenn er herabblickt in sanftem Lichte. Carraigth. 54: *Mar bhogha braoin, 'n uair dh' fheuchas e 'cheann's an air de*, wie der Regenbogen, wenn er gezeigt hat sein Haupt in der Höhe. In allen diesen Beispielen wird eine Vielheit möglicher Fälle vorausgesezt. Ebenso erklärt sich auch der erstere unter den beiden Potentialen, welche in dem Beispiele Tighm. I., 293 ff. vorkommen; der Gedanke ist: „gleich einem unter den Felsen, welche vom Hügel fallen," oder näher: „gleich einem Fels, dergleichen vom Hügel fallen." Es ist ein Fall aus einer möglichen Vielheit oder Gattung von Fällen als eintretend gesezt, nicht ein bestimmter Fall.

So auch der pot. passivi. Tighm. I. 359: *Gluais iadsan gun dheoir fo scaile, 'n uair shinteadh air làr ceann an-t-sluaigh*, sie giengen ohne Thränen unter Schatten (des Grames) wenn das Haupt des Heeres auf den Boden gestreckt wird, d. h. unter solchem Gram, wie er immer eintritt, wenn u. s. w. Fionngh. I., 110: *mhor ghaisgich an dm, bhristeadh sciath*, du grosser Held in der Zeit, (wo etwa) gebrochen wird ein Schild.

§. 215. Diesen lezteren Gebrauch finden wir denn auch in Relativsäzen öfters. Cathlod. III., 128 f.: *Mar osaig gaoith, a briseas thall o niall air càrn 's an oidche*, wie der Hauch des Windes, welcher (wie er etwa dann und wann) dort aus den Wolken bricht auf dem Felsen in der Nacht. v. 164: *An so fein tha comhnuidh nan treun, a dh' eireas gu beum a bhàis*, eben dort ist die Wohnung der Helden, welche (als sie noch lebten) sich erhoben haben zum Todesstreich. Es soll nicht ein Factum erzählt werden, dass diese bestimmten Helden sich in einem bestimmten Falle zum Kampfe erhoben haben, sondern es wird gesagt, dass dort am Turthorstrom die Geister der Helden hausen, zu deren Gattungsbegriff es gehört, dass sie bei ihren Lebzeiten in vielen, (in allen möglichen Fällen) sich zum Kampfe erhoben. Carraigth. 303 f.: *Mar smuid, 'bhriseas òg, 's bioran 'n a laimh*, wie Rauch, welchen durchbricht (zu durchbrechen vermag) ein Jüngling, (iudem) ein Stöcklein in seiner Hand ist. Wiederum wird nicht ein wirklicher Einzelfall erzählt, wo ein Knabe eine Rauchsäule mit einem Stöcklein durchschlagen hat, sondern es wird eine Rauchsäule beschrieben, die ihrer Natur nach so inconsistent ist, dass ein Knabe sie mit einer Gerte durchhauen kann. Es entspricht dies genau dem Gebrauch des griech. Optativ in Relativsäzen. Nur darf man darum nicht wähnen, dass der gälische Potent. ein Optativ wäre. Einen Wunsch, ein Begehren, ein Sollen drückt er niemals aus, stets nur eine abstracte Möglichkeit.

Auch beim pot. perf. tritt die Grundbedeutung oft noch klar hervor, z. B. Fionngh. II., 76, *mhic Cholgair, a dh' iarras sith!* Sohn Colgar's, der du Friede zu verlangen im Stande warst!

§. 216. 2. Für die Modalität des **Wunsches** hat die gälische Sprache einen eigenen Modus, den **Optativ**. Dieser findet sich als solcher häufig in einfachen unabhängigen Säzen. Er drückt dann überall den einfachen **Wunsch** aus, dass etwas **nichtseiendes** sein, etwas **noch nicht geschehendes** geschehen möchte. Durch die allgemeinen Geseze der Logik ist dabei bedingt, dass die erste Person mehr den reinen Wunsch ausdrückt, während die zweite und dritte einen urbanen Befehl auszudrücken vermag. Denn ein Wunsch, welchen ein Anderer erfüllen soll, nähert sich einer Weisung, einem Befehl; vollends aber der an einen **Abwesenden** gerichtete Befehl fällt mit dem blossen Wunsche in eins zusammen. Daher kommt es, dass für die dritte Person sing. und plur. die Form des Imperativs mit der des Optativs zusammenfällt (aus dem Opt. entlehnt ist), während die erste und zweite Person nach Form und Sinn (opt: *faicinn,* „möchte ich doch sehen, *tigeadh thu,* „möchtest du, mögest du kommen," imper. *faiceam* „lass mich sehen," *tig* „komm") klar unterschieden sind.

Carraigth. 157 f.: *Gabhainn thu, à rùn, 'am choir, 's bheirinn thu gu comhnuidh m' athar,* ich möchte dich, o Geliebte, mit mir nehmen, und möchte dich bringen zur Wohnung meines Vaters.

Ebend. v. 53: *Tigeadh, à Binnbheul, a nall 's a' ghleann,* du mögest kommen, o Binnbheul, hieher in das Thal.

Fionngh. I., 325: *Fo'shiubal critheadh an tràigh,* unter seinem Gange will erzittern der Strand.

Carraigth. 451: *Bitheadh aoibhneas air anam do shloigh,* es sei Freude über der Seele deines Heeres.

Cathlod. III., 138: *Bitheadh Starno fo aoibhneas mar Annir,* es sei Starno unter Freude gleich Annir.

v. 188. *Na tigeadh an coigreach a' d' dhail,* nicht möge kommen der Fremdling in Berührung mit dir.

Tighm. I., 145 f.: *Scaoilear a' chuirm air Moilena; tigeadh mo cheud bàrd a nall,* es werde gebreitet das Festmahl auf Moilena; es sollen kommen meine hundert Barden hieher.

Carraigth. 18: *Togadh baird an duain*, es mögen (sollen) erheben die Barden ihre Lieder.

 Anm. So auch in directen Fragen. Z. B. Carraigth. 257: *An cuireadh thu mi fèin o m' chròm?* willst du mich entfernen von meinem Kreise? — Niemals dagegen kann der Optativ den Willen eines Andern, der nicht Subj. des Sazes ist, ausdrücken. „Soll ich kommen?" d. h. „willst du, dass ich komme?" kann nicht durch den Opt. ausgedrückt werden. Hier steht vielmehr (s. §. 200) der Aorist im Sinne eines praes. oder der potentialis. Z. B. Cathlod. I., 25 f.: *An èirich mo lann-s' air a' bheinn, no'm fag mi duibh fèin a' bhuaidh?* Erhebt sich (= soll sich erheben) meine Klinge auf dem Berge, oder überlasse ich euch (soll ich euch überlassen) den Sieg? II., 36: *Co, 'dhimicheas sios gu chomhrag?* wer (ist) nun solcher, der hinabgegangen sein wird zum Kampf? = wer soll hinabgehen. Der pot. ist ganz im Sinn von §. 215 gebraucht. (Wer gehört zu der Gattung, die hinab gegangen sein wird?)

§. 217. Auch in Relativsäzen hat der Optativ den gleichen Sinn: Z. B. Carraigth. 41 ff.: *Bithidh m' astar 'an gormghleann nan tonn, gu charraig nan sonn 's nan seod, baile uaine Sharno fial, à Chaomh-mhala nan ciabh, do chomhnuidh, far an scaoileadh Cathul, an triath, a' chuirm*, sein wird mein Weg im blauen Thal der Wogen, zur Klippe der Helden und der Recken, der grünen Stadt des gastlichen Sarno, deiner Wohnung, o lockige Caomh-mhala, wo Cathul, der Fürst, ausbreiten möge das Festmahl.

§. 218. Aus dieser Grundbedeutung des Optativ lässt sich sein Gebrauch in verschiedenen Constructionen leicht ableiten. Er findet sich verbunden mit dem Fragwort *c' uime* „warum," wenn nicht darnach gefragt wird, warum etwas geschieht oder geschehen sei, sondern warum so etwas etwa geschehen sollte. Die Handlung wird hier, ganz logisch correct, nicht als eine wirkliche, auch nicht als eine abstract-mögliche, sondern als eine von ihrem Urheber gewollte, intendirte aufgefasst. („Warum wolltest, möchtest du mich verlassen?" d. h. welcher vernünftige Grund könnte dich dazu bewegen, diesen Wunsch in dir erwecken?" und dies ist ja eben genau der Sinn, den wir mit den Worten: „wie solltest du mich verlassen?" verbinden. Das „sollen" drückt hier keinerlei Verpflichtung aus.)

Carraigth. 281: *C' uim' theicheadh o shiol nan gaoth sàr gaisgeach, nach faoin, righ Morbheinn?* warum sollte fliehen vor dem Sprössling der Winde, der edle Held, der nicht nichtig ist, der König Morwen's? v. 454: *C' uim' thuiteadh an-t-òg 's a bheinn?* Warum sollte fallen der Jüngling auf dem Berge? Tighm. IV., 211: *C' uim' an cluinneadh* (lies *cluinnteadh*) *leam dàn*, warum sollte gehört werden von mir ein Gesang?

§. 219. Hiedurch geht nun die Optativbedeutung in die eines Conditionalis über. Schon im lezten Beispiel des vorigen Paragraphen war es keine in der Willkür des Subjectes liegende That, sondern ein ausser seinem Willen liegendes Begegnis, welches in den Opt. gesezt war. Statt des menschlichen Willens tritt also hier der Wille des Verhängnisses als Modalitätsbegriff ein, statt des Wollens das Sollen, das Verhängtsein, und so erscheint das Geschehen als ein weder wirkliches, noch abstract-mögliches, noch vom Redenden gewünschtes sondern als ein solches, von welchem sich noch herausstellen müsse, ob es vom Verhängnis beschlossen sei oder nicht, somit als ein bedingtes. Während beim Potentialis eine Vielheit gleichartiger Fälle als möglich gesezt ist, ist beim conditionalen Optativ die Voraussezung die dilemmatische, dass das Geschehen entweder eintreten oder nicht eintreten könne. „Wenn das eintritt" — „sollte das eintreten" — das sind Conditionalsäze; sie enthalten eine Vorbedingung für ein anderweitiges Geschehen. „Wenn der Fall A eintritt, so findet dann auch B statt; wenn A nicht eintritt, findet auch B nicht statt."

Anm. 1. Es versteht sich von selbst, dass wir „Verhängnis" hier nicht in einem specifischen religiösen Sinn nehmen, sondern als allgemeine Bezeichnung jeglicher Macht, auf welche der Mensch das ausserhalb seines Willens liegende Widerfahrnis zurückführen mag, nenne er sie nun je nach seinem verschiedenen relig. Standpunkt „Gott" oder „Fatum" oder „Götter" oder „Zufall" oder wie sonst.

Anm. 2. Die Verwandtschaft des Conditionalbegriffs mit dem Optativbegriff zeigt sich eclatant in den beiden deutschen Redeweisen: möge es geschehen, und: mag das geschehen (mag es sein, dass . . .).

§. 220. Als Conditionalis finden wir den Optativ gebraucht a) in einfachen (d. h. nichtabhängigen) Säzen. Tighm. I., 399: *Tuiteadh un oidche fo bhròn, cha-n-eireadh le solas an grian ... scaoil an righ am bhròn.* Es wäre gefallen die

Nacht unter Trauer; nicht wäre die Sonne mit Freuden aufgegangen... da zerstreute der König die Trauer. Ferner lassen sich hieher rechnen Stellen, wie folgende: Carraigth. 478 ff.: *O b' fhearr gu 'm bitheadh thusa féin am Sorucha nan teud 's nam fleagh, gu 'm faiceadh treith Soruch' am dheigh d' airm, 'n uair bitheadh aoibhneas s' a' mhag; bitheadh aoibhneas mu chliu an sinnsraibh,* o es war besser, dass du hättest sein mögen (= gewesen wärest) in Sorucha (der Stadt) der Saitenspiele und Festmahle, dass sehen würden die Fürsten Sorucha's nach mir (nach meiner Zeit) deine Waffen, wann Freude sein würde auf dem Felde. Es würde Freude sein über den Ruhm der Ahnen. — In den lezten Worten steht der Conditionaloptativ als solcher geradezu im einfachen unabhängigen Saze, und wenn er vorher in Objectssäzen (*gu an*) und einem Temporalsaz (*'n uair*) steht, so ist klar, dass er nicht durch diese Conjunctionen *gu* und *'n uair* bedingt ist, sondern durch den inwendigen Inhalt der Aussagen, welche hier als Objectssaz und als Zeitbestimmung mit andern Aussagen verknüpft sind. Man kann jeden dieser Säze aus der Periode herauslösen und als einfachen unabhängigen Satz hinstellen, und gleichwohl wird der Conditionaloptativ darin seine Stelle behalten. *Bitheadh thusa féin an Sorucha,* du würdest in Sorucha sein. *Faiceadh treith Sorucha d' airm,* die Fürsten Sorucha's würden deine Waffen sehen. *Bitheadh aoibhneas 's a' mhag,* es würde Freude auf dem Felde sein. Es wäre jeder dieser Säze an sich ebenso richtig gebildet, wie v. 480: *bitheadh aoibhneas mu chliu* etc.

Ebenso kommt der opt. vor Fionngh. IV., 75: *C' air bith am fear, a dh' innseadh gu 'm bithinn dall,* wer war der Mann, um vorauszusagen, dass ich blind sein würde. Und Caomhmh. 100 ff.: *Bitheadh mo dhuil r' a thilleadh o 'n bheinn chithinn e féin air craig,* es würde sein meine Hoffnung auf seine Rückkehr vom Berge; ich würde ihn sehen auf dem Fels.

§. 221. Häufiger noch kommt der Conditionaloptativ nun b) vor in wirklichen Conditionalsäzen, regiert von den Conjunctionen *ma*, wenn, *mar, mur*, wenn nicht, *n' uair* wann, wenn. Am lehrreichsten sind die Säze mit *n' uair.*

Mit dem Potentialis verbunden, hat diese Conjunction (vgl. §. 214) den Sinn von: **so oft, wenn immer**; sie sezt eine Vielheit abstract–möglicher Fälle (*et cum* opt.) Mit dem Optativ verbunden, sezt sie einen einzelnen Fall, aber diesen nicht als einen wirklichen, sondern als einen **bedingt-möglichen**, von dem es sich nun eben herausstellen werde, ob er eintreten werde oder nicht. Mit dem Optativ verbunden, heisst '*n uair*, **in dem Falle dass, für den Fall dass** (ἐὰν c. conjunct.) Tighm. I., 264 ff.: *Crith anam an Oscair le solas, le sòlas a b' abhaist do 'n triath, 'n uair gluuiseadh corn chaismeachd an righ*, es zitterte die Seele Oskar's vor Freude, vor Freude, welche dem Führer gewohnt war, im Falle dass das Allarmhorn des Königs umhergieng. (Nicht: „so oft, jedesmal wenn." Sondern: nur dann, wenn. Es musste das Allarmhorn geblasen werden, wenn es zu solchem Grad von Freude in ihm kommen sollte. (Näheres siehe §. 285, d.)

Carraigth. 449: *Cha robh riamh fuil air mo lann, 'n uair ghéilleadh an dàimh 's an comhrag*, nicht ist jemals Blut an meiner Klinge gewesen, in dem Falle wenn der Feind im Kampfe wich. (Nicht: „so oft er wich," sondern die beiden Fälle, dass der Feind weicht, oder dass er siegt, werden einander entgegengestellt.)

Anm. Eine Spur eines opt. perfecti (im Sinne eines conditionalen Conj. plusq.) glaube ich Fionngh. II., 88 zu finden. (Erst kurze Zeit ist Cruthgeal unter den Geistern;) *co dh' innseadh air bàs nan triath*? „was würde er erzählt (zu erzählen vermocht) haben vom Tode der Fürsten?" — Fasst man *dh' innseadh* als perf. pass. („was ist erzählt worden") so gibt es keinen passenden Sinn. Ebenso Fionngh. IV., 75: *C' air bith am fear, a dh' innseadh, gu 'm bithinn dall*, wer war der Mann, welcher mir erzählt hätte, dass ich (einst) blind sein würde? (Ueber *air bith* s. §. 132 Anm.) Endlich Cathlod. III., 101: (Mein Vater hat mich geschickt) *a dh' iarradh d' a-h-athar a ciabh*, welcher (= dass ich) erbäte für ihren Vater ihre Locke.

§. 222. 3. Der **Imperativ** unterscheidet sich — wenigstens in der ersten und zweiten Person (vgl. §. 216) von dem Optativ und ebenso deutlich in seiner ersten Person vom fut. als dem Ausdruck des Entschlusses. Die 2. imper. ist reiner einfacher Befehl oder Forderung.

Carraigth. 98: *Tog-sa dileas gu-h-ard m' uaigh*, erhebe treulich hoch mein Grab. v. 544: *Cairich sciath d' athar ri m' thaobh*, lege den Schild deines Vaters an meine Seite. Cathlod. I., 124: *Seall-sa sios o thalla Loduinn*, blicke nieder aus der Halle Lodunn's. Ebend. II., 9: *Togaibh 'am fhiannis an sciath*, erhebt in meiner Gegenwart den Schild. Carraigth. 39: *Togaibh-se, mo bhaird, am fonn*, erhebt, ihr meine Barden, den Gesang.

Die erste Person drückt stets einen augenblicklichen und sofort (einmal) auszuführenden Entschluss aus, im Unterschied vom fut., welches (§. 204) einen für die Zukunft gefassten Entschluss (auch wohl einen für die Zukunft gültigen allgemeinen Grundsaz, wie in dem Beisp. Cathlod. III., 140 f. in §. 204) ausdrückt, sowie im Unterschied vom Optativ, welcher einen blossen Wunsch ausdrückt. — So antwortet (Carraigth. v. 549) auf jene Aufforderung Conall's: *Cairich sciath d' athar* etc. Cridhmhor mit den Worten: *Caireamsa gu luath an sciath*, augenblicklich will ich legen den Schild! Der Optativ *cairinn* würde heissen: „ich möchte gerne legen," oder: „möchte ich doch legen;" das fut. *cairibh mi* würde so heissen: „ich werde (seinerzeit) legen." Ebendas. v. 67 f.: *Tairneam air mo rùn fo scleò, is chitheam an seod o 'n cruach*, „hinab will ich" (oder: „auf! hinab!") zu meinem Geliebten unter dem Zwielicht, und sehen lass mich den Helden vom Felsrand aus!" Dagegen v. 187: *Suidhidh mi aig fuaran fuar* etc. (Nachdem Binnbheul gestorben und ihm als Geist erschienen ist, spricht Silric seinen Entschluss für die Zukunft aus:) Ich werde künftig sizen an der kühlen Quelle, auf dem Grate der Felsränder im Winde; dann erscheine mir u. s. w. — Fionngh. III., 358 f.: *An diugh cuiream an comhrag air sliubh, 's briseamaid an sciath, bu sàr*, heute lass mich beginnen den Kampf auf dem Hügel, und lasst uns brechen den Schild, den edlen! I., 127: *Ach gluaiseamaid ar spionadh fein mall mar throm choithional nial*, aber lasst uns vorangehen gegen die (seine) Kraft, langsam wie eine wuchtige Ballung der Wolken. v. 425 f.: *Bitheamaid 's an àm-sa fo chliu, is fagamaid air cul ar n-ainm, mar dhealradh na greine gun smuir*, lasst uns sein in dieser Zeit unter Ruhm, und lasst uns zurücklassen unsern Namen wie den Glanz der Sonne (so) fleckenlos.

Achtes Capitel.
Vom Infinitiv und Gerundialnomen.

§. 223. Der Infinitiv sowie das gleichbedeutende Gerundialnomen drücken den abstracten Begriff der Handlung, abgesehen von allen Temporal- und Modal-Unterschieden — das Gerundialnomen sogar abgesehen von dem Unterschied zwischen Activum und Passivum (vgl. §. 202) aus. — Der Gebrauch dieses Gerundialnomens ist, wie sich theilweise schon gelegentlich (z. B. §§. 200 und 202) ergeben hat, ein sehr häufiger, aber auch ein sehr manchfaltiger.

§. 224. Erstlich kann das Gerundialnomen ohne weiteres als Substantivum behandelt werden, daher Subject eines Sazes sein, ja mit weggelassenem verb. subst. (*ba-ann*) für sich (nebst den von ihm abhängigen Nebenbestimmungen) einen Saz bilden.

Carthonn 229: *Screadadh truagh air cruaidh nan airm; donnal balbh nan luath-chon corr*, schlimmes Knirschen auf dem Stahl der Waffen, leises Geheul der edlen Doggen (fand statt).

Carraigth. 355: *Bha 'n sealladh gu luath air triall gu mhuir*, es war ihr Blicken schnell auf den Weg zum Meer (d. h. sie blickten schnell nach dem Weg zum Meer).

§. 225. Zweitens kann das Gerundialnomen das Prädicat eines Copula-Sazes bilden; zwar kein substantivisch-gedachtes Prädicat (da man ja nicht von einem Subjecte aussagen kann, dasselbe sei eine Handlung), wohl aber ein adverbialgedachtes, indem das Gerundium mit einer Präposition verbunden wird. *Tha e a bhuaileadh*, „er ist im Schlagen (begriffen)," ist soviel wie: er ist schlagend, d. h. er schlägt. Es ist dies der uns von §. 200 und §. 202 her bereits bekannte Gebrauch des Gerundialnomens zur Umschreibung des mangelnden praes. act. und imperf. act. und passivi.

Bereits hier zeigt sich (siehe §. 202), dass das Gerundialnomen sowohl die active, als die passive Handlung zu bezeichnen vermag. *Bha cruaidh a screadan*, der Stahl war im Knirschen, d. h. knirschte; *ba fuil a dhortadh*, das Blut war im Vergiessen, d. h. im Vergossen-werden, es wurde vergossen.

§. 226. Drittens kann das Gerundialnomen mit seiner Präposition zum Object als dessen Prädicat treten, abermals in activem und passivem Sinn. Carthonn 216 f.: *Cunnaic an righ an sealladh tròm bàs nan daoine 'thighinn a nall*, es sah der König schweren Blicks den Tod der Männer „im Kommen daher" (d. h. er sah ihn herkommen). Tighm. V., 56 f.: *Cunnaic (Fionnghal) Eirinn 'theachd domhail a nall*, er sah Eirinn schwellend sich ausbreiten.

§. 227. Das Gerundialnomen mit seiner Präposition kann ebenso viertens **Apposition** zu jedem Substantiv sein, wo es dann die Stelle des mangelnden partic. praes. activi vertritt. Cathl. I., 222 f.: *Tarruing e 'cheum mall o 'n-t-sliabh, fonn drainn a 'thuchadh 'na chliabh*, er dehnte seinen Schritt langsam vom Hügel (herab), ein Lied des Sanges summend (wörtl. „im Summen") in seiner Brust. Fionngh. IV., 75 ff.: *C' air bith an fear, a dh' innseadh, oigh, ... gu 'm bithinn dall, dubhach, am bròn, a chuir thairis an ceò na-h-oidche*. wer doch war der Mann, der sagen durfte, o Maid, dass ich einst sein würde blind, dunkel, in Trauer **hinbringend** im Nebel die Nacht. Calthonn 105: *Gluais m' anam le bron a' chaitheadh*, es erregte sich meine Seele, durch Trauer „in Verzehrung," d. h. durch Trauer verzehrt werdend (passiv). Ebend. v. 303 f.: *Scread fuathas Chruth-Loduinn 's a' bheinn, 'g a thional ann fein 's a' ghaoth*, es schrie das Schreckbild Lodun's auf dem Berge, im Begriff sich zu sammeln in sich selbst im Winde. Cathlod. I., 213: *Tarruing na suinn ri chèile, le 'n lannaibh a' bheumadh comhraig*, es zogen die Helden (die Schwerter) gegen einander mit ihren Klingen **schlagend** den Kampf (im Schlagen des Kampfes, vgl. unten §. 231).

Anm. 1. Die Behauptung neuerer gäl. Grammatiker in Schottland, dass das Gerundialnomen, wenn es Infinitiv sei, aspirirt werden müsse wenn es aber Partic. sei, nicht, ist eine jedes Sinnes ermangelnde. Das Gerundialnomen ist weder Infinitiv noch Participium, sondern immer nur Gerundialnomen mit der apocopirten Präposition *an* (oder mit *ag* oder einer andern Präposition) und es vertritt nur je nach seiner Stellung im Saze die Stelle eines Infinitivs (Objectsprädicat) oder des Subjects, oder eines Participiums u. s. w. Die vorgestellte Präposition kann nicht in dem einen Falle eine aspirirende Kraft haben und in dem andern nicht.

Anm. 2. In manchen Fällen wird man eine solche Apposition im Deutschen in einen **Relativsatz** auflösen, so dass man sagen kann, das Gerundialnomen könne auch einen Relativsaz vertreten. Z. B. Tighm. I., 198 f.: *Gluasaidh a-k-astar samhach suas gun nial a* *chleith* etc., es wird sich erheben sein Gang ruhig hinauf ohne eine Wolke zu verbergen (= welche verbergen würde) u. s. w. Carraigth. 84: *mar bhoga 'lubadh 's an speur*, gleich dem Bogen im Sichkrümmen am Himmel (d. h. gleich dem Bogen, welcher sich krümmt, wölbt am Himmel).

§. 228. Fünftens kann das Gerundialnomen (oder der reine Infinitiv) mit oder ohne Präposition geradezu zu einem substant. (verbale) zur Bezeichnung von dessen Objectsinhalt treten, wo wir es im Deutschen durch den Infinitiv mit „zu" ausdrücken. Z. B. Carthonn 322: *An duil leat, m' anam adhlac an scleo*, ist Hoffnung bei dir, meine Seele zu begraben in Zwielicht. Ebend. v. 121: *b' aill leis mo lamh ag aomadh*, es war sein Wille, sammt meiner Hand sich zu neigen.

§. 229. Endlich kann das Gerundialnomen, mit den verschiedensten Präpositionen verbunden, die Stelle einer Nebenbestimmung im Saze einnehmen, in welchem Falle es bei der Uebersezung in's Deutsche meist in einen abhängigen Saz aufzulösen sein wird. Auch hier kann das Gerundium sowohl im passiven, wie im activen Sinn stehen.

a) *gun* ohne. Carthonn 294 f.: *Ach dh' fhaoidte, gun tuit an crann-sa gu luath gun chluintinn m' a luaidh 's a' ghleann*, aber möglich (ist's), dass dieser Baum schnell fällt, ohne Hören (gehört werden) von seinem Lied im Thal (d. h. ohne dass ein Lied zu seinem Lobe im Thale gehört wird). Conlaoch 73: *Tha grian ar do raon gun bhi mall*, es ist (scheint) die Sonne über deiner Ebene ohne Matt-sein.

b) *fo* unter. Carraigth. 354: *Gluais gaisgich fo bhriseadh na fuaim*, voran schritten die Helden unter dem Hervorbrechen des Getöses (d. h. indem das Getöse ihrer Waffen hervorbrach).

c) *gu* für das, zu dem, d. h. um zu. Carraigth. 466 f.: *C' uim thainig 'na d' aille thar cuan, gu m' fhaicinn gun chruaidh fa 'n làr?* warum kamst du in deiner Schönheit über den Ocean zu meinem Sehen (um mich zu sehen) ohne Stahl unter dem Boden? Tighm. VII., 213: *gu dol*, um zu gehen.

d) *thar* über. Tighm. VIII., 425 ff.: *scaoil an treun a cheuman ... thar taomadh is beucadh sruith moir*, es dehnte der Held seine Schritte **über das Strömen und Brüllen** des grossen Flusses.

Hieher gehört denn auch
e) der Gebrauch des inf. mit der Absichtspartikel *cum* **um zu**. *Cum feuchainn*, „um zu prüfen." (Fionngh· II., 500.)

§. 230. Bei dieser Gelegenheit sei bemerkt, dass die gälische Sprache es überhaupt liebt, **Verbalbegriffe durch Gerundial- und andere Nomina zu umschreiben.** Z. B. Cathlod. I., 224: *Gun fhios do athair ni 'n robh Suaran*, ohne Wissen dem Vater war nicht Suaran, d. h. der Vater wusste, was mit seinem Sohne Suaran vorging. Tighm. III., 23: *Tha m' eagal mu ghluasad a' bhàis, air a' chliu so, tha 'snamh a' m' dheigh*, es ist meine Furcht wegen des Fortschritts (*gluasad* ist subst.) des Todes über diesen Ruhm, der nach mir schwebt, d. h. bei den Fortschritten des Todes (in der Schlacht) fürchte ich für meinen Nachruhm. Carraigth. 113 f.: *Bithidh mo cheum o aisrigh an-t-sluaigh gu diomhair 's gun thuar 's an-t-sliabh*, es wird sein mein Schritt (hinweg) vom Wege des Volks heimlich und farblos auf dem Hügel. d. h. **ich werde heimlich und bleich, fern von der Strasse des Volks, auf dem Hügel gehen.**

§. 231. Das Gerundium in diesen verschiedenen Arten seines Gebrauches kann nun aber selbst wieder ein Substantivum bei sich haben, welches sich zu dem vom Gerundium ausgedrückten Verbalbegriff als **Object** verhält. (Vgl. im Deutschen: „ich sehe dich **den Berg** besteigen;" „ich komme, um **den Feind** zu schlagen" u. s. w.) Da nun das Gerundialnomen im Gälischen durchaus die Qualität eines wirklichen **Substantivum** hat, so wird jenes Object mit demselben in **Genitivverbindung** gesezt. („Ich sehe dich im Besteigen des Berges," „ich komme zum Schlagen des Feindes," „ich bin im Ergreifen des Speeres.") Wenn ein pron. pers. das Object bildet, so tritt folglich das pron. possess. ein („ich komme zu deinem Sehen" = zum Sehen deiner, um dich zu sehen). Wenn neben dem Accusativ noch ein Dativ oder weitere Bestimmungen vom Gerundium abhängen, so kann das Object des Gerund. im Accusativ stehen. Ebenso in dem §. 228 genannten Falle, wo der Infinitiv als solcher ohne Präposition steht.

Carraigth. 6: *Tig na stuaidh mu 'n cuairt gu mall. a choimhead fir*, es kommen die Wellen ringsumher langsam im Anblicken des Mannes (d. h. anblickend den Mann). Ebend. v. 413: *'s e 'charamh a sceithe r' a thaobh*. er war im Legen seines Schildes an seine Seite (d. h. er that seinen Schild an seine Seite).

Tighm. 8, 230: *an dm doibh faireachhdh ard chomstri nan gaoth 's nan nial*, in der Zeit, (wo) ihnen (den Fluthen) Empfindung des hohen Kampfes der Winde und der Wolken (ist.)

Fionngh. I., 581: *Dh' eirich sinnsreadh Innisfail an coinneamh nam fear o thuath*, es hat sich erhoben die Greisenschaft Innisfal's in ihrer Begegnung der Männer von Norden (d. h. ihnen begegnend).

Carthonn 306: *is e 'thogail an fuinn gu mall*, er war im Erheben des Gesanges langsam (d. h. er erhob langsam den Gesang).

Tighm. I.,499: *gu nial a' chleith fo ghruaim a teois*, ohne eine Wolke (welche wäre) im Verbergen seines Lichtes unter Grauen (d. h. ohne eine Wolke, die sein Licht unter ihr Grauen verbergen würde).

Fionngh. I., 323: *á thaomadh a threunais mar stuaidh*, im Ergiessen seines Muthes (ergiessend seinen Muth) gleich einer Welle.

Interessant ist folgende Stelle, wo zwei Gerundialnomina, eines als Prädicat, das zweite als Object dieses Prädicates, und beim zweiten wieder ein Objectsgenitiv vorkommt. Fionngh. I., 219: *Tha nighean Chormaic ... a fheiteamh tilleadh a ruin o'n t-seilg*, es ist die Tochter Coarmak's im Erwarten des Zurückkehrens ihres Geliebten von der Jagd, d. h. sie erwartet die Rückkehr ihres Geliebten von der Jagd. Sogar das Subject der Handlung tritt als Attributgenitiv zu dem (das Subject bildenden) Gerundialnomen. Z. B. Tighm. 3, 33: *Grad aomadh nan triath gus an righ*, (es war) schnelles Neigen der Fürsten gegen den König hin (statt *grad ba' aomadh na triathan*, schnell waren sich neigend die Fürsten).

Carraigth. 466 f.: *C' uim thainig ... gu m' fhaicinn*, warum kommst du zu meinem Sehen (zum Sehen meiner, d. h. um mich zu sehen).

A n m. Durch diesen gen. unterscheidet sich das Gerundialnomen deutlich von einem Optativ cum pron. relat. Vgl. Fionngh. L 129: *Fionnghal, a scapadh na seoid*, Fingal, welcher zerhauen würde die Helden. Wäre *a scapadh* Gerundium, so müsste der gen. *nan seoid* stehen.

Neuntes Capitel.
Von den Adverbien und Präpositionen.

§. 232. Nachdem das Nomen und das Verbum als die wesentlichen Sazglieder ihrer Construction nach betrachtet sind, ist es nun noch übrig, diejenigen Erweiterungen des Sazes, welche durch den Zutritt von adverbialen und präpositionalen Bestimmungen zu einzelnen wesentlichen Sazgliedern entstehen, in's Auge zu fassen.

§. 233. 1. Das Adverbium zerfällt seiner Construction nach eigentlich in zwei Gattungen a) in coadjectiva, welche ihrem Begriff und Wesen nach nur zu Adjectivis gehören können, wie *co* so (lat. *tam*) mit folgender Präposition (*as* oder *mar* oder *ri*), *ceart co* genau so, *ro* sehr oder: allzu (*nimis*) und b) eigentliche adverbia, welche die Art oder die Umstände der durch's verb. fin. ausgedrückten Handlung näher bestimmen.

Die ersteren haben ihre Stellung stets unmittelbar vor dem betreffenden Adjectivum; die eigentlichen Adverbia können verschiedene Stellen im Saze einnehmen; nur gehen sie nie dem verb. fin. voran.

Fionngh. I., 39: *Cuchullin cho gailbheach ris fein*, Cuchullin ist so furchtbar wie er (Fionnghal) selbst.

Carthonn 191: *Is ceart co fada mo chliu's do dhearrsa*, es ist genau eben so lang (dauernd) mein Ruhm, als dein Glanz.

A n m. In Betreff der Adverbia im Einzelnen ist nur das Eine zu erwähnen, dass der Adverbialbegriff „nur" durch die Negation mit nachfolgendem *ach* als (analog wie im Latein. *non . . . nisi*) ausgedrückt wird. Vgl. darüber unten Abschn. 2, Cap. 4. beim negativen Saz.

§. 234. 2. Die Präposition nebst dem von ihr abhängigen Substantivum oder Pronomen bildet in der Regel eine nähere Bestimmung zum Verbum; doch kann auch ein nomen subst. oder adj. eine Präpositionalbestimmung bei sich haben. Z. B. Carthonn 276: *o thir fud' uainn nan treun ddimh*, aus dem, von uns fernen (fern von uns seienden) Lande der tapfern Fremden.

Im Grunde hängt in solchen Fällen die Präposition stets von einem zu supplirenden Verbalbegriffe (Participium) ab.

Carthonn 82: *Mar nial air gath greine tha do bhròn*, gleich einer Wolke über dem Glanz der Sonne ist deine Trauer (d. h. gleich einer über den Glanz der Sonne seienden, ihn bedeckenden Wolke). v. 189: *Mar tha air àm, air àm gun thuar*, wenn du bist (angelangt) an der Zeit, an der Zeit ohne Farbe (d. h. Nacht). v. 210 f.: *Cha robh 'shiubal mar shiubal nam fear, nan garbh chruth o lear le ceum*, nicht ist gewesen sein Gang wie der Gang der Menschen, der schweren Gestalten vom Meer her mit Schritt (der schweren sich vom Meere her mittelst Schritten bewegenden Gestalten). v. 215: *a' thuiteamh dubh mar fhuil air raon*, fallend (indem sie fiel) dunkel wie Blut (seiend) auf die Ebene.

Anm. Die dem subst. beigefügte Präpositionalbestimmung vertritt oft geradezu ein attributives Adjectiv Z. B. Gaolnand. 38: *Fuil naimhdean Fhionnghal fo smachd*, das Blut der Feinde Fionnghal's unter Uebermacht, d. h. der bezwungenen Feinde Fionnghal's.

§. 235. Hier ist nun der Ort, die einzelnen Präpositionen nach Construction und Bedeutung näher zu betrachten.

Schon im Altirischen regiert keine Präposition den Genitiv (analog wie im Lateinischen) sondern nur entweder den Dativ oder den Accusativ oder den Dativ und Accusativ. Ebenso steht es noch in der mittelgälischen Sprache Ossian's. Im Neugälischen haben *mar, gu* und *gun* das artikellose Substantiv im Dativ, das mit dem Artikel versehene im Genitiv bei sich; bei Ossian regieren die beiden ersteren den Dativ und Accus., das leztere den Accusativ (ganz wie das altirische *cen*, woraus *gun* entstanden ist.) — Welchen Casus eine Präposition bei sich habe, ist im concreten Falle nicht leicht zu bestimmen, da a) bei masculinis der dat. und acc. sing., b) bei femininis der gen. und dat. sing. c) bei der 1. Declination der gen. sing. und acc. plur. einander gleich sind. Entscheidend ist a) der unverkennbare dat. plur. auf *ibh* ($\times$ *aibh*) der ebenso unverkennbare (weil vom dat. sing. verschiedene) acc. sing. der Feminina und der Masculina *ceann, sluagh, cu, neul*, c) der schwache acc. plur. anf *-an* und *ean*.

Anm. 1. So ist z. B. *o' m ftar-jhlinn* (Fionngh. I. 78) der acc. plur. „aus ihren Querthälern." Ebenso *'n a feirg* (ebend. v. 269) „in seiner Wuth," da *fearg* nur als plurale tantum vorkommt. So siud *dhuibre* v. 609, *tulaich* v. 265, *laimh* v. 33 und 234, *lainn* v. 479, *earba* v. 138 u. s. w. dativi sing. dieser Feminina.

Anm. 2. Wenn der Präpositionalbegriff durch ein Substantivum umschrieben wird, welches den gen. bei sich hat (s. B. *an mearg nan threun*, in Mitte der Helden, *am meadhon talla*, in der Mitte der Halle, *air fad fhraoich*, auf der Länge (längs) der Haide, so wird dadurch natürlich die Wahrheit des Satzes nicht alterirt, dass keine gälische Präposition den gen. regiert. — Es gibt aber auch Umschreibungen von Präpositionsbegriffen durch Substantiva, die selbst wieder eine Präposition bei sich haben, z. B. *maille ri...*, längs, von *maille* die Länge.

§. 236. Die mittelgälischen Präpositionen zerfallen hienach in folgende drei Classen:

a) Solche, die den Dativ und Accusativ regieren:

air, ar über
an in
anns in
fo unter
gu zu
le mit
mar gleich
mu um
o von — weg, aus
ro durch
roimh vor
thar über.

b) Solche, die den Dativ regieren:

aig (*aige, ag*) bei
car während
do zu
fa über, auf (liegend)
os, uas über, oberhalb (entfernt)

c) Solche, die den Accusativ regieren:

as aus, von
de von
eadar zwischen
feadh durch, über etwas hin
gun ohne
gus bis zu

leis sammt
mar-ri zusammen mit —
ri, ris gegen — hin
troimh durch
thuige zu
uime wegen.

§. 237. Erste Classe. Präpositionen mit dat. und acc.

1. *air, ar* (altirisch *ar*, *ir* c. dat. et. acc., altgallisch *are* Sskr. *pard*) kommt vor mit dem **Dativ** (z. B. *air a laimh ghil* Fionngh. I., 292; *air cnaimhibh* v. 354; *air samhchair* v. 467; *air tuinn* v. 579) und mit dem **Accusativ**: *air sciath*, Carraigth. 532.

Die Grundbedeutung ist im Gälischen die locale: **auf über**.

A) c. dat. und c. acc. **auf, über**, auf die Frage: wo? So in den obigen Beispielen: „es ward roth (von Blut) ihre Farbe auf ihrer weissen Hand;" „ein Siz ist vorhanden auf polirten Knochen" (so dass man auf polirten Knochen sizt). Wie der Sonnenstrahl **auf der Ruhe der Berge**" (der Sonnenstrahl der auf den friedlichen Bergen ruht). „Tausend Schiffe **auf den Wogen** von Osten." „Es ist (glänzt) die Sonne **auf dem Schilde** der rost-losen Buckeln." Daher auch das optische „auf" = an. Tighm. I., 480: *a' fhaicinn tannais air ciar nan speur*, sehend einen Geist auf (an, vor) der Schwärze des Himmels. v. 560: *An arma air talla gun ghniomh*, ihre Waffen (hiengen) an der (Wand der) Halle thatlos. Und allgemein **bei**, Tighm. II., 205: *air naimhdean*, bei den Feinden. Auch **temporal**: *air àm a*, zur Zeit als (Tighm. VIII., 20).

B) **Auf oder über**, auf die Frage wohin? — Carraigth. 537: *a' chur comhraig air clann nan triath*, zu bringen Kampf auf (über) den Stamm der Helden. Vgl. die Beispiele Carraigth. 452 und Carthonn 296 in §. 188. — *Coimhead air*... c. dat. auf jemand blicken.

C) Sodann hat *air* die metonymische Bedeutung des lateinischen „*de*"; von etwas sprechen, über etwas sprechen, auch: über etwas Freude, Trauer, Furcht empfinden. Tighm. I., 589 f.: *Is minic a chomradh mu threunaibh, air gniomhraibh air beumaibh mo shinnsran*, es war oft sein Gespräch (oft sprach er) von den Helden über die Thaten und Hiebe meiner Ahnen. Carthonn 1: *Sceul air dm o aois*, Erzählung von der Zeit von Alters her (der alten Zeit).

D) Die causative Bedeutung wegen geht über theils in die finale: um einer Sache willen, theils in die ecbatische: zu einem Ziele. Z. B. *chaidh naimhdean air call roimh sciath*, Tighm. I., 355, es giengen die Feinde zu (ihrem) Verderben vor (seinen) Schild. Carthonn 82: *Cha-n-eirich do ruighe fein air beum*, nicht erhebt sich dein Arm zum Hieb.

E) Sonstige abgeleitete Bedeutungen sind: a) gegen, wider; so Tighm. VIII., 261: *c'uim 'a togas air triath a chruaidh*, warum erhob er gegen (wörtlich: über) den Fürsten seinen Stahl, b) *air cul*, Fionngh. I., 127 f. s. in §. 222, c) Tighm. II., 328: *cath air cath, fuil air fuil*, Schlacht auf Schlacht, Blut auf Blut.

2. *an*, '*n* in (auf). Altirisch *in* c. dat. et acc. Etymol. identisch mit dem latein. *in*, dem griech. *ἰν*, dem deutschen „in". Kommt vor mit dem Dativ, z. B. *'n a ldimh* (Carraigth. 102 und oft) und mit dem Accus. z. B. *'an truscan nan speur* Fionngh. I., 132, *an ceann* v. 83, *an an dosan* Carraigth. 192. Die Grundbedeutung ist die locale: in, auf die Frage „wo?" und „wohin?"

A) In, auf die Frage „wo?" und zwar in den manchfachsten Modificationen des Sinnes; allgemeine Angabe des Ortes, wo sich etwas befindet; daher nicht nur *an talla* in der Halle, *an comhrag* im Kampfe, sondern auch *an ceann gach lainn* am Haupt (d. h. Griff) jedes Schwertes (Fionngh. I., 83), *'n a bheinn* auf dem Berge u. s. w. Tighm. I., 566: *an urlar* auf der Tenne. Tighm. II., 398: *an cuaich nan sliabh* an der Seite der Hügel. Auf beide Fragen wo? und wohin? stehen beide Casus; vgl. Fionngh. I., 132: *is a' Mhorbheinn 'an truscan nan speur*,

„und (wenn) Morwen in den Gewändern des Himmels (ist, steckt)" d. h. in **Wolken gehüllt ist**.
Dann auch B) **temporal** *'n an laithibh* in ihren Tagen (Tighm. I., 513) *'n a h-oidche* in der Nacht (Tighm. II., 194) und
  C) **tropisch**, z. B. *'n a fheirg* (plurale tantum) in seiner Wuth (Fionngh. I. 269), Tighm. II., 276: es verlor sich der Schall der Gesänge *an toirm Lubhair* in (unter) dem Rauschen Lubar's.
  D) **In**, auf die Frage „wohin?" nach einem Orte hin. Carraigth. 192: *tig-sa . . . 'n an dosan nan carn*, komm (herab) auf die Flechten der Felsen.

3. *anns*, verkürzt: *'s* (eine Umbildung von *an*, durch Zutritt einer Bildungssilbe, vgl. ἐντός) hat dieselbe Construction und dieselben localen Bedeutungen wie *an*. Wir finden *'s na neoil* (acc. plur. Fionngh. V., 248) *'s a' bheinn* auf dem Berge (sehr oft), *'s a' ghleann* im Thale (z. B. Fionngh. I., 43), *anns gach beul* in jedem Munde (ebend. v. 93), *'s an fraoch* auf der Haide ebend. v. 60 und 169 und oft), *'s an uir*, in das Grab (Cathlod. III., 102). Nur in tropischer Bedeutung kommt es nicht vor.

4. *fo* **unter** (altirisch *fo* c. dat. et acc. etymologisch identisch mit Sanskr. *upa*, griech. ὑπό). Kommt vor mit dem **Dativ**, z. B. *tuit fo m' laimh* er fiel unter meine Hand (Fionngh. I. 33 und 234), *tha fo lainn Cuchullin*, er ist (liegt) unter dem Schwerte Cuchullin's (v. 470), *fo dhuibhre* (Caomhmh 46) — und mit dem **Accusativ**, *gabh iad an fraoch fo 'n ceann*, sie nahmen die Haide unter ihr Haupt (d. h. schritten über die Haide: Fionngh. I. 96), *tha cleas eile ag eirigh fo 'r ceann*, andre Kampfspiele erheben sich unter unserm Haupt (d. h. vor uns v. 104); *luidh slóigh fo reula 's gaoth na-h-oidche*, es lagen die Heere unter den Sternen und dem Wind der Nacht. Schon diese Beispiele zeigen, dass beide Casus auf die beiden Fragen: „wo?" und „wohin?" antworten.

Dieser locale Sinn von *fo* kommt in den mannigfaltigsten Modificationen vor, so z. B. *sciath fo chomharad scara* ein Schild unter dem Zeichen (Spur) der Narben = ein mit Narben (Hiebspuren) bedeckter Schild. (Calthonn 23 f.) *Balla fo smuir* eine in Schutt begrabene Mauer u. dgl. m.

Aus der localen Grundbedeutung: unter, entwickelt sich die temporale: unter = während (z. B. Tighm. I., 513: *fo mhosgladh feirgh*, unter dem Erwachen der Wuth = während des Erwachens der Wuth, während die Wuth erwachte), und die bekannte tropische: *fo bhron* unter Trauer, *fo dheoir* unter Thränen u. s. w.

5. *gu* zu (vielleicht Nebenbildung von *aig*). Mit dem Dativ: Tighm. IV., 416: *Guth Chathmhoir gu clhuais Shulmhalla*, die Stimme Cathmhor's (drang) zum Ohr Sulmalla's. Mit dem Accus. Carraigth. 499: *gu fleagh* zum Mahle.

A) Die Grundbedeutung ist die locale der Bewegung nach einem Orte hin. Tighm. VII., 394: '*n uair thainig i gu charraig*, als sie kam zu der Klippe; II., 261: *Gu fhine fein gluais gach treun*, zu seinem Stamm ging jeder Held. Fionngh. I., 64: *Till Cruthgeal gu Thura*, Cruthgeal kehrte zurück nach Tura. III., 381 f.: '*n uair thainig sinn...gu gharbh sliochd Chonair*, als wir kamen zum wuchtigen Geschlecht Conar's.

B) Ueberhaupt von der Richtung (VI. 88: *suile corrach gu 'n gruaidh ag eiridh*, wilde Auge erhoben sich gegen ihre Angesichter hin (d. h. sie blickten einander mit wilden Augen an) — oder dem Ziele, der Absicht, dem Erfolg. Fionngh. I., 147: *tuiteam le tannais gu bhàs*, ich willen fallen bei (zu) den Geistern in den Tod. V. 125: *tha Conal gu shith*, Conal ist zum Frieden hin (für Frieden; er räth zum Frieden).

C) Temporal: *gu àm* bis zu der Zeit.

D) Modal: im Vergleich zu, bei, troz, *gu 'n trian* bei (all) ihrer Kraft, troz ihrer Kraft, Tighm. V., 158 und 318.

6. *le* mit (Abkürzung von *leis*, altirisch *las*, *la*, *li* c. acc. s. unter *leis*) kommt vor mit dem Dativ, z. B. Cathlod. I., 213: *le 'n lannaibh* mit ihren Schwertern; Fionngh. I., 542: *le 'n lamhaibh bàn* mit ihren weissen Händen; Cathlod. I., 188: *le coinich ghlais* mit grauem Moos; — und mit dem Accusativ, z. B. Carraigth. 133: *le buaidh* (acc. fem.) mit Sieg, d. h. siegreich.

A) Die Grundbedeutung ist: mit im localen Sinne (lat. *cum*) sammt (so Fionngh. I., 542: wenn auch die Mägdlein Innisfal's kämen mit ihren weissen Händen) in Begleitung v. 659: *gu thighinn o Alba...gaisgich gasda le Fionnghal an righ*, bis dass aus Albanien kommen feine Helden mit Fionnghal dem Könige: Carraigth. 78: *Fada thall tha m' astar gu bhlar le Fionnghal*, fern dort ist mein Gangzur-Schlacht mit Fionnghal (d. h. als Vasall und Freund Fionnghal's). — Hieher gehört die häufig vorkommende Redensart *tha leis fein* er ist bei sich selbst, d. h. er ist allein, einsam.

B) Aus der localen Bedeutung hat sich entwickelt die des instrumentalen „mit" = mittelst. Z. B. Carraigth. 353: *buail Frothal le cruaidh a sciath*, es schlug Frothal mit dem Stahl seinen Schild (er schlug mit seinem Schwert auf seinen Schild). Cathlod. I., 213, *le 'n lannaibh a' bheumadh comhraig*, mit ihren Klingen den Kampf schlagend.

C) Die instrumentale Bedeutung geht über in die finale. Z. B. Fionngh. I., 661: *buail e le caismeachd an sciath*, er schlug mit Allarm — d. h. so dass und damit dabei Allarm entstand, also zum Allarm — den Schild. So die Redensart *tainig le comhrad*, er kommt zum Kampf, nämlich um Kampfes willen, durch den bevorstehenden Kampf angelockt. (Man vgl. das mittelhochdeutsche „durch".) Oina 33 f.: *Cuir righ . . . air tonn mo lann le beum, nach fann, gu naimhdibh*, der König hatte mein Schwert über die Woge geschickt zu Hieben, die nicht schwach (sein sollten) gegen die Feinde. Tighm. II., 2 scheint *le* geradezu in der Bedeutung von *do* zu stehen:

ard-chomnuidh leat an fiar-gaoth, hohe Wohnung (ist) für dich (dir) der quergehende Wind.

D) Die instrumentale Bedeutung geht andrerseits über in die des von (lat. *a, ab*) beim Passivum (*Chithear leam* „gesehen wird von mir" = ich sehe; *Cluinnear leis* „gehört wird von ihm" = er hört) oder in die des lat. *per* — z. B. Fionngh. I., 6: *laoch a tuit leis*, ein Recke, welcher fiel (gefallen war) durch ihn. Tighm. II., 82: *mosgladh leat osann mo chleibh*, erweckt wurde durch dich der Seufzer meiner Brust.

Die Beispiele Fionngh. I., 542 und 659 und Carraigth. 133 zeigen, dass die Construction mit dem dat. oder acc. keinen Unterschied in der Bedeutung mit sich bringt.

7. *mar* gleich (altir. *amal*, etymol. identisch mit *similis*, *simul*, *simulacrum*) findet sich mit dem Dativ, z. B. Carthonn 82: *mar nial* gleich einer Welle; Fionngh. I., 323: *a' thaomadh a threunais mar stuaidh*, ergiessend seine Kraft gleich einer Welle (wie eine Welle) — und mit dem Accusativ *mar thonn* (ebend. v. 30). Die Bedeutung ist überall die gleiche.

8. *mu* um (altir. *imme* c. dat. et acc.) kommt mit dat. und acc. vor, Tighm. II., 385 f.: *Tuit codol mu ghorm shuilean Eirinn; cha robh codal do treun m' a shuilibh*, Schlaf fiel um die blauen Augen Eirinn's; nicht war Schlaf dem Helden um seine Augen. Und zwar steht hier der acc. auf die Frage „wohin?" der dat. auf die Frage „wo?"

A) Die Grundbedeutung ist die des localen um, etwas umgebend, sich um etwas herbewegend. — Fionngh. I., 273: „sie mögen kommen um meinen Wagen her, *mu m' charbad* (ihn umringend), v. 99: der Nebel schliesst sich um das Bergjoch *mu 'n aonach*; die Redensart *iadhadh mu — —* einen Ort umringen.

B) In der Umgebung von, in der Nähe von, um (einen Ort) her; Tighm. VII., 244: *gluais Suilaluinn mu 'gorm sruth fein*, Suilalunn ging in der Umgebung ihres blauen Stromes umher.

C) Temporal, *mu 'n ear* um die Zeit des Morgens (Tighm. II., 215).

D) Tropisch a) von (lat. *de*) vom Gegenstand der Rede, z. B. Tighm. I., 391: *ag innseadh mu thir nan Gall*, Nachricht zu geben vom Lande der Fremden;" mit *air* promiscue gebraucht. Tighm. I., 589 f. — b) um einer Sache willen, Tighm. I., 333: *cha robh anam gann mu 'n triath*, nicht war eine Seele gleichgültig wegen des Fürsten; v. 436 f.: wir werden schlagen den Kampf *mu shiol* um das Geschlecht der gefallenen Helden (um sie zu rächen), v. 63: *bròn mu Chormac* Trauer um Cormak, II., 35: „meine Seele zittert *mu mhac an righ* um den Sohn des Königs. Daher *seall mu, coimhead mu*, nach etwas blicken. (Tighm.II., 17): *an seall thu mu 'n athair?* blickst du nach dem Vater? (dagegen *seall thu an-t-athair* du sahst den Vater). Tighm. 6, 20 *mi-earbsa m' a chruaidh* Misstrauen in seinen Stahl.

9. *o* aus (altirisch *o*, *ua* c. dat. etymol. identisch mit Sanskr. *ava*) kommt vor mit dem Dativ (z. B. *o dhuibhre*, Fionngh. I., 609) und mit dem Accusativ (z. B. *o thonn* v. 171, *o thruscan* v. 606). Die Grundbedeutung ist (wie bei Sskr. *ava*) die der Entfernung von einem Orte hinweg, daher von-weg, aus-heraus, von — aus. Fionngh. I., 10: *treun o thuath*, der Held von Norden (aus dem Nordland); v. 56: *gairm gaisgich o bhad 's o choille*, er rief die Helden aus Gebüsch und Wald; v. 67: *o 'n chuan tig a nall*, vom Meere komm hieher; v. 85: *mar sruth a' thaomadh o gharbh ghleann*, gleich einem Strome (welcher) sich ergiesst aus wildem Thal; v. 171: *'n uair dh'eireas gaoth an iar o thonn*, wenn sich erhoben hat der Ostwind aus der Woge; v. 606: *chite o truscan uasal a-h-uchd uaibhreach*, es ward gesehen aus dem herrlichen Gewand heraus ihr schwellender Busen. Tighm. I., 261: *o mhile slios* von tausend Seiten her. Bei nom. propriis: Tighm. III., 215: *Cathmor o cheud sruth Atha*, der von den hundert Strömen Atha's hergekommene (dort gebürtige)

Cathmor. Daher *teich o* — fliehen vor jemanden, z. B. Fionngh. I. 394: *teich o 'n-t-sonn*, er floh vor dem Helden; *stoladh o stoirm*, sich ducken vor dem Sturm (Tighm. VI., 281); *theid an taomadh o m' anam*, ihr Schwall wird hinweggehen (fliehen) vor meinem Muth (Thighm. IV., 56 f.). Daher der mehr tropische Gebrauch: *mosghail o aisling* aus dem Traume wecken (Tighm. I., 408 u. a.); dann (v. 470) *bu bronach sceul o Althan liath*, traurig war die Erzählung aus dem grauen Althan (d. aus seinem Munde), überhaupt *o bheul* aus dem Munde (jemandes). Aehnlich Tighm. I., 350 *tuiteadh deoir o ghaisgich Mhorbheinn*, es mögen fallen die Thränen aus dem (Auge des) Helden Morwen's. — Auch temporal, *dm o aois* (Carthonn 1. und oft) die Zeit von Alters her, die alte Zeit. — Auf die Frage: „wo?" steht es in der Bedeutung: fern von (Croma 225).

10) *ro* durch (gilt bei den neueren Grammatikern für identisch mit *roimh*, welches „vor" heisst, ist aber vielmehr aus dem altirischen *tre* durch, c. acc., entstanden, indem *t* erst aspirirt, also zum blossen Hauchlaut *th = h*, wurde, und dann ganz wegfiel. Es ist also Nebenform von *troimh*, und etymologisch mit dem lat. trans. identisch, also Schwesterbildung von *thar*). Mit dem Dativ kommt es vor Fionngh. II., 65: *ro 'n oidche dhuibh*, durch die schwarze Nacht; Tighm. III., 267, *gradh gluais i do Gall ro' a laimh*, schnell fuhr er (*iutadh*, der Pfeil) dem Gall durch seine Hand — mit dem Accusativ: Fionngh II., 259: *ro miltean* durch die Tausende.

A) Die Grundbedeutung ist die locale des Durchgehens durch ein Medium. Z. B. Tighm. II., 297: *coimhead ré ro oidche*, der Mond blickte durch die Nacht. Fionngh. II., 67: *chit' na reultan ro' chruth*, gesehen wurden die Sterne durch seine (des Gespenstes) Gestalt. Sehr oft: *ro gleann* oder *ro 'n gleann* durch das Thal (Fionngh. I., 127; Tighm. II., 534; V., 19 u. v. a.) *ro oidche* und *ro 'n oidche* durch die Nacht (Tighm. VII., 101 und 276 u. a.). Zur Sonne sagt

Oisian (Tighm. II., 530) *is thu a' chrith ro do speur*, du zitterst durch deinen Himmel.

Daher B) auch: über eine Fläche hin, z. B. eine Haide durchwandern, *ro fraoch*. So Tighm. VIII., 154: das Schiff fährt *ro 'n doimhne* über die Tiefe hin.

11) *roimh* vor (altirisch *ren* c. dat. etym. identisch mit dem latein. *pro*, dem griech. πρό, vgl. §. 16). Mit dem Dativ Tighm. II., 464, *roimh suilibh nam bard*, vor den Augen der Barden. Mit dem Accusativ Tighm. I., 355, *roi' sciath* vor dem Schild, und III., 37: *fada roimh na seoda treun*, fern von den tapfern Recken. Die Bedeutung ist

A) die locale des Sich vor einem andern Gegenstand befindens oder des Sich dahin begebens. Tighm. III., 148, *mo leth-cheum romham*, mein halber (kurzer) Schritt vor mich hin (ich schritt langsam vor mich hin). IV., 12: *gluais romham righrean Eirinn*, vor mir gingen die Häuptlinge Eirinn's. *Cunna' mi roi 'n treun a shleag suas*, ich sah vor dem Helden seinen Speer empor (gerichtet). v. 188: *roi' Lena* vor (der Ebene) Lena. v. 275: *mar thuiteas iad roimh 'n triath*, wie sie fallen vor dem Fürsten. Fiongh. II., 198: *bheil d' airm roi 'n righ?* sind deine Waffen (bestehend) vor dem König? (können sie vor ihm bestehen?)

B) Temporal: Tighm. V.175: *Gearr e 'n osag le heumaibh o' chulnaibh, roimh measgadh 'an dealradh nan lann*, er durchschnitt den Lufthauch (die Luft) mit Hieben-von-hinten, vor dem Mischen des Schimmers der Klingen (ehe er den Schimmer der Klingen mischte, d. h. er Klinge gegen Klinge focht). VI., 268: *an oidche roimh stri*, in der Nacht vor dem Streit. VII., 7: *roi' taomadh nan nial*, vor dem Erguss der Wolken (vor dem Ausbruch des Regens).

C) Adverbial, als Decompositium, findet sich *roimh* Tighm. V., 335) *'cur roimhe* „vor sich nehmen" (den Feind, d. h. ihn angreifen).

11. *thar* über (altirisch *tar*, *tare-si*, etymologisch identisch mit Sanskr. *tirah'*, lat. *trans*.) Mit dem Dativ Tighm.

II., 405: *thar srutaibh* „mein Schritt ist über die wilden Ströme springend." Mit dem Accusativ ebend. v. 456: *thar a cheann*, „der Mond wird aufstehen über seinem (des Wanderers) Haupt." Hier antwortet also der Dativ auf die Frage: „wohin?" der Accusativ auf die Frage: „wo?" Diese Constructionsweise ist aber (wie aus den folgenden Beispielen erhellt) nicht constant.

A) Die Grundbedeutung ist die locale des Ueberschreitens eines Intervalles, um an ein jenseitiges Ziel zu gelangen. So Tighm. II., 405: über einen Strom hinüberspringen; I., 448: *Leum loingeas gu Shelma thar cuan*, es tanzte die Flotte nach Selma über das Meer. v. 312: *Leum Fillean thar fraoch Mhoilena*, es sprang Fillean über die Haide Moilena.

B) Allgemeiner bezeichnet *thar* jedes locale oben darüber; sowohl: a) sich über etwas befinden, wie Tighm. II., 456 (s. oben), als b) über etwas her, auf etwas herab sich bewegen oder bewegt werden, wie Carraigth. 558: *aomsa do rosg...thar 'm uir*, neige dein Auge über mein Grab; Tighm. I., 333: *Dh' aom e 'cheann thar an treun*, er hat geneigt sein Haupt auf den Helden herab; Fionngh. I. 464: *lub do yhnuis aluinn thar cugn*, krümme dein schönes Antliz nach dem Meere herab, — also auch c) sich über etwas hinweg bewegen; so Carraigth. 493 (von Leuten, die ein altes Grab erbrechen und aufschaufeln:) *cuiridh iad an uir thar laimh*, sie werden den Boden (die Erde) über die Hand (d. h. seitwärts) werfen.

C) Tropisch, von jeglicher Ueberlegenheit, z. B. kriegerischer. Tighm. I. 110: *nach iad fein na trein thug buaidh thar Suaran*, sind sie nicht eben die Tapferen, (welche) Sieg über Suaran gewannen?

D) Endlich aber bezeichnet *thar* auch local das Sich jenseits eines Intervalls befinden, z. B. Tighm. VIII., 526: *an tir thar na stuaidh*, das Land jenseits der Wellen.

Anm. *Ar (air)* und *roimh* verhalten sich etymologisch gerade so, wie *thar* und *troimh.*
Die etymol. Genealogie ist folgende:

	Sanskr. *parâ*			Sanskr. *tarih'.*	
altir.	*are*	lat.	*pro*	altir. *tare*	altir. *tre(n)*
		altir.	*ren*		und *tairm*
gälisch	*ar*	gäl.	*roimh*	gäl. *thar*	gäl. *troimh.*

§. 238. Zweite Classe. Präpositionen mit dem Dativ.

1. *aig, aige, ag* bei (altirisch *oc* c. dat., etymologisch wahrscheinlich identisch mit Sanskr. *accǎ* in dem compos. *accǎgatja* „herzugegangen seiend").

A) Die Grundbedeutung ist die des localen Beisammenseins, also bei, an, neben, Tighm. V., 212: *tha e liath aig a shruthaibh fein,* er ist (wohnt) grau (behaart) bei seinen Strömen. VIII., 299: *seas iadsan aig Lubar,* sie standen beim (am) Lubar. Fionngh. I., 1: *suidh Cuchullin aig balla Thura,* Cuchullin sass am Mauerwall Tura's. Caomh-mhala 66: *Co thuit aig Carunn nam bruach,* wer ist gefallen am Carunn (dem Strom) der steilen Ufer.

B) Daraus leitet sich ab die temporale Bedeutung, welcher wir in der Verbindung mit dem Gerundialnomen (§. 116) so häufig begegnen. *Ag aomadh* beim Sinken, im Augenblick des Sinkens, d. h. im Begriff zu sinken.

C) Sodann bezeichnet *aig* die Zugehörigkeit, den Besitz, „gehörig dem..." Cathlod. III., 173, *sciath scaoilte, 'bh' aig Starno,* der hingebreitete Schild, welcher war dem Starno (dem Starno gehörte).

2. *do* zu, altirisch *do, du, di.*

A) Die Grundbedeutung ist die einer localen Bewegung zu etwas hin, daher der Richtung auf etwas. Tighm. IV., 442: *gairm mi dhuit-féin* rufe mich zu dir. VI., 68: *'a fhocail do' shluagh* seine Rede zu seinem Heer (an sein Heer).

B) Gewöhnlich dient es zur deutlicheren Bezeichnung des, durch die Flexionsform von andern Casus nicht deutlich unterschiedenen Dativ (in den Fällen, wo das Wort keine Präposition vor sich hat), z. B. Fionngh. I., 19: *coineas do 'n carraig* ähnlich der

Klippe; v. 45: *geillealh do 'n triath* er möge weichen dem Fürsten; Tighm. VI., 329, *urram do 'n righ* Ehrfurcht gegen den (vor dem) König: v. 332: *coigreach do chomrag*, dem Kampfe fremd; VIII., 139: *àm do bhròn* eine Zeit für Trauer. Auch des dat. plur. (z. B. Fionngh. L, 124: *do na gaoith*); nur vor der Endung *-ibh* (✕ *-aibh*) kommt es nicht vor, da diese den dat. plur. schon unverkennbar ausdrückt. Mit dieser Dativbedeutung hängt eng zusammen C) die tropische, z. B. Tighm. III., 233: *scaoil a làmhan do thilleadh an triatha*, sie breitete ihre Hände (sehnend) nach der Rückkehr des Fürsten aus; und D) die tropische der Zugehörigkeit, z. B. Carraigth. 59: *tha mo rùn do shinns 'raibh nan sliabh*, es gehört mein Geliebter zu den Geschlechtern der Hügel.

3. *car* während c. dat.

Goalnand. 139: *a seachran car tamuill*, gehend während einer Weile, eine Zeit lang.

4. *fa* über, altirisch *far, for, fors*, etym. verwandt mit Sanskr. *api* (griech. ἐπί?) wie *fo* mit Sanskr. *upa* (griech. ὑπό). Es kömmt bei Ossian sehr selten vor. Die Bedeutung ist die des Aufliegens auf einer Fläche. Carraigth. 467: *gu m' fhaicinn gun chruaidh fa 'n làr*, mich zu sehen (wie ich) ohne Stahl auf dem Erdboden (liege).

5. *os, uas* über, oberhalb (altir. *os, uas* c. dat.) Tighm. VII., 163: *os a chionn tha crann*, über seinem Haupte ist ein Baum.

§. 239. Dritte Classe. Präpositionen mit dem Accusativ.

1. *as* aus, von (altir. *as* cum dat., etym. identisch mit *ἐξ, ex*) kommt nur vor in der Verbindung *fad' as* „fern von" (z. B. Tighm. III., 401: *fad' as fear*, fern von dem Manne) und *as ur* „von neuem."

2. *de* von. (Altirisch: *de, di*, etymol. identisch mit dem lat. *de*).

A) Des Stoffes. Es findet sich überall zur Bezeichnung des Stoffes, und zwar mit dem Accusativ (wenigstens nirgends nachweislich mit einem Dativ). — Carraigth. 99: *meall de 'n uir* eine Erhöhung von Erde (ein Grabhügel). Cathlod, II., 90: *nial de chla-*

chan-meallain garbh, eine Wolke von schweren Schlossen. Fionngh. I., 371: *ldn mhile dh' ialla tana*, ein volles Tausend von dünnen Riemen. Tighm. II., 129: *an truscan de dhealan*, in Kleidern von Lichtglanz. Ebend. v. 489: *cruth leth-deanta de mhuig*, eine halbgebildete Gestalt von Rauch.

B) Es bezeichnet auch die Richtung woher, daher tropisch die Ursache. Tighm. I., 193: *d' eagal Chairbre*, aus Furcht vor Cairbre.

3. *eadar* zwischen (altirisch *eter*, *etir*, *itar* c. acc. etym. identisch mit Sanskr. *antar*, lat. *inter*). Findet sich selten; stets zur Bezeichnung des localen Dazwischenseins zwischen zwei Gegenständen, z. B. Tighm. VI., 9 f.: *Eireadh coille cearbach o Mhora, eireadh eadar comhrag 's mi fein*, es steige der zackige Wald aus Mora auf (vom Mora empor); er steige auf zwischen dem Kampf und mir (d. h. er trenne mich vom Kampf). Caomhmhala 50 f.: *Co sheasas eadar mi 's bròn? co eadar mi 's rùn mo namhaid?* wer steht zwischen mir und der Trauer? wer zwischen mir und der Liebeswerbung meines Feindes?

4. *feadh* durch. Nur Cathlod. I., 35: *feadh tonn* durch die Wogen, über die Wogen hin. (Altir. *fiad* vor, dem lat. *coram* dem Sinne nach entsprechend.)

5. *gun* ohne (altirisch *cen* c. acc., von *cian* der Mangel, wie lat. *sine* von *sinere*). Die Bedeutung ist überall die des einfachen Nichtvorhandenseins. *Gun leus* ohne Licht (Fionngh I., 206 und oft). *Gach coluinn gun cheann*, jeder Leib (war) ohne Haupt (ebend. v. 435). *Gun stad* ohne Aufenthalt (ebend. v. 59). *Gun ard righ* ohne den hohen König (Tighm., III., 165). *Gun dhail* unverzüglich (sehr oft).

6. *gus* bis, bis zu (wahrscheinlich Compos. aus *gu-as*). Kommt selten als Präpos. (öfter als Conjunction, vor). Tighm. III., 33, *grad aomadh an triath gus an righ*, schnell neigte sich der Fürst bis zum König hin. (Im Mittel-Irischen z. B im *Leabhar breac*: *cus*.)

7. *leis* sammt (Grundform von *le*, wie im Altir. *las* von *la*, vom nomen *lethit* Seite, etym. identisch mit dem lat. *latus*).

8. *mar-ri* (Composition von *mar* und *ri*). Findet sich einigemale in der Bedeutung zusammen mit. Z. B. Tighm. VII., 212 f.: *Tog i bogha fo 's iosal, gu dol mar-ri laoch nan sciath*, sie erhob (nahm) den Bogen heimlich, um zusammen mit dem Kämpen der Schilde zu gehen. Cathlod. III., 102: *theid mar-ris an triath 's an uir*, welche gehen wird mit dem Fürsten zusammen in das Grab.

9. *ris, ri* gegen — hin (altir. *fri, friss* c. acc. etym. identisch mit Sanskr. *prati*, griech. πρός).

A) Die Grundbedeutung ist die locale der Richtung gegen einen Gegenstand hin (nicht der Bewegung). Fiongh. I., 135: *bitheadh a shleagh ris an eilid a stri*, seine Lanze möge (gerichtet) sein gegen die Hirschkuh im Streit. (Ebend. v. 221, *a' chasadh suas ris a 'bheinn*, wenn er (der Nebel) sich aufwärts kräuselt gegen den Berg hin. Tighm. VIII., 525: *bha aomadh nan sluagh ris an treun*, es war Neigen des Volkes gegen den Helden hin (das Volk neigte sich vor dem Helden). II., 467: *bha dealradh glan a' bhriseadh riamh*, ein heller Glanz brach hervor gegen mich. Tighm. I., 446: *Tog Ullin seoil bàn ri tuadh*, Ullin erhob (spannte) die weissen Segel gegen Norden. II., 33: *ma chluas ri guth lag na-h-oidche*, mein Ohr (war gerichtet) gegen die schwache Stimme der Nacht. Daher die Redensart *tachair-ri*... jemanden begegnen. (Tighm. I., 514 f.: *tachrinn s' an iomairt nan seòd ri namhaid mòr*, ich würde begegnen im Waffenspiel der Helden dem grossen Feinde).

B) Die Bedeutung der Richtung schwächt sich ab zu der der Nähe, des Bei- oder Einandergegenüberseins. Den Uebergang bildet die unzählig oft vorkommende Redensart *r' a taobh*; z. B. Fionngh. I., 4: *a sciath mhòr r' a taobh an feur*, sein grosser Schild an seiner Seite im Grase (liegend). Tighm. II., 342: *le uile sceith r' a thaobh* (der Adler) mit seinen vollen Schwingen an seiner Seite. Es entspricht genau dem Deutschen: „ihm zur Seite." Daher ist dann *ri* geradezu so viel wie bei. Z. B. in der Verbindung *ri' cheile* „bei einander," z. B. Tighm. II., 102 ff.: *an dubh chòs Mhuma dluth ri cheile*, in der finstern Höhle Muma dicht bei einander (unterredeten sie sich).

Daher C) tropisch von der Ursache: Tighm. VIII., 85: *tha fuaim ri gaoith Chlunai*, es war das Rauschen (der Eiche) bei den Winden Cluna's (die Eiche rauschte, durch die Winde bewegt).

D) Unmittelbarer an die Grundbedeutung schliesst sich die Redensart *feith ri...* auf etwas warten; Tighm. II., 200: *'s e' fheitheamh ri gréin o 'n ear*, wenn er wartet auf die Sonne, (die) von Osten kommt.

E) Endlich bezeichnet *ri* das **abstracte Verhältnis als solches in Vergleichungssäzen**, wo wir es dann zuweilen mit dem Dativ, zuweilen geradezu mit „wie" übersezen. Z. B. Tighm. I. 512: *nach coltach mi ri m' athair*, nicht gleich bin ich meinem Vater (wörtlich; im Verhältnis zu meinem Vater). VII., 85: *a dealradh ri losgadh nan reul*, schimmernd wie das Flimmern der Sterne. Namentlich auch nach vorangegangenem *co* so (siehe §. 140).

10. *troimh* durch (altirisch *tre* und *tairm*, Nebenform von *tar*, also, wie dieses, etymologisch identisch mit Sskr. *tirah'*, lat. *trans*). Es hat die gleiche Bedeutung, wie das durch Kürzung daraus entstandene *ro*, nur mit der Modification einer zu durchschreitenden Längendimension, daher so viel wie entlang, gewöhnlich in Verbindung mit *astar*. Tighm. III., 301: *troimh astar glan caol do chliu* (meine Seele folgt dir) durch den hellen schmalen Pfad deines Ruhmes (d. h. auf dem Pfad, dem Pfad entlang; der Pfad ist als Intervall gedacht, das durchschritten werden muss, um zum Ziele zu gelangen). v., 130 f.: *Leann mo ghuth treun garbh-gniomh nam buadh troi' astar gu bualadh nan laoch*, es folgte meine Stimme dem Helden der Wuchtthaten der Siege auf dem Wege zum Schlagen der Mannen,

11. *thuige* gegen — hin (Compositum aus *do* und *aig*) Carraigth. 395: *Gairm thuige Tubar*, er rief gegen Tubar hin, er rief dem Tubar zu.

12. *uime* wegen (im Altirischen nicht nachweisbar, wahrscheinlich ist es eine erweiternde Umbildung von *imme* um). Die Bedeutung ist wegen, um jemandes willen, um eines zu erreichenden Zweckes willen. (Daher die Fragpartikel *c' uime*, wörtlich „weswegen," d. h. aus welchem Beweggrund.)

§. 240. Oefters kann der Genitiv als Gen. des Objects oder der Beziehung die Stelle der Präpositionen vertreten. So heisst *cuimhne an righ* (wörtlich: das Gedächtnis des Königs) als Objectgenitiv soviel wie: das Gedächtnis an den König. *Eagal Cairbre*, Furcht vor Cairbre (Tighm. 193).

§. 241. Ebenso kann der Accus. als accusativus absolutus die Stelle einer Nebenbestimmung im Saze einnehmen. Z. B. Carraigth. 361 f.: *A Frothail,'s e namhaid gun ghioraig, a shleagh roimhe air iomall an-t-sleibh*, o Frothal, der Feind ist ohne Zittern, seine Lanze vor sich auf dem Saum des Hügels. Tighm. IV., 216 ff.: *Tugadh Hidalla guth clarsaich, oigh bhanail o choill' an torr a' choimhead air òr do chiaban*, möge Hidalla die Stimme der Harfe erheben, eine Maid aus dem Walde der Klippe auf das Gold deiner Locken blickend, d. h. während eine Maid... blickt. Hier beginnt aber das einzelne Glied des einfachen Sazes sich von diesem abzulösen, und zu einem abhängigen Saze zu werden. Dies führt uns zur Lehre von der Verbindung mehrerer Säze miteinander.

Zweiter Abschnitt.
Die Verbindung abhängiger Säze mit dem Hauptsaze.

Erstes Capitel.
Der abhängige Saz im Allgemeinen.

§. 242. Der abhängige Saz ist seinem Begriffe nach nichts anderes, als die Erweiterung einer Nebenbestimmung des einfachen absoluten Sazes zu einer vollen Aussage. Solche Erweiterungen sind

a) das **Attribut** (oder die **Apposition**), welche zu einem Nom. substantivum gehört;
b) die **adverbiale** (oder durch eine **Präposition mit Substantivum** ausgedrückte) Umstandsbestimmung, welche zum Verbum (zur ganzen Handlung) gehört.

§. 243. Die einfache Aussage der ersteren Art: „er schlug den tapfern Oskar," kann nur in der Art erweitert werden; dass das Attribut „tapfer" zur selbständigen Aussage gestaltet wird. „Er schlug den Oskar; der Oskar war tapfer." Oder die Aussage: „er schlug den Oskar, den Sohn Oisian's" kann erweitert werden, indem man die Apposition zu einer selbständigen Aussage gestaltet: „er schlug den Oskar; der Oskar war ein Sohn Oisian's." — Aber so neben einandergestellt, entsprechen diese Säze noch nicht dem wirklichen Gedanken. **Der je zweite Saz soll ja nur eine neben beigefügte Notiz sein. Ueberdies ist die Wiederholung des Namens unbequem.**

Die Mehrzahl unsrer indogermanischen Sprachen scheint von dem letzteren Punkte, der Unbequemlichkeit, ausgegangen zu sein. Man sezte statt des wiederholten Namens ein Demonstrativpronomen; man sagte: ὃς ἦν υἱὸς τοῦ, oder im Deutschen: „er schlug den Oskar, der war tapfer." Indessen hat diese demonstrativische Anfügung dem Sprachgeiste noch nicht genügt; es sollte noch die **Abhängigkeit** der einen Aussage von der andern durch die Sprachform ausgedrückt werden. Dies geschah in den verschiedenen Sprachen verschieden; theils, indem man jenes Demonstrativum ausschliesslich für solche **abhängige** Anfügungen verwandte (wie das griech. ὅς), so dass es den Sinn eines Relativums bekam, theils indem man (wie im Lat.) ein Fragpronomen dafür eintreten liess, theils, indem man (wie im Deutschen) durch die **Wortstellung** das Abhängigkeitsverhältnis des einen Sazes vom andern ausdrückte. „Er schlug den Oskar, der tapfer war."

§. 244. Die gälische Sprache bedient sich noch eines innerlicheren Mittels, um die Abhängigkeit des einen Sazes vom andern auszudrücken. Zwar hat sie (vgl. §. 99) auch ein pron. relat. zur Vermeidung der Wiederholung des Nomens; aber hievon ganz abgesehen drückt sie das Abhängigkeitsverhältnis als solches aus durch eine besondere Verbalform: den indicativus constructus, und kann daher unter Umständen das Relativpronomen völlig entbehren. „Oskar war tapfer," heisst: *Bha Oscar treun.* „Er schlug den Oskar, der tapfer war" heisst: *buail e Oscar, bu treun.* „Carul ward anf dem Hügel gesehen" *Chithear Carul air sliabh;* „ich rief dem Carul, der auf dem Hügel gesehen wurde" heisst: *Gairm mi thuige Carul, a faicear air sliabh.*

§. 245. Ebenso verfährt aber die gälische Sprache bei der zweiten Classe von Fällen, wo nämlich eine Adverbial- oder Präpositionalbestimmung, die zum Verbum gehört, zu einer selbstständigen aber abhängigen Aussage erweitert wird. Die primitivste Art der Verbindnng wäre auch hier das blosse Aggregat, die blosse Anreihung. (Z. B. „er erhob sein Segel; die Sonne war anfgehend; statt der Aussage: „er erhob sein Segel beim Anfgang der Sonne.") Die entwickeltere Sprachstufe wird diese einfache Aussage auflösen in die folgende: „er erhob sein Segel, als die Sonne aufging."

Die meisten indogermanischen Sprachen bedienen sich zu solchen Verbindnngen der Conjunctionen. In der gälischen Sprache sind die Conjunctionen — zum Theil wenigstens — Präpositionalbestimmungen mit einem Relativum, und haben, wenn nicht durch die objective Natur des Sazes (vgl. §. 210) der Potentialis oder Optativ gefordert wird, sondern der abhängige Saz objectiv im Indicativ (als wirklich) gedacht ist, das Verbum finitnm stets im indic. constr. bei sich, z. B. „er floh, als er den Feind sah," *teich e, 'n uair a faic e an namhaid* (in der Stunde da [dass] er den Feind sah. Dagegen: „er sah den Feind," *cunnaic e an namhaid.* In analoger Weise drückt die deutsche Sprache die Abhängigkeit solcher Säze dadurch aus, dass sie auch hier die relative Wortstellung gebraucht. „Er erhob sein Segel, als die Sonne über den Horizont stieg; er ergriff die Flncht, als er den Feind erblickte.")

§. 246. Zn diesen beiden Hauptclassen abhängiger Säze gesellt sich aber im Gälischen noch eine dritte Classe. Die gälische Sprache kann weder eine negative Aussage noch eine (directe) Frage in einem einfachen Saze ausdrücken. Es ist dies logisch sehr consequent. Die Negation ist keine einzelne Nebenbestimmung, (wie etwa das adv. „dort" in dem Saze: „ich ging dort über den Fluss") sondern sie bezieht sich auf die gesammte Aussage, und hebt diese miteinander auf. Analog verhält es sich bei der Frage, sei sie nun Sazfrage (hat er das gethan?) oder Begriffsfrage („wem hat er das gethan?" „wor hat das gethan?" warum hat er das gethan?" u. s. w.) Es ist nicht eine Aussage, dass dies gethan worden sei, an welche sich nur als Nebenbestimmung das „wem?" oder „wer?" oder „warum?" anhängte, sondern das „ob?" das „wer?" das „wem? wo? warum?" u. s. w. ist die Hauptsache, an welche sich der übrige Saz nur anhängt, zu welcher er in Abhängigkeitsverhältnis tritt. Die deutsche Sprache drückt dies in ganz analoger Weise wieder durch die Wortstellung aus, indem sie den directen Fragen die Nachsazstellung gibt. (... so hat er das gethan. „Hat er das gethan?" „Wer hat das gethan?") Die gälische Sprache sezt entweder geradezu einen vom Fragwort abhängigen Relativsaz *co esan a faicear thall?* „wer (ist) der, welcher gesehen wird dort?" oder *co a faicear thall?* „wer (ist), der gesehen wird dort?" oder sie supplirt das Relativnm, und sagt: *Co fhaicear thall?* „wer, (der) gesehen wird dort?" In beiden Fällen steht natürlich der indic. constr. *faicear*. Ebenso erklärt sich die directe Sazfrage. „Siehst du?" heisst: *An fac thu?* wörtlich „ob, (dass) du siehst?" denn *fac* ist der indic. constr. Analog ist nun auch der indic. constr. im Negationssaz zu erklären. *Cha-n-eil mi fo bhròn* heisst genau: „nicht (ist's, dass) ich unter Trauer bin."

§. 247. Dies führt aber auf einen allgemeineren Gebrauch der Relativconstruction. Sowie *cha* nicht, *an* ob, *co* wer, *ciod* was, *c' aite* wo, *c' uime* warum, als absolutes Säzchen vorangestellt wird, zu welchem nun der Aussagesaz in ein Abhängigkeitsverhältnis tritt, so kann aus jedem einfachen Saze irgend ein Sazglied mit Betonung hervorgehoben und als Subject eines absoluten regierenden Sazes vorangestellt werden, zu welchem nun der Rest des anfänglichen einfachen Sazes in ein Abhängigkeitsverhältnis als Relativsaz tritt. Im Deutschen leisten wir das Analoge wiederum durch die Wortstellung; aus „ich habe ihn gefragt," machen wir: „ihn habe ich gefragt;" wir stellen das betonte Wort an die Spize, und lassen den übrigen Saz in der Nachsazstellung folgen. Der Gäle dagegen wendet, wie gesagt, jene Relativsazbildung an, welche sich ganz ebenso — aus der altgälischen Zeit her — noch in der französischen

Sprache findet; er sagt: *c'est lui, que j' ai demandé*, d. h. gälisch *is esan a dh' iarr mi*. (Z. B. Carraigth. 72: *Is mór a b' aille thu fein*, es ist gross, dass du schön warst, d. h. sehr schön warst du). Wir wollen diese Art von Säzen als Exponentialsäzo bezeichnen.

§. 248. Damit haben wir die Grundformen der gälischen Sazverbindungen noch nicht erschöpft. Wir haben §. 243 und §. 245 gesagt, dass die primitivste und unentwickeltste Weise, eine Nebenbestimmung — sei dieselbe attributiver oder adverbialer Natur — aus dem einfachen Saz herauszulösen und in eine selbständige Aussage zu verwandeln, darin bestehen würde, dass man dieselbe einfach als zweiten Saz an den ersten ohne Bindemittel anhängt. Auch diese primitivste Art von Sazverbindung hat sich im Gälischen erhalten und ist sehr häufig. Das Verbum, welches hiezu verwendet wird, ist die Copula *is*, welche an sich nicht die Qualität eines indic. constr. hat, sondern eigentlich indic. abs. ist (z. B. Carraigth. 185: *Is aluinn do chruth an ceo*, es ist schön deine Gestallt im Nebel) und auch bei derartigen Verbindungen als indic. abs. aufzufassen ist (obwohl wir im Deutschen solche Constructionen wohl immer durch Relativ- und Conjunctionssäze wiedergeben werden). Mit dieser Copula erscheinen sowohl Adjectiva, als Gerundia oder Präpositionalbestimmungen als Prädicato verbunden. Es können also die manchfaltigsten Gattungen von Säzen in solcher Weise gebildet werden. Z. B. Carraigth. 437: *Gabh darag a ceum, 's i 'triall* „es fing auf (hemmte) eine Eiche ihren Schritt, sie war im Gang" d. h. es hemmte eine Eiche ihren Schritt, da sie gieng. Wir werden solche Säzo Aggregatsäze nennen.

§. 249. Gar keine Abhängigkeit findet statt, wenn mehrere einfache absolute Säze durch parataktische Conjunctionen, wie *is* und, *ach* aber, *neo* sonst (alias), *oir* denn, *reir* deshalb, verbunden werden. Diese parataktischen Conjunctionen, (von denen übrigens nur *is* (*agus*) und *ach* bei Ossian häufig vorkommen), geben ja nur das objective Verhältnis an, in welchem die in den einzelnen Säzen ausgesagten Handlungen in der objectiven Wirklichkeit zu einander stehen; nimmermehr aber machen sie den einen Saz grammatisch abhängig von dem anderen; vielmehr bleibt jeder einzelne der durch parataktische Conjunctionen verbundenen Säze ein einfacher absoluter Saz und unverändert so wie er an sich ist. Von diesen Conjunctionen haben wir daher gar nicht weiter zu handeln.

§. 250. Ueberblicken wir dagegen die verschiedenen Arten von Abhängigkeitssäzen, welche sich uns in den §§. 242—248 dargestellt haben, so finden wir — von der primitivsten Verbindungsart ausgehend — folgende Reihe:

A) Aggregatsäze, mit der copula *is*.
B) Einfache Relativsäze, mit oder ohne Relativpronomen (das Verbum entweder im indic. constr. oder im pot. oder opt.)
C) Exponentialsäze, nebst den negativen Säzen und den Fragesäzen.
D) Conjunctionssäze (mit syntaktischen Conjunctionen).

Diese vier Gattungen abhängiger Säze sind nun im einzelnen zu betrachten.

Zweites Capitel.
Der Aggregatsaz.

§. 251. Im Aggregatsaz steht die Copula *is*, welche den Sinn eines Präsens oder Imperfectum (im indic. abs.) hat, voran; darauf folgt das Subject des Aggregatsazes (nämlich entweder das pron. pers. mittelst dessen ein Substantiv des regierenden Sazes, an welches der Aggregatsaz angeknüpft ist, wiederholt wird, oder ein selbständiges Substantivum), und hierauf das, aus einem Adjectiv oder Gerundium oder einer andern Präpositionalbestimmung bestehende Prädicat.

Anm. 1. Die Copula *is* hat an sich den Sinn eines indic. absolutus. Sie steht in einfachen absoluten Säzen. Z. B. Carraigth. 279: *Is beag m' eagal ri d' chomhrag, fhir fhaoin*, klein ist meine Furcht vor deinem Kampf (vor dem Kampf mit dir), nichtiger Mann. (Ein anderes Beispiel siehe oben §. 248.) Auch im Aggregatsaze ist *is* durchaus als indic. abs. gedacht, da ja eben der Aggregatsaz durchaus nicht die Natur eines Relativsazes hat, wie schon an der Wiederholung des Subjects zu sehen ist. Für den indic. constr. hat das Gälische die Formen *bheil* (praes.), *bu* (aor.), *bi* (fut.), deren keine je in einem Aggregatsaze gebraucht wird. *Is* hat, wie obiges Beispiel zeigt, die gleiche Bedeutung des indic. abs., wie *tha*, nur ist es tonloser, und eignet sich daher zur Einleitung dieser gleichsam flüchtig angehängten Aggregatsäze.

Anm. 2. Diese Copula *is* ist von der Conjunction *is*, und, leicht dadurch zu unterscheiden, dass auf erstere stets ein Subject (Pron. oder Substant.) auf leztere aber ein Verbum folgt. *Suidh an sealgair, is cuirm 'n a laimh*, es sizt der Jäger, es ist das Mahl (Essen) in seiner Hand. Dagegen Cathlod. II., 122 f.: *Tuit a bhrathair le laimh an laoich, 's dh' fhag e faoin a thalla*, es fiel sein Bruder durch die Hand des Recken, und leergelassen hat er seine Halle.

§. 252. Der Aggregatsaz kann sich erstlich an ein Substantivum des Hauptsazes als Auflösung eines Attributs (oder einer Apposition) anhängen. In diesem Falle ist er eine unentwickelte Form eines Relativsazes (vgl. §. 243), vertritt einen solchen, und ist durch einen Relativsaz zu übersezen. — So finden wir den Aggregatsaz a) häufig gebraucht, um ein adjectivisches Attribut, namentlich ein Epitheton naturale, hervorzuheben (in Fällen, wo wir im Deutschen das Adjectivum seinem Substantivum als Apposition nachzusezen pflegen).

Carraigth. 102: *'n uair' shuideas an sealgair ri m' thaobh, is cuirm, 's e faoin, 'n a laimh*, wenn der Jäger sizt an meiner Seite; es ist das Mahl — 's ist kärglich — in seiner Hand (ist), d. h. „das Mahl, das kärglich ist," oder gut deutsch: „und das Mahl, das kärgliche, in seiner Hand ist." Ebend. v. 148: *Cha-n fhaicear ceum shealgair, 's e mall*, nicht wird gesehen der Schritt des Jägers, langsam ist er; d. h. der Schritt, welcher langsam ist, gut deutsch: „der Schritt des Jägers, der langsame."

Anm. Hieher müssen wir auch die Stelle v. 438 ff. reihen. *Tuit i sios air a ruigh bàn; leum a clogaid air an-t'-sliabh; a broilleach geal ag eirigh thall, a ciabh, nach gann, air làr 's i truagh*, sie fiel nieder auf ihren weissen Arm; der Sprung ihres Helmes (war) auf den Hügel (d. h. ihr Helm sprang auf den Hügel); ihr weisser Busen hob sich dort; ihr Haar, welches nicht spärlich, (lag) auf dem Boden, sie war arm (d. h. „die Arme!")

§. 253. Aber auch b) als Surrogat für anderweitige Relativsäze.

Carraigth. v. 302: *Tuit esa gun chruth, 's e thall, air gaoith nan dubh charn*, er fiel ohne die Gestalt — dort war sie — auf dem Wind der schwarzen Felsen. D. h. Er (der Geist) sank im Winde der Felsen dahin, nunmehr ohne jene Gestaltung, welche dort (sichtbar) gewesen war. Ebend. v. 521: *mar nial o 'n iar, 's a thaobh 's a' ghrein*, wie Nebel aus dem Westen, 's ist seine Seite in der Sonne, d. h. wie Nebel aus dem

Westen, dessen Seite von der Sonne beschienen wird. *Oigh nam mhor shuil* 75: *Mo shuil air gaoith a' chuain,'s i 'chaochladh*, mein Auge (blickt) auf den Wind des Meeres, wie dieser wechselt.

§. 254. Der Aggregatsaz kann sich zweitens auf die gesammte Handlung des Hauptsazes, somit auf das Verb. finit. desselben, beziehen. In diesem Falle stellt sich in ihm eine unentwickelte Form des Conjunctionssazes dar; er vertritt einen solchen, und ist durch einen solchen zu übersezen.

§. 255. Und zwar vertritt er a) einen Temporalsaz, indem er die Gleichzeitigkeit der beiden Handlungen ausdrückt, also mit indem oder als zu übersetzen ist.

Carraigth. 102 (wo zwei Aggregatsäze in einander geschoben sind): *'n uair shuideas an sealgair ri m'thaobh, is cuirm, 's e favin, 'n a laimh*, wenn der Jäger an meiner Seite sitzt, indem das Mahl, das spärliche, in seiner Hand ist. Aehnlich Conlaoch 150 f.: *Gun thuar e aig tonna nan uamh, is e' feuchainn a chruth, is e baoth*, ohne Farbe (liegt) er bei den Wogen der Klüfte, indem er zeigt seinen Zustand, den schrecklichen. Carraigth. v. 268 f.: „*Gabh-sa comhnuidh an do raoin,*" *thuirt righ, nach b' fhaoin, 's a làmh air beirt*, „nimm Wohnung in deiner Ebene," sprach der König, der nicht nichtig war, es war seine Hand auf (an) dem Helm (d. h. indem er mit der Hand an seinen Helm griff). Ebend. v. 412 f.: *Mar sin bha focail an treith 's e 'charamh a sceithe r' a thaobh,* so waren die Worte des Helden, er war legend seinen Schild an seine Seite, d. h. indem — als — wobei — er den Schild an seine Seite nahm. Ebend. v. 437 (siehe oben §. 248).

§. 256. b) Erläuterungssäze, welche nähere Beschreibungen enthalten, und welche wir bei der Uebersezung mit „und zwar so, dass" einleiten.

Carraigth. 191 ff.: *Tig-sa, Bhinnbheil, air an osaig, air aiteal 'an dosan nan carn; cluinneam do ghuth, is thu 'm fhochair,* komm, Binnbheul, auf dem Windstoss, auf dem Lufthauch, zu den Flechten der Felsen; lass mich hören deine Stimme, so, dass du (dabei) in meiner Nähe bist (= lass mich deine Stimme aus der Nähe hören). Ebend. v. 304 f.: *mar smuid, 'bhriseas og, 's bioran 'n a laimh,* wie eine Rauchsäule, welche durchbrechen mag ein Knabe, es ist ein Stäblein in seiner Hand, d. h. so, auf solche Art, dass dabei (nichts als) ein Stäblein in seiner Hand ist (= die ein Knabe mit einem Stäblein zu durchbrechen vermag). Fionngh. I., 390 f.: *a chiabh buidhe 'n a caoir m' a cheann, 'thaomadh mu ghnuis aluinn an fir, 's e 'tharruing a shleag o chùl*, seine blonde Locke (ist) in ihrer Flamme um sein Haupt sich ergiessend um das schöne Antliz des Mannes, (indem) er seinen Speer vom Rücken hervornimmt. Calthonn. 116 f.: *An teich mise gu Shelma nan teud, is Colmar gun fheum fo chruaidh?* soll ich nach Selma (dem Land) der Saitenspiele, fliehen, während Colmar ohne Gelegenheit (der Rettung) unter Stahl (ketten) ist?

§. 257. c) **Folgerungssäze**, die wir mit „so dass" oder „demzufolge" einleiten.

Carraigth. 522 ff.: *Co, dha 'm bheil an guth cho caoin cho labhara ri gaoith 's a bheinn, 's e taitnsach mar chaolchruit Charuill*, wer (ist), welchem ist die Stimme so sanft, so beredt, wie der Wind auf dem Berge, (so dass) er ist willkommen wie die feine Harfe Carul's. Tighm. VI., 60 ff.: *Mar charraig Runo dubhradh suas a' ghlacadh's an ruaig nan nial, 's i fás am measg dubhadh a gnuaidh*, wie die Klippe Runo schwarz emporragt unter der Erfassung und Verfolgung der Wolken, so dass sie (die Klippe) wächst (scheinbar höher wird) unter dem Finsterwerden ihres Antlizes.

§. 258. d) **Causalsäze**, die wir mit „da, weil" einleiten.

Carraigth. 57 f.: *Sud an oigh, a righ nan lann, le guth fann, 's i fo bhròn*, dort (steht) die Jungfrau, o König der Schwerter, mit schwacher Stimme, (da) sie unter Trauer ist (= als trauernde). Ebend. v. 149: *Tha samhchair 's a' ghleann, 's e faoin*, es ist Stille im Thale, (da) es leer ist (= Stille im leeren Thale; das Attribut „leer" dient zur Erklärung der Ursache der Stille).

§. 259. e) **Bedingungssäze und bedingte Temporalsäze**, die wir mit wenn oder wann einleiten.

Cathlod. III., 141 f.: *Le soillse bithidh m' astar s' an-t-sliabh, 's na seabhaig air sciataibh am' dheigh*, beim Tageslicht wird sein mein Gang auf dem Hügel, (wenn) die Habichte auf Flügeln (sind, d. h. fliegen) hinter mir. Carraigth. 105 f.: *Cuimhnich, a Bhinnbheil, do laoch, is e 'n tigh caol a' bhàis*, gedenke, o Binnbheul, deines Recken, (wenn) er ist im engen

Hause des Todes. Ebend. v. 161: *mar gheallach an fogair, 's i làr*, wie der Mond im Herbst, (wenn) er voll ist. Ebend. v. 545 ff.: *An sciath mar rè làn, nach faoin a' shiubhal ro speur fo iorguil, 's i dubh agus ciar 'n a tuar*, der Schild gleich dem vollen Mond, der nicht nichtig ist im Gang durch den Himmel unter Kampf, (wenn) er finster und schwarz ist in seiner Farbe (von Farbe).

§. 260. Die **Negation** wird in Aggregatsäzen stets durch die relative Negationspartikel *nach* **dass, nicht** (niemals durch *cha* nicht) ausgedrückt.

Carraigt. 109 f.: *C' ait' am faighear mi, ruin, 's a 'bheinn, 's nach till thu o bheum a 'bhais?* wo soll ich gefunden werden, Geliebter, auf dem Berge, es ist, dass nicht du zurückkommst von den Streichen des Todes, d. h. wenn du nicht zurückgekommen sein wirst aus den tödtlichen Streichen (der Schlacht).

Anm. Wie häufig der Gebrauch der Aggregatsäze sei, mag man daraus ersehen, dass das kurze, nur 585 Verse lange Gedicht Carraigthura, schon allein so reichliche Beispiele für alle Arten des Gebrauches jener Säze liefert.

Drittes Capitel.
Der einfache Relativsaz.

§. 261. Das pron. relat. richtet sich im **Numerus** nach dem Substantiv des Hauptsazes, worauf es sich bezieht, im **Casus** nach der Stelle, die es als Sazglied im Relativsaz einnimmt. (Im Genus ist zwischen der Form des masculinischen und des feminischen pron. rel. kein Unterschied, s. §. 99.)

§. 262. Sagt der Relativsaz ein **wirkliches einmaliges** Geschehen aus, so steht der indic. constr. Wird ein **mögliches** Geschehen, ein solches, das **oftmals** eintreten kann, ausgesagt, so steht der Potent. Wird ein **bedingtes** Geschehen ausgesagt, so steht der optat. (Für den zweiten Fall vgl. die ausführliche Entwicklung sammt den Beispielen in §. 215, für den dritten Fall das Beisp. Fionngh. IV., 75 in §. 221 Anm. 1.)

Beispiele des indic. constr. Carraigth. 274: *mo shleag am bheil feum*, mein Speer, dessen Bedürfnis ist (dessen es Noth thut). v. 22: *a bu aillidh ciabh*, welchem schöne Locke ist.

v. 523: *co dh' am bheil an guth cho caoin*, wer ist, dem die Stimme so sanft ist? v. 159: *an i fein, a chi mi*, ist sie es, die ich sehe? Tighm. VI., 236: *gluais osnadh suas, a ceil e*, es stieg ein Seufzer empor, den er verbarg.

§. 263. Eine Ausnahme von dieser Regel macht nur das Verbum *bi* sein, von welchem auch der indic. absol. *tha* sich in Relativsäzen findet.

Cathlod. III., 123: *mar cheò, 'tha 'snamh air a' bheinn*, wie Nebel, welcher ist schwebend auf dem Berge. Ebend. v. 13: *air aimsir, 'tha mothar 'n an deigh*, auf die Zeit, welche ruhig ist nach ihnen. Carraigth. 13: *Ri fuaim, 'tha 'sheimh o chlarsaich grinn*, beim Schall, welcher ist schwebend von den schönen Harfen her. Ebend. v. 73: *Ce 'n guth so, 'tha caoin am' chluais*, wer ist die Stimme, welche sanft ist in meinem Ohr. v. 129: *na luidh e 'n tigh caol, 'tha ciar*, liegt er nicht im engen Hause, das finster ist? Cathlod. I., 150, *co, a th' ann*, wer (ist's), der da ist? u. s. f.

§. 264. Es findet sich das pron. relat. in all seinen Casibus gebraucht, unter denen der gen. plur. fehlt (vgl. §. 99).

a) Nom. sing. Cathlod. III., 128: *mar osag gaoith, a briseas thall o nial*, gleich dem Hauch des Windes, welcher (wie er) etwa dort aus der Wolke brechen mag.

b) Gen. sing. Carraigth. 274: *'n a tachair mo shleagh, am bheil feum, 'an truscan nan speur ri guth fuathais?* begegnete mein Speer, dessen Bedürfniss ist (dessen es Noth thut), in den Gewändern des Himmels (den Wolken) der Stimme des Unholds? Tighm. V., 345: *carraig air an iadadh sruth*, die Felswand, auf deren Umkreis ein Strom ist.

c) Dat. sing. Carraigth. 21 f.: *'n uair thill an righ o raon nan triath, le leadan tròm, a b' aillidh ciabh*, wenn der König von dem Felde der Fürsten zurückkehrt mit der schweren Locke, welcher schönes Haar ist. — Ebend. 522: *Co, dh' am bheil guth cho caoin*, wer ist, dem die Stimme so sanft ist. — Ebend. v. 351: *Balla Sharno, do 'n lub um feachd*, die Mauer Sarno's, bei der (um welche) sich bog das Gefecht.

Cathlod. I., 42: *Thusa 'choimn' cheas am measg nan clarsach, a sciath ball, druidsa gu m' laimh*, du, der du wohnen magst inmitten der Harfen, dem ein gebuckelter Schild ist, nähere dich meiner Hand.

Tighm. 7, 400: *Oisian, a 's osan gu trom*, Oisian, welchem ist (der) Athem schwer.

d) Acc. sing. Carraigth. 159: *An i fein, a chi mi fada thall?* ist sie es selbst, welche ich fern dort sehe? v. 37: *mar dhruchd mothar earraich chaoin, fo 'n lub geug dharaig nan torr*, gleich dem ruhigen Thau des milden Frühlings, unter welchem sich kräuselt der Zweig der Eiche der Klippen.

Cathlod. III., 63 f.: *Tainig Corman 'n a loingeas donn gu Ghormmheall, mu 'n iadh an tonn*, es kam Corman in seiner braunen Flotte zum Gormal, um welchen die Woge kreist.

Carraigth. 218: *Craobh, a buain a' ghaoth*, ein Baum, welchen gejagt hatte der Wind.

e) Nom. plur. v. 391: *gabh cruach nan sian, na mair*, der Felsrand der Stürme (der umstürmte Felsrand) nahm (diejenigen) auf, welche übrig blieben.

f) Dat. plur. Carraigth. 32 f.: *A bharda, 'tha luaidh mu-h-aois, dha 'n eirich air ar-n-anam suas feachdan mòr nan gorm-chruaidh laoch*, o ihr Barden, (welchen) Gesang von der alten Zeit ist, welchen (d. h. durch welche) sich erheben über unsre Seelen empor die grossen Gefechte der blaustahligen Mannen.

Carthonn 193: *Air laithibh nan sonn, a b' airde ghniomh*, in den Tagen der Helden, welchen hohe Thaten sind.

Thighm. III., 445 f.: *na triath, dha 'm bi bogha gu laidir am feum*, die Fürsten, welchen der Bogen wuchtig ist in der Gefahr.

Anm. Zuweilen könnte man versucht sein, Gerundia für Relativsäze zu halten. So könnte man z. B. Carraigth. 155 f.: *a suil ghorm mu' cairdibh làn a 'cheilleadh le ceò nan carn*, auf den Gedanken kommen, *cheilleadh* als aor. pass. und *a* als pron. rel. zu fassen, „ihr blaues Auge um ihrer Freude willen voll (Thränen), welches verborgen wurde durch den Nebel der Felsen. Doch wäre dies irrthümlich, auch wenn *ceilleadh* nicht aspirirt geschrieben wäre. (Das pronom. relat. aspirirt nie, das *a* des Gerundiums aspirirt.) Die Wahrscheinlichkeit spricht in solchen Fällen immer für das Dasein eines Gerundiums. Im vorliegenden Falle ist dasselbe (vgl. §§. 202 und 223) im passivischen Sinn („in Verbergung," = im Verborgenwerden) zu fassen.

§. 265. Das Relativum kann aber auch ausgelassen werden. Eine Zweideutigkeit in der Construction entsteht dadurch nicht, auch in denjenigen Fällen nicht, wo sich (vgl. §§. 111 und 124) die Form des indic. constr. von der des ind. abs. nicht unterscheidet. Denn da im einfachen absoluten Saze das verb. fin. fast ausnahmslos dem Subject vorangestellt wird, so kann ein auf das Subject oder auf ein anderes Substantiv folgendes verb. fin. nur einem Relativsaz angehören. — Sowohl der nomin. des pronom. rel., als der dat. wird ausgelassen. Ersteres ist namentlich häufig bei der Umschreibung des Präsens oder Imperfect. durch das Gerundium, dann auch bei relativischer Umschreibung von Epithetis der Fall. Statt des indic. abs. *bu* kann dabei der indic. abs. *tha* stehen (siehe §. 263).

a) Nom. — Carthonn 2: *Gniomhran laithean nam bliadhna dh' aom*, Thaten der Tage der Jahre, (welche) vergangen sind.

Cathlod. III., 109 f.: *Tearruing i o' leadan a 'chiabh, bu' sheachran air a broilleach bàn fo osaig, b a 'snamh gu mall*, sie zog aus ihrer Locke das Haar, (welches) wallte auf ihrem weissen Busen unter dem Luftstoss, (welcher) mild schwebte. V. 173: *sciath scaoilte, bh' aig Starno ri 'thaobh*, der Schild der gebreitete, welcher war dem Starno (gehörig) an seiner Seite.

Carraigth. 29: *Tionndaidh Fionn ri luchd, bu binn*, Fionnghal wendete sich zu dem Volk (den Leuten), das musikalisch war (d. h. zu den Barden). V. 341: *Cuireadh Frothal, bu corr, fo iall*, es wurde Frothal, der edel war, unter Riemen gelegt (d. h. Frothal, der edle, wurde gebunden).

Cathlod. III., 113 f.: *Luidh mi teann air anns an-t-sliabh, m' agaidh fo chlogaid, bu ciar*, ich lag dicht dabei auf dem Hügel, mein Angesicht unter dem Helm, der schwarz war (d. h. unter dem schwarzen Helm).

b) Dat. — Cathlod. III., 66 f.: *Cunnaic e, 's cha b' fhaoin a suil air maraich, bhu dubh-ghorm triall* er sah (die Tochter Ainnir's), und nicht (d. h. ebensowenig) war ihr Auge nichtig (d. h. folgenlos gerichtet) auf den Seemann, welchem dunkelblauer Weg war.

c) Acc. — Calthonn 115, *an triath, chunna 'mi fein aig Cluai*, der Held, den ich selbst am Cluai sah.

§. 266. Hieraus erklärt sich die (schon §. 86 erwähnte) Bildung des Superlativs vermittelst des in einen Relativsaz gestellten Comparativs. Soll ein Superlativ als adjectivisches Attribut zu einem Substant. treten, so wird zu dem Substantiv ein Relativsaz gestellt, mit dem nom. des pron. rel. als Subject, der Copula *is*, und dem Comparativ als Prädicat. Z. B. Carraigth. 272 f.: *Na ghluais mi mo cheum o 'n bheinn gu d' thalla fein air raon a 's ciuin?* bewegte ich nicht meinen Schritt vom Berge nach deiner Halle über die Ebene, welche ist lieblicher (scil. als alle andern Ebenen), d. h. über die lieblichste Ebene. Oigh etc. 81: *Cluinn-sa guth, a 's gloinne fonn*, höre die Stimme, welcher hellerer (hellster) Gesang ist, d. h. die Stimme des hellsten Gesanges. So auch im plur. v. 82 *oigh nan tonn, a 's fuaire fead*, Maid der Wogen, welchen kältestes Gepfeife ist. Das pron. rel. kann hiebei auch ausgelassen werden.

Soll aber ein Substantivum mit beigefügtem Superlativ des Adjectivs als Attributivgenitiv zu einem andern Substantivum treten (z. B. die Zeit zahlreichster Schwingen), so tritt zu letzterem der dat. des pron. relat. (und zwar in seiner einfachen Form *a*) nebst der Copula, und diese hat jenes Substantiv nebst dem Comparativ als Prädicat im nom. bei sich. Z. B. Carthonn. 173 f.: *C' uim' a togadh leat talla nan corn, mhic aimsir, a 's lionmhoire sciath?* warum, dass errichtet wurde von dir die Halle der Trinkhörner, du Sohn der Zeit, welcher ist zahlreichste Schwinge? d. h. warum bautest du dir eine Trinkhalle, der du ein Sohn der Zeit bist, (welche) zahlreichere Schwingen hat (als ein Vogel) d. h. der schnellstbeschwingten Zeit. v. 190: *Mac Fionnghal, a 's luaithe ceum*, wie Fionnghal, welchem schnellerer Schritt ist (als irgend einem andern), d. h. wie Fionnghal, der Mann schnellsten Schrittes. v. 242: *Gach làmh air sleagh, a 's gloine crann*, jede Hand (lag) auf dem Speer, (welchem) hellerer (hellster) Schaft ist, d. h. auf dem Speer hellsten Schaftes. Cathlod. II., 177: *'s iomadh òg, bu truime ciabh*, und mancher Jüngling, (welchem) schwereres (schwerstes) Haar war, d. h. mancher vollst-gelockte Jüngling. v. 193: *Strinandoine, bu caoine làmh*, Strinandoine, (welcher) sanftere (sanfteste) Hand war. III., 185, *a righ, 's fuiliche lann.* o König, (welchem) blutigere (blutigste) Klinge ist, d. h. o König der blutigsten Klinge. Carraigth. 31: *A gutha Chona, 's airde fuaim*, o Stimmen Cona's, (welchem) lauterer (lautester) Schall ist.

Anm. Wenn na. „als" auf einen Comparativ folgt, so ist dieser ein wirklicher Comparativ (kein Superlativ) selbst, wenn ihm a 's vorausgeht. Z. B. Fionngh I., 75: *do shlios, a 's ghile na cobhar*, deine Seite, welche ist weisser, als Schaum. v. 465: *Thusa a 's gloine na taibse*, du, welche ist (die du bist) weisser, als ein Gespenst.

§. 267. Die gälische Sprache hat auch ein **adverbiales Relativpronomen** *a* (s. §. 102), welches dem Sinne nach dem hebräischen אֲשֶׁר entspricht, und mit **da, wobei, wenn, in welchem Falle** übersezt werden kann.

Cathlod. III., 149: *Buail e ro oidche gu luath gu shruth Thurthoir, 'tha suas 's a chòs*, er fuhr durch die Nacht hin schnell zum Strome Turthor, da (wo) sie (die von ihm gefangene Fiona) oben in der Höhle war. Carraigth. 482 f.: *Bitheadh aoibhneas mu chliu an sinnsraibh, a cunnaic 's an stri righ Morbheinn*, es würde Freude über (meinen) Ruhm sein den Ahnen, indem (wenn) sie sahen im Streit den König Morwen's.

Auch dies Adverbialrelativnm wird oft ausgelassen. Z. B. Calthonn 111 f.: *Is gu tric a dol sios 'an aisling, o 'n là, threig a 'ghrian mo shuil*, es ist oft, dass sie niedersteigen in meinem Traum, seit dem Tage, (dass) die Sonne mein Auge verlassen hat.

Anm. Mit diesem Adverbialpronomen sind viele Conjunctionen gebildet. Z. B. *c' aite a*, wörtlich: „was ist die Stelle, da..." *C' uime a*, „was ist Ursache, dass..." Siehe unten §. 278. Zuweilen dient es zur Umschreibung eines adjectivischen relat. Z. B. Conlaoch 170: *nial, a 's e glass*, „eine Wolke, da sie blass ist," statt: welche blass ist.

§. 268. Ist der Relativsaz **negativ**, so tritt die Negation mit dem pron. relat. in ein Wort znsammen; aus *an cha, a cha* und *na cha* wird *nach*, welches daher als scheinbares Indeclinabile erscheint. Gewöhnlich kommt es aber als nomin. vor, und zwar häufig zur Umschreibung von Epithetis.

Cathlod. III., 91: *Fo chraoibh, nach robh fada thall,* unter dem Baum, welcher nicht gewesen ist fern dort (= welnah dort stand). Carraigth. 395: *Gairm thuige Tubar, nach mairg,* er rief dem Tubar zu, der nicht verächtlich war.

Besonders häufig *nach faoin* „der nicht nichtig war," d. h. der tüchtige (Carraigth. 132 u. v. a.), *nach gann* der nicht gering war. (Carthonn 83 u. 159 u. a.)

Beispiele des Dativs oder Accusativs: Carthonn 157 f.: *Cunnacas balla Bhaile-Chlutai nan lann, air nach eirich ach gann guth sloigh,* gesehen wurde die Mauer Balclutha's, (der Stadt) der Schwerter, über welcher sich nicht erhob, als schwache Stimme des Volks (über welcher sich nur schwache Stimme des Volks erhob). Tighm. VI., 309: *cinne nach fiach,* Häuptlinge, denen kein Werth ist (unwürdige).

Anm. Mit dem pron. relat. adverbiale *a* (§. 267) verbunden, bildet die Negativpartikel jenes adverbiale *nach* dass nicht, dessen schon §. 260 erwähnt worden ist, und von dem Cap. 4 weiter die Rede sein wird.

§. 269. Ein Relativsaz muss nicht immer von einem begrifflich bestimmten Substantivum abhängen. Er kann auch von einem pron. demonstr. abhängen, welches durch ihn erst seine begriffliche Bestimmtheit erhält. (Z. B. „diejenigen, welche gefallen sind.") Die Griechen haben hiefür die eigene Form ὅστις, die Lateiner können wenigstens statt *ii qui* auch *quisquis, si quis, quicunque,* die Deutschen „wer" sagen. Die gälische Sprache sezt stets den Plural des gewöhnlichen Relativpronomens, *na* (in negativen Säzen *nach*) lässt aber regelmässig das vorangehende Demonstrativum hinweg, auch wenn dasselbe in einem andern Casus, als das Relat. steht, so dass sich eine Art Attraction bildet.

Carraigth. 391: *Gabh cruach nan sian, na mair,* der umstürmte Felshang nahm (diejenigen) auf, welche übrig geblieben (noch am Leben) waren. Croma 40: *An cuala thu guth nach beo?* hörtest du die Stimme derer, welche nicht leben? (d. h. die Stimme der Todten.) Tighm. IV., 204: *taibsean na tuit anns a 'bhlar,* die Geister derer, welche gefallen sind in der Schlacht.

Viertes Capitel.
Der Expositionssaz nebst dem negativen Saz und dem directen Fragesaz.

§. 270. Soll irgend ein Sazglied mit Emphase oder besonderm Accent hervorgehoben werden, so wird dasselbe aus dem Saz herausgestellt (exponirt), zum Prädicat eines eignen Zustandsazes gemacht, von dem der ursprüngliche als ein (das Subject vertretender) Relativsaz abhängt. Statt „sehr schön bist du," sagt der Gäle: „Sehr ist, dass du schön bist." Statt: „ihn selbst erblicke ich dort," sagt er: „er selbst ist, den ich dort erblicke." Statt: „ich habe ihn getödtet," sagt er: „es ist ich, der ihn tödtete."

Subject	Copula	Prädicat,
Dass du schön bist	ist	sehr
(Der) den ich dort erblicke	ist	er selbst
Der ihn tödtete	ist	ich
Dass ich ihn schlug	war	dort.

Daraus, dass auch Adverbia exponirt werden können, ersieht man, dass der vorangestellte, den Relativsaz regierende Expositionssaz wirklich die Stelle des Prädicats (nicht des Subjectes), der Relativsaz aber die des Subjectes vertritt. Dagegen ist auch klar, dass jedes Sazglied des ursprünglichen Sazes ausser dem verb. fin. in solcher Art als Prädicat exponirt werden kann.

Ich sah ihn = der ihn sah, war ich.
Ihn sah ich = den ich sah, war er.
Ihm gab ich den Speer = dem ich den Speer gab, war er.
Cathmor's Schild breche ich = dessen Schild ich breche, ist Cathmor.
Am Hügel werd' ich ihn treffen = dass ich ihn treffen werde, ist am Hügel.

So ist logisch das Sazverhältniss zu denken. Grammatisch ist nur nochmals zu bemerken, dass der prädicative Expositionssaz unbedingt und ausnahmslos dem Relativsaz vorangeht, ferner, dass, wenn ein Nominativ exponirt wird, im Expositionssaze das pron. pers., von dem der Relativsaz abhängt, als Subject ausdrücklich gesezt zu werden pflegt.

a) Nom. — Carraigth. 363: *is e an gaisgeach, righ Morbheinn, a th' ann,* „er ist der Held, der König Morwen's, welcher da ist;" logisch; er — d. h. derjenige — welcher da ist, ist der König Morwen's; d. h. deutsch: es ist der Held, der König Morwen's, welcher da ist. Carthonn 57: *is e-sa, tha 'thearnadh o shliab,* er ist's, (welcher) herabsteigt vom Hügel (= er steigt herab vom Hügel). Fionngh. III., 414: *'s e 'n righ, bu teinn air an tòm,* es war er, der König, welcher nahe am Hügel war. v. 480: *b 'e so an cleachdadh, 'bu riamh,* es war dies der Brauch, der immer war (= dies war immer der Brauch, logisch: die Gewohnheit war stets so). IV., 3: *'s i oigh a guth graidh, a th' ann,* sie (es) ist die Maid der Stimme der Liebe, welche da ist (logisch: diejenige, welche da ist, ist die Maid der Stimme der Liebe).

Auch Adjectiva werden so exponirt, z. B. Fionngh. III., 393: *bu dorcha gu leir, bu Gall,* es war schwarz ganz und gar, (was) Gall war, d. h. ganz finster war Gall.

b) Andere Casus. — Oigh n. 108: *Cha-n-ann gun bhrigh, a theid thu uam,* nichts ist ohne Lohn, dass du gehen wirst von mir (d. h. nicht ohne Lohn sollst du von mir gehen).

c) Adverbialbestimmungen. Carraigth. 72: *is mòr a b' aille thu fein,* es is sehr, dass du schön warst = sehr schön warst du. v. 542: *Bha mall gu thraigh, a bu 'n iul,* es war langsam gegen das Ufer, dass die Fahrt war = langsam war die Fahrt gegen das Ufer.

Tighm. VII., 92: *Gu garg a mosgail an torman,* wild (war's), dass erwachte der Lärm = wild erwachte der Lärm.

§. 271. Bei den Adverbien *fada* lang, *minic* häufig und *tric* oft, ist die Exposition Regel.

Fionngh. 251: *is fada dh' fheitheas thu Muirn,* es ist lang, (dass) du gewartet haben magst, Morna = lange magst du gewartet haben. IV. 6: *Is tric, a cual' thu fonn uam fein,* es ist oft, dass du hörtest den Gesang von mir. Carthonn 67: *Bu tric thar Carunn, bha sinn a' triall,* es war oft über den Carunn, (dass) wir waren auf dem Gange = oft sind wir über den Carunn gegangen. Tighm. I., 363: *Is minic, a gluais iad maraon,* es war häufig, dass sie mit einander giengen.

§. 272. Regelmässig werden nun auch die Negationspartikeln des unabhängigen Sazes: *cha* nicht und *nior* keineswegs und *ni'n* (wörtlich: nicht dass) exponirt. Der negative Saz wird demgemäss in einen Relativsaz verwandelt, und hat deshalb statt des indic. abs. den indic. constr. Das Relativpronomen wird ausgelassen, ausser vor Vocalen und *fh*, wo der Bindelaut *'n* (siehe §. 152) nichts anderes ist, als der Rest des adverbialen Relativpronomens *an* (vgl. §§. 102 u. 267). Auch die bei *b, m, p, c, g, d, t, s* nach *cha* eintretende Aspiration wird als Compensation des ausgefallenen Relativ-Adverbiums zu betrachten sein (analog wie das wegfallende *n* des Artikels *an* die Consonanten *b, m, p, g, c* aspirirt, s. §. 44). — Es versteht sich von selbst, dass ausser dem indic. constr. auch der optat. bei *cha* stehen kann, wenn nämlich der Saz eine optativische oder eine conditionale Aussage enthält.

Carraigth. 127: *cha-n-fhaicear e*, nicht wird er gesehen. Fionngh. V., 207: *Cha bu cleachdadh dhuit bi mall*, nicht (dass) dir Gewohnheit war, langsam zu sein = nicht war dir Gewohnheit. v. 222. *Cha bhi mo cheum air faobh nan scorr*, nicht, (dass) sein wird mein Schritt auf der Seite der Klippen. v. 248: *Cha bhi 'shiubhal leis fein 's na neoil*, nicht, (dass) sein wird sein Gang mit sich selbst (d. h. einsam) in den Wolken. v. 284: *Cha-n-eil Bran fein 'chratadh a shlabruidh mu 'n comhladh*, nicht, (dass) Bran ist schüttelnd seine Kette am Thor. I., 240: *Cha-n-eil mion dhe m' run dhuit fein*, nicht ist ein kleiner Theil von meiner Liebe auf dich (gerichtet).

Beim regelmässigen Verbum und beim pft. vom *bi* ist der Indic. constr. nicht als solcher erkennbar.

Tighm. l., 411: *Cha thill dhuinn na trein nis mò*, nicht kehren zurück zu uns die Helden je mehr. v. 357: *Cha robh bròn*, nicht war Trauer. Fionngh. I., 151: *nior dhiult riamh comhrag*, keineswegs weigerte ich immer den Kampf.

Der Optativ: Tighm. l., 400: *cha-n-eireadh le solas a' ghrian*, nicht wäre gestiegen mit Freuden die Sonne. V., 84: *Cha thuiteadh iad fein fo mo rosg*, sie würden nicht fallen unter meinem Augenlid.

Anm. In einfachen negativen Zustandssäzen wird die Copula häufig ausgelassen. Z. B. Fionngh IV., 31: *cha-n fhuras geill' a thoirt o oigh*, nicht oft (war) Erlaubnis im Gegebenwerden von der Maid (sie gab nicht oft Erlaubnis, impft. passivi vgl. 202). V., 111: *Cha-n iosal mo chairdean*, nicht sind niedrig meine Freunde.

§. 273. Beim Imperativ dagegen steht die Negativpartikel *na*. Z. B. Tighm. I., 625: *Na tog do chruaidh a threin, air righ*, erhebe nicht deinen Stahl, o Held, gegen den König. IV., 105: *Na lean-sa nis faide 'n ruaig*, nicht verfolge weiter die Fliehenden. v. 181: *Na faiceam a chaoidh ar feum*, nicht will ich jemals sehen unsre Drängnis. Und in allen abhängigen Säzen steht die Negationspartikel nach (vgl. §. 260 und §. 268).

§. 274. Wenn aus einem negativen Saze ein Wort exponirt wird, so wird die Negation mitexponirt; sie tritt in den regierenden Exponentialsaz. In diesem Falle müsste genau genommen ein doppelter Relativsaz entstehen. Nicht, dass es wäre der, welcher... Oder: Nicht, dass es hier wäre, dass... Dies vermeidet aber die gälische Sprache, indem sie zu *cha* nicht den indic. constr. *bheil* und *bu*, sondern das inconjugable (eigentlich: nominale) Verbum *ann*, es ist vorhanden (genau: ein Vorhandensein) sezt, oder die Copula ganz auslässt.

Cathlod. III., 72: *Cha-n-ann leis fein, a bha-n laoch*, „nicht Vorhandensein bei sich selbst (d. h. allein), dass die Mannschaft war;" nicht war es allein, dass die Mannschaft = nicht allein war die Mannschaft, (Starno war bei ihr). Fionngh. V., 220: *Cha-n fhada, gu faiceam an seod*, nicht (ist's, dauert es) lange, dass ich sehen werde den Helden.

§. 275. Ebenso werden alle Interrogativa exponirt. Erstlich in Sazfragen steht a) die Fragpartikel *an* (dem lat. *-ne* oder *an* entsprechend). Und diese hat b) oft noch das adverbiale Relativpronomen *a* hinter sich, mit welchem zusammen sie die Form *'n a* annimmt, welche gewöhnlich bei Erwartung einer negativen Antwort (also im Sinn eines latein. *num*) gebraucht wird; — c) das Fragwort *nach* ist aus *an cha* entstanden, und regiert ebenso, wie *an* und *'n a* den indic. constr. („Ist's nicht, dass.")

Fionngh. I. 229: *Am fac thu Suaran air cuan?* „ob, (dass) du Suaran auf dem Ocean sahst?" = sahst du Suaran auf den Ocean? v. 243: *Am facadh leat Cathbaid*, „ob (dass) gesehen wurde von dir Cathbaid?"

Carraigth. 272 ff.: *'n a gluais mi mo cheum o' n bheinn gu d' thalla fein? 'n a tachair mo shleagh 'an truscan nan speur ri guth fuathais dhuibh?* „Ob, dass ich bewegte (bewegte ich etwa) meinen Schritt vom Berge zu deiner Halle? Ob, dass begegnete (begegnete etwa) mein Speer in den Gewändern des Himmels der Stimme des schwarzen Unholds? Auch als Ausdruck der Verwunderung und des Schreckens, Fionngh. I., 263: *'n a tuit mac Armin gu bhas*, ist Armin's Sohn zum Tode (in den Tod) gefallen!" Carraigth. 167: *'n a till mo ghaisgeach o 'n blar? cualam mu d' bhás*, „kehrt mein Held zurück aus der Schlacht? Ich hörte von deinem Tode." Fionngh. II., 51: *Nach cluinnear thu 'm farum nan sian?* Ist's nicht (dass) du gehört wirst im Getös der Stürme?

Anm. Die erwartende Frage („du wirst doch . . .") wird mit *an* und dem iudic. constr. fut. ausgedrückt. Carraigth. 163: *an thig thu*, du wirst doch kommen?

§. 276. Das „oder" der Gegenfrage heisst *no* und wird ebenso construirt wie *an*, oft auch mit einem zweiten *an* zu *no 'n* verbunden.

Fionngh. I., 107: f.: *'m buail sinn siol Lochlin nan stuadh? no 'n fag sinn Eirinn do 'n daimh?* Ob, (dass) wir schlagen das Geschlecht Lochlin's (des Landes) der Wellen? Oder ob, (dass) wir Erinn den Fremden lassen? Carraigth. 63 f.: *'n a suidh thu aig fuaran nan carn, no aig mor shruth ard an aonaich?* sizest du nicht am Quell der Felsen? oder am grossen hohen Giessbach des Bergjochs?

§. 277. Ein Expositionssaz kann selbst wieder Interrogativsaz werden. (Sie ist es, welche ich dort sehe; — ist sie es, welche ich dort sehe?) In diesem Falle wird (analog wie bei der Regel §. 274) im Exponentialsaz die Copula ganz weggelassen (um nicht zwei Relativsäze zu bekommen). Man sagt nicht *An bheil i fein, a chi mi* etc. (ob, dass sie selbst es ist, die ich sehe), sondern (Carraigth. 159): *An i fein, a chi mi fada thall?* „ob sie selbst, die ich sehe fern dort?"

Anm. Ein sehr complicirter interrogativer Expositionssaz findet sich Croma 153 ff.: *'n ann air son, nach dhuit fein, a tha mac, 'n ann air son, gu 'n bheil mise gun fheum, (a) gluais osnadh do chleibhe?* ist es darum, dass nicht dir, dass ein Sohn ist — ist es darum, dass ich kampfuntüchtig bin, (dass) der Seufzer deiner Brust ergeht?

§. 278. Zweitens werden die directen Begriffsfragen der verschiedensten Art ebenso als Expositionssäze gebildet, oder wenigstens gedacht, insofern, auch wo das pron. rel. ausgelassen wird, doch statt das indic. abs. der indic. constr. steht, (ausgenommen *tha* vgl. §. 263). *C' ar son* warum und *c' uime* oder *c' uime a* warum, hat öfter die 1. pot. bei sich, im Sinn von: warum muss ich? sonst auch den Optativ in der Bedeutung: warum sollte ich?

a) Fionngh. IV., 402: *C' e, b' urrainn aithris na bais*, „wer er, der im Stande ist zum Erzählen des Todes = wer ist im Stande, die Todesfälle zu erzählen?

 Cathlod. I., 150, *co 'th 'ann*, „wer (ist), der da ist?" = wer ist da?

 Carraigth. 520: *Co thig cho samhach o 'n aonach?* wer (ist's, der) kommt so still vom Bergjoch?

 Fionngh. I., 226: *co as?* wer bist du? (Ueber *as* vgl. §. 131.)

 Caomhmhala 70: *Co sheasas eadar mi 's bron?* wer (ist der) stehen könnte (etwa denkbarer Weise) zwischen mir und der Trauer?

b) Fionngh. I., 230: *Ciod, a cuala thu mu 'n namhaidh?* was (ist), das du hörtest über den Feind? v. 203: *Ciod eile 'chumadh na laoich anns an talla caol gun leus?* was andres — was sonst — (ist) was legte die Mannen in die enge Halle ohne Licht. (Vor dem gerund. sind hier genau genommen zwei Verba weggelassen, vollständig ist der Gedanke: *co is, a bu a 'chumadh*).

c) Caomhmhala 226 f.: *C' uine dh' eireas an làmh-gheal o' n tòm? C' uine chluinnear a guth 's an fraoch?* wann (dass) aufgestanden sein wird die Weisshandige aus dem Hügel? Wann (dass) gehört wird ihre Stimme auf der Haide?'

 Conlaoch 28: *Co fada bitheas sinne gun chliu*, wie lange werden wir noch (möglicherweise) ohne Ruhm sein? d. h. wie lange kann es noch dauern, bis du unsern Ruhm besingst? v. 142: *C' uin' a tuiteas mi*, wann (ist's) dass ich etwa fallen (sterben) mag? = wann etwa steht mir der Tod bevor?

d) Fionngh. I., 175: *C' aite, bheil mo chairdean cruaidh?* was (ist) der Ort, (da) meine tapfern Freunde sind? = wo sind meine tapfern Freunde?

 Carraigth. 312: *C' aite, bheil e?* wo der Ort, (da) er ist? = wo ist er?

Fionngh. II., 50: *C' aite, 'n aom thu 'n codal a 's tròm*, wo der Ort, da du sankst in den tiefsten Schlaf?
e) Fionngh. II. 21: *C' uime, 'tha thu cho glas?* warum bist du so bleich? Carraigth. 277 f.: *C' uim 'thog thu do mhala le gruaim? C' uim chrathadh thu suas do shleagh?* warum (dass) du erheben würdest (opt.) deine Braue mit Düsterkeit? Mit dem optat. Carraigth. 281: *C' uim theicheadh o shiol nan gaoth sar guisgeach?* warum (dass) fliehen sollte vor dem Sprössling der Winde der edle Held? — v. 247: *C' uim' thigeadh thu m' fhianuis, fhir fhaoin?* warum (dass) du kommen solltest in meine Gegenwart, nichtiger Mann?

Carthonn 173: *C' uim 'a togadh leat thalla nan corn*, warum; dass errichtet wurde von dir eine Halle der Trinkhörner? = warum hast du eine Halle der Tiinkhörner gebaut. (Hier ist *togadh* als indic. constr. aor. pass. und *a* als adverbiales Relativpronomen zu betrachten.)

Cathlod. II., 42: *c' ar son a geilleadh iad d'a cheille?* warum sollten sie einander weichen?

Mit dem pot. Oigh n. 142: *c' uime chaoineas 'an dubh nan speur?* warum klagst du beim Dunkel des Himmels? Caomhmhala 35: *c' uim' a chiteam am fuil do bhurn?* warum muss ich sehen in Blut dein Wasser? v. 75: *c' ar son nach faiceam a run*, warum soll ich nicht sehen seine Geliebte?

§. 279. Das adjectivische pron. interr. *cia* wird ohne Copula dem Subst. als Prädicat vorangestellt, und bildet so mit ihm den Exponentialsaz. Fionngh. II., 46: *Cia an talamh, dha d' chomnuidh 's a beinn?* welches (ist) das Land, in welchem (ist) deine Wohnung auf dem Berge? d. h. in welchem Lande ist deine Bergwohnung? v. 48: *cia 'n-t-aonach a 's uaine tòm? cia 'n còs, 's a bheil tuinidh an-t-saoi?* welches (ist) das Bergjoch grünster Waldhöhe, welches (ist) die Höhle, in welcher ist der Siz des Helden? — Als Attribut mit einem Subst. verbunden, kommt es vor in der indir. Frage Cathlod. II., 22 (siehe im folg. §).

§. 280. Indirecte Fragesäze werden bei Ossian in der Regel durch Substantiva und Präpositionen ausgedrückt; wie z. B. Fionngh. II., 81 f.: *an dh'fiosraich o 'n taibhse mu' chòs*, *mu thalla fir astair na gaoith?* hast du erfragt vom Gespenste um seine Höhle (von seiner Höhle), um die (von der) Halle des Wanderers des Windes? d. h. hast du das Gespenst gefragt, wo seine Höhle sei, wo die Halle des Winddurchwanderers sei?

Nur selten findet sich ein wirklicher indirecter Fragsaz, z. B. Cäthlod. II., 22: *gun fhios dha, cia rian is coir*, ohne Wissen ihm (= ohne dass er wusste), welche Weise die rechte sei. Auch mit dem potent. wie Tighm. I., 275: *faic, mar thuiteas iad roimh 'n triath*, siehe, wie sie fallen vor dem Führer (nicht alle auf einmal, sondern in wiederholten Kämpfen, daher der potent.).

Fünftes Capitel.
Conjunctionssäze.

§. 281. An die Beobachtung im §. 280 anknüpfend, können wir im Allgemeinen sagen, dass die Verbindung mehrerer Säze mit einander durch syntaktische Conjunctionen in der gälischen Sprache keine solche Rolle spielt, wie in den meisten übrigen indogermanischen Sprachen. Der Kelte liebt es, Nebenbestimmungen des einfachen oder Hauptsazes, die wir in abhängige Säze auseinanderlegen, durch Substantiva (Gerundialnomen) mit Präpositionen auszudrücken. Z. B. Fionngh. I. 638: *Tha m' anam gu shith gu' thighinn o Alba nam beann, laoich ghasda le Fionnghal*, „meine Seele ist zum Frieden (geneigt) bis zum Kommen der feinen Mannen mit Fionnghal von Alba (dem Lande) der Berge," d. h. ich stimme dafür Frieden, zu halten, bis dass vom bergreichen Alba die schmucke Mannschaft mit Fionnghal ankommt. Carthonn 300 f.: *Na deqir 'thighinn o dhearg shuil do mhatar mu do chodal 'an cathair nam mor bheann*, „die Thränen kommen aus dem rothen Auge deiner Mutter um deinen Schlaf (wegen deines Schlafes) am Fuss der grossen Berge," d. h. weil du (im Grabe) schläfst am Fuss der grossen Berge. U. dgl. m. — Doch fehlen die Conjunctionssäze keineswegs völlig; vielmehr finden sich von allen Arten derselben Beispiele, und die Sprache zeigt sich auch nach dieser Seite hin durchaus entwickelt.

§. 282. Von allen Conjunctionssäzen gilt die gemeinsame Regel, dass sie niemals den indic. abs., sondern nur entweder den indic. constr. oder den potent. oder den optat. haben können; desgleichen, dass die Negation in ihnen nie durch die Partikel *cha*, sondern stets durch *nach* ausgedrückt wird.

§. 283. 1. Objectssäze.

Bei der grossen und ausgedehnten Rolle, welche bei Ossian die oratio directa spielt (so, dass in der directen Rede- eines ersten Sprechenden sehr häufig wieder in directer Rede die Worte eines zweiten, in dieser hin und wieder die Worte eines dritten angeführt werden, wie z. B. Fionngh. V., 255—385) is es erklärlich, dass gerade die einfachste und uns geläufigste Art der Conjunctionssäze, die Objectssäze, wo der Inhalt einer Aussage oder einer Wahrnehmung mittelst der Conjunction „dass" ὅτι, an ein verbum declarandi oder sentiendi geknüpft wird, im Ossianischen Gälisch nur selten vorkommt. Doch fehlen solche Beispiele keineswegs völlig. Die betreffende Conjunction ist *gu* oder *gur* dass oder *gu'n* (*gu'm*) (im Mittel-Irischen des *Leabhar breac: cor*; altirisch *con*). Es ist anzunehmen, dass sie den indic. constr. regiere, sofern die Aussage ein wirkliches Geschehen enthält.

Carthonn 271 ff.: *Innis da 's a comhrag ar brigh, ar naimhdean measg fnath nam fann, gur mòr ar cliu-s' a tog ar fleagh*, berichte ihm unsere Stärke im Kampfe, (dass) unsre Feinde mitten unter Schrecknissen der Schwachen (sind), dass gross (ist) dieser unser Ruhm, welchen erhebt nuser Festmahl.

Caomhnhala 98 f.: *c' ar son a dh' innis thu, dhomh fein gur tuit mo ghaisgeach treun 's a bhlar?* warum hast du mir erzählt, dass mein tapferer Held in der Schlacht gefallen ist?

§. 283. Ist der Inhalt der Anssage ein bedingter, ist er als ein nicht wirklich eintretender gedacht, sondern als einer, der nur unter gewissen Bedingungen eintreten würde, so steht nach *gu* der (conditionale) Optativ, und *gu* hat das Adverbialrelativum *an* bei sich.

Carraigth. 478 ff.: *O b' fhearr gu 'm bitheadh thusa fein an Sorucha nun teud 's nam fleagh, gu 'm faiceadh treith Soruch' am' dhèigh d' airm, n' uair bitheadh aoibhneas 's a magh*, o es ist (wäre) besser, dass du wärest in Sorucha, (der Stadt) der Saitenspiele und der Gastmahle, (und) **dass die Fürsten Sorucha's nach mir deine Waffen sähen**, wenn Freude wäre auf dem Felde.

§. 284. Der negative Objectssaz wird durch *gun* ohne (dass), dass nicht eingeleitet. Eine positive Limitation wird durch *ach gu 'n*, nur dass, ausgedrückt.

Gun wird meist als **Präposition** mit dem Gerundialnomen verbunden.

§. 285. 2. Temporalsäze.

Die gewöhnlichste Temporalconjunction ist *n' uair* oder *n' uair a* in der Stunde, da. Dieselbe kommt wie schon §. 214 gelegentlich gezeigt wurde, in mehrfacher Construction und mehrfachem Sinne vor. a) Mit dem indic. constr. verbunden, leitet sie die Zeitangabe, wann ein **wirkliches, einmaliges Ereignis** eingetreten sei, ein. Sie entspricht dann unserm deutschen „als." b) Mit dem potent. verbunden, hat sie die Bedeutung „wenn" (im Sinne von: so oft), und leitet α) somit den Eintritt eines Geschehen's ein, das in vielen Fällen, oftmals, sich realisiren kann. β) oder den Eintritt einer zwar einmaligen, aber nur als abstract-möglich — d. i. als **nicht wirklich eintretend gedachten** Handlung, in welchem Falle es dem ɛɩ c. opt. entspricht. Im Nachsaz folgt das fut. („Wenn es etwa geschehen sollte — geschehen wird — so wird dann ...") c) Mit dem pot. perf. verbunden, leitet es eine (einmalige oder mehrmalige) Handlung ein, welche in der Zukunft vollendet sein wird (fut. ex.) d) Mit dem optat. verbunden steht *'n uair* α) wenn der Temporalsaz von einem Conditinalsaz abhängt, und die Bedingtheit und Bedingung sich auch auf den Gedanken des Temporalsazes erstreckt; β) wenn **nicht eine Vielheit möglicher** — sondern ein Dilemma zweier Fälle vorausgesezt ist, und *n' uair* den Eintritt eines bestimmten unter diesen beiden Fällen einführt. (Z. B. „wenn der Feind **besiegt war**, schonte ich seiner.") Daher hat *'n uair* c. opt. oft geradezu die Bedeutung **je nachdem**.

a) Als Vordersaz: Carraigth. 69 ff.: *'n uair chunnam 'na-h-oig-fhir suas aig daraig Bhrano, 's fuaimear sruth, till thu 'n sinn gu mòr o 'n bheinn*, **als ich sah an dem jungen Mann empor bei der Eiche des (Flusses) Bran, welchem tosende Strömung ist, kehrtest du gross hieher zurück** vom Berge. — v. 131 ff.: *'n uair nochdadh gun mhail' a thaobh, dh' aom bas thar smaointean an triath*, als entblösst wurde ohne Rüstung seine Seite, neigte sich der Tod über die Gedanken des Fürsten. Nachfolgend: Tighm. I. 225: *Tainig mi gu thalla nam feile, 'n uair theich o Fhionnghal nam buadh*, ich kam zur gastlichen Halle, als sie flohen vor dem sieggewohnten Fionnghal. Weitere Beispiele s. §. 214.

b) α) Fionngh. I., 427: *Mar dhcalan oidche 's a bheinn, mar onfha beucach o chuain, 'n uair ghluaiseas an tonn gu-h-ard*, wie der Schimmer der Nacht vom Berge, wie die brüllende Wuth des Ozeans, wenn die Woge hochgeht.
Carraigth. 486 f.: *'n uair sheasas na gaisgich 's an stri, eiridh neart nan dàn gun mhuig*, wenn (so oft) die Helden im Streite stehen, wird sich erheben die Kraft der fleckenlosen Lieder.
Weitere Beispiele s. §. 214.

β) Tighm. II., 451 f.: *n' uair chaillear thusa, clach nan saoi, 'n uair thraoghas sruth Lubair o lear, aomaidh fear astair a thriall*, wenn du zu Grunde gehst (gehen solltest) Stein der Kühnen, wenn dich hinwegschwemmt (schwemmen sollte) der Strom Lubar's vom Erdboden, dann wird neigen der Wandersmann seinen Gang.
Carraigth. 101 f.: *'n uair shuidheas an sealgair ri m' thaobh, is cuirm, 's e faoin, 'n a laimh, „tha gaisgeach,"* their e, *„'s an fraoch,"* wenn der Jäger sizen sollte (würde) an meiner Seite, das spärliche Mahl in seiner Hand, so wird er sagen: es ist ein Held in der Haide (begraben).

c) α) Von mehrmaliger Handlung: Carraigth. 127: *Cha-n-fhaicear eam measg nan triath, 'n uair dh' eireas air an sciath am fuaim*, nicht (niemals) wird er gesehen werden inmitten der Helden, wenn sich erhoben haben wird auf dem Schild das Gedröhne. — v. 111 f.: *Bithidh m' astar 'an gleannaibh nan cruach, 'n uair dh' islicheas suas a' ghrian*, es wird sein mein Gang auf den felshangreichen Hügeln, wenn untergegangen sein wird droben die Sonne.

Carthonn 196 f.: *Ba cosmhuil sin ri fuaim nan teud, 'n uair dh' eireas a' gaoth mall o 'n ear*, dieses (Lied) war ähnlich dem Klange der Saiten, (welcher zu entstehen pflegt) wenn der sanfte Wind vom Osten sich erhoben hat.

β) Von einmaliger Handlung: Carthonn 187 f.: *'n uair dh' aomas thu-sa, chi mi suas, ma dh' aomas thu-sa, a sholuis mhoir*, wann du gesunken sein wirst, werde ich nach oben blicken, wenn du gesunken sein wirst, o grosses Licht.

Fionngh. III., 475: *'n uair dh' eireas maduinn air cruaich, seall fada suas air ar gniomh*, wann auf- gegangen sein wird der Morgen über den Felshang, so siehe fern droben (stehend) auf unsre Thaten (herab).

d) α) Carraigth. 478 ff.: (s. oben in §. 283 die Worte: *'n uair bitheadh aoibhneas*).

β) Tighm. I., 268 f.: *Crith anam an Oscair le solas, le so- las a b' abhaist do 'n triath, 'n uair ghluaiseadh corn caismeachd an righ*, es zitterte die Seele Oskar's mit Freude, mit (der) Freude, welche gewohnt war dem Hel- den, wenn (unter der Bedingung, dass) das Allarmhorn des Königs einhergieng. (Soviel wie: nur wenn; nur unter der Bedingung, dass das Horn zur Schlacht blies, kam es in Oskar's Seele zu diesem Grad von Freude. Das ist ein ganz andrer Gedanke, als: *'n uair ghluaiseas*, so oft nur immer das Horn zur Schlacht blies. *'n uair* c. pot. ist entschränkend, *'n uair* c. opt. beschrän- kend; jenes sagt: wie oft und wie vielmal — dieses: in welchen ausschliesslichen Fällen das im Hauptsaz gesagte eintrete.) V. 359 f.: *Gluais iadsan gun dheoir fo scaile, 'n uair shinteadh air làr ceann an-t-sluaigh*, sie gingen dahin ohne Thränen unter (einem solchen) Schat- ten, (wie er nur dann entsteht) wenn auf den Boden niedergestreckt wird das Haupt des Heeres.

Carraigth. 449 f.: *cha robh riamh fuil air mo lainn, 'n uair gheilleadh an daimh 's a' chomhrag*, nie war Blut auf meiner Klinge (in dem Falle), wenn der Feind im Kampfe wich. (Nicht: so oft der Feind wich, in allen den Fällen wo er wich; sondern unter den zwei dilemmatischen Fällen, dass der Feind entweder trozt, oder weicht, ist es der letztere, in welchem der Sieger seine Klinge nicht mit dem Blute des Feindes benezen will.)

Tighm. VII., 214 f.: *do 'n ainnir luidh dubhra air Atha, n' uair a siubhladh an gaisgeach gu ghniomh*, für das Weib lag Finsternis über Atha, wenn der Held zu Thaten fortging.

Gaolnand. 42: *'n uair luideadh mu seach 's a deireadh fonn oidche o Ullin*, je nachdem der Nachtgesang aus Ullin ('s Munde) wechselsweise fiel oder gestiegen war. Die dilemmatische Beziehung tritt hier sehr deutlich hervor.

Anm. Calthonn 49 hat man zu erklären: Er fiel, während er sein Mahl rüstete für den Fall,'dass (*'n uair bhitheadh*) die Fremden nahe wären.

§. 286. Während die einfache geichzeitige Dauer zweier Handlungen durch *fad 'a* so lange als, ausgedrückt wird, so gibt es zwei andre Conjunctionen, welche eine nach vorwärts oder rückwärts begrenzte Dauer ausdrücken, nämlich *gus an, gu'n* bis dass nnd *o 'n* seitdem. *Fad a d* oder *fadas a* oder *am feadh* heisst einfach: so lange als.

Gus an findet sich mit dem indic. constr. des Futurums. Cathlod. III., 105: *gus am faigh e 'n-t-sligé fhial*, bis er empfangen wird die gastliche Schale.

Fad' a findet sich auch mit dem pot. construirt, freilich nicht, um einfach eine wirkliche gleichzeitige Dauer auszudrücken, sondern eine mögliche. Fionngh. II., 205: *Bidh* (für *bithidh*) *Eirinn fo chumhachd Chormaic, fad' a bhitheas ded annam fein*, es wird sein Eirinn unter der Oberherrlichkeit Cormak's, so lange nur immer Athem in mir sein mag. (Eine einfache wirkliche Gleichzeitigkeit würde ohne Zweifel durch den indic. constr. ausgedrückt werden. „Ich weinte, so lange ich ihn sah," würde heissen: *Bha mi fo dheoir, fad' a fac mi e*.)

Fionngh. I., 647 f.: *cha thill mi o achadh gun bhuaidh, am feadh 's a meireas an ruaig 's a gleann*, nicht kehre ich zurück aus dem Felde ohne Sieg, so lange die Verfolgung im Thale dauert.

Fionngh. I., 625: *Cumaidh baird an cuimhne araon, fad 's a taomas an caol o chuan*, es werden begehen die Barden ihre Gedächtnisfeier mit einander, so lange nur immer der Sund aus dem Meere strömt.

Die Conjunction *o 'n* seitdem besteht aus der Präposition *o* von und dem Adverbialrelativum *an* „von da an, dass.„
O 'n a findet sich mit dem aor. constr. *Caomhmala* 86: *cha-n-eagal do Chaomh-mhal' bhur triall, o 'n a tuit an triath fo scleo*, nicht ist Furcht (furchtbar) der Caomhmhala euer Gang, seitdem gefallen ist der Fürst unter (die) Dämmerung.

Die Conjunction *gus* bis dass, ist zusammengesezt aus *gu* und einem alten Afformanten -*as*, der sich in den altirischen Conjunctionen *indaas* so lange als, und *adas* obgleich, findet. *Gu 'n* ist *gu* mit dem Adverbialrelativ *'n*. *Gus* findet sich, mit dem ind. constr.

Fionngh. I., 142 f.: *Bris comhthional coigrich nan tonn gus nach eirich cathar air sail le seol no comas nan ramh*, brich die Schaar der wogengetragenen Fremden, bis sich nicht mehr erhebt ein Boot auf der Salzfluth durch Segel noch (durch) Geschicklichkeit der Ruder.

Conlaoch 181: *Gus nach faicear air ard mo cheum, gus an tiginn le solas na' n gara*, bis dass nicht (mehr) gesehen werde auf der Höhe mein Schritt; bis dass ich kommen möge mit Freuden zu ihnen.

Gu 'n findet sich Fionngh. I., 160 mit dem optat., wodurch die dadurch eingeleitete Handlung als eine in ungewisser Zukunft liegende, unwahrscheinliche hingestellt wird. *Toir cis do Shuaran is tir, gu 'n gluaiseadh Fionnghall a nall*, gib Zins dem Suaran und Land, (so lange) bis dass (etwa) Fionnghal hieherkommen würde (wie du erwartest, worauf du deine eitle Hoffnung sezest.)

Tighm. II., 83 f.: *Cuirear air cùl am mòr thriath, gus an sioladh na sianan o 'r taobh*, es werde auf den Rücken gelegt der grosse Fürst, bis dass sich etwa senken die Stürme, hinweg von unsrer Seite.

Anm. Auch 'n *uair* c. pot. pft. kann (dem Sinne nach) die Bedeutung von so lange als annehmen. Tighm. II., 29 f.: *'n a aonar cha bhi m' athair treun, 'n uair dh' eireas sleagh fada dhomh fein*, in seiner Einsamkeit (d. h. verlassen) wird nicht sein mein tapferer Vater, wenn (so oft) sich nur erhoben haben wird mein Speer, d. h. so lange mein Speer sich nur erheben wird.

§. 287. Die Nicht-Gleichzeitigkeit zweier Handlungen wird ausgedrückt durch die Conjunctionen *mu 'n* bevor, ehe, und *an deigh* nachdem. *Mu 'n* besteht aus der Präposition *mu* und dem Adverbialrelativum *an*, heisst also eigentlich: „um des willen, dass," „mit Rücksicht darauf, dass," daher dann: „in Erwartung, dass." Daher hat sie (neben einer andern Bedeutung, siehe §. 288) auch die Bedeutung: ehe, bevor. Sie findet sich in diesem rein temporalen Sinne construirt mit dem perf. pass. im Sinne eines plusq. Carraigth. 374: *An geill mi, mu 'n d' fhuaireadh leam cis?* wich ich (jemals), ehe mir Tribut gegeben worden war? Calthonn *o*218 f.: *Colmar glan, a tuit, 's e òg, seal mu 'n d' eirich a hliu fo sceith*, Colmar, welcher fiel, da er jung war (in seiner Jugend), in der Zeit ehe sich erhoben hatte sein Ruhm unterm Schild (sein Waffenruhm).

An deigh heisst eigentlich „im Rücken," und wird oft im Sinn einer Temporalpräposition (*a m' dheigh* „nach mir," in der Zeit nach mir) gebraucht. Ist es Conjunction, so hat man das Adverbialrelativum *a* oder *an* zu suppliren. Construirt findet sich *an deigh* mit dem indic. constr. des fut. Carraigth. 132 ff.: *Tog-sa dàn nach faoin air Silric, 'n uair thill e le buaidh o 'n raon, an deigh Binnbheul, a ghaol, bhi iosal*, erhebe das Lied, das nicht nichtig ist (sei), über Silrik, als (d. h. singend, wie) er zurückkehrt mit Siege aus dem Schlachtfeld, nachdem Binnbheul, sein Liebling, darnieder (d. h. gestorben) war.

Anm. Statt *mu 'n* finden sich auch substantivische Umschreibungen, z. B. Tighm. VII., 142: „wo ihre Wohnung war *roimh an àm, an d' thainig e* vor der Zeit als er gekommen war."

§. 288. 3. Causal-, Final- und Folgerungssätze.

Eine syntactische Causal-Conjunction im Sinne von weil da findet sich bei Ossian nicht. Ebensowenig eine synt. Folgerungsconjunction im Sinne von „demzufolge, weshalb." Beide Beziehungen pflegen durch Aggregatsätze (vgl. §. 257—258) ausgedrückt zu werden. Dagegen kommt im Sinn einer positiven

Absichtspartikel: **damit**, jenes *gus an* (§. 286) „bis dass" vor. Z. B. Croma 166 f.: *bitheadh gaisgich eile air ceann, gus an cluinn am fear dall do cheum*, andre Helden sollen an der Spize stehen, damit der blinde Mann deine Schritte (wieder) höre. Ebenso kommt im Sinne einer negativen Absichtspartikel: „damit nicht" jenes *mu 'n* (§. 287) vor, welches eigentlich „um deswillen, dass," „in Erwartung, dass" und daher „ehe" heisst. Die Bedeutung „damit nicht," in welcher wir es mit dem indic. constr. aoristi construirt finden, leitet sich unmittelbar aus der Bedeutung ehe ab. Fionngh. II., 138: *Geilleadh do Shuaran nam buadh, mu 'n tuit iad 's an uaigh fo lann*, sie mögen weichen dem sieggewohnten Suaran, ehe sie sanken in's Grab unter dem Schwert, d. h. damit sie nicht sinken, um dieser Eventualität auszuweichen.

Einen andern Ausdruck für „damit nicht" siehe §. 293. Ein dritter ist *gus nach*, wörtlich bis dass nicht (zu dem Ziel hin, dass nicht). Tighm. 1., 183 f.: *Suidh Cathmor fo choille nan sliabh, gus nach cluinnte leis trian de' chliu*, Cathmor sass (wohnte) unter dem Wald der Hügel, damit nicht gehört (werde) von ihm (= damit er nicht höre) so leicht von seinem Ruhme.

Eine vierte Art, den Begriff der Absicht auszudrücken, ist der infin. mit *cum*, s. §. 229 e).

§. 289. Conditionalsäze.

Die Conditionalpartikeln sind *ma* wenn (altirisch *ma, mas, matu*) und *nan* wenn und *mar (mur)* wenn nicht. Die ersteren finden wir einmal (Carthonn 187 f. §. 285, c, β) promiscue mit *'n uair* und zwar mit dem pot. perf. in rein temporalem Sinn gebraucht. Sonst hat sie immer den conditionalen Sinn.

a) Mit dem potent. bezeichnet *ma* eine einmalige Handlung, welche als möglich gedacht wird (im Unterschied von *'n uair* c. pot., welches eine Vielheit möglicher Fälle voraussezt). Carraigth. 96 f.: *Ma thuiteas mi 's a magh, a Bhinnbheil, tog-sa dileas gu-h-ard m' uaigh*, wenn ich fallen sollte auf dem Schlachtfelde, o Binnbheul, so errichte getreulich mein Grab hoch. (Dagegen vgl. v. 54: *mar bogha bhraoin, 'n uair d' fheuchas e' cheann 's an airde*, wie der Regenbogen, wenn — so oft — 'er sein Haupt in die Höhe hebt.) — Beides neben einander finden wir in der lehrreichen Stelle: Carraigth. 486 ff.: *'n uair sheasas na gaisgich 's an stri, eiridh neart nan dàn gun mhuig; ma shineas iad air laigs' an cruaidh, is fuil nan truagh mu 'n cuairt do 'n lainn, cha togar le baird an duan*, wenn (= so oft) die Helden im Streite stehen, wird sich erheben die Kraft der glänzenden Lieder; wenn sie (in einem dieser Fälle) ihren Stahl gegen die Schwachheit ausstrecken sollten, und Blut der Elenden rings umher an ihrer Klinge (sein sollte) so wird nicht erhoben werden von den Barden der Gesang.

b) Enthält dagegen der Conditionalsaz ein Geschehen, das nicht als ein wirkliches, nur als ein in Gedanken existirendes vorausgesetzt wird, so steht *nan* (*nam*) mit dem Optativ und im Hauptsaz ebenfalls der Optativ (oder der Imperat.). Tighm. II., 242 f.: *Nam bitheadh na baird fein an samhchair mu chloich air traigh do righ Shelma, briseadh fo'n anail an run, 's bitheadh anam fo chliu do 'n righ*, wenn die Barden selber sein würden in Schweigen von dem Stein auf dem Grabe des Königs von Selma, so würde hervorbrechen unter dem Athem das Geheimnis, und es würde sein die Seele unter Ruhm dem König. Fionnghal I., 148 f.: *Tuiteam le tannais gu bhàs, nan leanainn, am fiadh*, fallen will ich mit (zu) den Gespenstern zum (in den) Tod, wenn ich verfolgen würde den Hirsch (statt zu kämpfen).

c) *mar* (*mur*) wenn nicht, c. opt., leitet eine wirkliche Handlung, durch die das Unwirklichwerden oder Nichtgeschehen einer andern, möglichen, Handlung bedingt ist, ein. Tighm. II., 410 f.: *An sin bitheadh an comhrag garbh... mar faiceadh Oisian àrda shuas cruaidh cheannabheart righre na-h-Eirinn*, da wäre gewesen der Kampf schwer, wenn nicht Oisian hoch oben den Stahl des Helmes des Königs von Eirinn gesehen hätte.

Anm. Wie im Deutschen so kann auch im Gälischen im poët. Stil ein Conditionalsaz durch einen Fragesaz ersezt werden. So Tighm 7, 399 f.: „Ist Freude in der Harfe der Wolke? (so) giesse sie über Oisian" = Wenn Freude ist, so etc. etc.

§. 290. Aus dieser conditionalen Bedeutung von *nan* c. opt. geht (analog wie im Deutschen) die optativische Bedeutung: „wenn doch das und das geschähe (scil. so wäre ich froh)" hervor. Carthonn 75: *Nan tilleadh solas dhomsa fein*, wenn doch die Freude mir zurückkehrte! Croma 85 f.: *Nan togainn fein an lann mar an là thug Fionnghal a nall buaidh*, o dass ich erhübe das Schwert (so kräftig) wie an dem Tage (da) Fionnghal den Sieg hieher brachte!

§. 291. 5. Concessionssäze.

Die Concessionspartikeln sind *ge* obgleich, selbst wenn, und *ged* obgleich, noch so sehr, selbst wenn noch so sehr, was immer (altirisch *ce* und *cit*) und *tre* wenn auch noch so. *Ged* wirkt aspirirend.

a) Wenn das Geschehen, troz welchem etwas anderes geschieht, als wirklich vorausgesetzt ist, so regieren beide Conjunctionen den indic. constr (oder *tha*, vgl. §. 263). *Ge, ged* hat den Sinn von „obgleich."

Carraigth. 518: *Ge b' fhada, bu caoin an duan*, obgleich er ferne war, war (doch) lieblich der Gesang.

Fionngh. IV., 105 f.: *Na lean-sa nis faide an ruaig, ged tha mo làmh 's mo chruaidh a d' dheigh*, verfolge jezt nicht weiter die Flucht (die Flüchtigen), obgleich meine Hand und mein Stahl hinter dir ist.

Fionngh. I., 154: *Ge do bha, cha dh' iarr mi cliu*, obgleich dazu (Anlass) war, suchte ich nicht Ruhm.

b) Wenn das Geschehen, troz welchem ein zweites Geschehen als möglich gedacht wird, als unwirklich vorausgesetzt wird, so steht bei *ge* (*ged*) der conditionale Optativ. Im Hauptsaz steht entweder ebenfalls der Optativ oder der Indicativ. *Ge, ged* hat dann den Sinn von „selbst wenn" oder „so sehr auch."

Fionngh I., 541 ff.: *Ged thigeadh oighean Innisfail le 'n làmhaibh bàn mar sneachda caoin..., an so deanadh Suaran tamh*, und wenn auch die Mägdlein Innisfal's (dorthin) kämen mit ihren Händen, weiss wie zarter Schnee..., hier würde Suaran Ruhe halten (bleiben). v. 117. *Ged iarradh mo lamh am blàr, tha mo chridh' gu shamhchair Eirinn*, so sehr auch meine Hand den Krieg verlangen möchte, so ist doch mein Herz (gerichtet) auf den Frieden Eirinn's. v. 432 f.: *Ged bhitheadh ceud bard Chormaic ann, 's an ddn* (scil. *bitheadh*) *a' thogail a' bhlair, cha b' ur-rainn aithris ach gann,* selbst wenn die Barden Cormac's da wären, und ihr Gesang die Schlacht erhübe (besänge), so war (wäre) nur spärlich zu erzählen möglich.

c) *tre* findet sich nur selten, und nur auf ein adj. bezogen. Tighm. II., 406: *bha 'g iadadh, tre 'n dubhra ro shdr,* ich umgieng (den Feind), ob auch die Finsternis sehr stark (war).

§. 292. Vergleichungssäze.

Die Präposition *mar* gleich, wird häufig als Conjunction im Sinne von wie gebraucht, und zwar mit dem indic. absolutus (oder wenn eine öfter sich wiederholende Handlung eingeführt wird) mit dem pot.

Z. B. Carthonn 75 f.: *Nan tilleadh solas dhom-sa fein, mar chunnucas air cheud an oigh,* wenn doch die Freude mir zurückkehrte, wie (damals als) gesehen wurde zuerst die Maid.

Tighm. I., 677: *Tainig sinne mach, mar thuirt,* wir kamen heraus, wie er sprach (d. h. gemäss seiner Rede, seinem Befehl).

Oigh nam mhor shuil 1: *Mar chluaiseas solus speur fo scleb,* wie das Licht des Himmels (die Sonne) unter den Nebel zu gehen pflegt.

In Verbindung mit *gu 'n (gu an)* hat *mar* die Bedeutung wie wenn und regiert den Optativ. Tighm. VI., 39 f.: *Gun churam ghluais e, mar gu 'm bitheadh sealg Eirinn air lamh,* sorglos (war's, dass) er ging, wie wenn die Jagd Erinn's zur Hand gewesen wäre (d. h. wie wenn es zur Jagd gegangen wäre).

§. 293. Zum Schlusse ist noch zu bemerken, dass die gälische Sprache manche Conjunctionen durch Umschreibung mit Substantiven bildet.

So: *eagal gu,* „es ist Furcht, dass" = damit nicht, c. futur.
Ebenso *eagal* c. gerund.
is truagh gu, „es ist schade, dass" = o dass doch nicht c. indic. constr. oder opt.
ba fearr gu, „es ist gut (wäre besser), dass" = o dass doch c. optat.
is maith gu, „es ist gut (d. h. möglich) dass" = vielleicht, c. indic. constr. aor.

dh' fhaoidte gu 'n, „(es ist), ermöglicht, dass" = vielleicht,
c. indic. constr. aor. oder c. opt.

teagamh gu 'n, „(es ist) Zweifel, dass" = vielleicht, „sollte
wohl" c. indic. constr.

Z. B. Carraigth. 478: *Ob' fhearr gu 'm bitheadh thusa
fein an Sorucha*, o wärest du in Soruchal Fionngh. I. 590: *B'
fhearr nach cualus air turbh riamh*, hätten sie doch niemals
von dem Stiere gehört! Carraigth. 551 f.: *Tuit e le Cormar 's
un-t-sliabh; 's maith gu 'n tuit thu fein, a Chonall*, er fiel
durch Cormar auf dem Hügel; vielleicht fällst du selbst, o Conall. Carthonn 294: *Ach dh' fhaoidte gu 'n tuit un crannsa gu luath*, aber vielleicht fällt dieser Stamm (Baum) schnell.
Tighm. I., 517: *Dh' fhaoidte gu 'n druideudh bliadhna
suas*, vielleicht schliessen sich die (unsre) künftigen Jahre. v.
512: *Is truagh, nach coltach mi an comhrag ri m' athair corr*,
schade dass ich nicht gleich bin im Kampfe meinem edlen
Vater (d. h. leider bin ich ihm nicht gleich). v. 695: *Cha
ghluais e mu na cruachaibh mor, eagal gu 'n tig 'n a choir, 's
e faoin*, nicht geht sie (die kleine Seele) vorwärts um die grossen
Klippenränder her, damit er (der Wind), der nichtige, nicht
komme (und sie in den Abgrund stürze). VI. 11 f.: *C' uim' a
chiteam an stri so air comhnard? Eagal tuiteam do 'n dubh-
chiabhach threun?* „Warum sollte ich diesen Streit auf dem
Kampfplaze ansehen? (Etwa) damit nicht Fall sei dem schwarzgelockten Helden? (d. h. etwa, um den Helden vor dem Fallen
zu bewahren?) Conlaoch 30: *Is truagh Oisian, do nach leir
thu fein*, es ist unglücklich Oisian, welchem du nicht deutlich
sichtbar bist, d. h. o dass du dich dem Oisian deutlich zeigen
wolltest! v. 180: *Truagh, nach dichoimhnichinn mo chairdean*, schade, dass ich nicht vergessen soll meine Freunde, d. h.
dass ich doch meine Freunde vergässe! Tighm. II., 498 f.: *Teagamh, gu 'm bheil an ard thriath Cuchullin*, sollte es wohl
der hohe Fürst Cuchullin sein?

Anhang.
Uebersezungsstücke.

§. 294. Ehe man zum Uebersezen schreitet, wird man gut thun, folgende Gruppen von oft vorkommenden Wörtern, welche theils wegen ähnlichen Klanges leicht verwechselt werden möchten, theils synonyme Bedeutung haben, dem Gedächtnisse fest einzuprägen.

carrach, carrad Pfeiler, Stein.
carraig \
crag / Klippe.
cruach senkrechte Felswand.
bruach schroffer Uferhang.
carn Fels, Felsgestein.
cnoc einzelne Felsmasse.
scorr Felszinne, Kuppe.
torr Riff, Klippe.

beud Unfall, Misgeschick.
beum Streich, Hieb.
beus Zucht, Anstand.
ceud hundert; der erste.

codal Schlaf.
suan Schlummer.
aisling Traum.

craobh Baum.

scaoil (sich) ausbreiten.
sceul Kunde, Erzählung.

faobh Siegesbeute.
faobhar Schneide, Schlachtreihe (wie *acies*).

dluth eng, nahe.
tlath feucht, mild.
maoth mild, zart.
caoin süss, lieblich.
caoir = *caoin*.

sceir \
cleit / Riff, Schääre.
leathad schroffer Abhang.
tulach \
tòm / Hügel
sliabh Anhöhe, Hochfläche.
beinn Berg, Bergfläche.
bruthach Precipice.

ceum Schritt.
feum Anlass, Bedürfnis.
leum springen, Sprung.
teud Sehne, Saite, Saitenspiel.

bad Hain.
coille Wald.
doire junger Schlag, Dickicht.

crann Baumstamm, Mast.

scaol rufen.

foghar Herbst.
cobhar Schaum.
cobhair Hülfe.

ciuin zart.
mall weich, mild, langsam.
min mild.
binn musikalisch, wohlklingend.

gaillion Gewitter.
bruaillean (plur. tant.) Wirbel (in Luft und Wasser).
sian Unwetter, Sturm, Plazregen.
stoirm Sturm.

braon
fras } Regen
druchd
dealt } Thau.

aonach Bergjoch.
aonar Einsamkeit.
fasach Einöde.

fraoch Haide.
monadh Moor, Oede.
fireach Lichtung.

seach wenden.
seac verdoiren.

cras kräuseln, wirbeln.
lub kräuseln.

dubh dunkel.
dorcha schwarz, dunkel.
ciar finster, schwarz.
donn braun.
gorm blau, grün.
uaire grün.

dearg roth.
ruadh rothbraun.
geall hell, weiss.
ban (schnee)weiss.
glass blassgrau.
liath dunkelgrau.

faigh bekommen.
fag verlassen.
falbh vorüber sein.

fas wachsen.
fas leer, öde.
cas winden, krümmen.

iarr suchen, fragen.
iad, iadhadh umgeben.
tionndaidh wenden, kehren.
tional sammeln.
iomall Saum.

iomadh mancher.
iomain treiben.
iomradh Gerücht, Kunde.
iomairt Waffenspiel, Getümmel.
cleas Spiel.

lean folgen.
leum springen.

lion füllen.

sruth Strom, Strömung.
srath Ufergelände.
traigh Küste.

cala Land (i. G. v. See).
talamh Land, Erde.
tir ein Land.

dir aufsteigen.
deireadh Ende, der lezte.
druid schliessen.
druidh dringen.
dun, duin einschliessen, verhüllen.
tuin wohnen.

tuir klagen.
tearn
teiring } herabkommen.
treig verlassen.
teich fliehen.

fiad Hirsch.
fial gastlich, freundlich.
cail Kraft.
caill verlieren.
ceil verbergen.

osan Athem.
osnadh Seufzer.

òg Jüngling.
oigh Jungfrau.

fial Freigebigkeit.
trial   ⎫
imeachd ⎬ Gang.

aom sich senken, neigen.
gluais (sich) bewegen.
siubhal vorwärts gehen.

gruaid ⎫
agaidh ⎬ Angesicht.
eudann ⎭

treun Held, Tapferer.
triath Fürst, Anführer.
sar   ⎫
seod ⎬ Edler, Held.
saor ⎭

cruaidh Stahl (Panzer wie Schwert).
claideamh Schwert.
lann Klinge.
sleagh Speer.
(*sluagh* Heer, Volk.)
maile Panzer.
biart Rüstung.
clogaid Helm.

magh Ebene, Gefilde.
raon (Tief-) Ebene.

fiar quer.
fior wahr, gerecht.
cleith verbergen.
call Verlust.
caith verzehren, intr. stürzen.

osag   ⎫
oiteag ⎬ Hauch, Windstoss.
aiteal Lüftchen.

oige die Jugend.

seachran ⎫
siubhal ⎬ Gang.
astar Weg, Reise.

taom sich ergiessen.
siul sizen; pressen.

flath Prinz, Held.
curaidh Kämpe.
gaisgeuch ⎫
sonn   ⎬ Held
laoch Kriegsmann.

bogha Bogen.
iutadh Pfeil.
(*iuthar* Eibe.)
taifeid Sehne.
sciath Schild (Schwinge, Flügel).
ball Schildbuckel.
carbad der Kriegswagen.
stoc das Schlachthorn.
(*corn* das Trinkhorn).
blàr Schlachtfeld, Schlacht.
comhrag Kampf, Treffen.

stri ⎫
cogadh ⎬ Kampf.
cath ⎪
carraid ⎭ Treffen.

rosg Augenlid.
fabhradh ⎫
mala ⎬ Augenbraue
bragh Hals.

iorguil, Kampfgetümmel.
(*beud* Kampfesnoth.)
(*feum* Kampfanlass.)
(*cunnart* Gefahr.)

cliabh Brust (kasten),
uchd ⎫
brollach ⎬ (weibl.) Brust.
lamh Hand.

Zur Uebung im Uebersezen diene 1. das kleine liebliche Gedicht:

1. Oigh nam mòr-shùil.

Mar ghluaiseas[1] solus speur fo scleo
Air Larmon mòr, a 's uaine tòm[2],
Mar sin[3] thig[4] sceul nan triath, nach beò,
Air m' anam, is[5] an oidche tròm.
5. 'n uair threigheas[6] filidh caoin a mhuirn[7],
A chlarsach ciuil 's an talla àrd[8];
Tig guth gu chluais Oisein o chul,
'mhosgladh[9] anama 'an[10] tùr nam bard,
's e guth nam bliadhna, 'thuit[11], a th' ann[12],
10. 'tional uile a nall le gniomh.
Glacam-sa na sceula, nach fann;
Cuiream sios iad[13] 'am fonn gun ghiomh.
Cha shruth, tha[14] dorcha, fonn[14] an righ,
'n uair dh' eireas e[15] measg stri nan teud,
15. O Lamh-ghil 'an Lutha nam frith,
Malmhina, chruth chlith gun bheud!
A Lutha nan teud, a 's gloine fuaim[2],
Gun shamchair air do chruachan àrd,
'n uair shiubhlas[6] geal-lamh nan stuaim[16]

[1]Gramm. §. 292. [2]§. 266. [3]§. 140. [4]§. 197. [5]§. 259. [6]§. 285, b [7]§. 94. [8]§. 241. [9]§. 227. [10]§. 447. [11]§. 265. [12]§. 270. [13]Objectsacc. [14]*fonn* ist Subject, *sruth* Prädicat; die Copula ist zu suppliren. [15]§. 283, c. [16]§. 176.

20. Air clarsaich fo dhuan nam bard.
 Sholuis nan smaointean dorcha truagh[17],
 Tha[11] 'tharruing[18] suas air m' anam dall!
 A nighean Thoscair nan ceann-bheart cruaidh,
 Toir cluas do chaoin fhuaim, 'tha mall!
25. Gairm-sa air ais[19] gu luath
 Na bliadhna gun thuar, a bh' ann[20].
 An laithibh an righ, bu[21] colgach snuagh,
 Mo chiabhan 'n an dual mar chuach nan oigh[8],
 Scall mi air Caithlinne nan stuadh[16].
30. O dhruim a' chuain fo ghruaim gu cheò[22].
 M' astar gu innis Furfead thall.
 Mòr choille nan crann 's an-t-sail.
 Cuir righ nan sonn air tonn mo lann,
 Le beum, nach fann, gu naimhdibh righ
35. Mhalorchuil[23] nam Fuarfead-chrann[24],
 Fear cuirme, nach robh gann 'an sith.
 Gluais comhrag o chuan m 'an triath.
 An cala Choileid trus mi mo sheol;
 Cuir mi 'n lann gu fhear mòr nam fleadh.
40. Dh' aitnich e-s' ard shuaicheantas nan seod,
 Agus dh' eirich le morchuis a shleagh.
 Dh' imich triath[25] o thalla ard;
 Glac e-sa mo lamh le fiamh:
 „C' uime thainig siol Morbheinn nam bard
45. „Gu dhuine gun chail, gun ghniomh?
 Tonthormod[26] nan lann geur 's nan sleagh,
 „Fear[27] cuirm agus fleadh an Sardronlo,
 „Dh' iadh a shuil mu m' nighinn caoin,
 „Oigh-nam-mòr-shuil, a 's gloine urla.
50. „Dh' iarr e-sa, 's diult mi 'n oigh;
 „Le morchuis bha ar sinnsran fo naimhdeas[28].

[17]§. 84. [18]In neutralem Sinn. [19]§. 142. [20]§. 206. [21]§. 265 u. 264, c. [22]O dhruim a' chuain gehört zu seall mi; fo ghruaim gu cheò ist Beschreibung, wie ihm die Stadt Cathlinne erschien. Cathlinne ist die Hauptstadt der scandinavischen Insel Fuarfead, wo Malorchol, ein dem Fionughal befreundeter Fürst — v. 35 — herrschte. [23]Appos. zu righ. [24]nau-crann hängt ab von righ. König der Fuarfed-Masten. [25]§. 167. [26]Ein scandinavischer Held, dessen Name — vielleicht Thormun — hier gälisirt erscheint. [27]Appos. zu Tonthormod. [28]V. 51 gibt das Motiv zu v. 50 an.

„Tainig e le comhrag, bu[11] corr,
„Gu Fhuarfead nan seol le gamhlas;
„Taom e mo shluagh air mo shluagh.
55. „C' uime.thainig gu thuath an triath
„Gu dhuine, 's e 'thuiteam?[29] gun ghniomh?"
„Cha d' thainig[30] mar bhalachan neo–threun
„A' choimhead[31] gun fheum air stri.
„Tha cuimhne do 'n mòr righ ort–fein[32].
60. „'s air do chuirmibh gun bheud 'an sith.
„Tainig an righ o ard thonn sios
„Air innis nam frith 's nan crann.
„Cha bu neul thu am meadhon nan sian;
„Bha fleadh, bha fial, bha dàn.
65. „'s e furan, thriath! 'thog mo lann[33];
„'s math gu 'm[34] fairich do naimhdean a cail[35]
„Ni 'n[36] di–chuimn' ar cairdean 'an àm,
„Ge fada sinn[37] thall thar sail."
„Shar mhic Threinmhor nan colg sheol,
70. „Tha do ghuth mar Chruth-Loduinn[38] beur[39],
„'n uair a labhras o bhriscadh an neoil,
„Fear tuinidh ro mhòr[40] nan spenr.
„'s iomadh sonn, a crom air fleadh,
„Nach tog an diugh sleagh air mo dhoruinn.
75. „Mo shuil air gaoith a' chuainn, 's i' caochladh;
„Cha-n-fhaicear air caol na seoil comhnard.
„Tha stailinn 's an talla le aoibhneas,
„Gun shlige breac caoin le solas[41].
„Tig-sa, shiol nan triath! a nall.
80. „Tha 'n oidche mu charn, 's i ciar[42].

[29]§. 252. [30]Das Subject: au triath, ist aus v. 55 zu ergänzen. [31]§. 229. [32]§. 150. Ort bezieht sich auf cuimhne. [33]„Dies, welches mein Schwert erhob, ist (die) Freude. Wäre 'thog Gerundium, so müsste nach §. 231 der Genitiv mo lainne stehen. Gedanke: die einst gemeinsam verlebte Freude war's, welche mir das Schwert in der Hand gab. [34]§. 283. [35]a bezieht sich auf lann. [36]§. 272. [37]§. 291. Die Copula ist ausgelassen. [38]Wörtlich: „Die Gestalt Lodunn's;" es wird aber Cruth-Loduinn geradezu als Name des normannischen Kriegsgottes (Odin) gebraucht. [39]Mar hängt von beur ab, und dies ist Prädicat zu do ghuth. [40]§. 140. [41]Gun shlige „ohne die Schale" steht statt einer Entgegensezung. Sinn: In meiner Halle ist der Stahl (der Waffen) mit (wilder Lust), nicht die bunte milde Schale mit (stiller) Freude. [42]§. 252.

„Cluinn-sa guth, a 's gloine fonn,
„O oigh nan tonn, a 's fuaire fead⁴³.

Air clarsaich grinn nan iomadh teud
Dh' eirich làmh-gheal, rùn nan ceud,
85. Oigh-nam-mòr-shuil, b' aillid⁴⁴ snuagh.
An samhchair sheas mi fada thall.
Mar sholus ainnir nan ciabh mall⁴⁵,
Ainnir aillidh innis nan stuadh.
Dà shuil⁴⁵ a' dhearrsadh mar dhà reul
90. 'Shealltainn ro dhubh bhraon nan speur;
Fear seachran a' chnain a' choimhead suas
Air gathaibh glan air stuadh na-h-oidche.
Gluais mi le maduinn gu chomhrag
Gu Thormol nam mòr shruth o charn.
95. Tainig an namhaid air comhla.
Sciath Thormoid⁴⁶ nan cop 's nam ball⁴⁷.
O thaobh gu thaobh scaoil an stri:
Tachair Thormod is mi 's a' chruadal;
Briseadh⁴⁸ leam steilean gun bhrigh⁴⁹;
100. Fo cheangal cuir⁵⁰ righ nam fuar thonn.
Tug mis', a lamh fo neart nan iall,
Do⁵¹ shlige na fial Malorchol⁵².
Dh' eirich solas na cuirm' air an triath;
Tuit naimhdean o thrian na droch bheirt⁵³.
105. Tionndaidh Tormod fada thall⁵⁴
O nighinn aillidh nan rosg mall.

„Mhic Fhionnghail," so toisich an righ,
„Cha-n-ann gun bhrigh, a⁵⁵ theid thu nam⁵⁶.
„Cuiream solus 's an luing 'an sith,
110. „Ainnir⁵⁷ aillidh rosg mall gun ghruaim.

⁴³a bezieht sich auf tonn. Der Relativsaz enthält eine Anspielung auf den Namen des Landes: Fuarfead. ⁴⁴Die Copula bha ist am Anfang des Sazes zu ergänzen. ⁴⁵§. 87. ⁴⁶Sciath Thormoid ist Apposition zu au namhaid; sciath steht bildlich für: der Beschüzer. ⁴⁷§. 170. ⁴⁸Aor. pass. ⁴⁹Nuzlos werden die Stahlklingen genannt per prolepsin. ⁵⁰Es ist entweder cuir mi oder wahrscheinlicher der aor. pass. cuireadh zu lesen. ⁵¹In localem Sinn, „zu." Slige für fleagh Mahl. ⁵²Accus. Ich brachte — seine Haud unter der Stärke der Bande — den Malorchol zu der Schale der Gastlichkeit. ⁵³d. h. sie wurden der Helme entledigt. ⁵⁴„fern dort," malerisch. ⁵⁵§. 275. ⁵⁶§. 150. ⁵⁷Apposit. zu solus.

„Loisgidh an teine so an solns
„Air anam na morchuis an gniomh.
„Gun fhaicinn[58] cha shiubhail i gu mothar
„An Selma nam morbheann 's nan righ[57]."

115. Anns an talla dolleir[59] tròm[59]
Crom mo rosg an codal seimh;
Air mo chluais tuit torman nam fonn
Mar osaig nan tòm, a caomhneas[60] reidh,
Osaig a dh' fhuadaicheas mu 'n cuairt
120. Feusag liath a' chluarain an aois[61],
Dorch 'shiubhal air cruachan an feoir.
Co e an guth?[62] Oigh glan nam Fuarfead,
'Thogail mall a fonn 's an oidche.
B' eol do 'n ainnir, m' anam[63] caoin
125. Mar shruth, nach faoin, air taobh nam fonn.

„Co as an triath," is e, thuirt[64] an oigh.
„Tha[65] 'choimhead air gorm cheo a' chnain?
„Co, th' ann, ach triath a' chuil mhoir,
„Dubh mar sceith fhithich nan cruach.
130. „Chi mi 'measg osag a chiabh,
„'s is aillidh a 'triall 'am bròn.
„Tha suil an fir fo dheoir gun fhenm,
„A chliabh duneil ag eiridh mall
„Air 'anam, tha[65] briste o cheile.
„Fag an traigh, 's mi fada thall[66]
„An seachran nan carn leam fein.
„Tha[67] clann an righ gu cli is caoin;
„Tha m'anam-sa baoth, a threin.
„C' uime ba ar n-aithrichean fein
140. „'an naimhdeas treun[68], à ruin nan oigh?"

[58]In passivem Sinn: „Nicht ohne gesehen zu werden, geht sie."
[59]Gehört nicht zu talla, sondern zum Subject rosg, als appositionelle Bestimmung. [60]§. 129 u. §. 215. [61]An aois ist attributive Präpositionsbestimmung zu chluaran. [62]„Wer (ist) sie, die Stimme ?" [63]Vor m' anam ist gu 'n (ὅτι) zu ergänzen; caoin ist Prädicat zu anam. Air taobh nam fonn gibt die Bedingung an, unter welcher Oisian's Seele sanft wie ein Strom sei. [64]§. 265, c.; e ist als Neutralbegriff („dies") zu fassen. [65]§. 265, a [66]§. 259. [67]Man hat ein ach, „aber freilich" vor tha hinzudenken. [68]Adjectivisches Attribut zu naimhdeas.

„A guth chaoin[69] o ard innis nan sruth!
„C' uime chaoineas 'an dubh nan speur?
„Shar shiol Threinmhoir[70], a 's colgaiche cruth?,
„Cha mhugach an anam[71] 's cha bheur.
145. „Cha 'sheachran thu 'an carn leat fein,
„Oigh-nam-mòr-shùl nan rosg tlath!
„Fo-n-urla-so[72] tha guth gun fhuaim[73];
„Cha dhruid e[74] gu chlnais nan daimh[75];
„Tha 'g iarraidh dhiom claistinn[76] do thruaigh[77],
150. „'n nair gluaiseas iochd m' anam gu bhaigh.
„Treig an talla, thu-sa, a 's caoine fonn;
„Cha bhi Tormod nan tonn fo bhròn!"

Tuit ialla le maduinn o' n righ;
Sin mi dha[78] lamh[79] min na-h-oigh.
155. Cuala Malorchul mi-s' an sith
Am meadhon talla, is airde fuaim[80].
„'A righ Fhuarfheid, is uallaiche crann[80],
„C' ar son, a bitheadh Tonthormod fo bhròn?
„A sinnsran luchd' tharruing nan lann;
160. „Dealan speur e fein[81] 's a' chomhrag.
„Ba naimhdean aitrichean nan triath;
„Tha solas am fial a' bhàis[82];
„Tha 'n lamhan ris[83] na sligibh liath,
„Tha 'g iadhadh mu chiar Chruth-Loduinn[84].
165. „Air cul[85], le cheile ar fraoch,
„An dubh neul, a dh' aom o shean."

Sud mo ghniomha fein, 'n nair dh' iadh
Mo chiabh mu m' mhuineal gun aois,

[69]Oisian redet. [70]Treun-mhor doppelt declinirt. [71]Nämlich m' anam. [74]Oisian deutet dabei auf seine eigene Stirn. [73]d. h. eine leise Stimme (die des Mitleids). [74]Nämlich an guth. [75]Daimh hier im allgemeinen Sinn: eiu Fremder, eiu Anderer. [76]§. 228. [77]§. 234. [78]§. 150. [79]§. 167, b. [80]§. 266. [81]Die Copula ist zu suppliren. [82]„Es ist Freude bei der Gastlichkeit des Todes," d. h jetzt, wo sie beim Gastmahl der Todten sizen (s. not. 84), freuen sie sich über die Versöhnung ihrer Kinder, [83]Ihre Hände sind (nämlich: ausgestreckt) nach den Schalen. [84]Es ist das Mahl der Helden bei Odin in Walhal gemeint. [85]Hinten, hinter ihnen (nämlich: liegt) die schwarze Wolke; sie ist vorübergezogen, gehört der Vergangenheit an.

'n uair ba solus mar eididh mu'n cuairt
Nighean[86] uasal innis nan crann.

Gairm sinne air ais gu luath.
Na bliadhna gun thuar, a bh' ann.

2. Schilderung der Schlacht zwischen Cuchullin und Suaran.
Fionnghal I., 480 ff.

480. Mar dh' aomas mile tonn gu thraigh,
A[1] gluais fo Shuaran[2] na daimh.
Mar thachras traigh[3] ri mile tonn,
Tachair Eirinn ri Suaran nan long.
Sin[4], far an robh guthan a' bhàis,
485. Toirm gaire cath is cruaidh;
Sciathan 's maile brist 'air làr,
Lann 's gach laimh 'n a dealan suas;
Fuaim a' bhlair o thaobh gu thaobh;
Comhrag beucach, creuchdach, teth,
490. Mar cheud òrd a' bhualadh baoth
Caoir o 'n teallach dearg ma seach.
Co sud air Lena nan sliabh?
Co, 's duirche 's a 's fiadhaiche gruaim[5]?
Co, 's cosmhuil ri nial, bu ciar,
495. Lann gach triath mar thein' air stuaidh?
Tha bruaillean air agaidh nan tòm;
Crith carragh nan tonn air traigh.
Co, th' ann, ach Suaran nan long
's triath Eirinn mu 'n[6] eireadh dàin?
500. Tha suil nan slogh ag amharc claon
Air suinn, nach b' fhaoin ag aomadh suas.
Tuit oidche air comhrag nan laoch;
Ceil comhstri nan saoi gun bhuadh[7].

[86]Dativ, abhängig von ba.
[1]Vor a supplire: mar so ba, „so war es, dass." [2]Unter Suaran's Oberbefehl. [3]S. 167, a. [4]Für: an sin „dort." [5]Co, (a) is duirche is (und) a is fiadhaiche gruaim? [6]an, pron. relat. „um welchen." [7]Den sieglosen, d. h. noch unentschiedenen Kampf der Helden.

3. Beschreibung des Wagens und der Rosse Cuchullin's.

Fionnghal I. 347 ff.

Carbad! carbad garbh a' chomraig,
A' ghluasad thar comhnard le bàs;
Carbad cuimir luath Chuchullin,
Sàr-mhac Sheuma nan cruaidh chàs.
Tha carr a lubadh sios mar thonn,
350. No ceo mu thòm nan carragh geur;
Solus chlocha-bhuadh mu 'n cuairt
Mar chnan mu eathar 's an oidche.
D' iuthar[1] faileasach an crann;
Suidhear ann air cnaimhibh caoin,
355. 's e tuineas nan sleagh a th' ann[2],
Nan sciath, nan lann 's nan laoch.
Ri taobh deas a' mhor charbaid
Chithear an-t-each meamnach seidear,
Mac ard-mhuingeach, cliabh-fharsaing, dorcha,
360. Ard-leumach talmhaidh na beinne,
's farumach fuaimear a chos.
Tha scaoileadh a dhosain suas
Mar cheathach air àros nan os;
Bu soilleir a dhreach, 's bu luath
365. 'shiubhal; Sithfada[3] b' e 'ainm[4].
Ri taobh eile a' charbaid thall
Tha each fiarasach nan srann
Caol-mhuingeach, aiginneach, bròȖach,
Luath-chòsach, sronach nam beann.
370. Dubh-sròngheal a b' ainm[4] air an stend-each.
Làn mhile d' ialla[1] tana.
'Cheangal a' charbaid[5] gu-h-àrd;
Cruaidh chabstar shoilleir nan srian
'n an gialaibh fo chobhar bàn.
375. Tha clochan boillsge le buaidh
'chromadh snas mu mhning nan each,
Nan each, tha mar cheo air sliabh

---

[1] De iuthar. [2] §. 270. [3] Kann nach den beiden Bedeutungen von *fada* entweder „Friede-lang" (langen, dauernden Frieden schaffend) oder „Friede-fern" (dem der Friede fern ist) heissen. [4] §. 94, 3. [5] §. 231.

A ghiulan an triath° gu chliu.
's fiadhaiche na fiadh an colg,
380. Cho laidir ri iolair an neart.
Tha 'm fuaim mar an geamradh borb
Air Gormal mùchta fo sneachd.
's a' charbad chithear an triath,
Sar mhac treun nan geur lann
Cuchullin nan gorm-bhallach sciath',
Mac Sheuma, mu 'n° eireadh dàn.

*§. 231 und §. 65, Anm. '§. 176. '§. 264.

4. Kampf Fingbal's mit Odin.
Carraigth 210—321.

210. Tuit oidch' air an Rotha nau stuadh;
Gabh cala nan cruach an long;
Ba carraig mu iomail a' chuain;
Dh' aom coille thar fuaim nan tonn.
Air mullach ba cròm Cruth-Loduinn¹.
215. Is clachan mòr nan iomadh bhuadh;
Air iosal ba raon gun mhorchuis,
Agus feur is craobh ri cuan,
Craobh, a buain a' ghaoth, 's i ard²,
O iomall nan carn gu raon;
220. Ba gorm-shiubal nan sruth thall
Is osag mall o cuan, ba faoin.
Dh' eirich gath o daraig leith;
Ba fleagh nan triath air an fraoch;
Ba bròn air anam righ nan sciath
225. Mu cheannard charraig ciar nan laoch.

Dh' eirich rè gu mall is fann;
Tuit suain nach gann mu cheann nan triath;
Ba 'n clogaidean a' bhoillsgeadh thall;
Ba 'n teine 'chall a neart 's an-t-sliabh.

¹Lodunn, gälische Benennung des normannischen Gottes Odin.
²§. 252.

230. Cha robh codal mu shuil an righ;
Dh' eirich e 'am farum a chruaidh,
A' shealladh air carraig nan stuadh.

Dh' islich teine fada thall,
A' ghealach dearg is mall 's an ear.
235. Tainig osnadh nuas o 'n carn;
Air a sciathaibh ba samladh fhir,
Cruth Loduinn 's an lear gun thuar.
Tainig e gu' chomnuidh féin,
A dhubh-shleagh gun fheum 'n a laimh,
240. A dhearg-shuil mar theine nan speur,
Mar thorrunn an-t-sleibh a ghuth
An dubhra dubh fada thall.
Tog Fionnghal 's an oidch' a shleagh;
Cualas anns a' mhagh a ghairm.

245. „'A mhic na-h-oidche, o mo thaobh
„Gabh a' ghaoth, agus bi falbh.
„C' uim' thigeadh thu m' fhianais, fhir fhaoin?
„Do shamladh cho baoth ri d' airm!
„An³ eagal domh-sa do chruth donn,
250. „Fuathais nan cròm th' aig Loduinn⁴?
„'s lag do sciath 's⁵ do nial nach tròm,
„Do chlaidheamh lòm mar thein' air mor-thonn,
„Cuiridh osag iads'⁶ as a cheile,
„Agus scaoilear thu fein gun dhail.
255. „As m' fhianais, à dhubh-mhic nan speur!
„Gairm d' osag duit fein, 's bi falbh!“

„An³ cuireadh thu mi fein o m' chrom?“
Tuirt an guth tròm a 's fàsa fuaim⁷;
„Domh-sa dh' aomas feachd nan sonn;
260. „Seallam o m' thòm air an-t-sluagh,
„Is tuitidh iad mar luath⁸ am' fhianais;
„O m' anail tig osag a' bhais.

¹Fragwort. „Ist Furcht mir?" = „Meinst du, ich fürchte mich?"
⁴Das vor tha ausgelassene Relativum bezieht sich auf den Plur. cròm.
„Gespenst der Kreise, welche dem Odin gehören." ⁵anns. ⁶sie, nämlich: dein Schwert und dein Schild. ⁷§. 166. ⁸„Wie schnell" im Sinn von „sehr schnell," quam celerrime.

„Tig mi mach gu-h-ard air gaoith;
„Tha na stoirm a' thaomadh suas
265. „Mu m' mhala fhuair fo ghruaim gun thuar:
„'s ciuin mo chomhnuidh anns na neoil,
„Is[9] taitneach raoin mor mo shuain."

„Gabh-sa comhnuidh 'n a do raoin,"
Tuirt righ, nach b' fhaoin, 's a làmh air beirt[10];
270. „Na cuimhnich mac Chumhail air raon;
„'s lag do thannais[11] — 's mòr mo neart.
„'n a[12] gluais mi mo cheum o 'n bheinn
„Gu d' thalla fein air raon, a 's ciuin?
„'n a tachair mo shleagh, am[13] bheil feum,
275. „'an truscan nan speur ri guth
„Fuathais dhuibh[14] aig cròm Chruth-Loduinn?
„C' uim' thog thu do mhala le gruaim?
„C' uim' ehrathadh thu suas do shleagh?
„'s beag m' eagal ri d' chomradh, fhir fhaoin!
280. „Cha do-theich mi o shluagh 's a magh;
„C' uim' theicheadh o shiol nan gaoth
„Sàr ghaisgeach[15], nach faoin, righ Mhorbeinn?
„Cha teich! Tha fios, gun bhi dall[16],
„Air laigse do laimhe 'an cath."

285. „Teich gu thir," freagair an cruth;
„Teich air a' gaoith duibh[14] bi falbh!
„Tha 'n osag 'an crodhan mo laimhe;
„'s leam[17] astar is spairn nan stoirm.
„'s e righ na Soruch[18] mo mhac fein;
290. „Tha 'aomadh 's a' bheinn da m' thuar[19];
„Tha a charraid aig caraid nan ceud,
„Is coisnidh gun bheud[20] a' bhuadh.
„Teich gu d' thir fein, à mhic Chumhail;
„No fairich gu dubhach m' fhearg!"

[9]„Und." [10]§. 255. [11]Dieser Genitiv hängt ab von neart, und steht im Gegensaz zu mo. [12]a ist Relativpartikel nach dem Fragwort 'n, an. [13]Genit. des Pron. relat. [14]Gen. u. dat. fem. v. dubh. [15]Subject zu teicheadh. [16]„Ohne blind zu sein," im Sinne von: „wenn man nicht blind ist." [17]In localem Sinn. [18]Der König von Sorucha, Fiunghal's Feind. [19]Tuar im Sinn von „Gestalt, Erscheinung." [20]Coisnidh gun bheudh bildet zusammen einen Begriff, von dem der Genitiv a' bhuadh abhängt.

295. Tog e gu-h-ard a shleagh dorch;
 Dh' aom e gu borb a cheann ard,
 Gabh Fionnghal 'n a agaidh le colg;
 A chlaideamh glan gorm 'n a laimh.
 Mac an Luinn, bu ciar-dbubh gruaidh.
300. Gluais solus na cruaidhe ro 'n taibhs',
 Fuathas dona bhais fo gruaim.
 Tuit esa gun chruth, 's e thall[21],
 Air gaoith nan dubh charn; mar smuid,
 Bhriseas[22] òg, 's bioran 'n a laimh,
305. Mu theallach na spairn 's na muig.

 Scread fuathas Chruth-Loduinn 's a bhcinn,
 'g a tional ann fein[23] 's a' ghaoith.
 Cual innis nan torc an fuaim;
 Caisg astar nan stuadh le fiamh.
310. Dh' eirich gaisgich mhic Chumhail nam buadh;
 Ba sleagh 's gach laimh suas 's an-t-sliabh.
 „C' aite bheil e?" 's am fearg fo ghruaim
 Gach maile ri fuaim m' a thriath.

 Tainig rè a mach 's an ear;
315. Till ceannard nam fear 'n a airm.
 Ba aoibhneas air oigridh 's an lear;
 Siolaidh an anam mar mhuir o stoirm.
 Tog Ullin gu subhach an dàn;
 Cual innis nan carn an ceol;
320. Ba lasair o 'n daraig làn;
 Cualas sceul air clann nan seod.

[21]„Ohne (die) Gestalt, welche (zuvor) dort gewesen war," d. h. so, dass seine Gestalt verschwand. [22]§. 265. [23]Indem er (sich) in sich selbst sammelte."

Zur Vergleichung geben wir noch ein paar **neugälische** Stücke:

1. Eine Strophe aus Cumha Alasdair Dhuinn von Aiream Taghta.

 'S trom an luchd so th' air m' intinn
 Agus m' uirsgeul ri innse gur truagh,
 Thriall mo shugradh 's mo mharan,
 Lion tùrsa 'n a aite mi 's gruaim,

Tha mo choill air a mnoladh,
's ni soilleir a shaoil air mo grunidh,
's tearc mo shochair ri fhaotainn,
O 'n là ghlacadh le Aog thu cho luath.

2. Einige Zeilen aus einem Brief Mac Neill's:

Tha cuimhne mhath aige gu robh „Saothair Oisein" sgriobht ar craicnean ann an glèidhteanas athar o shinnsribh; gu robh cuid dheth na craicnean air an deanamh suas mar leabhraichan, agus cuid eile fungailt o chèile, anns an robh cuid do shaothair bhàrd eile, bharachd ar „Saothair Oisein."

3. Aus einer neuen Vorrede zu den Dàna Oisein (Edinb. 1859):

Ge b' e ni ris an cuireadh e a lamh, no ris a leagadh e a chridhe, gheibheadh an Gaidheal toilinn-tinn 's a' bhàrdachd, agus bitheadh an-t-òran duthchais a' cur suant air' aigne. B' e gniomh nam bàrd, a bhi 's seinn cliu ghaisgeach, agus a' mosgladh an-t-slunigh gu treuntas; agus 's i tamailt cho mhòr 's a b' urainn an Gaidheal foghainteach fhulang, „gun iomradh bhi air 'ainm 's an dàn." Dream ma ta mar na Baird, a bha cho feumail am measg slunigh aig an robh cridheachan fosgailteach, fiolaidh, fiughanta, maille ris gach àrd bheachd a bhuineadh do Chinneach mileanta nach do striochd riam do chuing choigrich, is coltach gu 'm faigheadh iad gach urram, agus gu 'n d' thugadh iad gach oidheirp air a thaisbeineadh gu 'n robh iad toillteannach air a' mheas so o uaislibh agus o islibh an duthcha.

4. Aus der neugälischen Bibelübersezung:

Agus an uair a ni sibh trasgadh, na bitheadh gruaim air bhùr gnuis, mar luchd an fhuarchrabhaid: oir cuiridh iadsan midhreach air an agnidh chum gu faicear le daoinibh iadh a bhi trasgadh. Tha mi ag radh ribh gu firinneach, gu bheil an tuarasdal aca. (Matth. 6. 16.)

A nis tha fios againn ge b' e nithe a ta 'n lag a labhairt, gur ann riu-san a ta fuidh 'n lag a tha e 'gan labhairt: chum gu druidear gach uile bheul, agus gu 'm bi an saoghal uile air fhaotainn ciontach am fianuis Dè. (Rom. 419.)

Wörterbuch.

A.

a erster Buchstabe des Alphabets, dumpfer Vocal §. 29; sein Ablaut ist *ea* (§. 30), sein Umlaut ist *ai* (§. 52). Sein gälischer Name ist *aim*.

a A) vor nominibus: 1. mit dem Apostroph *a'* geschrieben, vor aspirirten: *b, p, m, c, g,* — ist Abkürzung des Artikels, §. 48; z. B. *a' mhathair* die Mutter; — 2. ohne Apostroph, vor aspirirten Aspirabeln (und vor Inaspirabeln): pron. poss. 3. sing. masc. sein (lat. *ejus*); reflexiv mit nachfolgendem *fein*: sein (lat. *suus*), z. B. *a mhathair* seine Mutter; — vor nicht aspirirten Aspirabeln (und vor Inaspirabeln) und mit vokalisch anlautenden Wörtern durch -h- verbunden ist es pron. poss. 3 sing. fem.: ihr (*ejus*; mit *fein* = *suus*) §. 94, z. B. *a mhathair* ihre Mutter, *a-h-anam* ihre Seele.

B) Vor Gerundialnominibus ist es Abkürzung der praepos. *an* in; §. 116, z. B. *a' thuineadh* im Wohnen, d. h. wohnend.

C) Vor dem Verbum finitum ist es pron. relat. (stets ohne folgende Aspiration), nämlich nom. dat. und acc. sing in beiden Geschlechtern, §. 99.

D) Vor den Possessivpronominibus *mo* mein, *do* dein ist *a'* Abkürzung der Präposition *an* in, §. 147, z. B. *a' m' dheigh* (oder *am' dhvigh*) in meinem Rücken; *a d' cheann* auf deinem Kopfe.

E) Vor *mach*, s. unter *mach*.

à, interj. (ὢ ο) o, vor dem Vocativ gebräuchlich.

abair, verb. fin. (altir. *ad-biur*, wörtl. bei-bringen, etym. = φέρω, *ferre baren*) sagen.

abh subst. fem. 1. (etym. Aue, Wasser, Sskr. *av* gehen, *avani* Bach, ahd. *awa*, verschieden von *ahwa* = lat. *aqua*) Wasser, Fluss, Rinnsal.

abhainn subst. fem. 4. (von *abh*) der Bach.

abhaisd (von Sskr. *abhjâsa* Gewohnheit) subst. 4. fem. die Gewohnheit.

aca (siehe §. 150).

ach 1. adv. als, vergleichend; *co thusa, ach Oisian*, wer bist du? (wer anders) als Oisian; 2. conjunctio parat. aber.

achadh subst. (4.) masc. (v. sanskr. St. *aç* essen, wohl mit *ager Acker* verwandt) das Feld.

achlais subst. 4. fem. (ident. mit *Achsel*, ahd. *ahsala*, lat. *axilla*) die Achselhöhle; dann allgemeiner: der Busen; ganz allgemein Höhle, Einbuchtung (Tighm. VIII., 292).

ad', = *an do*, s. §. 149.

adhart subst. 1. fem. (*ad* und *ar-ta* da sein, von *ta* sein) die Stirn, auch militärisch die Fronte; *air d' adhairt* vor dir.

adhlaic, verb. transit. (von der altir. praep. *ad*, ident. mit lat. *ad*, und *lec, leic* lassen, zurücklassen) begraben.

ag, Verkürzung der Präposition *aig*, namentlich vor Gerundialnominibus.

agad
agaibh } (s. §. 150).
againn

agair, verb. transit. (altir. *ad-gur* v. *gur verlangen*) verlangen. Gerund.: *agairt*.

agam (s. §. 150).

aigh adj. 4 (vom altir. *agur* fürchten, s. unter *eagal*), vornehm, edel. Fionngh. I., 139, 212. Tighm. I., 520 u. a.

agh, subst. 1., fem. (viell. ident. mit Sskr. *paçu*, lat. *pecus*) die Wildsau.

aghaidh, subst. 4. fem. (von *ag* und *idh* ἰδεῖν, εἶδος); 1. das Angesicht; 2. collectiv im Sinn von: die Häupter, Köpfe. Fionnghal V., 407.

aghairt, subst. 4. fem. (vou einem Stamme *aghair* aus *ag*, *aig* und Wurzel *r* gehen), das Vorwärtsgehen; *a-h-aghairt*, vorwärts.

agus, conj. parat. (altir. *acus*, Sanskr. *ča* mit vorschlagendem Vocal), und. Gewöhnlich zu *is* oder *as* verkürzt.

aig, praepos., *aige*, *ag*. '*g*, c. dat. (altir. *oc*, wahrscheinlich ident. mit Sanskr. *aćča*), bei, neben, an, daher 1, *ag* und '*g* mit dem Gerundialuomen, im Begriffe etwas zu thun, beim Thun von etwas, z. B. *ag aomadh* im Neigen begriffen, sich neigend; 2. angehörig dem und dem; *sciath ag Starno* das Schild des Starno. (S. §. 238.)

aige (s. §. 150).

aigean, subst. 2. masc. Gen. *aigein* (ident. mit ὠγήν was vielleicht = Sanskr. *idschana* Ursprung). Die Tiefe des Meeres, das Meer. Wird als plur. tantum gebraucht.

aighear, subst. masc. (aus *aith-ghear* von der altir. praepos. *aith*, lat. *ad*, und *ghear*, ident mit χαρά, χαίρειν) die Freude, Fröhlichkeit.

aigiunneach adj. (von *aig* und dem altir. *inne* der Sinn, vgl. das gäl. *intinn*) auf seinem Sinn bestehend, eigenwillig.

ailghios subst. (3.) (altir. *ailigud* Wechsel, *ailig-im* wechseln, von *aile*, lat. *alius*), der Wechsel, z. B. das wechselnde Spiel der Wellen.

aill subst. 3. fem. (ident. mit βούλομαι *velle* Wille), der Wille.

aille subst. 3. fem. (v. altir. *alind*, s. unter *aluinn*) die Schönheit als Eigenschaft.

aillidh adj. (v. vor.) schön.

ailosach adj. (v. *aille*) schön, herrlich.

aimsir subst. 4. fem. (von *àm*) die Zeit.

ainm subst. 4. masc. (altir. *ainm*, ident. mit ὄνομα *nomen* Name) der Name; der Ruf, Ruhm.

ainmig adj. (offenbar aus *anminig*, v. *an* priv. und *minig* viele), spärlich.

air, Präpos., *ar*, c. dat. und acc. (altir. *ar*, ident. mit Sanskr. *pard*, παρά) auf, über. 1. auf die Frage *wo*? mit dat. und acc., 2. auf die Frage *wohin*? moist mit acc. doch *coimhead air* c. dat. auf jemand blicken, 3. c. dat. über etwas sprechen, 4. um einer Sache willen, zu einem Zweck, *air beum* zum Hieb (den Arm erheben), 5. gegen im feindlichen Sinn, *tog a chruaid air* ... seinen Stahl erheben gegen ..., 6. auf in cumulativem Sinn, *cath air cath* eine Schlacht auf die andere, 7. adverbial: *teann air* dicht dabei.

air verb. transit. (ident. mit *arare*), **pflügen**, bei Ossinu nur im tropischen Sinn: die Wellen pflügen.
aire subst. 4. fem. (von der Präpos. *air*) die **Aufmerksamkeit**. *Toir aire* (wie im Deutschen): Acht geben.
aireamh subst. masc. (vom altir. Stamme *rim* zählen, verwandt mit ἀριθμός) die **Zahl, Anzahl**.
airidh subst. 4. fem. (ident. mit *aridus*) die **Matte, Trift**, am Berge (im Gegensaz zur feuchten Thalwiese).
airidh subst. 4. fem. (von zweifelhafter Etymologie) das **Verdienst** (im sittlichen Sinn). Tighm. VI., 178: *Cliu a' shiolaidh o airidh*, der (sein) Ruhm sinkt herab vom Verdienst, d. h. von der Höhe, die er einzunehmen verdient.
airm. siehe *arm*.
ais subst. 4. masc. (aus *abhis*, was nach §. 16, 3 ident. mit ὀπίς, von ἕπομαι) der **Rücken**. *Ar ais* zurück, rückwärts.
aiseag subst. 2. masc. (gen. neugäl. *aiseig*) (v. folg.) als Gerundialnomen von *aisig*, Tighm. IV., 327: *smaointean ag aiseag a null thar a' chliabh*, Gedanken (sind) im **Fahren** hinüber über die Brust (begriffen), fahren über die Brust („kreuzen" die Brust).
aisig verb. (compos. aus *ais* und *ic*, zurück-geben), 1. trsit. **zurückgeben, wiedergeben, erstatten, hinüberbringen, übertragen**; 2. intr. sich hinüber bewegen, hinüber fahren (-schweben).
aisir subst. 4. fem. (von zweifelhafter Etymologie) der **Pfad**, (Tighm. I., 181).
aisridh subst. 4. fem. (auch *aisrigh* geschrieben) (von *aisir*), der **Pfad**.
aite subst. 4. masc. (aus *ainte* nach §. 16, 3, von *an* in, analog wie ἔνθα von ἐν) der **Platz**, die **Stelle**. *C' aite wo?*
aiteach subst. (2.?) masc. (von *aite*) 1. die **Stelle**, der **Platz**, der **Boden** (Tighm. 8, 13), 2. die **Wohnung**, 3. der **Bewohner**. (Tighm. VII., 304 u. a.)
aiteal subst. 2. masc. Gen. *aiteil* (von *athar* die Luft) der **Lufthauch**, das **Lüftchen**. (Tighm. VI., 355: der von der Sonne ausstrahlende warme Hauch.)
aiteas subst. (2.?) masc. (von der altir. praepos. *aith* = *ad* und *ise* Zustand) die **Freude**, das **Vergnügen**.
aithich verb. intrans. (*ait* und *IC*) **landen**.
aithne subst. 4. fem. (von *aith* und *gne* = *gnosco*, γνώμη), **Kenntnis, Kunde**. *Tha aithné domh e* ist Kunde mir = ich weiss.
aithnich verb. trans. (altirisch *ad-gen-sa* ich erkenne) **erkennen, wiedererkennen, unterscheiden**.
aithrichean (s. *athair*).
aithris subst. 4. fem. (von *aith-rithis* v. altir. *ret* laufen?) die **Nachricht**, die **Erzählung**, der **Bericht**.
Alba nom. prop. *Albanien*, das Reich Fiounghals, das nordöstliche Schottland.
ald (*alld, alll*) subst. 1. masc. Gen. *uilt* (aus *pald* v. Stamm πλύνειν, *pluere*, Sskr. *plu*) der **Bach**.
alla adj. (aus *alladh* ident. mit *pallere*) **entsezt, wild, grimmig**.
alluidh adj. (von *alla*) 1. **schrecklich, furchterregend, entsezlich**; 2. **entsezt** (Calthonn 90: *suile alluidh 'losgadh fo dheuraibh*, die entsezten Augen glühten unter Thränen).
all subst. (1.?) masc. (verwandt mit κάλλειν) das **Gelenk**

altrum verb. trans. (rom altir. Nomen *altram* die Ernährung, dies von *al, alere*) auferziehen, erziehen.

aluinn adj. (altir. *alind*, ident. mit ῖλαος, Sskr. *alang*) lieblich, schön, namentlich von weiblicher Schönheit gebraucht.

am. A) vor dem nom. oder acc. sing. von Masculinis, die mit *b, m, p, f* anlauten: 1. der *bestimmte Artikel*: der, den (für *an*). Z. B. *am fear*, der Mann. 2. Mit dem Apostroph '*am* ist es soviel wie *an*, *am* in dem, z. B. '*am meadhon* in der Mitte.

B) Vor allen Casibus von Wörtern, die mit *b, p, m, f* anlauten, kann es sein: das pron. poss. 3. plur., Ihr. *eorum, earum*, z. B. *am mathair* ihre Mutter.

C) Von Verbis, die mit *b, p, m, f* anlauten ist es 1. *Fragpartikel*, z. B. *am buail mi* schlage ich? *am faic thu* siehst du? 2. pron. relat. gen. sing. und dat. sing. und plur. (z. B. *mo sleagh, am bheil feum*, mein Speer, dessen noth ist; *a' bhalla, d' am lub am feachd*, die Mauer, bei welcher sich das Gefecht umherbog). 3. Adverbialrelativum in den Conjunctionen *gus am, mu 'm, gu 'm.*

D) *am* vor jeder Art von Substantivis, ist Zusammenziehung aus *an mo* (s. §. 149), z. B. *am' comhnuidh* in meiner Wohnung.

àm subst. 3. masc. (ident. mit *aevum aἰών*). Die Zeit; *an àm a b' ann* die Zeit, welche da war, d. h. die vergangene Zeit; *an àm gun thriall*, die Zeit ohne Gang (die noch nicht im Gang seiende), d. h. die Zukunft (Conlaoch 156). '*an àm so* zu dieser Zeit, jezt. *Air an àm* sogleich, auf der Stelle. Dann anch 2. die Gegenwart im localem Sinn; '*s an àm* in der Gegenwart = zugegen (Carthonn 112. Vielleicht ist auch v. 189 so zu erklären: „wenn du (o Sonne) *air àm*, zur Stelle bist, zur Stelle ohne Farbe," d. h. unten am Horizont angelangt.) 3. Modal.: '*s an àm* dann, in diesem Falle. (Tighm. VI., 3.)

amar subst. masc (vielleicht von Sskr. *jam, cohibere*) das Bett eines Flusses.

a mhain adv. allein (siehe *main*).

amhairc verb. trans. (*ann-aire*; altir. *con-ac-im*, 3. plur. sing. *conairci* sie sehen, vom Stamme *AG, OG*, der dem lat. *oculus* zu Grunde liegt, und im Sauskr. *ics aẻa* vorhanden ist) sehen, erblicken. Gerund. *amhare*, das Blicken, der Blick, der Anblick.

amharus subst. masc. (altir. *amh-iresach* ungläubig von *an* priv. und *iress* glauben, aus *air-ess*, ident. mit Sanskr. *as* sezen, niederlegen; *air-ess* (sich) verlassen) der Argwohn.

an. A) vor Nominibus 1. der *bestimmte Artikel* (durch alle Casus, ausgenommen den gen. sing. femin. und den nom. und gen. plur. vgl. §. 42; 2. das pron. poss. 3. plur. Ihr (*eorum earum*).

B) vor Verbis 1. in unabhängigen oder in indirecten Fragen: die *Fragpartikel*, z. B. *an tog e a lann?* erhob er sein Schwert? 2. in Relativsäzen: der gen. sing. (oder nach *do* der dat. sing. und plur.) des pron. relat. dessen, deren; (dem der; denen). Z. B. *am bard, do 'n eirich a ghuth*, der Barde, dem sich seine Stimme erhob. Oder: *am bard, an eirich an guth*, der Barde, dessen (die) Stimme sich erhob.

C) Adverbialrelativum in den Conjunctionen *gus an, mu 'n, gu 'n bis dass*, desshalb dass, zu dem dass (siehe die Conjunctionen §. 281 ff.).

an abgekürzt '*n* praepos. c. dat. et acc. (altir. *in* identisch mit ἐν, *in*, in) 1. in auf die Frage: wo? meist c. acc., auch an, auf (an ceann am Haupt, 'n a' bheinn auf dem Berge); 2. In, nach, zu, auf die Frage: wohin? c. acc. Z. B. *tig-sa 'n an dosan nan carn,* komm zu den Flechten (Moosen) der Felsen. 3. *Temporal:* In, an, c. dat. und acc., z. B. 'n *a-h-oidche* in der Nacht, 'n an *laithibh* in ihren Tagen, 4. tropisch: z. B. 'n *a feirg* in seiner Wuth. (Vgl. §. 237, 1.)

anail subst. 4. fem. (ident. mit Sskr. *anila* Wind), der **Athem**, der **Hauch**, das **Wehen**.

anam und *anama* subst. 3. masc. (altir. *anim* ident. mit *animus*), die **Seele**, als Siz der Gesinnung und des Willens (daher *anam mòr* „grosse Seele" von muthigen und edelmüthigen Helden gesagt), — ihre Wohnung ist in der *Brust*, Oigh 133 f.: *a chliabh dunsil ag eirigh mall air' anam*, „seine stattliche Brust hob sich langsam über seiner Seele" — zugleich der *substantielle Siz des Lebens*; die Seele (*anam*) ist's, die nach dem Tode des Leibes fortexistirt, und als *tannas* („Geist, Gespenst") erscheint. (Fionngh. II., 29 f.: *tha m' anam air tòm, mo cholunn aig tonn n' a-h-Eirinn*, es ist meine Seele auf dem Bergkegel, mein Leib bei der Woge Erinn's. U. v. a.) 2. der **Muth** (ganz wie das lat. *animus*). Z. B. Tighm. IV., 57. *Mor anam* heisst oft geradezu: grosser Muth.

ann verb. inflexibile mit Adverbial- oder Nominalbegriff (altir. *ann* wahrscheinlich die zum adv. gewordene Präposition *an*) **da, vorhanden, daseiend.** Als Prädicat mit dem Verbum *bi* verbunden. *Co e, 'bu ann,* wer ist er, (der) **da** war? *An àm, a b' ann,* die Zeit, welche daseiend war (d. h. die Vergangenheit).

annam, annad (s. §. 150).

anns praepos. abgekürzt '*s* (wohl aus *ann* und einer emphatischen Enclytica *-sa* entstanden) c. dat. et acc. in in *localem* Sinn auf die Fragen wo? und wohin? '*s a bheinn* auf dem Berge; '*s a neoil* in den Wolken; '*s an uir* in das Grab.

annsa subst. 3. masc. apokopirte Form von *annsadh*.

annsa adj. (scheint von *ann* gebildet, wie *innig* von *in*) **lieb, theuer, innig befreundet.** Mit *le* verbunden: *is annsa leam Cathbaid,* Cathbaid ist mir (wörtlich: mit mir, oder durch mich) lieb.

annsadh subst. 3. masc. (von *annsa*) **Liebe**, *innige*, in jedem (nicht bloss geschlechtlichen) Sinn.

aobhach adj. (wahrscheinlich vom altir. *oibenn*, oim Dankbarkeit, was mit *ops, opto* verwandt zu sein scheint) **froh, vergnügt.**

aodach } falsche Schreibart für { *eudach*
aodann } { *eudann.*

aoibhneach adj. (von *aobh*) **fröhlich, lustig.**

aoibhneas subst. 3. masc. (von *aobh-*) **Fröhlichkeit, laute Lust.** (Vgl. Oigh. 77: *tha stailinn 's an talla le aoibhneas gun shlige breac caoin le solas,* „es ist der Stahl in der Halle mit Lustigkeit ohne die bunte milde Schale mit Freude," d. h. die Schwerter tummeln sich mit lauter Lust, aber die stille sanfte Freude des Mahles ist dahin.)

aoidh subst. 4. masc. (altir. *oigith*, *ogi* der Gastfreund, verw. mit οἴχομαι gehen; die Aspirate ist regelrecht zur media geworden), der **Gast.**

aois subst. 4. fem. (altir. *ois*, von *àm*, wie *aetas* von *aevum*) das **Alter**, 1. die **alte (vergangene) Zeit,** *àm o aois*, die Zeit von Alters her, die alte Zeit (Cathlod. I., 1 u. oft); 2. das **Greisenalter;** 3. Abstr. pro concr. Tighm. VI., 177.

Ebrard, Gälische Grammatik. 15

aom verb. intrans. und transit. (vgl. das altir. *umal* niedrig; ident. mit χαμαί *hum-us*, *hum-ilis*) **sich neigen, sich niederbeugen, sich senken, sinken**; auch: **niedersteigen** (Tighm. VI., 287) und **niederhangen** (ebend. VII., 50). *Aom gus*... sich verneigen vor (eigentlich bis zu) jemand. *Aom fo*... sich neigen unter jemanden = jemanden unterliegen. *Aom o* — **zurückweichen** vor etwas; Tighm. V., 304. *Aom sios* **abwärtsneigen**. ... *an comhrag*, **den Kampf** niederbringen, d. h. siegreich **beendigen** (Tighm. V., 265 u. a.) *Aom suas* (wörtlich: sich aufwärts neigen) aufhorchen; emporlauschen (den Kopf neigend, aber Ohr und Aufmerksamkeiten erhebend) Fioungh. I., 501; Carthonn 191 f.; Tighm. V., 23; auch Tighm. IV., 236. „Der Tod lauschte auf deine Schritte" (weil er überall da Arbeit bekam, wo du hingiengst). *Aom air sleagh* sich auf den Speer stützen. *Aom ar ais* zurückbeben. Tighm. VI., 243). *Aom o culaobh ri*..., sich mit dem Rücken lehnen an... (Tighm. III., 3).

aon numer. card. (altir. *oin*, ident. mit *unus tv-ός* ein) **ein(e) einziger(e)** oder **einzelner(e)**. *Gach aon*, **jeder einzelne**.

aonach subst. masc. (von *aon*, genauer vom altir. *oinug* vereinigen, *oinugud* Vereinigung) die Stelle, wo zwei Berge sich vereinigen, das **Bergjoch**, die **Passhöhe**, wo die Zugwinde sausen, von woher die Giessbäche durch die Schluchten herabstürzen.

aonar subst. masc. (von *aon*; altir. *oinur* die Einzahl) die **Einzigkeit**, daher die **Einsamkeit**. Es dient häufig zur Umschreibung des Adjectivbegriffs **einsam**; *ba mi am' aonar*, ich war in meiner Einsamkeit, d. h. ich war allein.

aosda adj. (von *aois*) **alt, bejahrt, hochbetagt**.

aotrom falsche Schreibart für *eutrom*.

ar pron. poss. 1. plur. **unser**. Indeclin.

ar gekürzte Form der Präposition *air*. Namentlich in der interrog. Verbindung: *c' ar son* **warum**?

araon, ar-aon, adv. „**auf eins**," 1. **zugleich**, **miteinander**, 2. **allein** (Tighm. IV., 269, V., 36).

ard adj. (altir. *ard* und *ardd* ident. mit *arduus*) **hoch**, sowohl im localen als im metonymischen Sinn. *An ard bheinn* der hohe Berg; *an ard threun* der hohe Held.

arda subst. 3. fem. (aus *ardadh*, von *ard*) **Höhe**. (Gaoluand. 77.)

ardan subst. 2. masc. Gen. *ardain*. (Von *ard*.) 1. **Hochmuth**. 2. **Stolz** im guten Sinn. 3. **Zorn**, hohes Aufwallen der Leidenschaft.

ard-leumach adj. (von *ard* und *leum*) **hochspringend**.

ard-mhisneach adj. (v. *ard* und *misneach*) **hoch-muthig, sehr muthig**.

ard-mhuingeach adj. (von *ard* und *muing*) **hochmähnig**.

arm subst. 1. masc. Gen. *airm* (altir. *arm*, ident. mit *arma*) plur. taut. *airm* die **Waffen**.

aros subst. masc. (von einem Stamm *ros*, der im altir. *rosacht* das Verweilen, noch vorhanden ist, und von dem vielleicht auch das altir. *e-ross* Schiffshintertheil (Cajüte?) kommt; etym. ident. mit *ruha*) die **Stätte**, das **Haus**, die **Wohnung**.

as conj. parat. Abkürzung von *agus und*.(Z. B. Cathloduinn III., 174.)

as praepos. c. dat. (altir. *as* c. dat. ident. mit *ἐξ ex*) **aus, von-her**. *As ur* von neuem, abermals. *Dol as* ausgehen, aufhören; (Tighm. III., 401: *bha lairsinn mo shuil' gun dol as*, der Blick meiner Augen war ohne Ausgehen, d. h. hatte noch nicht aufgehört; ich war noch nicht blind).

as (in der Redensart *co as*) = *a' is; co a is*, wer (ist) der es ist? d. h. *wer ist da?*

astar subst. 2. masc. Gen. *astair* (verw. mit *iter*) 1. der **Gang**, die **Reise**, die man macht, daher auch 2. der **Weg**, der zurückgelegt wird.
at verb. intrs. (aus *ant*, viell. von Sskr. Wurzel *panth*, d. i. *path* gehen) **schwellen, anschwellen.**
ath adj. (entspricht einem altir. *at*, ident. mit Sskr. *antara* der *andere*) der **nächstfolgende.**
athair subst. 2. masc. Gen. *athar* (altir. *athir*, ident. mit Sskr. *pitr*, πατήρ, *pater* Vater) der **Vater**. Plur. *aitri chean* die Vorväter, Ahnen.
athar subst. 2. masc. Gen. *athair*, (ident. mit αἰθήρ, *aether*)die **Luft**. *Tein' athair* „Flamme der Luft," **Blitzstrahl.**
athmor adj. (comp. aus *at* schwellen, und *mòr* gross) **hochgeschwollen.**

B.

b, zweiter Buchstabe des Alphabets; sein gälischer Name ist *beth*. Media aspirabilis.
bac verb. trans. (verw. mit engl. *back* analog wie *hindern*, goth. *hindar* ahd. *hintar-jan* mit *hinten*) **hindern, abhalten.**
bad subst. masc. (vom irischen Stamm *bad* verbinden, ident. mit **binden**, Sskr. *band*, oder verw. mit Sskr. *vana* Wald, sowie S. *badh* als Nebenform von S. *vadh* vorkommt) eigentlich Dichtverbundenes, daher: **dichtes Gebüsch, Dickicht, Hain.** Plur. *badain.*
baigh subst. 4. fem. (verw. mit Sanskr. *bhága, bhágja* Glück) **Güte, Freundlichkeit, Gnade.**
baile subst. 4. masc. (ident. mit βηλός Schwelle, Haus) die **Stadt** (wo — bei Ossian — an ziemlich bescheidene Ansiedlungen zu denken sein wird.)
balachan subst. (2.?) masc. (dimin. von *balach*, das im Neugäl. sich erhalten hat, und mit Sauskr. *bálaka*, der Knabe identisch ist) das **Knäblein.**
balbh adj. (ident. mit *balbus*) **leise.**
ball subst. 1. masc. (Gen. bei Ossian nicht vorkommend, neugäl. *buill* [altir. *ball*, verwandt mit μέλος, s. §. 20, 2]) **Glied** des Körpers, Plur. *na balla* die **Glieder.**
ball 1.subst. 1. masc. (verw. mit βαλιός scheckig, und μίλας s. §. 20, 2) der **Flecken,** namentlich wird eine dunkelgefärbte (Fionnglı. I., 52) und vielleicht erhabene Stelle des Schildes so bezeichnet. Dann allgemein: der **Fleck,** die **Stelle,** daher *air ball* **auf der Stelle** (*illico*, sogleich), 2. adj. **gefleckt,** mit einem *ball* versehen; Epitheton des Schildes. (Fionnghal *nam ball sciath* „F. der Held der gefleckten Schilde," öfters).
balla apokopirte Form des folg. *balladh.*
balladh subst. 3. masc. (ident. mit *vallum*, s. §. 19, 2) der **Mauerwall,** die **Mauer** einer Stadt (wie Fionngh. I., 1, *balla Thura* die Mauer von Thura); dann auch die **Wand** einer Halle, wo die Speere und Schilde (Fionngh. I., 53) auch die Harfen (ebend VI., 25) aufgehängt sind.
ballach adj. (von *ball* Flecken) **gefleckt.**
ban adj. (altir. *ban* weiss, ident. mit Sanskr. *bhánu* das Licht, vom. Stamm *bhá* leuchten) **weiss, schneeweiss, leuchtend weiss.** Von Segeln, von weissen Armen, Brüsten u. s. w. gebracht.

ban adj. (von *ba* sterben, *ban* todt, *sinister* = *funestus*) **links**, der **linke**.
ban subst. 1. fem. irregul. das **Weib**. (Neugäl. *bean*, altir. *ban*. [Siehe §. 79.] Aus *mana* entstanden, fem. von Sskr. *manu Mann*).
banail adj. (von *ban* Weib) **weiblich** als sittliche Eigenschaft; bescheiden, **sittig**.
baoth adj. (altir. *baith*, ident. mit Sskr. *budh* Vernunft, *budha* gescheit) wer ohne Vernunft ist, 1. **wahnsinnig, toll**, daher dann 2. **furchtbar, wild, schrecklich, grässlich, rasend**, 3. **seltsam**, närrisch anzusehen.
bar subst. (masc.?) kommt Tighm. VII., 328 vor, zwischen *eilid* Hirschkuh und *cu* Hund, muss daher Name eines Thieres, und zwar eines röthlichen grossen Thieres sein; denn es heisst: *tha d' eilid ciar, do dheary bar mòr am measy nam bad, an coly-chu a' siubhal grad*. Der Etymol. nach scheint es der Eber zu sein (ahd. *pér*, angels. *bár*, lat. *verris*), dem Sprachgebrauch und Sinn nach ist es ein röthlichbraunes (*deary*) Thier der grauen Vorzeit, etwa der Ur. Calthonn 325 wird dem Calthonn *am bar-iall*, womit er gebunden war, abgenommen. Das ist entweder ein Riemen, womit man den *bar* zu binden und zu zähmen pflegt, oder wahrscheinlicher ein Riemen aus dem Felle des *bar*. (Andre schreiben *barr-iall*, was im Neugäl. „Schuhriemen" heisst. Für das Mittelgälische ist diese Bedeutung nicht nachzuweisen, passt auch nicht.)
barail subst. 4. masc. (vom altir. *belre* die Rede, der Ausspruch, wofür auch *berle* vorkommt, vom altir. Stamme *bel* die Lippe [s. bei *beul*]) die **Ansicht**, das **Urtheil** über eine Sache, die **Meinung**.
barc subst. fem. (verw. mit βᾶρις Kahn, oder mit adh. *barkr*, *börkr Borke* [als ursprüngl. Material der Kähne]) das **Boot**.
barr subst. masc. (vom verb. *barr*) das (locale) **Ende** eines Dinges, daher 1. die **Spitze** der Lanze, 2. der **Gipfel** eines Berges oder Baumes. *Gu barr* bis zum obersten Rande, **gänzlich**.
barr verb. trans. (vielleicht mit dem vorigen verwandt) **schneiden**. 1. **abschneiden**, 2. **zerschlitzen, aufschlitzen**,
barr-buidh adj. (compos. v. *barr* Ende und *buidhe* gelb) **ganz gelb, goldgelb, blond**.
barr-geall adj. (compos. v. *barr* Ende, und *geall* weiss) **ganz weiss**.
barrachd subst. 3. masc. (von *barr* Ende), was bis zu Ende (des Jahres) reicht: der **Vorrath, Ueberfluss**.
bàs subst. 1. masc. Gen. *bais* (vom altir., *be, ba* sterben, ident. mit φόνος, *funus* ahd. *pano*) der **Tod**.
beachd subst. 3. fem. (führt auf ein [nicht nachweisbares] altirisches *bact* aus *bathact*, vom sanskr. Stamme *budh* erkennen) der **Sinn** 1. obj. der Sinn einer Rede, die **Meinung**, daher das **Urtheil**, die **Entscheidung**. *cuir am beachd* die Entscheidung herbeiführen = das Orakel (der Schilde) befragen, Cathlod. II., 73; 2. subj. die **Stimmung**.
beag adj. (altir. *bec, becc* vielleicht ident. mit *mancus*) **klein**.
beairt subst. 2. fem. Gen. *beart* (vom altir. Stamm *bert-aigim* schwirren, rasseln, und dieser wieder v. [*ber*] *beur* laut) 1. die **Rüstung**, 2. der **Panzer**, 3. die **Scheide** (Tighm. I., 503). *Ceann-bheairt* der Helm. Auch *beairt* für sich allein bezeichnet den Helm, Tighm. III. 348.
bealach subst. masc. (vom altir. *bel* Lippe, Mund) die **Mündung**, daher: **Kluft, Oeffnung**.

bean s. *ban*.
bearnach adj. (von einem im Neugäl. erhaltenen subst. *bearn* der Riss, von gleichem Stamme wie *bris, frangere*) **eingerissen, eingekerbt** (von Schilden gesagt, die durch Hiebe Risse an ihrem Rande bekommen haben).
beart subst. masc. (von *ber, birr*, ident. mit *ferre*, φέρειν) die **That**. Fionngh. I., 551. Plur. *bearta*.
beath subst. masc. (schwerlich von Sanskr. *pittala* wahrscheinlicher von *bhá* leuchten; vom gäl. *beath* kommt das lat. *betula*) die **Birke**.
beo 1. subst. 3. masc. (ident. mit βίος, *vita*) das **Leben**. auch die **Lebenszeit**; *ri d' bheo* während deines Lebens, so lange du lebst. 2. Adj. **lebend, am Leben**. *Nach beo* „welcher nicht am Leben ist" = der Todte, der Verstorbene.
beuc verb. intrs. (ident. mit Sskr. *bukk* bellen) **brüllen**, von Thieren, sowie namentlich vom Meer und von Flüssen, dann auch vom Schlachtlärm gesagt.
beucach adj. (von *beuc*), eigentlich **lautbrüllend**, dann überhaupt **wild, schrecklich**.
beucail subst. masc. (v. *beuc*) **Gebrüll. Geheul**.
beud subst. 3. masc. (von einem Stamme *bhos*, der als Grundlage für das Ahd. *posi*, ahd. *böse*, angenommen werden muss) allgemein: Schlechtes, Schlimmes, 1. **Unfall, Misgeschick**, 2. **Tadel. Fehler**. *Gun bheud* ohne **Tadel, tadellos, fehlerlos**. *Fo bheud* **unglücklich, traurig**.
beul subst. 1. masc. Gen. *beoil* (Nebenform von *bile* mit modific. Bedeutung. Altir. *bèl* Lippen, viell. ident. mit ahd. *múla* Maul, μύλλον) der **Mund**. Plur. *beula*.
beum verb. trsit. (altir. *bém*, vgl. βέμβιξ) **hauen, schlagen**; (intrs.) **stampfen** (von Schritten Tighm. VI., 273).
beum subst. 3. masc. (vom vorigen) der **Schlag, Hieb, Schwertstreich**.
beumnach adj. (v. *beum*) **hiebreich**, *tüchtig im Schlagen*.
beur adj. (vom sanskr. Stamme *brú* reden) **laut, dröhnend**, daher **barsch, rauh** (Oigh 144), **wild**, Cathlod. I., 38.
beus subst. masc. (altir. *bés* die Sitte, vom indogerm. Stamme *bhás* glänzend), 1. die *Tugend*, die **gute Sitte**, und speciell von Jungfrauen: **Zucht, Sittsamkeit**. 2. Die **Sitte** in abstracto. Die gewohnte Sitte, **Gewohnheit**, daher *fo bheus* **im gewohnten Stande, in gewohnter Art**. (Z. B. Tighm. IV., 366 „er sieht die Wogen *fo bheus*," d. h. sittsam, unaufgeregt).
beusach adj. (v. *beus*) 1. **sittsam**, daher 2. **sanft, anmuthig** (vom Lufthauch gesagt).
bi verb. **sein** (s. §. 131. Ident. mit *fui*, Sskr. *bhú*).
bian subst. 4. masc. (von Wrzl. *bhú*, φύω der Bewuchs, das mit Haaren bewachsene) das **Fell** eines Thieres. Fionngh. I., 535.
bile subst. 4 masc. (altir. *bel*, s. bei *beul*) die **Lippe**, tropisch: der **Rand**.
binn adj. (altir. *bind* laut, ident. mit φωνή, ΦΑΩ) **laut, klingend**, *wohltönend*, von den Stimmen der Sänger und vom Spiele der Harfen gesagt.
binneas subst. (von *binn*, als Gerundialnomen gebraucht) das (musikalische) **Spielen**, das **Musiciren**.
biorach subst. 2. comm. (nicht ident. mit πόρτις, *pariens*, ahd. *far, Farre*, sondern von Sskr. Wrzl. *bhṛ*, φέρω) das **Füllen**.

bioran subst. (2.) masc. (Dimin. von dem, im Neugäl. erhaltenen *bior* Stab. Altirisch *berach* der Wurfspiess. Beides von *ber, biur, ferre, baren,* tragen). Das **Stöckchen, Stäblein,** der **Stab.**
blar subst. 1. fem. Gen. *blair* (aus *m'ar,* entw. von *mori* sterben, Sskr. *mr* oder von μολεῖν gehen) 1. das **Schlachtfeld,** 2. die **Schlacht** selbst.
blath 1. subst. fem. (Altir. *blathe* vom Stamme *fl* in S:kr. *phulla,* φύλλον *fol-ium* sowie in φλόος, *flos* ahd. *plóma* und *blót Blüthe*) die **Blume, Blüthe**; 2. adj. **blühend,** dann auch **warm.**
bliadhna subst. 3., fem. Indecl. (Altir. *bliadan,* gen. *bliadne*; verw. mit φλέω, φλύω, *fluo* [fliessen]) das **Jahr.** (Tighm. III., 93, scheint *bliadhna* in seiner urspr. Bedeutung **Fluth** gebraucht zu sein.)
bloigh subst. 4. fem. (aus *mloig, mroig,* μέρος) der **Theil.**
boc subst. 1., masc. Gen. *buic* (ident. mit ahd. *poch,* *boch* mhd. *boc*) der **Rehbock.**
bochd adj. (altir. *bocht, boct,* ein ptc. perf. pass. von Sskr. *bháj* geben, im Sinne von: der beschenkte) **arm, bettelnd.**
bog adj. (ident. mit βανκός zart, vgl. das altirische *boc* der Kuss) **weich, zart.**
hog, verb. trans. (vgl. Sskr. *bhad*, sich wenden ahd. *poco, bogo* der *Bogen,* Halbkreis) **schütteln** (vom Hund, der seine Zotteln, vom Menschen, der seine Locken schüttelt).
bogha subst. 3. masc. (altir. *bocc* ahd. *boga* Bogen, von Sskr. *bhaj* sich wenden) der **Bogen.** 1. des Himmels, 2. des Schüzen.
boillsy verb. intrs. und trs. (altir. *blosc,* ident. mit Sskr. *bhlās* leuchten, *fulgere*) 1. **glänzen. schimmern.** 2. trsit. **beleuchten, bestrahlen** (Tighm. II., 515). Ger. *boillsgeadh* und *boillsge.*
boillsge subst. 4. fem. (Gerundialnomen v. *boillsg*) der **Glanz.** der **Schimmer.**
boisge subst. 4. fem. (von *boisg*, einer Nebenform oder Corruption von *boillsg*) der **Glanz. Schimmer.**
borb adj. (altir. *borp,* thöricht: nach gewöhnlicher Annahme ident. mit S. *barvara* βάρβαρος) **wild. roh, grausam.**
bord subst. 1. masc. (Gen. in Ossian nicht vorkommend, im Neugäl. *buird*) (würde im Altir. *bort* heissen [ident. mit goth. *baurd* Brett, alts. und altnord. *bord* Tisch, Haus, *Bord*] vom altir. *ber, biur* tragen, wie φόρτος von φέρειν) ursprünglich wohl jeder tragbare Gegenstand, daher speciell der **Tisch,** als das tragbare Stück in der Halle. *Air bord* auf dem Tische.
braghad subst. 3. masc. (von *braigh*) der **Nacken,** dann allgemeiner: der **Hals.**
braigh subst. 1. masc. Gen. *bragh* (nach Anal. der zweiten Declin. [altir. *brage,* etym. ident. mit *brachium* v. Sskr. *bhráj* glänzen]) bezeichnet im Keltischen die Wurzel der Arme: den **Nacken** (als Gegend der Schulterblätter), tropisch die „Schulter" eines Berges.
braigh-geal adj. (comp. aus *braigh* und *geal*) **nackenweiss, weisshalsig.** Kommt als weibl. Eigenname vor.
braon subst. 1. masc. Gen. *braoin* (Altir. *broin,* ident. mit Sskr. *vṛsh* βρέχω *ir-rigo,* goth *rign-jan regnen*) der **Regen**; der **Tropfe.**
braonach subst. (v. vorigen) das **Regenwetter.**
bras adj. (von *bris* oder von gleicher Wurzel wie *bris*) **kühn, ungestüm.**
bratach subst. (2.) masc. (im Altir. heisst *brat* „Kleid, Mantel") die **Fahne,** das **Heeresbanner.** (Das des Fionughal wird Fionngh.

IV., 362 ff. beschrieben als blau mit goldnen Sternen, und im Winde wallend. Man hat also an eine wirkliche Fahne oder Flagge zu denken.) Plur. brataichean.

brath subst. 3. masc. (ob vom altir. *brath*, *breth* Gericht? nach moderngälischer Deutung soll *brath* den Weltuntergang bezeichnen, wofür aber in Ossian keine Anhaltspunkte gegeben sind. Richtiger dürfte unser *brath* etymologisch identisch mit *mors mort-is* sein [vgl. oben *ball*]; auch das altir. *brathnigim* „zum *Tod* verurtheilen" und *brath* [*Todes*-Urtheil?] wird wohl von *breth* Gericht zu trennen und auf *brath* = *mors* zurückzuführen sein.) Das **Ende**. *Gu là brath* bis zum Tag des Endes (= mein Leben lang). *Gu brath* meist in negat. Sätzen, bis zu Ende nicht = niemals.

breab verb. intrs. (f. κρέκειν, altir. *braigim*?) **stampfen** (von Rossen).

breac adj. (altir. *brec* Lüge, *prechan* brechen?) **bunt, scheckig.**

(***breith*** subst. 4. fem. von *ber* tragen, die **Geburt.**)

brigh subst. 4. fem. (altir. *brig* die Kraft, Geltung, von gleichem Stamme mit Sskr. *bhrçam* sehr) 1. **Kraft,** 2. **Vortheil, Nuzen,** *gun bhrigh* **nuzlos, vergeblich,** 3. **Lohn.**

briosg verb. intrs. (andre Schreibart für *brisg*) **aufspringen** vom Size.

bris verb. trans. und intrs. (altir. *bris* gleichen Stammes mit *frangere* und *brechen*) 1. trans. **brechen. zerbrechen**, z. B. *fear brisidh nan sciath*, der Mann des Zerbrechens der Schilde, der Schildezerbrecher. 2. Intrs. **hervorbrechen** (das Heer aus dem Wald oder Thal, der Sturm aus der Wolke); **in Worte ausbrechen** (Fionngh. I., 264 u. a.) — Gerund. *briseadh*, geht nach der zweiten Decl. Gen. *brisidh*. Andres Gerund. *brisdeadh*.

brisdeadh subst. 3. masc. (Gerundialnomen von *bris*) der **Bruch,** das **Brechen,** das **Hervorbrechen.**

briseadh subst. 3. masc. (v. *bris*) **Lücke, Ausfall,** *Briseadh nan ceile* „Bruch der Sinne," **Ohnmacht, Betäubung.**

brisg verb. intrs. (eine Inchoativform von *bris*) **aufspringen** vom Plaze oder Size.

brog subst. masc. (vgl. ahd. *pruoh*, angels. *broc*, die Hose) der **Huf** des Pferdes. (Im Neugäl. der Schuh des Menschen.)

brogach adj. (v. *brog*) **starkhufig.**

broilleach subt. 2. masc. (Nebenform von *brollach*) die **Brust,** besonders der **weibliche Busen.**

brollach subst. 2. masc. (viell. Fremdwort: *vrouweliche*?) die **Brust.** besonders häufig der **weibliche Busen.**

bron subst. 1 masc. Gen. *broin* (altir. *bròn*, etym. gleichen Stammes mit *moereo* s. §. 20, 2) 1. die **Trauer, Traurigkeit,** 2. daher in dichterischer Metonymie: Trauer-bringendes, **Unglück** (Tighm. III. 447).

bronach adj. (v. *bròn*) **traurig.**

brosnachadh adj. (v. *brosnaich*), **anspornend, zum Kampf ermunternd.**

brosnaich verb. trans. und intrs. (von zweifelhafter Etymologie) 1. jemand **aufmuntern, anreizen** zu etwas, *do-*; 2. intrs. eine Sache **beschleunigen,** sich **beeilen mit** etwas, *brosnaich do-*.

bruach subst. 1. masc. Gen. *bruaich* (Sanskr. *bhrgu*, ahd. *pereg Berg*) **Uferhang,** d. h. der senkrechte Absturz des Ufers von Bächen und Flüssen, wie das Wasser ihn ausgespült hat.

bruailleau subst. 2. masc. Gen. *bruaillinn* (von *bruaillinn*) Ungewitter, Wetterstarm, Wirbelwind, auch Regenguss Tighm. IV., 125 [daher das französ. *brouiller*]).

brnailllnn verb. intrs. (verw. mit dem Deutschen: *rollen?*) wirbeln (Calthonn 202).

bruan verb. intrs. (ident. mit *frendere* zermalmen, vgl. ahd. *prosama* das Bröcklichte, die Krume) sich zerkrümeln, zermalmen, verbröseln.

bruthach subst. 2. masc. (von einem bei Ossian nicht vorkommendeu verb. *bruth* stampfen, cf. altir. *bruthnaigim* wüthen ident. mit φρυάσσομαι) senkrechte Felswand, Abgrund, Precipice. (Vgl. den „Stoss" im Ct. Appenzell).

buadhaich verb. intrs. (denom. v. *buaidh*) siegen.

buadhalachd subst. 3. fem. (von einem adj. *buadhail*, dies von *buaidh*) Ueberlegenheit.

buaidh subst. 1. fem. (Altir. *buaith* und *buad*. Identisch mit *futuare*, ursprünglich = φυτεύω, dann: unter sich zwingen, ahd. *peitjan*, *peittan* zwingen, bezwingen, altnord. *beidha* drängen *). Der Sieg. *Toir buaidh* den Sieg „bringen," d. h. davon tragen. (Cathlod. III., 78.) *Faig buaidh* den Sieg erlangen. 2. Muth, Tugend, Anlagen, überhaupt Werth. z. B. Fionngh. I., 351: *chlocha-buadh* Steine von Werth, d. h. Edelsteine.

buail verb. transit. (ident. mit βάλλω) schlagen, 1. häufig vom Niederschlagen eines Feindes im Kampfe gebraucht, daher niederschlagen, auch tödten, oft auch nur treffen (mit dem Speerwurf). 2. Ebenso wie der geschlagene Feind steht auch die geschwungene Waffe als Object, *buail e 'chruaidh 'n a thaobh*, er schlug sein Schwert in seine Seite. 3. Allgemein schlagen, z. B. *buail an cuan* das Meer peitschen (mit den Rudern), d. h. fahren; daher mit ausgelassenem Object (scheinbar intransitiv) *buail gu . . .*, an einen Ort, nach einem Lande fahren; aber auch vom stürmischen gehen gebraucht, (wo als Object an *lar*, den Boden schlagen mit den Füssen, hinzudenken ist) z. B. Cathlod. III., 149: *buail e ro' oidche gu luath gu shruth Thurthoir*, er stürzte schnell durch die Nacht zum Strome Turtbor. *Buail caladh* landen. *Buail* mit dem Acc. anf etwas stossen, treffen (unvermuthet), Tigbm. 8, 177: *bhuail e còs* er traf, stiess auf die Höhle. 4. Speciell wird *buail* vom Harfenspiel gebraucht; *buail clarsach*, die (Saiten der) Harfe schlagen. Ebenso *buail sciath* (Fionngh. I., 57 und v. a) den Schild anschlagen, dass er (als Kriegszeichen) töne. Ger. *bualadh*.

buain verb. trans. (ΦΕΝΩ tödten) hauen, zerhauen; *buain buaidh* Sieg erfechten.

buair verb. trans. (verw. mit ahd. *purjan* erheben, woher *purst* die Borste, das Starrende) aufregen, erregen (Menschen und Wellen); zum Kampf reizen. Ger. *buaireadh*.

buaire gekürzte Form von *buaireadh*.

buaireadh subst. 3. masc. (Ger. v. *buair*.) 1. Herausforderung, Aufreizung zum Kampfe. 2. Trübung des Wassers.

buan adj. (vielleicht verwandt mit ahd. *pâwan*, ahd. *bouwen*, altsächs. *buan* bauen, wohnen) bleibend, dauernd, dauerhaft.

---

*) In keinem Falle hat *buaidh* etwas mit dem Wort „Beute" zu schaffen, denn das ahd. *byti* heisst ursprünglich *Tausch*.

buidhe adj. (wahrscheinlich von Sskr. *bhâ* leuchten, *bhâsvat*, leuchtend, vgl. *badius* kastanienbraun) **gelb**, vom Gold und von blondem Haar gebraucht.

buidheann subst. fem. (Sauskr. *band*, *bandha*, ahd. *pant*) die **Bande**, der **Trupp**.

buil subst. 4. fem. (Sanskr. *bala* Kraft, lat. erweicht zu *valor*, *valde*, griechisch φλιω Ueberfluss haben, erhärtet zu πλῆθος) die **Wirkung**, der **Erfolg**.

buille subst. 3. masc. (v. *buail*) der **Schlag, Streich, Hieb**.

buin verb. intrs. (vgl. das altir. *bunad* Ursprung, vielleicht mit φύω verwandt) **angehören** jemanden, c. dat. (*do*).

bun subst. masc. (Ebenso mit φύω verwandt) der **Boden**, **Grund** (Erdboden).

burn subst. masc. (ident. mit ahd. *prunno*, mhd. *burne Born, Brunnen*) süsses **Wasser** der Flüsse und Quellen. Im Gegensaz zu *sail* Salzfluth des Meeres.

C.

c, der dritte Buchstabe des Alphabets, sein gäl. Name ist *coull*. Tenuis aspirabilis.

c' Apostrophirung von *cia*. Z. B. *c' aite* welcher Platz, d. h. **wo?** *c' uime* welche Ursache, d. h. **warum?** *c' uime* welche Zeit, d. h. **wann?** *C' ainm*, welcher Name u. s. w.

cabar subst. masc. (von *ceann* Kopf und *ber* tragen, daher *b* unaspirirt wegen des assimilirten *n*, s. §. 16, 3) das auf dem Schädel befindliche **Geweih**. (Vom Geweih der Hirsche gebraucht.)

cabhlach subst. fem. (vom sanskr. Stamm *çî* perfundere, ahd. *quellan quellen*) der **Schwall, Fluth**. (Nicht die Fluth im Gegensaz zur Ebbe.)

cabrach subst. masc. (v. *cabar*) der mit Geweih versehene, der **Hirsch**.

cabstar subst. 3. (*capistrum*) das **Gebiss** der Pferde.

cach pronominale (vom altir. *cach*, jeder; mittelgäl. Nebenbildung neben *gach*) der, die **übrige(n)** (die andern alle).

cadal andre Schreibart für *codal*.

cail subst. 3. masc. (Sanskr. *çila*, vgl. das ahd. *helith Held*) **Körperkraft, Kraft** überhaupt als physisch bedingte und gegebene.

caill verb. (vgl. Sskr. *clam* ermüden, *cliva* schwach, χόλος verstümmelt, goth. *halks* dürftig) 1. intrans. **verlieren**, *cail fini* einen Pfeil entwenden, abschiessen (Tighm. V. 407); 2. pass. verloren werden, d. h. verloren geben, zu **Grunde gehen**. (Tighm. II., 451: 'n uair caillear thusa, chlach nan saoi, wenn du zu Grunde gehst, Grabstein der Helden?

cainl, cainnt subst. 3. fem. (vom altir. *can* singen, lehren. ident. mit *canere*) **Gespräch, Unterredung**.

cairich verb. trans. (von *cuir* abgeleitet) **bringen; in Ordnung bringen; anflegen; auftragen**.

caisg verb. trans. (*co-ess-ic* d. i. *cum-ex-ico*) **hemmen, zurückhalten**. Wird besser *coisg* geschrieben.

caismeachd subst. 3. fem. (*co* und altir. *senm*, *sonitus*) **Stimme, Aufruf**.

caith verb. trans. (*co-ith*, vom altir. *ithim* = lat. *edere*, althb. *ĕzan*, *essen*) transit. **verzehren, verbrauchen, aufbrauchen**. Mit einer Arbeit, einem (anstrengenden) Weg fertig werden (Fionngh. VI., 339). Ger. *caitheamh*.

caith verb. trans. und intr. (ident. mit *caedere* und *cadere*) 1. transit. hinwerfen, werfen, stossen, 2. intr. stürzen, fallen.

caitheamh subst. 2. masc. (ger. v. *caith* verzehren) das **Verzehren**, oder das **Verzehrt-werden**, der **Verbrauch** im act. und pass. Sinn.

caithris subst. 4 fem. (von *caith* verzehren) die **Erschöpfung**, **Müdigkeit**.

cala kürzere Form für *caladh*.

caladh subst. 3. masc. (nicht [nach Pictet] vom *cale*-Stein, sondern von κέλλειν treiben, landen) das Antreiben, Landen, daher **Land** im Gegensaz vom Meer, namentlich das von der See aus erblickte **Land**.

caly subst. masc. (κάλυξ *calix* ahd. *kelih*, **Kelch**) der **Knopf** einer Blume. Namentlich von der Federkrone der Distelknöpfe gesagt. Carthonn 14.

call verb. trans. (altir. *coll* verderben, ident. mit κόλος) **verlieren**.

call subst. masc. (v. *call*) der **Verlust**, der **Mangel**. *Air call* fehlend, nicht vorhanden.

calm subst. masc. (Sskr. *calama*, κάλαμος vgl. *columna*) eigentlich (und noch im Neugäl.) ein **Pfeiler**; (bei Ossian tropisch) Bezeichnung eines wuchtigen, untersetzten Menschen.

calma adj. (aus *calmadh* v. *calm*) **säulenähnlich**, **muskulös**, Epith. des Armes.

calp subst. masc. (vgl. Sskr. *gulph* der Knöchel) die **Wade**.

cam verb. (altir. *cam* ident. mit κάμπτειν) 1. trans. biegen, krümmen, 2. intrs. sich krümmen, sowohl in vertic. Richtung sich neigen, senken, d. h. eine gekrümmte, geneigte Fläche bilden (im Unterschied von *aom*, das die Bewegung des Sich-neigens bezeichnet) — als in horiz. Richtung: sich schlängeln, winden (von Bächen gesagt).

cam adj. (von *cam*) 1. krumm, geneigt, gebogen, 2. schräg, gesenkt (z. B. gesenkter Speer), 3. geschlängelt.

camas subst. masc. (v. *cam*) **Biegung**, speciell **Bucht**.

canach subst. masc. (von *can, canere* im Sinn von καναχέω rauschen) das **Wollgras**.

caochan subst. masc. (v. Stamme *coquere*) kochende, sprudelnde **Fluth**.

caochail verb. intrs. (Sanskr. *čanč* wanken, ein reduplic. aus einem Stamme *čan*, der in καινός erhalten ist) 1. wechseln, sich verändern, daher 2. Euphemismus für: sterben. Transit. erneuern (Tighm. VI., 53 im Sinn von: wieder aufnehmen), neugäl.: tauschen. Ger.: *caochladh*. (Daher das franz. *changer*).

caochlach adj. (v. *cochail*) wechselnd, veränderlich.

caochladh subst. 3. masc. (Ger. von *caochail*) der **Wechsel**, die **Veränderung**.

caog verb. instr. (ans *con-oc*, verw. mit *oculus*) winken mit dem Auge. Bei Oss. nur das ger. *caogadh*.

caoidh verb. intrs. (ident. mit κῆδος, κήδω) klagen.

caoidh subst. 4. masc. (v. vor.) die **Klage**.

caoimhain verb. trsit. (altir. *coim*, denom. v. *caomh*) befächeln, umfächeln. (Oigh 118.)

caoimhneas subst. 3. masc. (v. *caomh*, altir. *commais*, *commain*) **Freundlichkeit**, **Milde**.

caoin falsche Schreibart 1. statt *coin* plnr. von *cu*. 2. statt *caomh*.

caoin adj. (altir. *cain* gut, von zweifelhafter Etymologie) der, die **rechte** (rechtsseitige) als Gegensaz von links, auch **recht** im Gegensaz von verkehrt; **glückbringend.**
caoin adj. (ident. mit *canere, canorus*) **helltönend,** Epitheton zu *fonn, duan,* z. B. Tighm. III., 135.
caoin verb. intrs. (altir. *coin*, abgeleitet von *cé* weinen, ident. mit χέω) **klagen,** Klagetöne ausstossen. Ger. *caoineadh.*
caoin subst. 3. fem. (ob mit χιλός verwandt?) der **Rasen,** die Fläche frischen grünen Grases.
caoir subst. 4. fem. (Sanskr. *ćaru* Bliz, κεραυνός) **Flamme, Feuerschein, feuriger Glanz.**
caoirtheach adj. (v. *caoir*) **flammend, feurig glänzend.**
caol adj. (altir. *coil* mager, ident. mit κοῖλος *hohl*) 1. **schmal, eng,** 2. **nahe;** *air caol, in der Nähe,* 3. **dünn** der Substanz nach. — Als subst. die **Meerenge,** auch der **Engpass.**
caolrath subst. (von *caol* mit der altir. Ableitungssilbe *rad*, *rath*.) **Engpass.**
caomh 1. adj. (ident. mit lat. *comis*) **freundlich;** 2. subst. 3. masc. die **Freundlichkeit, Milde, Gastlichkeit.**
caomhail adj. (v. *caomh* Freundlichkeit) **freundlich.**
caomhainn verb. trsit. (v. *caomh*, vgl. das altir. Nomen *commain* Gnade) **verschonen,** mild, mitleidig behandeln.
caor subst. 3. fem. (v. *caoir*) **Feuerwelle, Feuerschein, Feuergarbe.**
caora subst. 5. fem. Gen. *caorach*, plur. *coirich* (altir. *cairach* und *cair,* fem., ident. mit κριός) das **Schaf.**
car praepos. c. dat. (vom Nomen *car*, im altir. nicht als Präpos. vorkommend) **längs, entlang.**
car subst. masc. (vgl. altir. *cairig-ur* zurechtweisen, tadeln, verhält sich ebenso zu *cuir* thun, sezen, wohin thun, wie κρίνω *cerno* herausthun, d. h. ausscheiden zu dem indogerm. Urstamm *cr* thun.) Die **Richtung;** *cuir car do* . . . eine Richtung geben einer Sache oder Person, d. h. **bewegen.**
cara gekürzte Form von *caradh*.
carach adj. (von *car,* Richtung, Bewegung) **sich drehend, daher: wirbelnd.** (Neugäl. *unzuverlässig,* was ebenfalls von der Grundbedeutung: sich drehend herkommt.)
caradh subst. 3. masc. (altir. *carad*, vom altir. verb. *car*, lieben, ident. mit dem lat. *carus*, dem nordischen *kjaer*) die **Freundschaft**, das freundschaftliche und das **Bundesgenossen-Verhältnis.**
caradh subst. 3. masc. (v. *cuir* legen, sezen, anlegen) die **Kleidung,** der **Anzug.**
caraid subst. 3. masc. (altir. *carit*, von *car* lieben, siehe *caradh* Freundschaft) der **Freund**, 1. der persönliche, 2. der politische, d. h. **Kampfgenosse, Bundesgenosse.** Plur. *cairdean.*
caramh ger. v. *cuir.*
carbad subst. 2. fem. (altir. *carbad,* plur. *cairptiu*, *carpentum*, ohne Zweifel Fremdwort für das keltische *essedum* d. i. *suidhe* oder *insuidhe*) der **Wagen, Kriegswagen.**
carn verb. trsit. (Frequentat. von *cuir*) **aufhäufen, aufthürmen.**
carn subst. 1. masc. Gen. *cuirn* (vom Verb. *carn*: aufgethürmte Steinmasse) 1. **Felsmasse, Felsbrocken** (immer als körperlich sichtbar, nie als blosse senkrechte Fläche einer Felswand gedacht), daher 2. ein zum **Grabstein** (siehe *clach*) verwendetes

Felsstück. Carn nan còs, Fels der Höhlen, höhlenreiche, zerklüftete Felsmasse.

carragh subst. 3. masc. (ident. mit persisch *cheïra* armen. *char* und *charag* Fels, von der Wurzel *çr* hart sein, lat. *calc-*, griech. κόῤῥη) **Felsenpfeiler, Grabstein.**

carraid subst. 2. fem. (compos. von *con* und dem altir. *réth* laufen) **Zusammenlauf**, daher 1. **Anflauf, Kampfgetümmel**, auch **Kampfesmühen**; 2. **Zusammenfluss** von Gewässern, Tighm. III., 18.

carraig subst. 4. fem. (Nebenf. v. *carragh*) das in die See hineinschneidende **Riff**, die aus der See sich senkrecht erhebende **Klippe**; überhaupt **Felswand**.

c' ar son interrog. **warum.**

cas verb. trsit. (ident. mit Sskr. *çds* lenken) 1. **winden**, 2. **biegen, krümmen**, 3. **schwingen, wiegen** (z. B. die Lanze), 4. intrs. **wirbeln.**

cas adj. (vom Verb. *cas*) 1. **krumm**, daher auch sittlich: **schlecht, niedrig, nnedel.** 2. **wirbelnd** (von Flüssen), daher **ungestüm, wild, kampfgierig.**

cas subst. masc. (von *cas* wirbelnd; oder Fremdwort vom lat. *casus*?) **schwierige Lage, Drangsal, Noth.**

cas subst. fem. (altir. *cos*, gen. *cuis* ident. mit ποὺς wie das jon. κόσος mit πόσος) der **Fuss.**

casach adj. (von *cas* der Fuss) **füssig,** z. B. *luath-casach* schnellfüssig.

casgairt subst. 4. masc. (altir. *coscarad*, von *scar* entfernen, hinwegthun, Sskr. *ççar* umkommen, vgl. ξηρός) **Zerstörung, Vernichtung,** daher **Gemezel, Tod.**

cath verb. intrs. (altir. *cathigur* kämpfen v. *cath*) **kämpfen.**

cath subst. masc. (altir. *cath* Kampf, von Sskr. *çath* verwunden, altsächs. *hadu*) der **Kampf, das Treffen.**

cathair subst. 5. fem. (Fremdwort, κάθεδρα Siz, Stuhl) 1. **Thron**, 2. tropisch **Fuss** des Berges, der Theil des Berges, welcher gleichsam das Piedestal der höheren Zinnen bildet (z. B. Cathlod. II., 170), **Vorhöhe** (z. B. Fionngh. VI., 339 „ein schlanker Hund, der mit dem Bergausläufer fertig wird," d. h. ihn mühelos durchjagt.)

ce pron. interr. adj. (ident. mit *qui*) **welcher, welche.**

cealg subst. 1. fem. (aus *ceallag* von *ceill* verhehlen) die **Heuchelei, Verstellung.** (Gen. neugäl. *ceilg*.)

ceangail verb. trans. (ident. mit *cingere*) **binden, knüpfen**, namentlich **fesseln.** *Ceangail na siuil* die Segel einnehmen. Später auch intrs. **sich verschlingen.**

ceangal subst. masc. (v. *ceangail*) die **Fessel**, die **Bande.** (Plur. neugäl. *ceanglaichean*).

ceann subst. 1. masc. Gen. *cinn*, dat. *cionn* (altir. *cenn*, vom altir. *cinn-im* entspringen, καιρός s. unter *cinn*) eigentlich: das **Erste**, daher: 1. der **Kopf, das Haupt**, dann verallgemeinert: 2. das **obere Ende**, z. B. *ceann lainne* der **Griff des Schwertes**, die **Spitze** (des Speeres), die **Aehre** oder **Rispe** des Grases (Carraigth. 476); 3. noch allgemeiner: das **Ende** überhaupt, z. B. das **Ziel** einer Reise, daher *ceann-uidhe* „Reiseziel," zur Bezeichnung eines gastfreien Häuptlings, den alle Nachbarn zum Ziel ihrer Besuchswanderung machen. *Gu ceann* bis zum Ende = ganz und gar. — *Gabh fo cheann* (einen Ort, z. B. eine Ebene, einen

ceannard subst. 2. masc. (v. *ceann*) der **Häuptling** des Stammes, somit der **Anführer**.

cearb subst. 1. fem. (ident. mit ags. *ceorfan* schneiden, kerben. Vgl. σκείρειν, κείρειν (Sskr. *karatri* Scheere), verhält sich zu gäl. *sceir*, wie *scarabus* zu *carabus*; von Wurzel *krt*, woher *crnámi*, κέρτομος, *culter*). 1. Abschnitt, daher **Rand, Einfassung**; 2. Einschnitt oder Ausschnitt, **Lücke**, tropisch: **Fehler**.

cearbach adj. (v. vor) **lückenhaft; ausgezackt;** *garbh–cearbach*. „in einzelnen, gleichsam gezackten Haufen" (von Heeren gesagt, Tighm. V. 34 u. a.)

cearcall subst. masc. (von einem Stamme *cerc*, wie *circulus* von *circus*) der **Umkreis**, der **Kreis**.

ceart adj. (ident. mit *certus* *) 1. **wahr, sicher, gewiss;** 2. **genau, genau ebenso beschaffen;** 3. **richtig, recht, gerecht.** Als adv. **genau so** (wie . . .).

ceart subst. masc. (v. vor.) **Gerechtigkeit**.

ceathach subst. masc. 3. (v. *ceo*) der **Nebel, Nebelballen**.

ceathramh num. ordin. (v. *ceithir*) der **vierte**.

ceil verb. trans. (ident. mit *celare*, *hehlen*, vgl. Sskr. *ǵhíla* Betrug) **verhehlen, verbergen**.

ceile subst. 4. masc. (altir. *céle*, der Gefährte, vom Stamme *cal* unterwerfen) der **Gefährte**, der **Mann** (altir. Dienstmann und: Gatte; neugäl. Gatte). *Le cheile* **miteinander, zusammen**. *O cheile* **auseinander**, und von Dingen: **entzwei**.
a' cheile **gegenseitig**.
's a cheille bei einander (gegen einander Tighm. III. 398).

ceill s. *ciall*.

ceithir num. card. (altir. *cethir*, ident. mit Sskr. *ćatur*, τέσσαρες, *quatuor*) **vier**.

ceo subst. 3. masc. (aus *ccoth* entstanden von dem Stamme *cé = χέω* giessen, der im Altir. in der Bedeutung „weinen" sich findet) der **Nebel** (als sich über die Flächen ergiessender) auch **Wolke** Tighm. VIII., 270. Plur. *ceotha*, Tighm. VIII., 95.

ceol subst. 1. masc. Gen. *ciuil*. (Vom Stamme *cal* [einem Causativum von *sru*, κλύειν, keltisch *clu*-] vgl. καλεῖν, lat. *calare* und *clamare*, ahd. *hellan*, *halón*, *hallen*, woher schon im Sskr. *calatá*, *calatva*, die Musik) **Musik, Musikspiel**.

ceud num. card. (altir. *cét*, ident. mit *centum*) **hundert**, als subst. das **Hundert**. Z. B. an *comhrag nan ceud*, der Kampf der Hunderte; *an run nan ceud*, die Geliebte der Hunderte (die von allem Volk verehrte).

ceud num. ord. (altir. *cetne*, von *céta*, *cita*, zuerst, dies vom Verb. *cinn-im* entspringen, was mit *ceann* gleichen Stammes ist) der **erste**. *Air ceud* **zuerst**.

ceum subst. 3. masc. (viell. von Sskr. *śam*, ruhen, hemmen) der **Schritt** (als Niedersezen des Fusses). Plur. *ceuman*.

---

*) Das altir. *cert* Werkmeister, von *cerd* verfertigen (= *cr, creare*) hat nichts mit unserm *ceart* zu schaffen, wohl aber das altir. *co–cert* die Berichtigung.

cha Negativpartikel (vgl. *dehein*, *kein*) **nicht**. Wirkt aspirirend.
chaidh verb. defect. (viell. verw. mit Sskr. *česť* sich bewegen) aor. er **gieng**.
chaoidh adv. (von zweifelhafter Etymologie) **jemals**, **immer**. Mit Negation: **nie**.
chi Futur. von *chuannaic* (vom altir. Stamme *ic*, *eic* sehen = *OC*) **er wird sehen**.
cho adv. (ident. mit ὡς) **so**, im Sinn von *tam* und *adeo*.
cia pron. interr. adj. (altir. *cia*, ident. mit *qui*) **welcher, welche?** *Cia mar wie?*
ciabh subst. 3. fem. (ident. mit *capillus*) das **Haupthaar**.
ciall subst. 1. masc. Gen. *ceill* (altir. *cell* vom Verb. *cell*, *cel* verstehen, begreifen, was ohne Zweifel mit dem Stamme *cl*, *clu*. Sskr. *sru hören*, verwandt ist) **Verständnis** 1. als Kraft: **Klugheit**, auch die **Sinne**, das **Bewusstsein**, 2. im object. Sinn: die **Meinung**, der **Sinn** eines Ausspruchs. *Gun chiall* **absichtslos, unbewusst, unwillkürlich**, Tighm. IV., 132: *Gun cheill* ohne Sinne, **sinnlos**.
cian 1. subst. masc. (altir. *cian* fern, *cianos* lange dauernd, vom Stamme *cinn*) die **Zeitdauer**, die **Länge der Zeit** *An cian*, in der **Länge der Zeit** (Tighm. 1., 378), lange Zeit hindurch (Tighm. VI., 342); 2. adj. **lang dauernd, langsam verfliessend; lang** (Tighm. IV., 233).
ciar 1. adj. (von gleichem Stamm mit καίω brennen) **verbrannt, finster, schwarz**. 2. subst. die **Finsterniss**. 3. verb. **schwarz werden, dunkel werden, dunkeln**. Ger. *ciaradh*.
cinn verb. intrs. (altir. *cinn* entspringen, quellen, ident. mit Sskr. *ki*, κίνυμαι, κινέω, *cieo* eilen, springen, woraus die Bedeutung quellen, entspringen folgt, analog wie franz. *saillir* aus *salire*) **sich mehren, wachsen**.
cinneach subst. masc. (v. *cinn-im*) das **Volk**. Plur. *cinneacha* die **Schaaren, Heerhaufen**.
cinnteach adj. (v. *cinnte* Gewissheit, dies vom altir. *cinn* bestimmen, ident. mit *con-cinnure*) **gewiss, sicher, richtig**.
cioch subst. 3. fem. (viell. verwandt mit κίκυς, κηκίς) die **weibliche Brust** (*mamma*).
ciod pron. interr. subst. (Sskr. *ci-*, lat. *quid*) **was?**
cion subst. 3. masc. (κενός) **Mangel**, auch im tropisch-ethischen Sinn. *Gun chion* ohne Mangel, fehlerlos. (Wird zuweilen fälschlich *giomh* geschrieben).
cionn s. *ceann*.
cis subst. 4. fem. (ident. mit *census* ahd. *zins*, *Zins*) **Abgabe, Tribut**, *Chaidh fo chis*, er gieng unter Zinspflicht, ward zinspflichtig, d. h. er ward besiegt. Fionngh. V., 62.
cith subst. 4. fem. (verw. mit Sskr. *han* tödten, *ghāta* Verwüstung) **Wuth, Wildheit**.
citheach adj. (v. vor.) **wüthend, zornig**.
ciuin adj. (wahrscheinl. vom Stamme *can*, lat. *canere* tönen) **lieblichtönend, süsstönend**, allgemein, **lieblich, mild**.
ciuine subst. 4. fem. (v. vor.) *Lieblichkeit*, *Milde*.
clach subst. 1. fem. Gen. *cloiche* (Sskr. *çilā* lat. *silex*, vom gleichen Grundstamm *cr*, wie *carraig*) der **Stein**, insbesondere der **Grabstein**, Plur. *clachan* Grabsteine (die drei das Grabmal bildenden Steine, zwei senkrecht aufgerichtete und ein darüber gelegter).

clach-meallain subst. fem. (v. *clach* und *meallain*, der Hagel) Schlossen, Hagelkörner.

cladach subst. masc. (v. altir. *cland-aim* einschliessen, *κλείω, claudo*) der Rand, Saum; das Ufer.

claidheamh subst. 2. masc. (altir. *claideb*, nicht vom lat. *gladius*, s. §. 17, sondern etwa von Sskr. *krodhu* Muth, v. *krudh* zürnen, oder von Sskr. *krit* spielen, oder von S-kr. *hṛḍ, hṛ́d* erfreuen) das Schwert.

claistinn Gerundialnomen von *cual* das Hören.

clann subst. masc. u. fem. Gen. *cloinn* und *cloinne* (Altir. *cland*, vom Verb. *cland* säen, das in dem altir. Compos. *comchland* „darunter hineinsäen" noch vorhanden ist) ursprünglich Same, Nachkommenschaft, Kinder; daher: der Stamm (Clan in schott. Sinn), der unter dem Stammeshäuptling steht.

claoidh verb. trans. (vielleicht verwandt mit *claudus*) erschöpfen, ermüden.

claon verb. trans. (*κλίνω, clinare*) biegen, seitwärts biegen, sich schräg abwärts neigen (von der Sonne gegen Abend gesagt). Infin. *claon* Fioungh. V., 230.

claon adj. (v. vor.) quer; schräg; seitwärts blickend (als Ausdruck des Grimmes).

clar subst. masc. (altir. *clar* Tisch von dunkler Etym.) der Tisch, das Brett, allgemein: die Fläche, so Tighm. V., 189: *a suil air gorm chlara nan sruth*, ihr Auge auf die blauen Flächen (Spiegel) der Flüsse gerichtet.

clarsach subst. 2. masc. (von einem nicht nachweisbaren Nomen *claras* (analog *eolas*) und dies wieder vom Stamm *clar* = *clarus*, *ιλαρός, hilaris* hell, helltönend) die Harfe.

cleachad subst. 3. masc. (aus *co-leachad*, ident. mit lat. *lex*) die Gewohnheit, Sitte.

clearc subst. fem. (ident. mit *cirrus*, aus *crer* ist *cler* geworden, wie im Englischen *curl*) die Locke.

cleas subst. 3. masc. (vom Verb. *cleas*) Streich, Zug, Handstreich. Waffenspiel, Waffentanz.

cleas verb. intr. (ident. mit goth. *hlas* fröhlich, verw. mit Sskr. *hlád* fröhlich sein und *krit* scherzen) hüpfen, springen *ἅπ. λεγ.* Fionngh. I., 92: *meaghal miolchon chleasadh ard*, springen hoch.

cleasachd subst. 3. fem. (von *cleas*) Waffenspiel.

cleith verb. trs. (von *ceil*) verbergen, verhüllen, verheimlichen.

cli 1. subst. 3. masc. (vielleicht ident. mit *cri* Schönheit) Körperkraft, Stärke; daher auch Aufwallung, Zorn (Tighm. I, 651). 2. adj. stark, gross, herrlich. Fionngh. VI., 280: *tha 'chliu co chli r' a lamh*, sein Ruhm ist so gewaltig wie seine Hand.

cli adj (Sskr. *cliva* schwach, lat. *laevus*, goth. *hleiduma*) ursprünglich und noch im Neugäl. schwach, daher (schon im Altir.) der, die linke (da die linke Seite die ungelenkere, also schwächere ist).

cliabh subst. masc. (altir. *cliabh* Korb, ident. mit *κόλπος* Eintiefung, dann Busen) Busen, Brust.

clisg verb. intrs. (Inchoativform von *cleas*) aufschrecken, erschrocken aufspringen, zucken.

clith subst. 4. fem. (v. *ceil*) Verstellung, Betrug, Arglist, Tücke. *Gun chlith* ohne Arg.

cliu subst. 3. fem. (altir. *clu* von *c'loim*, *cluinn* hören; ident. mit κλέος, *celc-ber*) **Ruhm**.

clluthar adj. (v. vor.) **ruhmvoll. berühmt.**

cloch unrichtige Schreibart für *clach*.

clogad subst. 2. masc. (vgl. κλοιός Halsband, von κλείω, wahrscheinlicher von dem Stamme, der im Ahd. als *chlochan* klopfen, anschlagen [woher *Glocke*] erhalten ist) der **Helm**. Plur. *clogaidean*.

clos verb. intrs. (gleicher Wurzel mit goth. *hlija* s. unter *cluain*) **ruhen**.

clos 1. subst. masc. (v. vor.) die **Ruhe**. 2. adj. **ruhig**. Fionngh. III., 279: *clos, samhach, is iosal 'n an codal*, ruhig still und liegend im Schlafe.

cluain subst. 3. fem. (goth. *hlija*, altsächs. *hleo*, angels. *hleá* Hütte, Zuflucht) **Erdboden, Feld** (*cluain an feoir* Tighm. II., 189); **Ruhestelle.**

cluaran subst. 2. masc. (von einer Wurzel *clu*, die wir in σκόλυμος wiederfinden) die **Distel. Distelpflanze**, deren Bart (*feusach* oder *calg*) der Wind verweht und umherstreut. Wohl allgemeine Bezeichnung der verschiedenen Cirsiaceen.

cluas subst. 2. masc. (vom Stamme *clu*, siehe *cluinn*) 1. das **Ohr**, 2. abstr. das **Gehör**.

cluinn verb. trs. (altir. *clo-im*, *cluinn*, *cual* goth. *hliuma* das Gehör, *hliuth* der Laut, ident. mit Sskr. *çru*, κλέω) **hören**. Verb. irreg. siehe §. 137.

cnaimh subst. 5. masc. (altir. *cnám*, von *cnamh*, knirschen, knistern, vgl. goth. *knussjan* und angels. *chnussan*, anstossen, und goth. *hneivan*, neigen, *knicken*, *knacken*, woher auch das Deutsche *Knie* und *Knochen*) der **Knochen**. Gen. plur. *cnamh*.

cnamh verb. (ident. mit SansKr. *calad* knistern, knispern, vgl. knirschen, knattern, κνάω, κνίξω, κνίω) 1. intrs. **knistern, knirschen**. 2. trans. **zerknirschen, zermalmen**, daher **kauen**.

cnoc subst. (3.?) masc. (vom gleichen Grundstamm *çh, cm, cu*, ident. mit *knign Knie, Knochen*, altnord. *knukr* Bergrücken) die aus einem Berggrat oder einer Hochebene sich erhebende **Felsenrippe, Felsmasse. Fels-Knorren.**

cnocan subst. masc. (Demin. von *cnoc*) **Felshügel, kleiner Felsknorren.**

co pron. interr. subst. (Sskr. *ki-*, lat. *qui*) **wer?**

cu adv. gewöhnlich aspirirt (ώς) **so**, siehe *cho*.

cobhair verb. intrs. (altir. *cobr-im*, comp. aus *con* und *biur, ber, fere*) **helfen**.

cobhair subst. 4. masc. und 5. fem. (v. vor.) die **Hilfe**.

cobhar subst. masc. (*co-abhar*, ident. mit Sskr. *abhra*, ἀφρός) der **Schaum.**

cobharach adj. (v. vor.) **schäumend**.

codal subst. 2. masc. (von *coidil*) der **Schlaf**.

cogadh subst. 2. masc. (aus *con-cath*) der **Kampf, Krieg.**

coidil verb. intrs. (vom Grundstamm *çd* liegen, schlafen, woher κείμαι) **schlafen**.

coig num. card. (zunächst mit *quinque* verwandt, altir. *coic*, altkymrisch *chwech*, von *panca*, πέντε) **fünf**.

coigreach subst. 2. masc. Gen. *coigrich* (von *con*, *ag* und *ric, rig* kommen, wörtlich *coadvena*) der **Ankömmling**. **Gast**, der **Fremde** (als Freund oder Feind) auch der **Gastfreund** (Tighm. IV., 155.)

coille subst. 4. fem. (von Sskr. çal wanken, schwanken; altir. *coll* die Staude, der Busch *) der **Wald**.
coimeas verb. trans. (con-*mess* vom altir. *mess* urtheilen, eigentlich *messen*, ident. mit *metiri*, Sskr. *md*) **vergleichen; intrs. gleichen, ähnlich sein.**
coimeas (v. vor.) 1. subst. **Aehnlichkeit, Gleichheit, Vergleichung.** 2. adj. **gleich, ähnlich.**
coimhair adv. (*con* und *air*) **gegenüber**. (Wird oft fälschlich *comhail* geschrieben.)
coimhead verb. intrs. und trans. (*con* und *ead*, genauer *mhead*, *bhead*, was mit *vid-*, *ἰδεῖν* identisch ist) 1. intrs. **blicken**, z. B. *coimhead sios air*... niederblicken auf..., 2. **erblicken, auch anblicken, ansehen.** Fut. *coimdidh*.
coimhlion adj. (v. *con* und *lion* voll) **gleich** (viele), **gleich gross.**
coimhthional subst. 3. masc. (*con* und *tional*) **Versammlung**, z. B. des Heeres, **gesammelte Massen**, z. B. der Wolken.
coin siehe *cu*.
coineach subst. 2. masc. Gen. *coinich* (verw. mit *canus*, grau) das **Moos**, das die Felsen bedeckt.
coinneamh (ger. v. *coinnich*) subst. die **Begegnung, Zusammenkunft.**
coinnich verb. trs. (altir. *comthiagu* begleiten, mituehmen, vom altir. *tiagu*, nehmen, von *do* und *IC*. ident. mit *icere*) **zusammentreffen** mit jemand, jemand **begegnen**, mit jemanden **zusammenkommen** Ger. *coinneamh*.
coir subst. 5. fem. (Gen. *corach* kommt im Neugäl. vor). [Altir. *cor* gerecht, ident. mit Sskr. *cáru* schön, recht, wohlgefällig] das **Recht**, das jemand an etwas hat. Fioungh. I., 587.
coir subst. fem. (wie das lat. *coram* von *co-or-* von *os*, *oris* Mund, Gesicht, was vor dem Gesicht liegt) die **Nähe**. Wird zur Umschreibung eines Präpositionalbegriffes gebraucht; *am' choir bei mir*, vor mir, auch mir gegenüber (feindlich) Tighm. III., 20; *a' choir* vor ihm, vor seinen Augen, in seiner Gegenwart, bei ihm; *fa choir* empor zu jemand, Tighm. VII., 174; ebenso *f' a choir*, v. 179, „wenn er *die Hirsche* (sich) *gegen ihn* (erheben) sieht."
coirb verb. transit. (Von *con* und dem altir. *arp-im* übergeben, ident. mit *erben*) dahingeben, im Sinne des franz. *abandonner*, daher **verderben**.
coirbte adj. (v. vor.) **verdorben** im sittl. Sinn, **verrucht**.
coisg verb. trans. (*co-ess-ic*, siehe bei *caisg*) **hemmen, zurückhalten, beschwichtigen.**
coisinn verb. transit. (wahrsch. von *co* und *is*, ident. mit *ἴσος*, Sskr. *viṣku*, woher *ἰσσᾶσθαι*, nach Hesych. = *κληροῦσθαι*) **gewinnen**.
colg 1. subst. (aus *coluq*, von *co-lug*, *luc*, ident. mit Sskr. *lōk*, *λεύσσω lugen*) **Blick, wilder Blick**. 2. adj. **wild, grimmig, hizig**. 3. Falsche Schreibart für *calg*.
colgach adj. (v. vor.) **wild, grimmig.**
colg-chu subst. (compos. aus *colg* und *cu*) **Spürhund.**
coltach adj. (viell. aus *coleatach*, wie *coslas* aus *co-seall-as*, von *leathan*, lat. *latus* Seite, also soviel wie: parallel, wahrscheinlicher verw. mit goth. *haldis* lieber, mehr, süddeutsch: halt, halter = eben, von ahd. *haldēn* sich neigen, *vergere*, *propendere*; im Sinn von: sich nach etwas hinneigend) **gleich, ähnlich**.
coltas subst. masc. (von gleichem Stamm mit dem vor.) das **Bild**, die **Gestalt, Erscheinung.**

---

*) Nicht mit Zeuss von *corylus* Haselstaude, abzuleiten.

Ebrard, Gällische Grammatik. 16

colunn subst. 2. fem. Gen. *coluinn* (Altir. *colinn*, gen. *colno*, das Fleisch, ident. mit *caro, carn-is*) der **Körper** des Menschen.
comas subst. masc. (altir. *comadas* Recht, Pflicht, von *cumung können*) die **Macht**, etwas zu thun.
comhair subst. 4. masc. (*con* und *air*) die **Richtung**.
comharadh subst. 3. masc. (altir. *com-ard* das Zeichen, von *arde, airde* Zeichen, dies von *ard* hoch) 1. das **Zeichen**, verabredete Zeichen, **Merkmal.** 2. abstract: **Gegenstand der Aufmerksamkeit.** Z. B. Carthonn 183: *bithidh comharadh mo lann 'am blar*, es wird sein ein Gegenstand der Aufmerksamkeit mein Schwert in der Schlacht, d. h. es wird sich bemerklich machen, die Blicke auf sich ziehen. — Apokopirte Schreibart: *comhara, comharra.*
comharaich verb. trst. (v. *comharra* = *comharadh*) **beachten, bemerken, beobachten.**
comhla adv. (*con* und *le*) **zusammen, beisammen, mit einander.**
comhladh subst. 3. fem. (*con* und das altir. *laid* Weg, altn. *leid*, vom goth. *leithan*, ahd. *lidan* gehen, vgl. λίτη die Thüre) der **Eingang, das Thor.**
comhluath adv. (v. *con* und *luath*) gleichschnell; daher zu **gleicher Zeit.**
comhnard subst. 3. masc. (von *con* und *nard*, Sskr. *nrt* springen?) die **Ebene, das Schlachtfeld.**
comhnuidh subst. 4. masc. (von *con* und einem mit ΝΑΩ, *ναιω*, wohnen, ident. Stamme) die **Wohnung.**
comhrachadh subst. 3. masc. (aus *comharrachadh* von *comharraich* beobachten, von *con, air* und *rec* finden, oder *ec, oc* sehen) **Aufmerksamkeit.**
comhradh subst. 3. masc. (*con* und der altir. Stamm *rat, radim* denken [sprechen] ident. mit goth. *rathjan* zählen, *rathjo* Berechnung, verw. mit *rôdjan reden.* Vgl. lat. *ratus, ratio*, ahd. *radan* ordnen, *rat* der Rath) 1. **Unterredung**; Tighm. VI., 164 **gemeinsamer Gesang.** 2. **Umgang** mit jemanden, 3. **einzelne Begegnung.**
comhrag subst. 2. masc. Gen. *comhraig* (*con* und *ric* kommen, vom Grundstamm *IC* und *air*) der **Kampf**, die **Schlacht.** Personificirt: der **Kampfgott** Tighm. V., 321.
comhstri subst. 4. fem. (*con* und *stri*) **Kampf, Zweikampf.** *Comhstri gu bhuaidh* (Tighm. V., 305) Zweikampf zum Sieg, d. h. der den Sieg entscheidende Zweikampf der Heerführer.
comhtional subst. 1. masc. (v. *con* und *tional*) die **Versammlung, versammelte Menge.**
confath subst. masc. (von *con* und *fath*, von Sskr. *vadh, vádh,* adh. *wuot*) **Wuth.**
cop subst. 3. masc. (ident. mit κύββα, κύμβη, κυπέλλον, *cupa Kufe*) Eintiefung am Schild, **Schildnabel, Dalle.** Plur. *copan.*
copach adj. (v. vor.) **gebogen**, sich krümmend im Bogen (als Wasserfall) niederstürzend, Tighm. 7., 355.
copan subst. masc. (v. *cop*) **concave Wölbung; Schilddalle** (deren Ein Schild mehrere hatte, und die vom Schilde abgelöst werden konnten, Gaolnand. 41). Plur. *copanan.*
corn subst. masc. (ident. mit *cornu*) das **Trinkhorn.**
corr subst. masc. (Sskr. *khâra*, auch *krura* Reiher) der **Reiher.**
corr adj. (ident. mit κόρος, κοῦρος jugendlich) **herrlich, blühend, kraftvoll.** Beiwort von Helden.

corrach adj. 1. (von *corr*) **edel, kühn, eifrig**, 2. verw. mit *carn* oder *carraig*) **senkrecht, abschüssig; gesenkt**. Z. B. Tighm. VI., 88: *suile corrach* die gesenkten Augen.
cos subst. 1. masc. Gen. *cois* (verw. mit *cavus*, ident. mit κόος, κόως, κῶς, vgl. das altn. und ahd. *hosa* Hose) die **Höhle, Felsenhöhle**.
coscair verb. trans. (altir. *co-scar-im*, zerstören, von *scar*, entfernen, wegthun, ident. mit Sskr. çṛ̂ zerreissen, vgl. ćurṇa zerrissenes, κείρω, lat. *curtus*, ahd. *scari*, *scarta Scharte*) **zerreissen, zerfleischen**, auch **zerlegen** (das Wild zerlegen). Gen. *cosgairt*.
coslas subst. masc. (von *co* und *scall* sehen) die **Erscheinung**, z. B. eines Geistes.
cosmuil adj. (altir. *cosmul* von *co* und *samil*, was mit *similis* ident. ist) **ähnlich**. (Falsche Schreibart: *cosmhuil*, als ob es aus *cos* und *muil* zusammengesezt wäre!)
crag subst. 1. fem. (kürzere Form von *carraig*, vgl. κρόσσα, κρόκη neben κόῤῥη) Gen. und Plur. *craig*. Die **Klippe**, das **Riff**; auch: ein einzelner **Felsbrocken**.
crann subst. 1. masc. (Gen. neugäl. *croinn*, bei Ossian nicht vorkommend. [Vom Stamme, *cr*, *crescere* mit der Endung -*nn* = man s. §. 35.]) 1. Der **Baum**, insbesondere der **Baumstamm**, daher 2. der **Mastbaum, Mast** des Schiffes.
craobh subst. 3. fem. (altir. *croeb*, ident. mit Sskr. *krp* werden, wachsen) der **Baum**.
craobhach adj. (v. vor.) baumartig, daher: **sich verästelnd** (von Blutströmen gesagt).
crath verb. transit. (κραδάω vgl κρότος) **schütteln**.
cre subst. 4. masc. (Sskr. *çarira*) der **Leib**.
creag subst. 1. fem. Gen. *creige* (Nebenform von *crag*, *carraig*) der **Fels**, die **Klippe**.
creuchd subst. 3. masc. (altir. *crochad*, von einem altir. Verb. *croch*, das ursprünglich hauen heisst, und vielleicht mit Sskr. *kṛç*, *kṛçh* identisch sein dürfte) die **Wunde**.
creuchdach adj. (v. vor.) **wundenreich, qualenreich**.
cridhe subst. 4. masc. (altir. *cride*, Sskr. *hṛd*, καρδία, *cor* [*cord-is*]); das **Herz**, auch, und vor allem, als Siz des Lebens und der Gemüthsbewegungen, sowie des Muthes.
crion verb. intrs. (verw. mit lat. *carere*) Mangel leiden, **schmachten**, auch tropisch: nach Thaten schmachten.
crion (v. vor.) **klein, winzig**.
crionach subst. 3. masc. (v. *crion*) verwittertes, dürres, ausgetrocknetes, daher **Feuerung, Brennmaterial** (dürres Laub, dürres Haidekraut).
crios subst. 3. masc. (ob von Sskr. *hrī* Schamhaftigkeit, oder verw. mit *kṛça* mager?) der **Gürtel**.
criothnaich verb. intr. (v. *crith* zittern) **zittern, beben**.
crith verb. intrs. (intransit. Grundform. zu *crath*, wie dringen zu drängen, *cadere* zu *caedere*, s. *crath*) **zittern**. Statt des Ger. wird der Infin. gebraucht: *crith* das **Zittern**.
croc subst. 3. masc. (ident. mit κρόσση*) Zinne, vgl. den ahd. Stamm

---

*) Mittelform zwischen κροτή und κρογίη vgl. λιτζομαι, λίσσομαι und πραγίω, πράσσω; κρατή verw. mit κερατ-, κραγίη mit lith. *rágas*, slav. *rogu*.

kray in „Kragstein," „Kragen;" lith. *ragas* Horn;) gewöhnlich als plur. tant. das **Geweih**.

crodhan subst. masc. (von Wurzel *krt* spalten) **Höhle**, auch: die **Höhle der Hand**.

crog subst. 3. fem. (andre Schreibart für *crag* Fels.)

crom verb. trs. und intrs. (ident. mit Sskr. *krunć* (vgl. *kructa*, lat. *crux*) ahd. *hvringan ringen*, *Ring*; lat. *clingo*, *cingo*) 1. trs. **krümmen, biegen, beugen,** sich im Kreis bewegen, sich einander umkreisen, Tighm. 8, 267. 2. Intrs. **sich krümmen, sich niederbeugen,** daher **sich senken** (von der Sonne); *crom ar fleagh*, sich aufs Mahl niederbeugen, d. h. sich zum Mahle lagern (Oigh 73).

cromadh subst. 3. masc. (v. vor.) **Senkung,** auch **Krümmung, Wölbung,** daher speciell: das **Dach**.

crom-leac subst. fem. (v. *crom* = *cruind*, und *leac* der Stein) **Steinkreis**, d. h. der von kreisförmigem Steinwall umgebene druidische Opfer- und Orakel-Plaz. Vgl. die Nurhag's in Sardinien, die Atalaya's auf den Balearen.

cronan subst. masc. (v. einem verb. *cron*, *cronaich* schelten, ident. mit Sskr. *kruç* schreien *á-kruç* schelten; ahd. *krunniyon, grunzen* und *krínan, grínan, greinen*, engl. *groan*) **Gemurmel**.

cruach subst. 1. fem. (v. einem Verb. *cruach*, altir. *croch*, hauen, abhauen, s. unter *creuchd*), 1. **senkrechter Abhang eines Felsen; Felswand, senkrecht abfallender Fels**; daher 2. tropisch verallgemeinert: die **Seite, Flanke**.

cruadal subst. 2. fem. (vom Stamme *cruad*, Sskr. *krudh* erbittern, *krôdha* Erbitterung, vgl. lat. *crudus* und *crudelis*) **Härte, Bedrückung, Grausamkeit**.

cruadalach subst. 3. fem. (v. vor.) **Härte, Hartherzigkeit, Kühnheit**.

cruadhlach subst. 3. masc. (v. *cruaidh*) **felsiger Plaz**.

cruaidh adj. u. subst. (vom gleichen Stamm, wie *cruadal*) 1. adj. **hart,** 2. subst. der **Stahl**, daher auch concret das **Schwert**, ebenso: der **Panzer,** die **Rüstung**.

cruas subst. 3. masc. (aus *cruadhas* von *cruaidh*) **Härte**.

cruinnich verb. intrs. (von *cruinne*, im Neugäl. vorhanden; altir. *cruind,* rund, von gleichem Stamm wie *crom*, und durchaus nicht verw. mit „rund," was im 14. Jahrh. aus dem Französ. *roond* [*rotundus*] entstanden ist; wohl aber — wie auch *crom* — verw. mit κυρτός, lat. *curvus*) im Kreise stehen, daher **sich sammeln**.

cruit subst. 4. fem. (altir. *crot*, *crott*, Cither, Harfe, von Sskr. *çru* hören, *çrati* Gehör, woher auch ahd. *hlût* Laut, vgl. die *Laute*) die **Harfe**.

cruth subst. masc, (altir. *cruth* Art und Weise, Gewohnheit, Tracht, von Wurzel *kr* thun, wie Sskr. *karanum*) die **Gestalt** in abstr. und concr. Sinn.

cu subst. 1. masc. irreg. Gen. *coin* (altir. *cun*, ident. mit Sskr. *çvan*, κύων, *canis*, ahd. *hunt*) der **Hund**.

cuach verb. transit. (wahrscheinlich *co-* und die Wurzel *ay* ident. mit lat. *ayere*, wo *y* zu *ch* wurde, vgl. §. 17 *tech*) **falten; flechten**.

cuach subst. 3. fem. (v. vor.) die **Falte;** die **Flechte** (des Haares).

cuach subst. 3. fem. (ident. mit κόγχη, *concha*) die **Schale** das **Trinkgefäss, Kelch**. Tighm. II., 70.

cuairt subst. 4. fem. (altir. *cuart*, praep. um . . . herum, eigentlich eine Nominalbildung aus *co-* und *air*). 1. der **Umkreis,** daher mu 'n cuairt, im Kreise umher, rings umher, 2. der Umgang im Kreise, daher das (so und sovielste) Mal, z. B. tri cuairt dreimal.

cual verb. trans. (gunirte Form von clu-inn hören, tritt in" einzelnen Temporibus für cluinn ein, §. 136).

cuan subst. †. masc. Gen. cuain (vom sanskr. Stamm ći bedecken, und sammeln, ἅ-ἐαja, ὠκεανός) der **Ocean**, das **Meer**.

cuartaich verb. trans. (Denom. v. cuairt) **umgeben**, **umringen**.

cubhraidh adj. (eigentl. cubhraigh, von co- und bhragh, ident. mit fragrare, was Reduplication von Sskr. ghrá ist) **duftend**, **duftig**.

cuid subst. comm. (v. gleicher Wurzel wie κτάομαι) der **Antheil**, das **Eigenthum**.

cuilc subst. 4. fem. (ident. mit ahd. sciluf Schilf, vgl. σκίλλα (σκίλλω?) Sskr. csal baden) **Rohr**, **Schilfrohr**.

cuilceach adj. (v. vor.) **schilfreich**, **schilfbewachsen**.

cuileag subst. fem. (v. Sskr. kul anhäufen, vgl. lat. culex) die **Mücke**.

cuimir adj. (v. Sskr. kam lieben) **lieblich**, von Jungfrauen gesagt.

cuir verb. trans. (altir. cur, ident. mit Sskr. kṛ thun) 1. **thun**, **verrichten**, **begehen**, z. B. cuir cuimhne die Gedächtnisfeier (eines gefallenen Helden) begehen. Cuir fonn air cliu den Ruhm besingen. 2. Etwas an einen Plaz thun, d. h. **sezen**, **stellen**, **legen**, daher 3. **streuen**, **schütten**, und 4. **senden**, **schicken**, daher auch **beschicken**, **einladen**. 5. Cuir an uir thar laimh, den Erdboden über die Hand weg thun, d. h. den Erdboden aufwühlen, aufgraben (Carraigth. 493). Cur roimh sich **vorsetzen**, **vornehmen** (Tighm. V., 335). Cuir air cul zurücklegen, bei Seite lassen, unerwähnt lassen (Tighm. II., 83) **hinterwärts legen**, **verdunkeln**, dem Auge entrücken (VI., 196). Cuir suas in die Höhe richten; cuir suas gu' thrian a neart (Tighm. V., 289) „er steigerte (spannte an, bot auf) nach seinem Vermögen (so sehr er nur konnte) seine Kraft." Cuir gu sith zum Frieden bringen, d. h. zwingen, T. 6, 366. Cuir fo shuil jemand etwas vor Augen stellen, es ihm zeigen vorstellen, ihn daran mahnen. Ger. cur und caramh, und mit besondrer Bedeutung cuireadh.

cuireadh ger. v. cuir die **Einladung**. Cuir cuireadh gu...jemand einladen.

cuirm subst. 4. fem. (von cuir) das Auftragen, das **Gastmahl**.

cuirn subst. 4. fem. (von cuir) der **Plaz**, der **Siz**.

cuis subst. 4. fem. (altir. cos die Ursache, Sache, ident. mit lat. causa) 1. die **Sache**, 2. bei Ossian insbesondre der **Werth**.

cuiseach subst. 2. masc. Gen. cuisich (von cuiseag) das **Riedgras**.

cuiseag subst. 2. fem. Gen. cuiseig (Sskr. kacsa) das **Riedgras**.

cuith subst. 4. masc. (viell. von Sskr. ćju stürzen, gleiten) **Schneewehe**, **Schneehaufe**, der über den Rand einer Felswand herabstürzt. (Lawine).

cul subst. 1. masc. Gen. cuil (altir. cul Rücken, gleichen Stammes mit dem lat. clunis) der **Rücken**, daher die **Rückseite**, namentlich die des Kopfes, daher das **Haupthaar** (Fionngh. III., 50, cul donn braunes Haar). — Air cul, 1. auf dem Rücken liegend, d. h. darniederliegend, zu Boden, todt, 2. im Rücken liegend, d. h. **hinten**. Cuir air cul, 2. hinten hin legen, d. h. **unbeachtet bei Seite lassen** (Tigm. II., 83); auch: dem Auge entrücken (VI., 196). Gu chul „bis zum Rücken," d. h. von vorn bis hinten, ganz und gar.

culaobh subst. 3. masc. (eigentl. *cul-thaobh* compos. von *cul* und *taobh* die Seite) die **Rückseite**. *O chulaobh* von **hinten** (Tighm. III. 3). *Air culaobh* hinterwärts, nach hinten.

cum conj. (vom Verb. *cum*) um zu, c. inf. (§. 151 und 229 f. und 288).

cum verb. trans. und intrs. (ident. mit χομίω, χομίζω) etwas **halten** daher 1. **bringen** (z. B. Fionngh. I., 205), 2. **erhalten, bewahren, beschützen** (z. B. Tighm. V., 90), 3. **zurückhalten, hindern** Finngh. V., 88. 4. intrs. **verharren** (z. B. Croma 32). Ger. *Cumhail*.

cumail subst. 4. fem. (v. vor.) die **Erhaltung**; der **Schuz**.

cumha subst. 3. masc. (aus *cumhagh*, von *con* und *eg-im* klagen, siehe unter *eigh*) der **Klaggesang**, das **Todtenlied**.

cumhachd subst. 3. masc. (altir. *cumacte* von *cumacc* mächtig, dies von *cumang* können, vermögen, dies wiederum von *co-mang* ident. mit goth. *magan*, ahd. *mugan* mögen) die **Kraft, Macht**.

cumhann adj. und subst. 2. masc. (verw. mit κάμπω sich mühen, κάμπτω sich krümmen) 1. adj. **eng**, 2. subst. die **Enge**, und: die **Strenge**.

cunnart subst. 2. masc. (con-neart, von *nert* Stärke) **Streitgetümmel, Handgemenge** (Messen der Kräfte) daher **Gefahr** (im Kampfe).

cunntas subst. 3. masc. (viell. aus *co-men-tas* von *men* denken, rechnen) die **Zahl, Anzahl**.

cur subst. 3. masc. (ident. mit *cura*) 1. der **Schuz**, 2. der **Beschützer**.

cur Ger. v. *cuir*.

curaidh subst. 4. masc. (ident. mit Sskr. *çura* Held, κύριος) der **Kämpe, Held**.

curam subst. masc. (von *cur* = *cura*) die **Besorgnis**.

curr verb. intrs. (Sskr. *kṛ* übergiessen) **regnen**. Ger. *curradh*.

curr subst. 3. masc. (v. vor,) der **Regen**.

curradh (Ger. v. *curr*) die **Regenlache** (?).

cuspair subst. 2. masc. (*con* und *spairn*) der **Zielpunkt** (um den man sich bemüht).

D.

d der vierte Buchstabe im Alphabet. Sein gäl. Name ist *duir*. Media dentalis aspirabilis.

da Ihm (s. §. 150).

da 'm = do mo (s. §. 148).

dà num. card. (Sskr. *dvi*, δύο, *duo*) **zwei**.

daibh Ihm (s. §. 150).

dail subst. 4. fem. (vom altir. *do-dal-im* gründen, *dàl* das Forum, beides aus dem cambr. *datol*, von *dat* was Redupl. von *dhá* sezen) 1. **Ort, Stelle, Raum**, daher *an dail* an **Ort und Stelle**, oder (er ist) **anzutreffen**, 2. **Gleichheit des Ortes**, daher **Berührung, Beisammensein**. *Dol 'na dail* entgegengehen. 3. **Zwischenraum, Aufschub**, *gun dhail* **unverzüglich**, 4. **Gegründet-sein, Zuverlässigkeit, Treue, Vertrauen**.

daimh subst. 4. masc. (wahrscheinlich ident. m.t δῆμος, oder von *dhâv* laufen, herbeilaufen) der **Fremdling**, 1. im freundlichen Sinn, der **Gast**, 2. im feindlichen Sinn: der **Mann aus fremdem Volk, der Feind**.

daingeann adj. (v. Stamm *daing, ding*, ident. mit ahd. *thihi, dicchi* dick, dicht) **dicht, fest.**

daith verb. trans. (aus *do-aith* ident. mit αἴθω, oder v. Sskr. *dah*) **versengen.** Ptc. *daite, doite* versengt (Calthonn 184).

dall adj. (altir. *dall*, ohne Zweifel ident. mit δειλός elend) **blind.**

dan adj. vgl. das altir. *dànatu* Kühnheit, vom Stamme *den-im thun*, Sskr. *dhā τιθέναι*) **kühn, tollkühn.**

dan subst. masc. (altir. *dàn*, Gabe, Talent, Kunst, vom Stamme *dā, dare = donum*) das **Lied, Gedicht.**

daoi subst. 4. masc. (altir. *doi* träge, langsam, ungeschickt, viell. von gleichem Stamm mit Sskr. *dus*, δυς-) der **Thor.**

daoine subst. 4. masc. (altir. *duine* der Mensch, wahrsch. von Sskr. Wurzel *dhjai* denken, sowie Curtius μέροπες ἄνθρωποι als die denkend-blickenden, von *smr* erklärt) plur. tant. na doine, die **Leute.**

dara num. ord. (von *dà*, zwei) der **zweite.**

darach subst. 3. masc. (von *darag*) **Eichenholz, Eichenstamm, Eichenast** (Tighm. VI., 52).

darag subst. 2. fem. (altir. *dour*, Sskr. *dru*, δρῦς) die **Eiche.**

de. praepos. c. acc. (altir. *de, di*, lat. *de*) **von,** zur Bezeichnung des Stoffes, auch der Richtung woher.

deth von ihm (s. §. 150).

deadh falsche Schreibart für *deagh*.

deagh adj. (altir. *dag*, verw. mit Sskr. *dacsa*) **gut, trefflich.**

dealan subst. 2. masc. (verw. mit Sskr. *dju*, Tag, *dies*, δηλός) **Lichtschein, leuchtender Schimmer,** speciell der **Bliz.**

dealbh subst. 3. masc. (altir. *delb*, vom Verb. *delb* gestalten, vgl. Sskr. Wurzel *drbh* flechten, *dalbha* Täuschung, Bild) die **Gestalt, Form, Figur.**

dealraich verb. intrsit. (von *dealan*) **schimmern, leuchten** (in die Finsternis hinein, ohne den dunkeln Raum zu *erleuchten*), **glänzen.** Ger. *dealradh*.

deall subst. 3. masc. (vom altir. *al* nähren, ident. mit *alere*, woher auch das altir. *dalte* der Pflegling, der Zögling) der **Thau.**

dean verb. trs. irreg. (altir. *den-im*, Sskr. *dhā thun,*) **thun, machen** Fut. *ni*.

deann subst. 3. fem. (für *deanne*, von *dean*) **Thunlichkeit, Leichtigkeit.** In der Redensart: irgend etwas thun 'na deann, mit Leichtigkeit, oder „wie der Wind." Z. B. Tighm. I., 102: *Caisgidh mi 'n sruth mòr 'na deann*, aufhalten will ich den grossen Strom (der Feinde) mit Leichtigkeit.

dearg adj. (altir. *derc* vom Stamme *drç* sehen) in die Augen stechend, daher **roth,** und zwar **hellroth, feuerroth** (im Unterschied von *ruadh*, der braunrothen Farbe der Hirsche und Rehe). Vom strömenden Blut, von blizenden Augen. Einmal auch *deargh ruadh* rothes Rothwild, weil *ruadh* hier schon als subst. verwendet ist.

dearrs verb. intrs. (eine Causativform zum Stamme *drç*) **glänzen, strahlen, scheinen** (von der Sonne), auch **glühen.** Ger. *dearrsadh*.

dearrsadh subst. 3. masc. (ger. v. *dearrs*) der **Strahl.** Auch apocopirt *dearrsa* geschrieben.

deas adj. (altir. *dess*, ident. mit Sskr. *dacsa*, lat. *dexter*) **recht** 1. von der rechten Seite, im Gegensaz zur linken, daher: **südlich.**

und als subst. 3. masc. der **Süden**, 2. im ethischen Sinn, **recht, brav, tüchtig, stattlich**.

deasaich verb. trans. (erweicht aus *teasaich* von *teas* Hize) **braten**.

dealach subst. 3. masc. (v. *daith* brennen) **die qualmende Lohe, der Flammen-durchglühte Rauch**.

deich num. card. (Sskr. *daçan*, δέκα, *derem*) **zehn**.

deigh subst. 4. masc. (ident. mit Sskr. *diç* Richtung, Himmelsgeged, von *diç* zeigen) die **Richtung vorwärts** in *temporaler* Beziehuug gedacht, das **Zukünftige, Spätere**. An *deigh* **später, nachher; am' deigh**, a) temporal: **nach mir**; b) local: **hinter mir**.

deireadh subst. 3. masc. (ident. mit τέλος, *ter-minus*, ahd. *sil*, s. §. 16, 1) **das Ende**.

deo subst. 3. fem. (Sskr. *dju* Tag, *dies*) 1. **Licht, Lichtstrahl**, 2. das **Lebenslicht**, daher das **Leben**.

deth von ihm (s. §. 150).

deud subst. masc. (altir. *dét*, ident. mit lat. *dens* ὀδούς, S. *danta* Zahn) der **Zahn**. (Kommt bei Ossian nur in dem Eigennamen *Deudgheal* vor)

-deug num. card. (Nebenform von *deich*) **-zehn** in zusammengesezten Zahlen, z. B. *dà-deug* 12; *coig-deug* 15.

deur subst. masc. Gen. *deoir* (δάκρυ, goth. *tagr*, altfries. und nord. *tár* Thräne, ahd. *zahar*, mhd. *zaher* Zähre) die **Thräne**.

deurach adj. (v. vor.) **thränenreich, weinend**.

dian adj. und subst. (altir. *dian*, schnell, von gleichem Stamme wie *dàn* kühn, nämlich von *den-im*) 1. adj. **kühn, gewaltig, ungestüm, hastig**. Compar. *deine*. 2. subst. **wilder Schmerz**) Conlath 131.)

dibh von euch (s. §. 150).

dichuimne subst. 4. fem. (von folgenden) **Vergessenheit**.

dichuimnich verb. trait. (aus *di* privativ. und *cuimnich*) **vergessen**.

dileas adj. (altir. *diles* treu [deriv. von *dil* willkommen?] verw. mit *dail* Zutrauen) **zuverlässig, treu**.

dinne von uns (s. §. 150).

diogail verb. transit. (altir. *digal*, *digle* Rache, von *di* und *gal* krank sein [Sskr. *glai*] ent-kränken, sich Genesung, Wohlsein verschaffen) **rächen**, Z. B. den Mord eines Verwandten. Ger. *diogailt*.

diol verb. trans. (aus *di-ghal*, ident. mit dem vor.) **rächen**. Tighm. II., 138: *Diolaidh 'n righ a gharbh mhac fein*, rächen wird der König seinen gewaltigen Sohn. V., 361.

diol adj. (von altir. *dil* ahd. *teilan* theilen, nach Benfey ident. mit Sskr. *dṛ* zersplittern) was sich theilen lässt, **reichlich**.

diom von mir (s. §. 150).

diomhair adj. (altir. *demin* sicher, von einem Stamme *dem* der in δέμνιον, das Zimmer, vorhanden ist) **heimlich, verborgen, gesichert**.

diomhaireas subst. 3. masc. (v. vor.) **Verborgenheit**.

dion subst. 3. masc. (ahd. *dionôn*, as. *thio-non dienen*, viell. Fremdwort) der **Schuz, die Vertheidigung**.

diot von dir (s. §. 150).

dir verb. intrs. (von *do* und dem Stamme *ir*, siehe bei *eirich*) **emporsteigen**, trs. **ersteigen** (eine Anhöhe).

dirich verb. trans. (*di-righ*, ident. mit ahd. *recchan* recken' Sskr. *arḍḍmi ṛṅge*, ὀρέγω, *porrigo*, goth. *rakja*) **gradstrecken, grad ausstrecken; niederstrecken** Tighm. V., 611.

dith subst. 4. fem. (vom altir. *ded* mangeln, deriv. von der praepos. *de* von — weg, oder von Sskr. *di* umkommen) der **Mangel, das Unvermögen.**

dith von ihr (s. §. 150).

dithean subst. 2. masc. Gen. *dithein* (ident. mit ζιζάνιον von ζην, Sskr. *ḍi*, woher lat. *vivus*, goth. *quius*, deutsch die *Quecke* als *unvertilglich lebende*) 1. die **Trespe** (*bromus*) eine Grasart; 2. allgemein **Kraut**, wildwachsende kleinere Pflanze, Tighm. VIII., 321.

dithis subst. 4. fem. (von *dà* zwei) das **Paar.**

diu subst. 3. masc. (altir. *dia*, neugäl. *di*; ident. mit Sskr *dvi*, *dies*) der **Tag.** Tighm. V. 135.

diu von ihnen (siehe §. 150).

diult verb. transit. (altir. *dilt*. vgl. *diltud* die Verneinung, von *di* und dem altir. verb. defect. *ol* sprechen) **verweigern, abschlagen; abweisen** (jemanden).

dluith verb. intrans. (abgel. von *do* und dem altir. *lu* gehen, das mit Sskr. *ṛ* -ident. ist) **sich nähern,** *dluith mu* . . . sich einer Sache oder Person nähern, dicht hinzutreten. Ger. *dluthadh.*

dluth adj. (v. vor.) **nahe, dicht** bei etwas. (Im Altir. heisst *dluth* „offen.")

dluthaich verb. trans. (Denom. v. *dluth*) **eng umgeben, zwängen.** (Tighm. II., 172, den Strom unter Eis zwängen.)

do pron. poss. **dein.**

do praepos. c. dat. (altir. *do, du, di.* ahd. *to,* ahd. *zu*) **zu,** und Umschreibung des Dativ.

dochas subst. 3. masc. (vgl. das altir. adj. *doich, wahrscheinlich,* compar. *dochu,* verw: mit δέχομαι, δέχομαι, woher δόχος die Meinung. δοχη̃ das Mass) **Wahrscheinlichkeit, Erwartung, Hoffnung; Plan, Gedanke.**

doibh für *daibh,* **ihm.**

doilleir adj. (v. *dall*) 1. **finster,** 2. **mit geschlossenen Augen.**

doimhain adj. (altir. *domun* s. das folgende) **tief-**

doimhne adj. und subst. 4. fem. (altir. *domun* tief, *domu* Tiefe, ahd. *tiof, tiuf,* tief, goth. *diupja* a. *dubh*) 1. adj. **tief,** 2. subst. die **Tiefe,** abstr. und concret (das tiefe Meer).

doire subst. 3. masc. (von Sskr. *dru,* δρύς) das **Dickicht, Gehölz.** (Vgl. δρίος).

doirionn subst. 3. fem. (altir. *doire* Gefahr, Schwierigkeit, Drangsal, von *doir* schwierig, ident. mit lat. *dirus,* von Wurzel *di* in όλω) das **Ungewitter, der Sturm** (auf der See).

doirt verb. intrs. (durch Epenthese aus *do-riuth, do-rath*) **sprudeln, fliessen** (von Blut, das aus der Wunde fliesst).

dol Infinitiv zu *chaidh* und *theirig.*

domh mir (s. §. 150).

domhail adj. (entw. von *dhmd* blasen („aufgeblasen") oder wahrscheinlicher Erweichung aus *tomhail* v. *taom*) **dick, angeschwollen, hochgeschwollen; heranschwellend** (von Heeren).

domhain adj. Nebenform von *doimhain* **tief.**

domhan subst. 2. masc. (altir. *domun* die Welt, das Weltall, von *domun* tief, als das Tiefe, Unergründliche, Endlose) die **Welt, das Weltall.** Fionngh. VI., 472: *ba solas nan sonn gu mòr air cobhar bàn an domhain glaise,* es war die Freude der Helden gross auf dem weissen Schaum der grauen Welt (des Meeres).

dona adj. (aus *domna*, ident. mit *damnum*, was nach Böhtlingk und Roth von Sskr. *dambh*, täuschen, kommt) **schlecht, übel, gering.**
donadh subst. 3. masc. (v. vor.) das **Uebel**, insbes. das Uebel, welches einer einem andern zufügt.
donn adj. (ident. mit ahd. *tunchal, dunke'*) **braun** (insbesondere von kupfernen Schilden und von braunen Haaren gebraucht).
donnal subst. masc. (von *donn*) dumpfer Klang, daher **Geheul, Gebell** (der Hunde).
dorainn subst. 4. fem. (Nebenform von *doruinn*) der **Kummer.**
dorch und *dorcha* adj. (altir. *dorcha* Dunkelheit, *dorchida* dunkel. (ob mit Sskr. *durga, durgita* verwandt?) **finster, sehr dunkel** (mit dem Nebenbegriff des schauerlichen, trüb stimmenden, unglückbedeutenden). (Daher das engl. *dark*).
dorchadas subst. 3. masc. (v. vor.) **Finsterniss. Düsterkeit.**
dorchaich verb. trs. u. intr. (v. *dorch*) **verfinstern**, und sich verfinstern, düster einherschreiten. Ger. *dorchadh*.
dorn subst. masc. (v. Sskr. *dara* hohl, oder von *dhṛ* halten) die **Faust.**
dorran subst. masc. (ident. mit θάρρος, θάρσος) 1. der **Angriff** (der feindliche), 2. Angriff mit Worten, d. h. **Beleidigung**, 3. **Erregung, Gemüthsbewegung**. *measg dorainn is dorrain a chleibh* inmitten des Kummers und der Erregung seiner Brust (Tighm. III., 425.) **Aerger, Unwille** (Tighm. VII., 251).
dort verb. transit. (comp. aus *do = dean, dhd*, und *ruit, ruith* fliessen; fliessen machen) **vergiessen.** Ger. *dortadh*, das (Blut-) **Vergiessen.**
doruinn subst. 4. fem. (wahrsch. von *doir, s. doirionn*) 1. der **Gramm, der Kummer.** 2. = *doirionn* (Tighm. II. 250).
dorus subst. 3. masc. Plur. *dorsan* (altir. *dorus*, ident mit θύρα *Thor*) das **Thor.** *Dorsan na-h-oidche* die Thore der Nacht, durch welche der Sonnengott seinen Einzug am Morgenhimmel hält, Carraigth. 3.
dos subst. 1. masc. (Gen. nengäl. *duis*, bei Ossian nicht vorkommend) (von Sskr. *dhú* hin und her bewegen, θέω, d. i. θέμω) 1. die **Mähne** des Pferdes, dual.: *dosain.* Daher 2. die **Locke** des **Haares**, 3. das **Gebüsch**, **Staudwerk** (das sich im Winde bewegt), **junger Wald, Dickicht**, 4. die **Flechte**, **Liebene** (Tighm. VIII., 303). *Dos* in Bedeutung 3. und 4. ist vielleicht ein anderes Wort, ident. mit δασύς).
draigh subst. 4. fem. (Demin. von *darag*) der **Busch**, speciell der **Dornbusch.**
draighionn subst. 3. masc. (v. vor.) **Dorngebüsch, Gestrüpp.**
dreach subst. 3. masc. (vom Stamme *drc* sehen) das **Ansehen** einer Sache, die **Farbe, das Aussehen.**
dream subst. masc. (nicht von *tribus*, welchem vielmehr das gäl. *treubh* entspricht, sondern ident. mit goth. *thrains* Haufe, von *thraihan drängen*, wahrscheinlich unmittelbar aus dem Goth. oder Althochd. herübergenommen, daher *dream* mit *d* statt *tream*) der **Volksstamm.**
droch adj. (altir. *drog*, verw. mit altir. *dru — mis —*, übel, ident. mit Sskr. *dus-, dura*, δυς-) **übel, schlimm.**
drom subst. 1. masc. Gen. *druim*, nom. plur. *druimioan* (von Sskr. Wurzel *dhṛ* tragen, halten) die nach oben gekehrte Fläche eines Körpers, der **Rücken** eines Berges, einer Woge.
dronn subst. 4. fem. (*dronne* aus *dromne*, v. vor.) der **Rücken.**

druchd subst. masc. (ident. mit δρόσος) der **Thau**.
druid verb. intransit. (aus *do-ruith* laufen, oder aus *do-ro-eit*) **nahen, dicht herzutreten**, *gu* . . . zu jemand. **Hervorkommen** Tighm. VIII., 26. *Druid air*'. . . einem Ding **nachgeben** Tighm. VIII., 69. Auch temporal: **herbeikommen** (von zukünftigen Zeitpunkten) Tighm. I., 517. (Ein anderes Verb. *druid*, im Neugäl. **schliessen**, dürfte mit *dorus* Thür zusammenhängen.)
druidh verb. instrs. (von *do* und dem altir. *roith* stossen) **eindringen** (z. B. vom Schwert, das in den Körper eindringt) **durchdringen**. Tighm. IV., 34: „Eriuu durchdrang den Nebel," d. h. wurde sichtbar.
druim eine Nebenform für *drom* **Rücken**.
druimhionn adj. (v. vor.) breiten Rücken habend, **gewölbt**. Tighm. III., 174.
dual subst. masc. (vom Stamme δύω anziehen, *ducre*) 1. das **Kleid, Gewand**, 2. die **Falte** des Gewandes.
duan subst. 1. fem. (von *dan* Lied) das **Gedicht**, der so und sovielste **Gesang** eines Gedichtes.
dubhailteach adj. (altir. *dualich* Missethat, ohne Zweifel aus *dubhalich* entstanden, von *dubh* schwarz) **betrügerisch, verrätherisch** (finstere Wege gebend).
dubh adj. (von Wurzel *du* in δύω, δύπτω, goth. *daupjan taufen*, *diupja* tief, vgl. ahd. *timber* finster) 1. **finster**, 2. **schwarz** 3. **düster** (von Blicken), 4. **schwarz**, im Sinn von **unheilbrütend**.
dubh subst. masc. (v. vor.) die **Finsterniss, Schwärze**.
dubhach adj. (v. *dubh*) **schlimm** im phys. und moral. Sinn.
dubhair verb. intrans. (von *dubh*) **dunkeln** (vom Abend) **sich verdüstern** (vom Blick, Gemüth). Ger. *du'radh*.
dubhar subst. masc. (v. *dubh*) die **Finsterniss, Schwärze**. *Dubhar na-h-oidche* Schwärze der Nacht.
dubh-luachrach adj. (v. *dubh* und *luachair*) **mit dunklen Binsen bewachsen**.
dubhra, dubhradh subst. 3. masc. (Ger. v. *dubh*) die **Verfinsterung, das Dunkeln**.
duibh euch (s. §. 150). Ein anderes *duibh* ist gen. (oder dat. fem.) von *dubh* (z. B. Tighm. 8, 159).
duibhre subst. 4. fem. (v. *dubh*) der **Schatten**.
duil subst. 4. fem. (von zweifelhafter Etymologie) die **Erwartung, die Hoffnung**.
duilich adj. (v. vor.) **erwartungsvoll, daher besorgt, sorgenvoll**.
duille subst. 4. fem. (Sskr. *dala*) das **Blatt; das Laub**.
duilleach subst. 3. masc. (v. vor.) das **Laub**.
duilleag subst. 2. fem. (Gen. *duilleig*, bei Oss. nicht vorkommend) (von *duille*) das **Blatt**.
duin verb. transit. (ident. mit *dun*) **schliessen** (z. B. die Thür), **einschliessen, ringsumgeben**, daher **bedecken**, auch: etwas mit dem Blick **umspannen** (Tighm. V., 106 u. a.) Ger. *dunadh*. — Ptc. pass. *duinte* **geschlossen**, auch **dicht**, z. B. *dubhra duinte* dichte Finsterniss. Tighm. II., 235.
duine subst. 4. masc. (altir. *duine*, s. bei *daoine*) der **Mensch**, der **Mann**.
duineal adj. (v. vor.) **männlich**.
duineil adj. Nebenform von *duineal*.
duinn, duinne uns (dat.) s. §. 150.

duisg verb. trs. u. intransit. *(do-esg* und *esg* von *es-ic*, vgl. *suscitare)* **wecken** und: **erwachen.** Ger. *dusgadh. Duisg as ùr,* wieder erwecken, d. h. **aufwecken.** *Duisg an cliabh,* „die Brust erwecken, erregen." **jemand erzürnen.** Intrans. u. trs. neben einander. (Tighm. VII., 291).
duil **dir** (s. §. 150).
dun verb. intransit. (ahd. *zûn*, angels. *tûn Zaun*, ident. mit δύνω umkleiden, umschliessen) **schliessen, einschliessen, umringen,** mit *mu. Dun mu lear* die See (das Gestade) umgeben.
dun subst. masc. (v. vor.) geschlossener Raum, **Burg, Veste.**
duneil adj. (altir. *dunn* stark, ob aus *dumn* und mit δαμάω verwandt?) **stark, stattlich.**
durdan subst. masc. (Onomatop. wie *surren, bourdon* u. a.) das **Summen; Murmeln.**

E.

E, der fünfte Buchstabe des Alphabets. Sein gäl. Name ist *eagh.*
e pron. pers. 3. masc. sing. **er, ihn.** Cum suff. emph. *e-san* (vgl. *i-s, e-jus, e-um).*
each subst. masc. (altir. *ech*, ident. mit Sskr. *açva,* lat. *equus)* das **Pferd.**
eachdraidh subst. 4. fem. (von *echdair* Geschichte, was eine Umbildung von *historia,* ἱστορεῖν — wahrscheinlich ein Fremdwort — ist) die **Geschichte.**
eachradh subst. 2. masc. (v. *each)* wörtl. die Rossschaft, **Rossmenge, Schaar der Rosse** (Reiterei).
eadar praepos. c. acc. (altir. *etar*, Sskr. *antar,* lat. *inter,* deutsch *unter)* **zwischen.**
eagal subst. masc. (v. altir. *ag-ur* fürchten, von gleichem Stamme mit Sskr. *a,hus* eng, *a,hatis* Angst, goth. *óg* (verb.) und *agis* Furcht, lat. *anxius* ἐγγύς *Angst)* die **Furcht.** *Tha eagal orm* ich fürchte. *Eagal gu damit nicht.* s. §. 293.
eala subst. 3. fem. (schwerlich von *eal* eilen, eher mit *ala* Flügel) verwandt) der **Schwan.**
ealamh adj. (ident. mit ahd. *iljan* eilen) **schnell.**
eallach subst. masc. (nicht vom altir. *ellach* Verbindung, sondern von *ell* beugen) **Bürde, Last.**
ear subst. 3. fem. (von *eirich* aufgehen, αἴρειν) 1. der **Osten,** 2. temporal. der **Morgen** (Tighm. II., 215).
earb subst. 3. fem. (nicht v. ἐλάω, ἔλαφος, sondern v. verb. *earb* vertrauen) das **Reh** (als zutrauliches Thier).
earb verb. intrans. (altir. *arb-im*, *erb-im* hingeben, ident. mit dem ahd. *erp)* **vertrauen,** *ri* . . . auf jemand.
earbsa subst. 3. fem. (v. vor.) das **Vertrauen, Zutrauen.**
earr subst. 3. masc. (v. Sskr. Wurzel *pâr* endigen, und: überragen) das **Ende** eines Gegenstandes, die äusserste Spize.
earrach subst. 2. masc. (gleichen Stammes mit *earradh*, von Sskr. *vasanta,* slav. *vesna,* lat. *ver)* der **Frühling** (der die Erde mit Grün bekleidet).
earradh subst. 3. masc. (v. Stamm *earr,* ident. mit Sskr *vasâ, vâsara* Kleid, von *vas* kleiden) die **Kleidung,** der **Anzug.**
eas subst. masc. (vgl. ahd. *wasan* rasch gehen, rennen, woher *waso, vôs* Feuchtigkeit) der **Wasserfall.**

eathar subst. fem. (altir. *ethar* Schiff, von *eth*, *eit* gehen, ident. mit Sskr. *pad, path*) das **Boot**, das offene Schiff.

eatorra zwischen ihnen. s. §. 150.

eatruim Voc. v. *eutrom*. (Falsche Schreibart für *eutruim*.)

eibhle subst. 4. fem. (von Sskr. *á-bhá* Glanz, Erleuchtung) die **Flamme**.

eideadh subst. 3. masc. (altir. *eitach*, *eitiud*, von *eit* gehen. neugäl. *eid* anziehen, ursprünglich einhergehen in etwas, ident. mit Sskr. *at* gehen, oder mit *pad*, *path* gehen) das **Kleid**, der Anzug, spec. auch die **Rüstung**.

eigh subst. 4. fem. (von der Wurzel ΠΗΓ. *πήγνυμι* festwerden, frieren; mit *is Eis* hat das Wort nicht das mindeste zu schaffen) das **Eis**.

eigh subst. 4. fem. '(vom altir. *ég-im* klagen, vgl. Sskr. *ahô*, *eheu ach*) das **Stöhnen** (auch vom Stöhnen der Wellen gebraucht).

eiginn subst. 4. fem. vom altir. Stamme *ic*, ident. mit *icere*) Schlag 1. **Gewalt, Gewaltstreich**, 2. **Noth, Unglück** (Tighm. V., 90), 3. **Nothwendigkeit, Bedürfnis**.

eil für *bheil* (s. §. 152).

eile pronominale (*ἄλλος, alius*) der, die **andere**.

eilid subst. 4. fem. (vom Stamme *eal* eilen, ident. mit *ἐλάω*, Sskr. *r*, vgl. *ἔλαφος*) die **Hirschkuh** (als schnelle, flüchtige).

eirich verb. intransit. Fut. *eiridh*. (Der Stamm ist *eir*, im Altir. *ire*, der oberste, der höchste, *irein* höher, noch vorhanden, sowie in der praepos. *ar, ir*, und im Griech. *ἀρειν*) **sich erheben**: 1. **aufstehen vom Sitze**, 2. von jeder aufwärts gehenden Bewegung **emporsteigen**, namentlich vom **Aufgehen** der Sonne, der Gestirne, vom Heraufsteigen des Morgens, des Tages, auch der Nacht, 3. tropisch das Sich-erheben eines Gesanges, also **ertönen**. 4. Uebertragen auf ein bloss optisches, keine Bewegung involvirendes Erheben: **ragen**, „die Klippe erhob sich aus dem Meer" u. dgl. 5. **Sich erheben** in feindlichem Sinn, **als Feind aufstehen** (einen Angriff machen). Ger. *eireadh* und *eirigh*.

Eirinn nom. propr. fem. **Irland**. (Die Etymol. ist zweifelhaft, vielleicht *iarainn* das Westland, von *iar*, der Westen. Schwerlich von *iarn* Eisen).

eisd verb. intrs. (altir. *eits* hören, zuhören, vgl. *eitside* der Zuhörer, *eitsecht* das Anhören, ident. mit *αἰσθάνω*, was von *ἀίω*, Sskr. *avdmi*, lat. *audio, auris*, analog wie *δίσθω* hauchen, von *αϝ-vd* kommt) **horchen**, **auf etwas hören**. Ger. *eisdeachd*.

eithear subst. fem. (Nebenform von *eathar*) das **Boot**.

eitidh adj. (altir. *etig* schändlich, hässlich, was Zorn erregt, von *ét*, der Eifer, Zorn. dies von *et* gehen, wie *ira*, von *i-re*) **schrecklich, entsezlich**.

eol adj. (altir. *eula*, erfahren, weise, vielleicht mit *pollere* verwandt) **bekannt**.

eolas subst. 3. fem. (v. vor. altir. *eulas*) 1. **Kenntnis, Kunde, Wissen, Bekanntschaft** mit etwas, **Erfahrung**. 2. Abstr. pro concr. die **Bekannten**. Tighm. VIII., 340.

eu- privativum (entspricht dem altir. *e-* priv., eigentlich propos. *e, ess*, wie das lat. *ex* in *exlex* u. a.).

eu-coltach adj. (v. *coltach*) **ungleich**.

eud subst. masc. (altir. *ét*, Zorn, Eifer [von *eth, eit* gehen, sich bewegen] eigentlich Gemüthsbewegung) **Eifer**, besonders **Eifersucht**, Zorn und Wuth aus Eifersucht.

eudach (altir. *ëach* Kleidung, von *ëit* gehen) der **Anzug** (worin man einhergeht).

eudann subst. masc. (ident. mit εἶδος, von ἰδεῖν) das **Angesicht, Antlitz**.

eug verb. intransit. (vgl. das altir. *ëcab* der Tod, wahrscheinlich von *ey-im* seufzen, im Sinn von *exspirare*) **sterben**.

eug subst. 1. masc. (Gen. im Neugäl. *eig*) [v. vor.] der **Tod**.

eun subst. 1. masc. (Der gen. *eoin* kommt beim compos. *fireun* vor.) (altir. *én* Vogel, nicht aus *ethn* von *eth* gehen, da das Gehen und Bewegen kein Charakteristicum der Vögel ist; sondern ident. mit *penna*, von Sskr. *panna* von *pad* reisen, oder von *pandere* ausspannen) der **Vogel**.

eunlaidh verb. intrs. (von *eun* Vogel, *laidh*, *luidh* legen). Vögeln nachstellen, nachschleichen (welche Bedeutung im Neugäl. noch vorkommt), daher allgemein: **schleichen, kriechen**.

eunlaith subst. 4. fem. (v. *eun*) **Gevögel**.

eu-trom adj. (*eu* priv. und *trom* schwer, wuchtig) **leicht** (*levis* und *facilis*).

F.

f der sechste Buchstabe des Alphabets. Sein gälischer Name ist *scarn*. Spirans aspirabilis.

fa praepos. c. dat. (altir. *far*, *for*, *fors*, verw. mit Sskr. *api*, ἐπί) **auf**, vom Aufliegen auf einer Fläche. *Fa 'n làr* auf dem Erdboden. (Carraigth. 467.)

fabhra für *fabhradh*.

fabradh subst. 2. masc. (ident. mit ὀφρύς) die **Augenbraue**.

fad subst. masc. (ident. mit ahd. *wît weit*, vgl. das sanskr. *vi*, z. B. das altir. *fedb*, *vidua*. Sskr. *vidhavā*, ahd. *wituwā* — die vom Manne entfernte) 1. die Ferne, örtliche **Ferne**, 2. die **Länge** des Ortes und der Zeit.

fada adj. (v. vor.) 1. **fern**, z. B. *an tir fada* das ferne Land. 2. **lang** im örtlichen Sinn, z. B. *an-t-sleagh fada*, der lange Speer, 3. **lang** temporal. — *Fada suas* in weiter Ferne, wörtlich „fern hinauf" (weil das Entfernte optisch als das Höhere erscheint) Conlaoch 122. Compar. *faide*. — *Fad 'a*, *fadas a*, **so lange als**. *Fadas* adv. **ebensolang, mittlerweile** (Tighm. III., 401).

fag verb. transit. (verw. mit *vacuus*, einer Weiterbildung der Wurzel von *vanus*, *evanescere*, also der Wurzel *vd*) **verlassen, lassen, zurücklassen**. Ger. *fagail*.

faic verb. trans. irreg. (altir. *faic*, *fo-eic*, *fo-ic*, ident. mit dem im *oculus* latirenden Stamm, Sskr. *ics*) **sehen**.

faidh subst. 4. masc. (altir. *faith*, ident. mit *vates*) der **Seher**.

faigh verb. transit. irreg. (ident mit ahd. *fahan*, mhd. *vâhen*, *fahen*, *fangen*, was seinerseits von πήγνυμι, Sskr. *paç* binden, lat. *pacisci* kommt) 1. **erlangen, bekommen**, 2. tritt supplirend für einzelne Tempora von *fuar*, **finden**, ein.

faileas subst. 2. masc. Gen. *faileis* (vom altir. Verb. *folnib* folgen, was ident. mit ahd. *volgôn* folgen, begleiten, ident. mit Sskr. *vṛ* umgeben) 1. der **Schatten**, 2. der **Wiederschein** (Tighm. II., 263).

faileasach adj. (v. vor.) **schattig**.

failte subst. 4. fem. (altir. *failthe* Freude, lat. *valere* vgl. auch *velle* und ahd. *willjôn* wollen, geneigt sein, *willjo* Wille und Wohlgefallen, und *willi-como* Willkomm, vgl. Sskr. *nir-vṛta* fröhlich) „Glück," im Sinne von Glückwunsch, Gruss, in der Redensart *ceud failthe* „hundert Grüsse," d. h. sci hundertmal willkommen. (Fioung. I., 101 u. v. a. St.)

faire subst. 4 fem. (ident. ahd. mit *warôn* beachten, *wara* Achtsamkeit, Aufmerksamkeit, in „warnehmen," „gewaren" (nicht ident. mit *wdr* wahr) vgl. Sskr. *vṛ* 10, abhalten) die auf einen Gegenstand gerichtete Aufmerksamkeit, daher 1. die ausgestellte Wache, 2. der Anblick, 3. die Sicht (es ist oder kömmt etwas in Sicht), 4. die Dämmerung, das beginnende Licht, wo die Dinge in Sicht kommen.

fairge subst. 4. fem. (altir. *foirge*, vom altir. *ferg* gejagt werden, analog wie πέλαγος von Sskr. *parayd* Schaum, aber nicht ident. damit) das Meer.

fairich verb. intrs. (v. *faire*) wachen, ursprünglich im Sinn von spähen, daher dann allgemein: wach sein als Gegensaz von Schlafen. Ger. *faireachadh*.

fairich verb. transit. (von *faire*) wahrnehmen, besonders: fühlen, empfinden (Tighm. VIII., 230); auch befühlen, betasten (Fionngh. V., 173). Ger. *feireachadh*.

faileal subst. masc. (vielleicht für *fuaitheal*, von Sskr. *vddh* necken, erschrecken) Schreckgestalt.

fal subst. masc. (vielleicht ident. mit ahd. *wald* Wald) kommt nur in dem compos. *falloisg* vor.

fala siehe *fuil*.

falbh verb. intrs. (ident. und gleicher Wurzel mit dem lat. *volvere*) vorübergehen, vorbeigehen, namentlich im temporalen Sinn. *Dh' falbh an-t-sealg*, die Jagd ist vorüber, ist aus, Chaomhmala 1. *Na bliadhna na dh' falbh*, die vergangenen Jahre. *Air falbh*, weg, fort, nicht mehr da. *Bi 'fhalbh* geh von hinnen.

falbh adv. (v. vor.) vorbei an etwas, nach. *Seall falbh* nachblicken Tighm. III., 200.

falbhan subst. 3. masc. (v. vor.) Bewegung, das Wallen des Haares oder eines Helmbusches.

falloisg subst. 4. fem. (comp. von *fal* und *loisg*) Haidebrand (Waldbrand?)

fallus subst. 2. masc. (Gen. *falluis* [schwerlich von *fo* und *lu* gehen, wahrscheinlicher von der Wurzelsilbe *vṛt* gehen, *vṛ* umgeben, im Causat. ergiessen) der Schweiss.

falt subst. 1. masc. Gen. *fuilt* (altir. *falt*, Sskr. *vṛlh* wachsen) das Haupthaar; plnr. *failtean* die Locken.

fan verb. intrans. (ident. mit ahd. *wondn* bleiben, verharren, *wohnen*) bleiben, stehen bleiben, daher auch stocken im Lauf oder in einer Bewegung.

fann adj. (entweder Nebenform von *faoin*, lat. *vanus*, oder ident. mit *vimen*, schwaches Reis) schwach, auch von momentaner Schwäche: matt, müde.

faobh subst. masc. (ident. mit ahd. *wâfan* as. *wâpan*, angels. *vaepen* Waffe, ὅπλον) die erbeuteten Waffen des Feindes, daher allgemein: die Beute.

faobhar subst. masc. (altir. *febor* die Waffe, Derivatum vom gleichen Stamme wie d. vor.) 1. die Schneide einer Waffe, 2. die Schlachtreihe, 3. die Reihe (z.B. der Wellen, 4. der Grat eines Berges.

faoch subst. masc. (ident. mit *fuous*, Sskr. *vanga*) **Tang. Fionngh. VI., 91**:
ba' cheum samhach air traigh nam faoch, es war sein Schritt
ruhig auf dem Strand der Tange, auf dem tangreichen Strand.
faoghaid subst. 4. fem. (von *fnoyh*, ident. mit *faiyh fahen*) die Verfolgung, **Jagd**.
faoil subst. 1. masc. (von *fal*) **Freigebigkelt**. Gen. *foil*.
faoilidh adj. (vom vor.) **freigeblg**.
faoin I. adj. (ideut. mit lat. *vanus*, vom sanskr. Stamm *vd wehen*)
1. **luftig** (Beiwort der erscheinenden Geister, der Vögel (Cathlod. I., 82) der Berge (Tighm. I. 564) der Harfen erscheinender Geister (Tighm. II., 8). *Faoin sealladh* heisst (Tighm. II., 457) der nicht körperlich reale, sondern geisterhaft innere Blick des Träumenden. 2. **nichtig** (nach *faoin* „der nicht nichtig ist" = der treffliche, starke); 3. **leer, öde**. II. Subst. die **Oede** Tighm. 8. 434.
faondradh subst. 3. masc. (von *faoin* und der Bildungssilbe *radh*)
Nichtigkeit, auch **Verachtung** (passiv, verachtete Existenz, Verächtlichkeit).
far adv. (ahd. *hwdr* wo) **wo**. (Gewöhnlich cum relat. *far an*.)
faraon adv. (v. *far* und *aon*) **gemeinsam, zusammen**.
farasda adj. (von *fair*- analog gebildet wie ahd. *ernust* von *warnôn*, caus. v. *warrin*) **besonnen** (auf der Hut), **ernst**,
farmad subst. 2. masc. (v. *farm* ident. mit ahd. *warm, warm*) Behaglichkeit, **Vergnügen**.
farsainn adj. (ident. mit πόρρω (πέραν) *porro*, Sskr. *pára*) **weit, geräumig**.
farum subst. 3. masc. (von Sskr. *bhram*, lat *fremere*) **Getöse, Lärm** (z. B. der Schlacht), **Pochen. Gedröhn.**
farumach adj. (v. vor.) **dröhnend**.
fas verb. intrans. (ahd. *wahsjan wachsen*, Sskr. *vacs*, αὔξω, *augeo*, goth. *auka*, womit *vegeo*, *agras*, ὑγιής verw.) 1. **wachsen**, daher 2. abstract **werden**, zu etwas werden. Z. B. Fionngh. III., 443:
Dh' fas an lag dana, der Schwache ist kühn geworden. Ger. *fas*.
fas adj. (vgl. *vastus*, ahd. *wuosti üst* [von *vd*?]) **wüst, leer, öde**, daher leer im Sinn von **körperlos**, unsubstantiell (Tighm. VI., 359 u. a.) *Fas sciath* ein **hohler** Schild.
fasach subst. 2. fem. (v. vor.) die **Wüste, Einöde**.
fascath subst. 3. masc. (*fo-scath* „unter dem Schild") **Schuz**.
fasgadh } falsche Schreibart für *fascath*.
fasgath }
feachd subst. masc. (ident. mit ahd. *fëhta* Kampf, *Gefecht*) 1. **Gefecht. Kampf**. 2. **Streitmacht. Heer.**
fead verb. transit. und intrs. (Onomatop. analog und ähnlich wie Sskr. *vid*, lat. *fistula*, ahd. *phifen*) **pfeifen**, auch **zischen** (Tighm. IV., 309).
feadeireachd subst. 3. fem. (Ger. einer Verbalform *feadair* = *fead*) das **Pfeifen. Gepfeife.**
feadh praep. c. acc. (altir. *fiad* in Gegenwart, ident. mit Sskr. *vid* finden) **durch** oder: **über etwas hin**. *Feadh tonn* durch oder über die Wogen hin. Cathlod. I., 35.
feadhainn subst. 5. masc. und fem. Gen. *feadhna* (ident mit ἔθνος von gleicher Wurzel mit Sskr. *vadhú* Weib, Gebärerin) das **Volk** im Gegensaz zum Herrscher. *Ceann-fheadna* das Haupt des Volkes.
eadraich subst. 4. fem. (von *feadair* = *fead*) das **Pfeifen**.

fear subst. 1. masc. Gen. *fir* (ident. mit lat. *vir*, vom sanskr. Stamm *vr* answählen, nud schüzen, *vara* erlesen, *víra* der Held) der Mann. Wird viel zu Compositis verwendet, z. B. *fear-astar* der Reise-Mann, d. h. Wandersmann; *fear-coimhead-a-chuain*, der Mann des Schauens des Meeres, d. h. der Küstenwächter; *fear-uidhe* der Mann der Schritte, d. h. der Wanderer, *fear-fhocail* der Mann der Rede, d. h. der Sänger.

fearg subst. 1. masc. Gen. *feirg*. (Altir. *ferc*, Zorn, von *ferg*, gejagt werden, vgl. Sskr. *vrka* der Wolf.) Bei Ossian gewöhnlich plur. tantum *na feirg* (z. B. *fo fheirg*) Zorn, Grimm, Wuth; Eifersucht. Auch Stolz.

fearg adj. (v. vor.) grimmig, stolz. (Gaolnand. 128.)

feargach adj. (v. *fearg*) grimmig, grausam.

fearn subst. masc. (ident. mit *alnus* ahd. *elira* vielleicht von Sskr. *vara* malen, wegen des rothen Saftes, schwerlich von Sskr. *varana* Baum) die Erle.

fearr, fearra compar. zu *math* (altir. *ferr*, Sskr. *vara* trefflich) besser.

feart subst. 3 fem. (altir. *ferte* v. *fear*, wie das gleichbedeutende *virtus* von *vir*) Mannheit, Muth, Tugend. Plnr. *feartan*, die Mannschaft, die Truppen. (Croma 182.)

feasgar subst. 2. masc. (altir. *fescar*, entweder ident. mit *vespera*, ἕσπερος, Vertauschung der Labiale mit einer Gutturale, oder wahrscheinlicher von *fo-esg* einhüllen, s. unter *paisg*) der Abend.

feile subst. 4. fem (altir. *fele*, von *fial*, *fel*) Gastfreundschaft, Freigebigkeit, Milde.

fein pronom. indecl. (altir. *fadesin*, *fésin*, *fein*, plnr. *fanesin*, *fesine*, d. i. *fade-sin*, *fanesin*, vgl. § 96) selbst.

feith verb. intrs. (vgl. das altir. subst. *feith* die Stocknng; *fedligur* bleiben, dauern: gleichen Stammes mit *vetus*, *vetustus*) warten, ri . . . auf jemand. Ger. *feitheamh*.

feitheach adj. (ident. mit ahd. *fét* und *veis* [fett, feist] πίων pinguis) fleischig, muskulös, kräftig.

feoraich verb. trans. (Stamm *feor*, ident. mit goth. *fraihnan*, ahd. *frahen fragen*) fragen.

feuch verb. trans. (ident. mit ahd. *féhôn*, *fahjan* passend machen, anpassen, fügen) 1. prüfen, 2. zeigen. Ger. *feuchainn*.

feudail subst. 4. fem. (Stamm *feu*, ident. mit Sskr. *paçu*, πῶυ, *pecus*, goth. *vaihu*, ahd. *fihu*, angels. *feó*, lat. *feudum*) der Besiz, der Schaz.

feudar subst. indecl. (vom gleichem Stamm mit dem vor.) Noth, in der Redensart *is feudar*, es ist Noth, dass c. potent. (gleich dem lat. *oportet*, *es muss*).

feum subst. 3. masc. (altir. *feu* werth, der Preis, v. gleichem Stamm mit *feudail*) 1. der Preis, der Werth, Tighm. VI., 205, *a lamh an robh feum*, „seine Hand, welcher Werth gewesen ist" (welche werthvoll gewesen ist). Tighm. 8, 359: *cha-n' eil solas no feum am fuil*, nicht ist (mir) Freude noch Werth. 2. der Nuzen, Gebrauch. Tighm. IV., 323: *cha-n-eil gliocas no feum 'n ur dail*, „nicht ist Weisheit noch Nuzen (nüzliche Erkenntnis) bei euch zu finden." 3. Anwendung, *air feum* „im Gebrauch," nicht müssig, z. B. Tighm. V., 116: *saoilidh naimhdean, gu 'r feum mo sleagh*, die Feinde werden denken, dass ich meine Lanze (gegen sie) branchen wolle. Ebenso *gu fheum*, Calthonn 83: *cha robh lann riamh gu fheum mu' d' iadadh*, nicht ist jemals ein Schwert in Anwendung gewesen um dich herum, d. h. nie bist du an einem Kampf betheiligt gewesen. Tighm. V., 298 „zum Gebrauch." Tighm. V., 99: *cha 'n ann gun fhios, tha feum do thriath ard bhriseadh nan sciath*, nichts ist's ohne Wissen, dass Anwendung (der Waffen) ist dem Fürsten dem hohen Brecher der Schilde. *Le feum* „mit Anwendung," d. h. **nützlich, helfend**, daher auch soviel wie lat. *praesto* (Tighm. I., 662), *bi le feum* **beistehen**. Daher *gun fheum*, a) **ohne Anwendung**, im Sinne von **unbrauchbar**. Croma 154: *'n ann air son, gu 'm bheil mise gun fheum, ghluais osnadh do chleibe?* ist's nicht darum, weil ich unbrauchbar (zum Kampfe, zu deinem Schutze) bin, dass der Seufzer deiner Brust sich regt? **Erfolglos** Tighm. V., 82. 4. **Anlass, Grund**. Daher *gun fheum* b) **ohne Ursache**, Conlaoch 164: *am bheil thu, oigh, gun thuar gun fheum?* bist du, o Maid, ohne Ursache farblos (bleich)? Tighm. VIII., 382: *an armaibh gun fheum*, ohne (gerechten) Grund in Waffen (sein). **Ohne Noth** Tighm. I., 91. c) **unwillkürlich** (ohne besonderen, bewussten Grund) Croma 21: *eiridh m' osnadh 'am maduinn gun fheum*, des Morgens erhebt sich unwillkürlich mein Seufzer; **von selbst** Tighm. I., 130; IV., 444: „dort (bei dem todten Vater) wird Sulmalla von selbst (auch ohne gerufen zu werden) sein, vor Gram, d. h. sie wird vor Gram sterben." d) **unversehens, plözlich** (ohne dass die Ursache sich vorher kundgegeben hat) Calthonn 133: *violaidhidh oidche gun fheum o thriath*, sinken wird die Nacht unversehens von dem Fürsten. Conlaoch 140: *tha mi faicinn an truscain gun fheum*, ich erblicke plözlich ihr (der Helden) Gewand. Ebenso Tighm. V. 252. I., 142. **Unerklärlich** (ohne erklärliche Ursache) ebend. v. 551, V., 199; VI., 111. e) **ohne weiters, kurzweg, schlechtweg**. Calthonn 116 f.: *'n teich mise gu Selma nan teud, is Colmar gun fheum fo chruaidh?* Ich sollte fliehen nach Selma, dem Lande der Saitenspiele, während Colmar frischweg in Ketten bliebe? Ebenso Tighm. V., 233. — Endlich bezeichnet *feum* speciell 5. **Kampfanlass, Entspinnen eines Streites**, daher **Kampfgefahr, Kampfesnoth** (Tighm. V., 127), **Abenteuer**.

feumach adj. (von *feum*) **werthvoll, würdig, verdienstvoll**. Fionngh. III., 442.

feur subst. 1. masc. Gen. *feoir*. (Altir. *fer*, ident. mit *virere, viridis*, von Sskr. *vrh* wachsen) **das Gras**.

feusag subst. fem. (Sskr. *pucsman*, woher auch πώγων, vgl. §. 16, 2) **der Bart**, a) **der Menschen** (Tighm. I., 16 und 333), b) **der Bart oder Pappus der Distelgewächse**.

fiach subst. 3. masc. (altir. *fiach* im Sinn von Schuld *debitum*, ident. mit lat. *vices*) ursprünglich Tauschwerth, daher allgemein **Werth**.

fiadh subst. 1. masc. Gen. *feidh* (ident. mit Sskr. *vjâdh* jagen, *vjâdha* Jäger) ursprünglich allgemein: **Wild, Jagdthier**, daher bei Oss. **der Hirsch** als das hauptsächlichste Wild in Schottland.

fiadhach adj. (v. vor.) **schnell** (wie ein Hirsch).

fial adj. (altir. *file*, ident. mit φίλος, schwerlich mit *willjôn wollen*) **gastfreundlich**. *Slige fial*, **die gastliche Schale**, die dem Fremden gereicht wird.

fial subst. 1. masc. Gen. *feile* (v. vor.) **die Gastfreundlichkeit, die Milde, Freundlichkeit**.

fiamh subst. fem. (v. Sskr. *bhî* sich fürchten, *bhîma* furchtbar) **die Furcht, Scheu, Besorgnis**.

Famh subst. (entweder ident. mit altsächs. *vammjam*, ahd. *wemman* beflecken, *wam* Flecken — wo die Grundbedentung die der Farbe ist — oder mit ahd. *wimmen*, sich bewegen — wo die Grundbedentung die der *Bewegung*, des *Gestus*, ist) die **Miene**, der **Gesichtsausdruck**. *Fiamh gaire* **Miene des Lachens, lachendes Gesicht.** *Fiamh broin* **Miene der Trauer**.

Fanais subst. 4. fem. (altir. *fiadnisse*, von der altir. praepos. *fiad*, mittelg. *feadh*, vor, in Gegenwart, Sskr. *vid* finden) 1. die **Gegenwart** a' m *fhianais*, in meiner Gegenwart, vor mir; *o 'm fhiannis*, „fort! aus meinen Augen!" 2. (von dem gleichen Grundstamm *vid* in dessen andrer Bedeutnng: wissen, altir. *fit, fis, fess*) die **Kenntnis.** 3. Eine zwischen beiden in der Mitte liegende Bedentung ist: das **Zeugnis.**

Far verb. intransit. und trans. (ident mit ahd. *twer* nnd *dwerh* quer, *thwëran* schnell hernm drehen, Sskr. *dhvr* gedreht sein) 1. **schräg gehen**, **seitwärts gehen**, überhaupt: **hin und her gehen** (Tighm. VIII., 518: *tionndaidh is fiaradh nam fonn* das Sichwenden und Hinundhergehen der (die) Lieder singenden Bardenchöre). 2. etwas **streifen** (neugäl. verdrehen). Ger. *faradh*.

Far adj. (v. vor.) **schräg, quer.**

Far adj. (ident. mit Sskr. *veira* Feindschaft, goth. *thvairhs* zornig, *thvairhei* Zorn) **zornig.** *Fiar colg* zorniger Blick. *Gaoth fiar* heftiger Wind.

Faradh subst. 3. masc. (vom Verb. *fiar*) **Krümmung, Quere.**

Farasach adj. (v. Verb. *fiar*) **sich querkrümmend.**

Fchead num. card. (altir. *fiche, fichet*, ident. mit *viginti* Skr. *vigati*, εἴκοσι, vgl. alts. *twenteg*) **zwanzig.**

File subst. 4. masc. (altir. *fili*, v. Sskr. *pri* erheitern, vgl. §. 16, 2.) der **Dichter, Barde.**

Filidh subst. 4. masc. (ideut. mit dem vor.) der **Dichter, Barde.**

Fileachd subst. 3. fem. (altir. *filedacht*, von *fili, file*) die **Poesie.**

Fill verb. transit. (ident. mit *plicare*, vgl. *faltjan, faldan*) **falten, wickeln, zusammen rollen.** Ger. *filleadh*. — Tighm. IV., 232: *tha stri 'g a filleadh fein 'n an cliabh*, der Streit rollt sich in ihrer Brust — wohnt dort.

Fine subst. 4. fem. (ident. mit ahd. *wini* Gefreunde, Verwandter) die **Verwandtschaft**, der **Stamm.**

Fineach subst. 4. masc. (v. vor.) der **Stamm.**

Fineachas subst. 3. fem. (v. vor.) die **Verwandtschaft.** Dat. plur. *fineachaibh*.

Fionn kürzere Form und Hauptstamm des Namens *Fionn-ghal*. (Die Etym. ist zweifelhaft. Wahrscheinlich vom altir. *finnim* wissen, der Weise. Nicht: der Weisse).

For adj. (altir. *fir*, ident. mit lat. *verus* [ahd. *wâr*] nicht vom Stamm *bhū* wesen, welcher lat. in *fui*, irisch in *bi* erscheint, eher mit Sskr. *var, vr* auslesen, verwandt) **wahr, wirklich.** Adv. *gu for*, **wirklich, in der That.**

Fos subst. 3. masc. (*fiss* das Wissen, von *fi*, wissen, ident. mit Sskr. *vid, οἶδα*) **Wissen, Kenntnis, Kunde.** Auch **Erkenntnis, Bewusstsein** (Tighm. IV., 143, nicht ohne Erkenntnis — ihrer Schönheit — wandte sich Cathmor's Auge auf Sulmalla.)

Fosraich verb. intrs. (v. *fios*) **sich erkundigen**, *o . . .* bei jemanden, *mu . . .* nach etwas.

Freach subst. 2. masc. Gen. *frich* (wahrscheinlich von *fiar* quer.) die **Lichtung** im Walde (die quer den Wald durchschneidet).

firean adj. (altir. *firian*, von *fir*, *fior*) **gerecht.**
fireun subst. 2. masc. Gen. *freoin* (Compos. aus *fiar* wild, und *eun* Vogel) der **Raubvogel, Adler.**
fitheach subst. masc. (v. sanskr. Stamm *vadh* tödten, nicht von ahd. *fĕdah*, *vedeche*, *Fittig*) der **Geier.**
fiui subst. 4. fem. (ident. mit lat. *pilum*, ahd. *fil*, *phil* **Pfeil**) der **Pfeil.**
flath subst. 3. masc. (altir. *flathe*, verw. mit ahd. *waltan* regieren) der **Fürst,** der **Herrscher.**
flathail adj. (v. vor.) **fürstlich.**
fleadh subst. 3. fem. (altir. *fled*, schwerlich von goth. *fretun fressen*, *fraatjan fretzen* (füttern) aus *fra-itan* von *itan essen*, ἐσθίειν. S. *ad*; wahrscheinlicher ist *fleadh* verw. mit goth. *vairdus*, ahd. *wirti Wirth*, *wirton bewirthen*, was von goth. *vairs* der Mann, hergeleitet wird) das **Mahl, Gastmahl.**
fleagh falsche Schreibart für *fleadh*.
fo praepos. c. dat. et acc. (altir. *fo*, ident. mit Sskr. *upa*, ὑπό) 1. local: **unter**, 2. temporal: **während**, 3. tropisch: *fo bhron* unter Trauer, trauend, *fo dheoir* unter Thränen u. s. w. *Fo m' cheann*, „unter meinem Haupt" = vor meinen Blicken. *Gabh astar fo cheann* einen Weg unter's Haupt, d. h. in's Auge nehmen, ihn zu gehen sich anschicken, ihn betreten. *Fo chruaidh* unter Stahl, d. h. in Banden. *Fo lainn* unter jemandes Schwert, d. h. von ihm bezwungen.
focal subst. 2. masc. (altir. *focul* vom gleichen Stamme wie *vox vocare*. Sskr. *vač* sprechen) die **Rede**, das **Wort** (Ausspruch).
fochar subst. masc. (altir. verb. *fo-chur* nahe sein, v. *cur*, *cuir*) die **Nähe, die Gegenwart.**
foghainn verb. intrs. (altir. *fo-gniu* dienen, eigentlich unter jemand sein, von *gniu* γίγνομαι, *ΓΕΝ*; *fognam* der Dienst) **dienen, gereichen** zu etwas; bei Ossian meist: **hinreichen, genug sein.**
foghar subst. 2. masc. (nicht von *fo* und altir. *gor-aim* warm sein, Sskr. *ghár*, noch weniger von *fo* und *geamhrad* Winter, in welchem Falle *foghar* nicht nach der zweiten, sondern nach der dritten Declination gehen müsste, sondern von dem im altir. *feugud*, das Welken, erhaltenen Stamme *feug* welken, dürr werden, vgl. Sskr. *páka* die Reife) der **Herbst.**
foighneachd subst. 3. fem. (v. *foignich*) die **Frage.**
foighnich verb. trans. (v. altir. *fig* fragen, vgl. Sskr *vighna* die Frage) **fragen.** Gerund. *foighneachadh*.
foil gen. v. *faoil*.
foil adj. (v. altir. *fillim* zögern, goth. *hveilan*, ahd. *wilôn weilen*, Sskr. *véld*) **langsam, feierlich.**
foill subst. 4. masc. (vom gleichen Stamm, wie *foil*) die **Ruhe.** *Gun fhoill* unverzüglich.
foill subst. 4. fem. (ident. mit lat. *fallere*) **Betrug, Täuschung.**
foillsich verb. act. (altir. *foilsig-im* erklären, vom altir. *follus* Klarheit, vgl. Sskr. *varč* leuchten) **offenbaren, entdecken, eröffnen.**
fois subst. 4. fem. (verw. mit Sskr. *vas* wohnen) die **Ruhe** Fionngh. II., 93.
fola s. *fuil*.
foll subst. 1. masc. (von *fill*) die **Flechte, Locke.**
fonn subst. masc. (ident. mit *fundus*) das **Land.**

fonn subst. masc. (ans *fomn, foman,* vom Stamme ΦΑ, φημί, *fari*) die **Sage** (im alten Sinn, d. h.) das **Lied**, der **Gesang** (als Gesungenes und als Akt des Singens).

fosgail verb. transit. (aus *fo* und *sech, sec* wenden, oder noch wahrscheinlicher aus *fo-ess-ic*, von der Wurzel *IC*) **aufthun, öffnen** (die Thore, die Augen). Ger. *fosyladh.*

fradharc subst. masc. (von *friss* = *riss* gegen-hin, und der Wurzel δρς, δέρχω) der **Augenschein**. *Gabh fradharc air* . . . „Augenschein nehmen über etwas" = etwas in Augenschein nehmen. Fionngh., I. 336.

fraoch subst. 1. masc. Gen. *fraoich* (ident. mit *erica,* ἐρείκη, d. i. ῥερείκη, Sskr. *vreṅa* Baum, Wurzel *vṛh* wachsen) 1. das **Haidekraut**, daher 2. die **Haide.**

fraoch subst. masc. (ident. mit ahd. *wuoray* Abspannung, Müdigkeit) **Trost, Beruhigung**. Fionugh. V. 462.

fras subst. fem. (ident. mit Sskr. *vṛsch* regnen) der **Regenguss.**

freagair verb. trsit. (altir. *friss-gair-im* gegenreden, antworten (*frecre* Antwort) von *friss* gegen und *gair-im* rufen, ident. mit γηρύω s. bei *gairm*) 1. **antworten**, ri . . . auf etwas; 2. intrs. **wiederhallen** von etwas. Ger. *freagairt.*

freagairt subst. 5. fem. (ger. von *frayair*) die **Antwort.**

freasdail verb. transit. (vom altir. *friss* gegen, und *dal* gründen, s. bei *dail*) **zurichten, bereiten** (nengäl. besorgen; helfen, unterstützen).

frith subst. 4. fem. (v. Sskr. Wrzl. *vṛdh* wachsen) das **Waldgebirg**, die (verwachsene) **Wildnis**.

fros Nebenform von *fras*, **Regenguss.**

fuadaich verb. transit. (ident. mit *vadere,* ahd. *watan* dringen) **treiben, vertreiben.** Daher **verstören** (Tighm. VI., 375).

fuaim subst. 5. fem. (von der Wurzel *bhd* ΦΑΩ, wie φωνή) 1. der **Schall**, das **Geräusch**, der **Klang**, auch von musikalischen Instrumenten. *Fuaim nan teud*, der Klang der Saiten (sowohl der gespielten, als — Carthonn 196 — der äolsharfenartig vom Wind zum Tönen gebrachten. 2. der **Wiederhall**, das **Echo** (z. B. Tighm. L, 302).

fuaimear adj. (v. vor.) **tönend, laut, rauschend** (von Flüssen). Comp. *fuaimire* und *fuaimoire.*

fuaimneach adj. (v. *fuaim*) **lauttönend, hallend.**

fuair verb. trans. irreg. (altir. *fuire-im* finden, Stamm: *furc*, wahrscheinlich compos. aus *fo* und der Wurzel *rch* kommen (etwas „unterkommen," analog wie in *in-venire*]) **finden**, ergänzt sich gegenseitig mit dem Verb. *faigh* erlangen.

fuar adj. (verw. mit Sskr. *vári* Wasser, lat. *virus* Saft, *virere* frisch sein, vgl. ahd. *frisc* frisch) ursprünglich (in Südasien:) **frisch**, daher dann (in Schottland:) **kalt**. Daher dann **schaurig**, z. B. *aisling fuar* ein schauriger Traum, Tighm. III., 437, IV., 286 Fionngh. V., 506.

fuaradh subst. 3. masc. (Ger. eines Verbalstammes *fuar* kalt sein, oder kalt werden) das **Wettern**, das **Stürmen.**

fuaran subst. masc. (v. *fuar*) die **Quelle.**

fuasach adj. (aus *fuathasach*, von *fuathas*) **schrecklich, grausig, entsezlich.**

fuasgaill verb. transit. (Nebenform von *fosgail* öffnen, oder wahrscheinlicher *fo-uas-icc*) **lösen** (die Bande) Ger. *fuasyladh.*

fuath subst. 3. masc. (altir. *fuat, fuad* Form, Figur, Bild, von der Sskrt. Wurzel *vdh* erschrecken, da die Götterbilder der Kelten nicht Kunstwerke, sondern — vgl. Caes. b. gall. VI., 16 — Schreckbilder waren). 1. **Entsezen, Grausen**, 2. **Götterbild** und als solches: **Schreckbild**, 3. **Gott, Göttererscheinung, Unhold** (Cathlod. III., 36). (Das german. *wuot, wuotan* ist ohne Zweifel verwandt. Der nordische Odhinn ist es speciell, welcher Cathl. 3, 36 als *fuath* bezeichnet wird.) 4. **Geistererscheinung** Tighm. VI., 359.

fuathach adj. (v. vor.) **grausig, grausenerregend**.
fuathail adj. (v. *fuath*) **grausig** (Tighm. VI., 360).
fuathas subst. 3. masc. (von *fuath*) **Schrecknis, Schreckgestalt, Geistererscheinung, Unhold**, (Die *Fuath* und *Fuathas* scheinen von den *taibhse*, den erscheinenden Seelen verstorbener Menschen, verschieden, und eine Art Gottheiten gewesen zu sein. Im Allgemeinen sind es tückische Gottheiten, welche Stürme erregen, bisweilen [wie Tighm. VI., 361] führen sie aber die Gewitterstürme *hinweg*.)
fuil subst. 5. fem. Gen. *fola* (von der Wurzel *fl* in *fluere*, Sskr. *vr̥*, woher auch ahd. *pluot*, mhd. *bluot Blut*) **Blut**.
fuileach adj. (v. vor.) **blutig**; *comhrag fuileach* blutiger Kampf, *lann fuileach* blutiges (viel Blut vergiessendes) Schwert
fuilinn verb. transit. (altir. *fulang* erlauben, nicht von *fo* und einer [nicht nachweisbaren] Wurzel *lang* [Zeuss], sondern *-ang* ist die auch sonst vorkommende Endung, und die Wurzel *ful* ist ident. mit *volo, velle*, βούλομαι) **zugeben, erlauben**, etwas geschehen **lassen, dulden**.
fuirich verb. intrans. (ahd. *wêrên währen*, dauern) **bleiben, verweilen, zurückbleiben**.
fur subst. masc. (ident. mit ahd. *frawôn* freuen, *frawî* Freude; vgl. das sanskr. *pra* in *pramanas, pramud, prahládá* u. a.) die **Freude**.
furan subst. 3. masc. (v. vor.) die **Fröhlichkeit**.
furas adj. (von *fuair* finden, erlangen) **thunlich, leicht, möglich**.
furas subst. masc. (v. vor.) 1. **Möglichkeit, Erreichbarkeit**, daher 2. **Leichtigkeit** und 3. **Ermöglichung, Erlaubnis**.

G.

g, der siebente Buchstabe des Alphabets. Sein gälischer Name ist *goibh*. Media gutturalis aspirabilis.
'*g*, Apostrophirung der praepos. *aig*.
gabh verb. transit. (altir. *gab-im* nehmen, etym. ident. mit *capere*, indem die anlautende Tenuis ausnahmsweise zur Media erweicht ist, vgl. §. 16) **nehmen**, 1. in die Hand nehmen, **ergreifen**, 2. **annehmen, empfangen**. *Gabh . . . fo cheann* einen Weg, eine Fläche „unter's Haupt nehmen," d. h. unter die Augen nehmen (als Ziel des Gehens) d. i. sie **betreten, über sie hinschreiten**. Ebenso *gabh . . .* (allein, ohne: *fo cheann*), einen Ort zum Ziel nehmen, dahin **gehen**, 3. **in's Auge fassen, beobachten**, *gabh da fein an . . .* (Tighm. II., 44). Ger. *gabhail*.
gabhail subst. 2. fem. (Ger. v. *gabh*, altir. *gabal*). Der **Antheil**, den einer empfängt, namentlich an Land.
gach pronominale indecl. (altir. *cach* von *ca, cia*, Sskr. *kim qui* und einem Afformanten, analog wie Sskr. *kiñcit, quicunque*) **jeder**. *Gach aon* jeder einzelne.
gag verb. intrs. (Onomatop.) **stammeln, murmeln**.

gag subst. fem. (aus *yang*, viell. id. mit ahd. *chnussan knicken*) der **Spalt.**
gailbheach adj. (vgl. das altir. *gile* wild, und Sskr. *ḋalp* erregt werden) **ungestüm.**
gaill subst. 4. fem. (ident. mit ζάλη Sskr. *ḋval* sieden, ahd. *quellan*) der **Sturm.** Plur. *gaillean*.
gaillin subst. 4. fem. (v. vor.) der **Sturm** auf der See. Plur. *gaillean*.
gaineamh subst. 3. fem. (wahrscheinlich ident. mit κόνις wie *gabh* mit *capere*, schwerlich mit χόος Schutt von χέω) der **Sand.**
gair subst. 4. fem. Gen. *gaire* (altir. *gér* Stimme *gair-im* rufen, wie Sskr. *gir* Stimme, von *gṛ*, siehe unter *gairm*) das **Lachen, Gelächter.**
gairdeach adj. (v. *gairdich* sich freuen, dies von *gair*) **lustig, fröhlich.**
gairdeachas subst. 3. masc. (v. vor.) **Lustigkeit, Fröhlichkeit.**
gaire subst. 4. fem. (v. altir. *gair*, kurz, Sskr. *çf* abbrechen) die **Nähe,** *a' m' ghaire* bei mir, in meiner Nähe.
gaire subst. 4. fem. (v. *gair*) 1. das **Lachen.** 2. das **Gezisch, Geklirr,** der **Lärm.** (Tighm. V., 296.)
gaireach adj. (v. *gair*) **lachend.** 1. von lachenden Gegenden gebraucht, 2. **plätschernd,** von Bächen, Flüssen.
gairich subst. 4. fem. (von altir. *gair-im* rufen) das **Getöne,** das **Rauschen, Schluchzen** (der Wellen).
gairm verb. intrs. (altir. *gair-im* rufen, ident. mit Sskr. *gṛ* [woher *gir* die Stimme) γηρύω, *garrire*, ahd. *kellan yellen*) **rufen.** Cum dat. oder mit *thuige*, einem rufen.
gairm subst. 4. fem. (v. vor.) der **Ruf.**
gaisgeach subst. 2. masc. Gen. *gaisgich* (v. einem gäl. Subst. *gaisge* (Tapferkeit, dies von einem Verb. *gaise* erschrecken, was vielleicht mit dem altgall. *gais* Speer, verw. ist, vielleicht mit dem altir. *guassacht* Gefahr. Man könnte Sskr. *ḋischna* siegreich, von *ḋi* siegen, vergleichen, oder *hins* verlezen) der **Held.**
gall subst. masc. (von Sskr. *çri* gehen) der **Fremdling.** (Hat nichts zu thun mit *gal*, *ǵeal* der Weisse, der Gäle, Gallier).
gallan subst. 3. masc. (vielleicht von altir. *gel-im* verzehren, abweiden, ident. mit κλάω abbrechen, woher κλάδος, wahrscheinlicher von *geill* nachgeben, vgl. Sskr. *gulma* die Staude) der **Zweig.**
gamhlas subst. 3. masc. (von einem nicht vorkommenden adj. *gamhal*, dies vom altir. *gau*, go Lüge, vgl. γόης von γοάω, was mit Sskr. *ǵai* [singen] ident. ist) 1. **Falschheit der Gesinnung, Boshei t, Misgunst, Hass.**
gann adj. (v. Sskr. Wurzel *gaṇ* zählen, messen) **abgezählt, daher spärlich, wenig, gering, selten.**
gaoir subst. 4. fem. (vom altir. *gor* Schmerz empfinden, wahrscheinlich Nebenform von *gair* schreien) das **Geächze,** der schluchzende, gurgelnde Ton der Wellen.
gaol subst. 1. masc. Gen. *gaoil* (wahrscheinlich von der Sskr. Wurzel *ḋval* brennen) 1. die **Liebe,** als geschlechtliche und als Freundschaft, 2. der **Liebling.**
gaolach adj. (v. vor.) **lieblich.**
gaoth subst 1. fem. Gen. *gaoithe* (altir. *goeth* und *gaid*, Sskr. *gâthâ* Getöne, von *gai* singen) der **Wind.**
gaothair adj. (v. vor.) **windig.**
gar adj. und adv. (gleichen Stammes mit *gaire* Nähe) **nahe.** (Conlaoch 19: *An gar dhuit,* „in Nähe bei dir, nahe bei dir.)
gara subst. masc. (aus *garadh* v. vor.) die **Nähe.** (Conlnoch 182).
garbh adj. (ident. mit *gravis,* vgl. Sskr. *ḋrmbh* schwanken) **schwer,** 1. **schwer von Gewicht, lastend,** 2. **wuchtig, gewaltig** (von

Helden gesagt), 3. furchtbar, wild (von Kämpfen, von Stürmen, Gewittern nnd schwerbereinhängenden Wolken).

garbh-cearbach adj. (comp. aus *garbh* und *cearbach*) wildgefranst, wild-zerrissen (von Wolken).

garg adj. (von der Wurzel *gor* gebildet, analog wie das altir. *guaigur* lügen von *gau* Lüge. Das altir. *gor* heisst: Hize, ident. mit Sskr. *ghôr*, *ghôrmas* lize) hizig, wild.

gas snbst. masc. (aus *gans*, ident. mit *genista* Ginster, schwerlich verwandt mit Sskr. *dharch* decken, *ghaska* Wald, eher mit *gush* dürr sein) der Ginster.

gasda adj. (von Sskr. Wurzel *çué* rein sein, vgl. das altir. *gesachtach* der Pfau) schön.

gasda subst. 3. masc. (aus *gasdadh*, v. vor.) die Schönheit.

gat subst. masc. (altir. *gat-aim* stechen, s. unter *gath*) der Speer. Tighm. III. 465.)

gath subst. 3. masc. (altgall. *gais* Speer, vgl. altir. *gaide* Lanzenträger, vgl. κοντός, von Sskr. *han* tödten, *ghata* Tödtung) 1. der Sprer, der Stachel (z. B. im Neugäl. der Stachel der Biene), 2. der Strahl, *gath na greine* Sonnenstrahl. Plur. *gathan*.

ge (und vor Vocalen *ged*) conj. (altir. *cid*, *cit*, ident. mit Sskr. *kijat* wie viel) 1. c. ind. constr. **obgleich**. 2. c. opt. **selbst wenn**.

gead verb. transit. (vgl. ahd. *gaturo*, *kataro*, Gatter, Gitter) einschliessen.

geal adj. (von dem pers. *jâl* gefroren, lat. *gelu* ahd. *chalt*) weiss, leuchtend. Compar. *gile*.

gealach subst. 2. fem. (v. vor.) die lenchtende (Göttin) d. i. der Mond.

geall verb. transit. (vgl. das altir. *gell* Pfand nnd *giall* Geisel, ident. mit dem ahd. *gisal*, Geisel, s. §. 19) nrsprünglich: verpfänden, durch ein Pfand, sich verbindlich machen zu etwas, daher versprechen, geloben. Ger. *gealladh*.

gealltair subst. 4. masc (von *geill* weichen, Sskr. *glai* müd sein) der Feigling. Plur. *gealtearan*.

geamhradh subst. 2. masc. (altir. *gaim* nnd *gaimred* [wo *red* Afformationssilbe] von Sskr. *hima* Schnee, woraus das keltische *gaim*, *geamh*, andererseits das Zendische *zima*, gr. χεῖμα, χείμων, lat. *hi-ems*, *hi-bernus* sich ableiten) der Winter.

gearr verb. transit. (vgl. das altir. *gair* kurz, Sskr. *çt*) abreissen, abbrechen) abhauen. abschneiden, zerhauen. Ger. *gearradh*.

gearr adj. (altir. *gair* v. vor.) kurz. (Nicht ident. mit *curtus*, was von Sskr. *krt* schneiden, spalten, abzuleiten ist.)

ged s. *ge*.

geibh verb. defect. (Nebenform v. *gabh*) bildet einzelne Formen von *fuair* finden nnd *faigh* erlangen.

geill verb. intrans. (von Sskr. Wurzel *glai* müd sein) nachgeben. den Widerstand aufgeben, welchen vor dem Feinde, sich unterwerfen, dann auch (einer Maid) huldigen (Fionngh. I., 238).

geug subst. 1. fem. Gen. *geig* (ident. mit Sskr. *ganku*, Ast) der Ast. *Geug nan cruach*, ein aus den Felshängen herausgewachsener Ast (nicht: ein Felsenvorsprung) Tighm. III., 141.

geur adj. (von *gearr* hauen, schneiden, Sskr. *çt*) 1. schneidig, scharf (von Schwertern), spiz (von Lanzen), 2. laut (ist vielleicht von *gairm* abzuleiten). Comp. *geire*.

gial subst. masc. (vom altir. *glaine* Wange, *gel-im* essen, vgl. Sskr. *gala* Hals, Kehle) die Kinnlade, der Kiefer, die Wange.

gile s. *geal*.

giomh falsche Schreibart für *cion*.
giorrag adj. (ident. mit ahd. *gruen* Grausen, Sskr. *ghôra*) **erschreckend, schrecklich, furchtbar.**
giorrag subst. fem. (= *giorrachd* v. vor.) **Schrecken, Entsezen, grosse Furcht.**
giulain verb. transit. und intrs. (von *aig* und *iul* der Führer) 1. trans. **führen, leiten, geleiten,** 2. intrs. **sich aufführen, sich benehmen,** auch: **kommen.** Infin. *giulan*. Taibhse fo *ghiulan*, wallende (webende, schwebende) Gespenster. Tighm. III., 192.
giullan subst. masc. (demin. von *gille* Knecht, Bursche, dies verw. mit schwed. *kull* Nachkomme, angels. *cild*, engl. *child*, viell. verw. mit goth. *kilthei* Mutterleib) **Bürschchen, Knabe** (Tighm. III, 161).
igubhas subst. masc. (Von Sskr. *ǵiv* leben), die **Tanne** (als immergrüner Baum).
giusach subst. 3. fem. (aus *giubhsach* v. vor.) **Tannenwald, Tännicht.**
giuthas falsche Schreibart für *giubhas*.
giuthsach falsche Schreibart für *giusach*.
glac verb. transit. (ident. mit Sskr. *grah* nehmen, ergreifen) 1. **ergreifen,** in die Hand nehmen, anfassen, 2. **greifen,** im Sinn von **gefangen nehmen.**
glac subst. fem. (v. vor.) 1. der **Griff,** die **Umarmung,** das **Umfassen** (Fionngh. I., 36); 2. eine **Handvoll.**
glan verb. intrs. (altir. *glan*, von Sskr. Wurzel *çr*, in *çri* Schönheit, gr. γλαύσσω, ΛΑΩ, lat. *lucere leuchten*) **leuchten, hell glänzen,**
glan adj. (altir. *glan* und *gle* v. vor.) **hell, leuchtend.**
glaodh subst. masc. (von altir. *gloid-im*, s. *glaoidh*) **lauter Schrei.**
glaoidh verb. intrans. (altir. *gloid-im* den Mund aufreissen, ohne Zweifel verw. mit *glutire* schlingen, vielleicht auch mit γλωχίν, γλῶσσα, von Sskr. Wurzel *gr*) **schreien, rufen.**
glas adj. (altir. *glas* vom Stamme *çr*, wie *glan* und *glic*. Glas hat gleiche Wurzel mit dem griech. γλαῦκος, dem lat. *glaucus*, dem es dem Sinne nach entspricht) **blassgrau, hellgrau, bleich;** insbesondre **weiss,** von weissen Haaren (während *liath* graue Haare bezeichnet).
glas verb. intrs. (v. vor.) 1. **erbleichen,** 2. **grauen** (vom Morgen gesagt). Ba a' mhaduinn a' ghlasad der Morgen graute.
glasradh subst. 3. masc. (v. *glas*) **Moos, graue Flechten.** (Carthonn 10).
gleann subst. 1. masc. Gen. *glinn* (altgallisch *glan*, Fluss und Flussthal [analog wie Aue] ident. mit Sskr. *ǵala* Wasser) das **Thal.** Fiar-ghleann Querthal, Seitenthal.
gleus verb. transit. (denom. vom Subst. *gleus*) **vorbereiten.**
gleus subst. masc. (verw. mit Sskr. *çila* Natur, Art, Sitte) 1. die **Art,** der **Zustand,** 2. die **Ordnung, Vorbereitung,** 3. speciell die **Schlachtordnung** (Fionngh. I., 589), 4. die Ordnung des Mahles, daher die **Bewirthung,** 5. allgemein: die **Geschicklichkeit, Kunst.**
glic adj. (vgl. das altir. *glicce* Schlauheit, Klugheit, vom altir. *gle* hell und *ic* sehen (Sskr. *ics*), ident. mit ahd. *kluoc* klug, goth. *glaggvaba*, γλαυκός) **klug, weise.**
gliocas subst. masc. (von *glic*) **Klugheit, Weisheit.**
gloir subst. 4. fem. (ident. mit lat. *gloria*, wahrscheinlich Fremdwort neben dem einheimischen *cliu* = *cele-ber*) der **Ruhm.**

glor subst. masc. (v. Sskr. Wurzel *gr̥* sprechen, *giri* Stimme) die **Rede.**

gluais verb. intrs. und trans. (von *aig, ag* und dem altir. *luad* und *lu* gehen, vgl. *cluad* aus *ag-luad* die Aenderung; *lu* ist ident. mit Sskr. *r* gehen, woher auch das ahd. *hlaufan laufen* kommt) 1. intrs. a) **sich in Bewegung sezen** im Gegensaz zu einem bisherigen ruhenden Zustand, daher insbesondere **aufstehen**; b) **sich vorwärts bewegen, vorwärts schreiten** (Tighm. II., 355 als Gegensaz zu *teich* fliehen, V., 396 als Gegensaz zu bisherigen Stillestehen, „Cathmor machte sich auf") überhaupt **gehen**, und **sich bewegen;** *gluais an lamh thar a' chlarsach,* die Hand bewegt sich über die Harfe, spielt Harfe; 2. transit. **in Bewegung sezen,** daher ein Heer **vorwärtsführen,** überhaupt **führen, anführen;** auch **erregen**. Ger. *gluasadh.*

gluasad subst. masc. (v. *gluais*) die **Bewegung, das Vorwärtsgehen, der Gang.**

glun subst. 1. masc. Gen. *gluin*. (Altir. *glun*, wahrsch. irregul. Umbildung aus *gnun* [analog wie in den roman. Sprachen, Diez Gramm. I. 230, 190], dann ident. mit Sskr. *gánu* γννία, γόνυ, genu Knie) das **Knie.**

gnath subst. masc. (v. altir. *gnad, gnath,* gewöhnlich, *gnás* Gewohnheit, von altir. *gən* gewohnt sein, kennen, Ssk. *ǵnā,* γιγνώσκω, *gnoscere,* ahd. *kennan k nnen*) die **Gewohnheit;** *an gnath,* a' *ghnath* **gewöhnlich, stets.**

gne subst. 4. fem. (altir. *gné* Art und Weise, von *GEN, gniu,* γίγνομαι, Sskr. *ǵan*) die **Art, Art und Weise. Gattung.**

gniomh subst. 3. masc. (Altir. *gnim* Handlung, That, von *gniu* erzeugen, thun, γίγνομαι, *ǵan*. Vgl. das lat. *gnavus*) die **That.** Plur. bei Ossian im Sinn von: **die Heldenthaten.**

gniomhar subst. masc. (v. vor.) Plur. tant. *gniomharran,* die **Heldenthaten.**

gnuis subst. 4. fem. (altir. *gnuis,* von *gniu* wie die vorigen) die **Gesichtsbildung,** daher das **Angesicht, Antliz.**

gorm adj. (von *gor-aim* wärmen) urspr. Bezeichnung des warmen und Wärme bringenden blauen Himmels, daher dann: 1. **blau.** Wird gebraucht vom Blau des Himmels, der stählernen Schilde und Waffen, blauer Augen, und der Wasserflächen; 2. **grünlich blau oder blaulich grün,** so heissen Tighm. VIII., 429 die schmalen (mit graugrünem Schilf oder Riedgras bewachsenen) Flächen enger Thäler „*gorm,*" so ebend. v. 444 ein hoch oben auf der Stirn einer blassgrauen Felswand stehender, vom Wind gejagter Strauch (wobei an eine Salweide gedacht werden mag, die die blauliche Unterseite ihrer Blätter zeigt). So hat die Insel Eirinn (Tighm. II., 347) das Prädicat *gorm.* So heissen endlich, Cathlod. I., 80, entfernte Wälder mit vollem Rechte „blau," da solche vermöge des sogenannten Lufttones blaulich, und — wenn Nadelwälder gemeint sind — vollends blau erscheinen. Bezeichnung der *grünen* Farbe ist *gorm* bei Ossian niemals. Compar. *guirme.*

gorm-sciathach adj. (compos. von *gorm* und *sciath*) **blauschildig,** einen blauen Schild habend.

gorm-shuileach adj (comp. v. *gorm* und *suil*) **blauaugig.**

grad adj. (unmittelbar. ident. mit ahd. *hrad, redi, girad,* rasch, was seinerseit von κράτος und der Wurzel *kram* gehen stammt) **rasch, flink, schnell** in seiner Bewegung. Compar. *graide.* Adv. **plözlich.**

gradh subst. 1. masc. Gen. *graidh.* (Ident. mit Sskr. *grdh* begehren.) 1. Liebe, innige, leidenschaftliche, 2. **Geliebter** oder **Geliebte**, abstr. pro concr.

greas verb. intrs. (von der Wurzel Sskr. *çri* gehen) eilen. *Greas air . . .* jemanden **antreiben.**

grian subst. 1. fem. Gen. *greine* (altir. *g.én* und *grian* von Sskr. *ghr* leuchten) die **Sonne.**

grinn adj. (altir. *griende* von *grian*) **sonnig,** 1. besonnt, d. i. **freundlich,** 2. **hell, schön,** 3. Beiname der Harfen, ob **hellglänzend?** oder **helltönend?**

gruaidh subst. 4. fem. (altir. *gruad* die Wange, vgl. Sskr. *ghrá* riechen und küssen) ursprünglich wohl die Nase, daher das **Profil** des Gesichtes, daher 1. die **Wange** oder 2. allgemein: das **Angesicht.** *Coimhead fo'n gruaidh,* „unter dem Gesicht hervorblicken," d. h. scheu, mit gesenktem Angesicht nach etwas blicken (Tigm. VIII., 501).

gruaim subst. 4. fem. (vielleicht Fremdw. ahd. *gram* Unmuth. *Gram*) **Düsterkeit,** 1. **düstere Stimmung, Kummer, Gram, Sorge.** 2. **Wuth** Tighm. VI., 73 u. 101. 3. **Dunkel, Abenddämmerung** (Tighm. IV., 174).

gruamach adj. (v. vor.) düster.

gu 1. praepos. c. dat. et acc. (Umbildung von *aig*, Sskr. *aćća,* altir. *co*) zu einem Gegenstand oder Orte hin. Temporal bis zu einer Zeit. Wirkt aspirirend. 2. Vor Adjectiven ist es die Adverbienbildende Partikel s. §. 141.

gu, gu'n. gur conj. synt. dass (=ὅτι) s. §. 283.

guall subst. 1. masc. (aus *cuall, cubhal,* ident. mit *scapula,* ahd. *scul-tarra*) die **Schulter.** Plur. *guaill.*

guallann subst. fem. (v. *guall*) die **Schulter.**

gucag subst. fem. (von einem Stamm *guc, gunc,* einer Reduplic. von *GEN,* wie lat. *gignere*) der **Spross, Keim** einer Pflanze.

gucagach adj. (v. vor.) hervorsprossend.

guineach adj. (ident. mit ahd. *kuon* kühn, was vom goth. *kuni*, γένος, S. *ǵan* abzuleiten ist) **wild, hizig, zornig.**

gun praepos. c. acc. (altir. *cen,* vom Stamme *cian* Mangel, wie *sine* von *sinere*) **ohne.** Wirkt aspirirend.

gun' = gu na, **dass nicht** (Tighm. III., 184).

gur conj. synt. siehe *gu.*

gus 1. praepos. c. acc. (aus *gu-as* mittelirisch *cus*) **bis zu,** auch: **gegen hin.** 2. conj. synt. *gus an* **bis dass,** auch: **damit, auf dass,** *gus nach* **damit nicht,** s. §. 286 und 288.

guth subst. 3. masc. (ident. mit Sskr. *gáthá* Gesang, von *gai* singen, tönen, vgl. altir. *goith-im* locken mit der Lockstimme) die **Stimme** des Singenden wie des Sprechenden. Oft geradezu für **Rede.** *Guth carraig,* „Stimme des Felsen," das **Echo.** (Tighm. VI., 15).

H.

h, gälischer Name *huath.* 1. Zeichen der Aspiration. 2. Bindelaut §. 43 und 94 und Zusaz zu §. 141.

I.

i, achter Buchstabe des Alphabets. Sein gälischer Name ist *iogh*. Vocal.

i pron. pers. 3. fem. sing. **sie** (lat. *ea, eam*). Cum suff. emph. *i-se.*

iad pron. pers. 3. plur. sie (*ii, eae, eos, eas*). Cum suff. emph. *iad-san*.
iadh verb. intrs. (altir. *éit* gehen, von Wurzel *i*, λίναι, ἰ῾ε) 1. **wandeln**, *versari*, daher soviel wie **existiren** (Tighm. V. 359).
2. **sich krümmen, sich biegen**, daher *iadh mu* . . . sich um etwas herbiegen = **etwas umgeben, sich heranwälzen** Tighm. VI., 29; etwas mit den Augen umgeben = **sich im Kreis umher umsehen nach etwas** Tighm. V., 165. 3. *Jadh* c. acc. einen Feind **umgehen**. Tighm. II., 406. *Ay iadhadh mu* ist zuweilen blosse Verstärkung von *mu*, sowohl in der localen als in der causalen Bedeutung. (Z. B. Tighm. I., 692, *comhragh ay iadhadh mu chliu*, Kampf um Ruhmes willen.) *Bi ag iadh mu* . . . auf etwas bedacht sein, *aliquid moliri*, Tighm. VIII., 148. 4. **Schweifen, sich verirren**, Tighm. II., 523.
ialadh verb. intrs. (Corruption aus *eunlaidh*) **schleichen**.
iall subst. fem. (vom Stamme ἴλλω herumwinden) der **Riemen**, die **Bande**, womit Besiegte und Gefangene gebunden werden. *Cuir fo ialla* in Bande legen.
iar subst. indecl. fem. (von der altir. praepos. *iar* hinter, nach) der **Westen** (die hinten liegende Gegend, indem der Gäle sein Antliz nach Osten gewendet denkt).
ibh-caol adj. (comp. aus *eibh* und *caol*) **tödtlich-eng**. Calthoun 258, *ialla ibh-caol*, tödtlich-enge Bande.
iargul subst. masc. (aus *ergul* von *er-egim*, *air-egim* klagen) **Wehgeschrei, Getöse, Lärm, Beunruhigung.**
iarn subst. masc. (altir. *iarn, iaran*, skand. *jdrn*, goth. *eisarn*, Sskr. *sdram* v. d. Wrzl. *sa, sad* fest; ob *ferrum* damit verwandt, ist zweifelhaft) **Eisen**. (Neugäl. *iarrunn*.)
iarnadh adj. (v. vor.) **eisern, eisenhart**.
iarr verb. transit. (ident. mit ἔρομαι, εἴρω) 1. **fragen**, 2. **fordern, verlangen**. Ger. *iarradh*.
iarraidh subst. 4. fem. (v. vor.) die **Frage**, die **Bitte, Forderung**.
iasg subst. masc. (ident. mit *piscis*) der **Fisch**.
ibh verb. trans. (Sskr. *pi*, πίνω *bibo*) **trinken**.
imchein adj. (v. *imich*) **fern**.
imeachd subst. 3. fem. (ger. v. *imich*) das **Gehen, der Gang**.
imich verb. intrs. (Stamm; *im-*, ident. mit εἶμι vom Wurel *i*) **gehen, wallen**.
imrich 1. ger. von *iomairc*. 2. Nebenform von *iomraich* **tragen, führen**.
innis subst. 4. fem. (altir. *inis*, mit *insula*, νῆσος, von Sskr. *snd* sich baden, νέω schwimmen) die **Insel**.
innis verb. transit. (Corruption aus dem altir. *saig-im* an-sagen, vom Stamme *saig, seg*, ident. mit ahd. *sagàn sagen*, Sskr. *çans*) **ansagen, erzählen, berichten**.
innse subst. 4. fem. (altir. *innsce, insige*, v. vor.) **Erzählung, Bericht, Kunde**.
inntinn subst. 4. fem. (von der altir. praepos. *in* in) das **Inwendige, das Gemüth**.
iochd subst. masc. (vom altir. *icc* retten, heilen, *iccthe* geheilt, genesen, ident. mit ὑγιής) **Mitleid, Edelmuth**.
iolair subst. 4. masc. (*iol-air* ident. mit *aquil-a*) der **Adler**.
iomadh adj. (altir. *imde* reich, reichlich, viele, v. altir. *imbed* Reichthum, dies v. Verb. *imb* [*imbether*] existiren, comp. aus *in* und *bi*, da-sein) **viele**.
iomain verb. transit. (alt. *imm-an* fortschicken, von *imme*, um, und *an*, entlassen, was vielleicht ident. mit ἵημι ist) **treiben, forttreiben, jagen**. Ger. *ioman*.

iomair verb. intrs. (von *imm* um, und *air-igur* thun, ident. mit Sskr. *ŗ* sich bewegen) **spielen**, besonders vom Waffenspiel. Ger. *iomairt*.
iomaire verb. transit. (altir. *imm-aire-im* richten, Richtung geben, von *imm* um nud *aire* vgl. Sskr. *ŗju* recht, gerichtet) **entfernen**. Ger. *imrich*.
iomairt subst. 2. fem. (ger. von *iomair*) 1. **Spiel, Waffenspiel**, 2. **Kampfgetümmel**.
iomall subst. masc. (von *imm* um) der **Umkreis, Umfang**, daher der **Rand**, die **Grenzlinie**.
iomraich verb. transit. (aus *iomrathaich*, altir. *imm-rathaich*, *immrad-nim* überdenken, besprechen, von *rat* denken, ident. mit ῥέω, ῥῆμα, ahd. *ráthan rathen*, woraus *rēdan reden*) **erzählen**.
iomraich verb. transit. (von *imm* und einem mit ahd. *rihhan reichen* identischen Stamm) **tragen, eine Waffe führen**.
ion subst. indecl. (v. altir. *inne Sinn*, v. *in* in) **Richtigkeit, Recht**. In der Redensart *is ion do ...*, er hat Recht.
ionad subst. masc. (vom altir. *in* in, das, worin etwas ist) der **Platz**, die **Stelle**.
ionganntas subst. masc. (vom altir. *gen* (s. unter *gnath*) und *in* privat. eigentlich: die Ungewohntheit) das **Erstaunen**, die **Verwunderung**.
ionnsaidh subst. 4. fem. (vom altir. *in-sad-aim* werfen, von *sad* werfen, ident. mit Sskr. *sad* 6, causat. zu Boden werfen) 1. der **Angriff**; *tug ionnsaidh air* ... einen Angriff machen auf ... 2. tropisch: die **Werbung** um Liebe, Bewerbung um ein Mädchen, **Brautwerbung**.
iorguill subst. 4. fem. (altir. *irgal* Gluth, und: Waffe, von einem Stamm *irg*, der noch in *airdrech = aith-irg* „Ueberdruss" vorhanden, und schwerlich mit Sskr. *rusch* zürnen, eher vielleicht mit *ira, irasci*, oder etwa mit *arc*, schlimm, geizig [woher Aerger] identisch ist, und die Bedeutung: „Ueberdruss und Unwillen empfinden" gehabt haben muss) die **Empörung**, der **Aufruhr**.
iosal adj. (altir. *isil, isel* unten befindlich, der untere, von der altir. praepos. *is* unterhalb) **niedrig-gelegen, unten befindlich**. *Bi air iosal* zu **Boden liegen**, todt sein. *Fo 's iosal* „unterm niedrigsten" = **heimlich** (Tighm. VII., 212),
irich andere Schreibart für *eirich*.
is s. das verb. *bi* §. 131. Ueber den syntact. Gebrauch s. §. 251 ff.
is conj. parat. (Zusammenziehung aus *agus*) **und**.
isle subst. 3. fem. (v. *isil*, s. unter *iosal*) **Senkung**. *Isle na gaoith*, der niederfahrende Wind (Tighm. III., 366).
isleadh unrichtige Schreibart für *isle*. (Müsste masc. sein.)
islich verb. intrs. (v. *isil*, s. unten *iosal*) **untergehen**. Ger. *isleach*.
ite subst. 4. fem. (von gleicher Wurzel mit Sskr. *patava* Vogel, πέτομαι fliegen [Sanskr. *pat* sich aufwärts und abwärts bewegen, sich senken, auffliegen], daher ident. mit ahd. *fĕdah*, ahd *vĕtech* Fittig; von *fĕdah* kommt auch *fĕdara Feder*) die **Feder** des Vogels.
iteach subst. 3. fem. (v. vor.) das **Gefieder**.
ith verb. trans. (altir. *ith-im* essen, ident. mit lat. *edere*, ahd. *ëzan essen*) **essen**.
iul subst. 1. fem. (von der Wurzel *i* gehen) 1. die **Führung**, 2. der **Weg**, den man geführt wird, 3. der **Führer**. *Jul-Eirinn* „Führer Eirinn's," Name eines Sterns, Tighm. IV., 29.
iutadh subst. 3. masc. (entweder von *ite*, oder der Wurzel *u*,

πέτομαι fliegen: der flüchtige, beflügelte, oder ,von Sskr. *puth*, tödten, der tödtliche) der **Pfeil.**
iuthar subst. masc. (viell. falsche Schreibart für *iuchar*, was mit πεύκη ident. sein könnte) die **Eibe,** der **Taxus.**

L.

l der neunte Buchstabe im Alphabeth. Sein gäl. Name ist *luish*. Unaspirirbare Liquida.
la subst. masc. irreg. (contr. aus *latha*) der **Tag,** s. §. 79.
labhair verb. trsit. (altir. *labar* reden, Rede, denom. vom indogerm. Stamme *lab*, *labium* Lippe) **sprechen.** Ger. *labhairt*.
labhairt subst. 4. fem. (ger. v. vor.) die **Rede.**
labhara adj. (aus *labharadh*, v. vor.) **beredt.**
labhra adj. (aus *labradh*, v. *labhar*) **gesprächig.**
ladarna adj. (vom altir. *lathar* Versuch, vom Stamm *lath* versuchen, der viell. mit *ladere*, keinenfalls aber mit τλάω verwandt ist) wer alles mögliche, auch das schwierigste versucht, **waghalsig, tollkühn.**
lag adj. (altir. *laig* klein, ident. mit Sskr. *laghu* leichtwiegend) **schwach** an Körperkraft.
lagach adj. (v. vor.) **schwach.** Tighm. III, 263. „Die Schwachen entfernten sich nach einander von Foldath's Seite."
laidir adj. (von Sskr. Wurzel *rdh* wachsen, ahd. *liudan* wachsen, woher *lauths* Jüngling und *liud Leute*) gross von Wuchs, **stattlich, kräftig,** daher stark in jedem Sinne.
laigse subst. 4. fem. (von *lag*, altir. *lagait*) 1. die **Schwachheit,** 2. abstr. pro concr. die **Schwachen, das schwache Geschlecht.**
lamh subst. 1. fem. Gen. *laimhe* (altir. *lám*, von der Wurzel *labh* λαμβάνειν) die **Hand.**
lamh.gheal (comp. aus *lamh* und *geal*) 1. subst. die **Weisshandige,** die **Weisshand,** 2. adj. **weisshandig** (z. B. Tighm. VII., 330).
lan adj. (altir. *lan*, ident. mit *plenus* von der Wurzel *pr*, Sskr. *pûr*, füllen, *prta* voll, gross, πίμπλημι, altir. *lín*, ahd. *follôn füllen*) **voll.** Von einer Flamme: im vollen Lodern, Carraigth. 320.
lanabh subst. masc. (vom gleichen Stamm wie das altir. *lanamnas*, *lanamen*, Ehe, Familie, s. d. folg.) das **Kind.**
lanmhunn subst masc. (alt. *lanamen* Ehe, von *lan* füllen, befruchten) die **Familie, Verwandtschaft, Freundschaft.**
lann subst. 1. fem. Gen. *lainne* (id. mit *lamina*) die **Klinge,** das **Schwert.**
laoch subst. 1. masc. Gen. *laoich* (verw. mit λαός von der Wurzel λάω erblicken, überblicken, Sskr. *lôk*) der **Kriegsmann, Dienstmann** des Anführers (collectiv Tighm. VI., 32) Plur. die **Mannen, das Heer.**
lar subst. masc. (altir. *lár* Grund und Boden, schwerlich vom lat. *lar-es*, vielmehr aus *la-ir*, ident. mit λᾶος Stein, ahd. *leia*) der **Erdboden.** *Air lar*, auf der Erde (liegend).
larach subst. fem. (v. vor.) das **Schlachtfeld.**
las verb. intrs. (vgl. das altir. *lassar* die Flamme, Sskr. *las* leuchten, vgl. ahd. *lohjan* lodern, *lohe* Lohe) **lodern.**
lasair subst. 4. fem. (v. vor.) die **Flamme.** *Lasair 'an oidche* Tighm. V., 276, ist (im Unterschied von *tein' oidche*) ein in der Nacht von Menschen auf der Haide angezündetes Feuer.
latha (altir. *laithe* ident. mit *lu-men*, *lux*, ahd. *lioht Licht*, Sskr. *ruć*) Grundform von *lá* Tag. §. 79.
le praepos. c. dat. et acc. (Abkürzung von *leis*, altir. *las*, *la*, *li*, s. unter *leis*) 1. **mit, sammt, in Begleitung;** *comhrag le tuille*, Kampf mit der Mehrzahl (gegen eine Mehrzahl) Tighm. V.,

221. 2. **mit, mittelst,** 3. **zum Zweck von . . . , zu,** *thainig le comhrad,* er kam mit Kampf(gedanken), d. h. zum Kampf, um zu kämpfen. 4. beim Passivum: **von** (im Sinn des lat. *a*), *chithear leam,* er wird von mir gesehen.

leaba subst. fem. (altir. *lepad,* neben *lige,* vgl. Sskr. *lamb* niederfallen) **das Bett, Lager, Schlafstätte.**

leac subst. 1. fem. Gen. *lic* (altir. *liac, liacc,* ahd. *leige* neben *leia,* λᾶος, rheinisch *Leie*) **der Stein,** spec. **der Grabstein,** 2. **der Felsabhang.**

leac subst. 1 masc. Gen. *lic* (ident. mit *lacus*) **Teich, Pfütze.**

leadan subst. masc. (würde einer altir. Form *latan, lat,* entsprechen, vgl. Sskr. *latá* Schlinggewächs) 1. die **Flechte, Haarflechte, Locke,** 2. die **Flocke.**

leag verb. transit. (ident. mit adh. *lagjan, legen*) 1. **legen,** 2. **erlegen, fällen.**

leam **mit mir; von mir** s. §. 150.

lean verb. trans. und intraus. (entspricht dem griech. ἐλαύνω v. ἐλάω, von der Wurzel *el* = Sskr. *r* gehen) 1. trs. **vor sich hertreiben, jagen, verfolgen,** 2. intrs. **folgen.** Ger. *leantuinn.*

leanabh falsche Schreibart für *lanabh,* **Kind.**

leanmhuinn subst. fem. falsche Form für *lanmhann,* **Familie** (was man irrig, weil ohne Beachtung des Altirischen, von *lean* folgen, ableitete).

lear subst. fem. (ident. mit *liquor* von Wurzel *li* flüssig sein) das **Meer, die See.**

learg subst. fem. (ident. mit altsächs. *lari leer*) die **Matte** (mit Kräutern bewachsener Bergabhang).

leat **mit dir, von dir** s. §. 150.

leath, leathe **mit ihr, von ihr** s. §. 150.

leathad subst. masc. (altir. *lethit.* ident. mit lat. *latus* die Seite) die **Seite eines Berges, die Halde, der Abhang.**

leathan adj. (altir. *lethan,* ident. mit lat. *latus, a, um* breit) **breit.**

leibh **mit euch; von euch** s. §. 150.

leig verb. transit. (altir. *leic,* ident. mit lat. *linq-uere, lic-tus,* Sskr. *rah*) **lassen,** 1. **weglassen,** 2. **entlassen,** 3. **zulassen, gestatten,** 4. **behaupten** (Fionngh. I., 58x).

leinne **mit uns, von uns,** s. §. 150.

leir adj. (altir. *leir* glänzend, edel, kostbar, ident. mit ahd. *lêrjan,* klar machen, *lehren*) **hell, einleuchtend, offenbar.** *Gu leir,* 1. **offenbar** (subjectiv) daher 2. **gänzlich, durchaus, ganz und gar** (objectiv).

leirsinn subst. 4. masc. (v. *leir*) das **Hell- und Offenbar-sein,** 1. subj. das **Augenlicht** (im Gegensaz zur Blindheit), 2. obj. der **Anblick, die Sicht.**

leis **mit ihm; von ihm** s. §. 150.

leis praepos. c. acc. (vom Nominalstamm *lethit* Seite, siehe unter *leathad*) ursprünglich **zur Seite,** daher **sammt, mit.**

leo **bei ihnen, bei sich** §. 150.

leon subst. masc. (altir. *lenomun,* der Strich, von einem Stamm *len,* ident. mit *linere*) **der Streich, Hieb,** die **Wunde.**

leor subst. (adj. adv.) (altir. *lour,* ident. mit *plus, plures* wie *lia* mit πολύς) **Menge, genügende Menge,** daher **genug.**

leum subst. intrs. (v. Sskr. Wurzel *lamb* fallen) **springen,** z. B. über einen Bach; **hüpfen** (von Rehen gesagt). In causat. Sinn: **springen machen, erregen** Tighm. VI, 319.

leum subst. masc. (v. vor.) der **Sprung.** Tighm. VI., 302, abstr. pro concr. = der **Springer.** V. 373: die **Stromschnelle.**

leumach adj. (v. *leum*) springend, hüpfend.
leumnaich verb. intrs. (v. *leum*) sprudeln. *Fuil a leumnaich mu chruaidh*, der Stahl trieft von Blut. Tighm. I., 65.
leus subst. 1. masc. Gen. *leois* (von gleichem Stamme mit *lumen*, *lux* *Licht*) Licht, Schimmer, Glanz.
liath adj. (von ΛΛΩ, wie λευκός)grau, ursprünglich hellgrau im Gegensaz zu schwarz; bei Ossian bezeichnet es das eigentliche Grau, während *glass* das Silbergrau oder das Silberweiss. Compar. *leithe*.
liyhe falsche Schreibart für den gen. *lic* von *leac* See.
linn subst. 4. fem. (altir. *lin* und *linn* der Theil, die Menge, von *lin* = *lan* füllen; ident. mit *plenus*, πίμπλημι; bei Ossian und im Neugäl. ein anderes *linn*, verw. mit *lanabh*, von *lin*, *lan*, im Sinn von befruchten, erzeugen) Nachkommenschaft, Geschlecht, Generation.
linne subst. 4. fem. (ident. mit ahd. *rinna* Rinnsal, v. *rinnan* rinnen, von Wurzl *r* gehen), Rinnsal, Wassermenge, ein See.
lion verb. trans. (s. unter *lan*) füllen sättigen.
lionadh subst. 3 masc. (v. vor.) die Fluth (im Gegensaz zur Ebbe). Tighm. VI., 146 bildlich = Menge, Höhe.
loch subst. fem. (ident. mit *lacus*) der See.
lochd subst. masc. (altir. *luchd*, ident. mit *luctus*, *lugere*) 1. Unglück, Misgeschick, 2. causa pro eff. ein Fehler in der Schlacht, der einen schlimmen Ausgang herbeiführt.
lochd subst. masc. (vgl. altnord. *lugn* Ruhe, goth. *ga-laugnjan* verbergen, und *lukan* zuschliessen) Schlummer.
loingeas subst. fem. (von *long*) die Flotte.
loisg verb. transit. (altir. *losc* verbrennen, causat. von *las* brennen, vgl. das ahd. *lëscan* und *leskjan* etwas bis zu Ende verbrennen, *löschen*) 1. verbrennen, auch entzünden (Tighm. V., 79), 2. intrans. (vom Feuer gesagt) brennen. Ger. *losgadh*.
lom verb. transit. (gleicher Wurzel mit λεῖος, *laevus* v. λεαίνω verw. mit λάω) ursprünglich glatt machen, daher entblössen, leer machen, veröden.
lom subst. masc. (v. vor.) die Leere.
lom adj. (v. verb. *lom*) 1. bloss, nackt, 2. kahl, 3. glatt. Gen. *luim*.
lon subst. fem. (altir. *loth*, ident. mit *lutum*) der Sumpf, der Morast.
long subst. 1. fem. Gen. *luinge* (altir. *luam*, Schiff, von Sskr. *plu* schwimmen. ident. mit Sskr. *plava*, πλοῖον) das Schiff.
lorg subst. fem. (altir. *lorc* der Fusspfad, hängt mit *lu* gehen, zusammen; Mittelglieder unbekannt) die Spur.
lot subst. masc. (vgl. altir. *losthar* Haut, von *loath* [schinden?] vgl. *laedere*, und altir. *lond*, *lund* grausam) die Wunde.
luachar subst. 2. fem. (hat nichts zu schaffen mit dem altir. *luachar*, *lucerna* einem Fremdwort. Sondern von *plu* Sskr. schwimmen, wie das verw. griech. φλοῦς v. φλέω) die Binse.
luachrach adj. siehe *dubh-luachrach*.
luaidh verb. transit. (ident. mit *laud-are*) erzählen, besingen, zeigen, darstellen.
luaidh subst. 4. fem. (v. vor., ident. mit *laus*) das Lied, Loblied, worin ein Held besungen wird. (Daher das franz. *lay*, *lai*, das ahd. *liod* Lied.)
luaidh subst. 1. fem. (altir. *lud* Lust, Freude, ident. mit *laetus*) die Freude, gewöhnlich als abstr. pro concr. „*mo luaidh*" meine Lust = meine Geliebte, *a luaidh* seine Geliebte. (Z. B. Caomhmhala 117.)

luath adj. (altir. *luad*, schnell, beweglich, von *lu* gehen, sich bewegen, Sskr. *ṛ* gehen) **schnell, eilig**.

luathas subst. 3. fem. (v. vor.) **Schnelligkeit, Eile**.

luath-chasach adj. (v. *luath* und *cas*) **schnellfüssig**.

lub verb. trst. und intrst. (ident. mit Sskr. *lup* sprechen) **sprechen** (Tighm. II., 229).

lub verb. trst. und intrst. (nicht ident. mit θλίβω, was von θλάω, *terere*, Sskr. *tarunas*, *talunas* kommt, sondern verw. mit *globus*, *glomus*) 1. **krümmen, biegen**, daher *lu* an *taifeid* den Bogen spannen (wobei die Sehne durch den angezogenen Pfeil in einen Winkel gebogen wird), 2. **kräuseln** und iutrs. sich **kräuseln**. (Daher das eugl. *lub* kräuseln).

luchd subst. masc. (Altir. *luct* Schaar, Abtheilung. Ist eigentlich *lauchat*, mittelir. *laochadu* Mannschaft, s. *laoch*, vgl. das ahd. *liut* Volk) die **Mannschaft**, daus allgemein die **Leut**.

luidhe subst. 4. fem. (Ger. eines ungebräuchlich gewordenen Verbalstammes *(lij)*, woher altir. *lije* das **Lager**, ident. mit ahd. *ligun*, *likhan* *liejen*, daher verwandt mit *lucus*) das **Liegen**, die **Lage**.

luigh subst. 4. fem. (v. Wurzel *ruh* wachsen, vgl. *lucus*) **Kraut, Pflanze**. *Na luighean* die Kräuter, Tighm. V., 199.

luireach subst. 2. fem. Geu. *luirich* (altir. *luirech*, ident. mit *lorica*, viell. Fremdwort) der **Panzer**.

lurach adj. (vom gleichen Stamme mit *leir*, *leus*) **strahlend, glänzend**.

M.

m der zehnte Buchstabe des Alphabets. Sein gälischer Name ist *muin*. Liquida aspirabilis.

'm Apostrophirung. A) vor Nominibus 1. für den Artikel *am*, 2. für *an* am, 3. für das pron. poss. *am* (*eorum*, *earum*); B) vor Verbis: 1. für das pron. relat. *am*, 2. für die Fragpartikel *am*.

m' Apostrophirung: 1. vor einem Nomen: für das pron. poss. 1. sing. *mo* **mein**, 2. vor dem Artikel *a'* oder dem pron. poss. 3. sing. *a* (seiu, ihr): für *mu* **mn**.

ma conj. synt. (altir. *ma*, *mas*, *matu*) **wenn**, c. pot. zur Bezeichnung einer als möglich gedachten einmaligen Handlung. *Ma tuiteas mi*, wenn ich (etwa) fallen sollte. Vgl §. 289.

mac subst. 1. masc. Gen. *mic* (altir. *mac*, *maco* **Sohn**, ident. mit goth. *magus*, altsächs. *magu* Knabe, wovon das fem. *magad* **Magd**, Mädlein) der **Sohn**.

mach adv. (von *magh* das Feld) **aussen**. *A' mach*, **heraus** (wörtl. in *campum*).

machair subst. 5. fem. (von *magh*) das **Gefilde**, die **Ebene, Flur**.

maduinn subst. 4. fem. Gen. *maidne* (altir. *matin*, ident. mit *matutinus*) der **Morgen**.

mag und **magh** subst. fem. (altir. *mag*, *magen* Ort, Stelle, Gegend, Feld, Sskr. *mahí*) das *ofne* **Land** im Gegensaz zur Wohnung und Wald, das **freie Feld**, insbes. das **Schlachtfeld**.

mag subst. fem. (altir. *mocoll* Handfläche, verw. mit Sskr. *madman* Stärke, *mahdmi* schüzen, *magham* Vermögen [vgl. *manhdmi* wachsen und *mahat* gross] μῆτος, ahd. *magan* vermögen) die **Hand**.

maghann nom. prop. (Sskr. *maghá* das Sternbild des Löwen) Name eines Sternbilds. Tighm. VII., 263: *Ceonn-maghann*,

„Haupt des Maghann" (des Löwen?) wahrscheinlich Regulus, der auf der ganzen nördlichen Hälfte der Erde sichtbar ist).

maide subst. 4. masc. (goth. *maitan* abhauen, ahd. *meizan mezeln*, lat. *mandere*, vergl. rhätoromanisch *mazza*, die Keule) der **Stock, Stab**.

maile subst. 4. fem. (entw. vom altir. *mail* glatt, s. unter *maol*, oder verw. mit goth. *mela* Scheffel (Malter), angels. *mele* Schüssel, Korb) der **Panzer**.

maille adv. (compos. aus *mu* und *aille*, um den andern her, mit einander) **zusammen**. *Maille ri*... zusammen mit.

main adv. (ident. mit μόνος, vgl. Sskr. *muni* der Einsiedler) eigentl. das Alleinsein. *A mhain* „(in) seiner Einsamkeit," d. i. **allein**.

main subst. fem. (ident. mit μανία, μαίνεσθαι) das **Entsezen**.

mair verb. intrst. (ident. mit *morari*, vgl. μωρός langsam) **dauern** (eine Zeit hindurch) **bleiben, am Leben sein, wohnen**.

maireach subst. (goth. *maurgins*, ahd. *morgan*, *Morgen*, entw. ident. mit lat. *marcus* spät, ahd. *morgen* aufschieben, oder mit lat. *mergere*) der **morgende Tag**. *A' maireach* **morgen**.

mairg adj. (vom altir. Verb. *merc* dahinschwinden, Sskr. *mrḡ* austrocknen) urspr. **abgemagert, daher elend, jämmerlich**. *Sonn nach mairg* „ein Held, der nicht elend" = ein stattlicher, gewaltiger Held.

maith adj. (altir. *maith*, ident. mit lat. *mitis*, vgl. Sskr. *maitra* gütig) **gut, gütig**.

maitheas subst. 3. masc. (v. vor.) die **Güte**.

mala subst. 3. fem. (ident. mit lat. *mala* Wange) 1. das **Angesicht**, 2. spec. die **Augenbrauen**, der obere Theil des Gesichtes, 3. die **Oberfläche** (wie עַל־פְּנֵי) z. B. Tighm. II. 395.

mall adj. (altir. *mall* langsam, ident. mit lat. *mollis* aus *molvis*, goth. *milds mild* (Sskr. *mṛdu*?) μαλθακός) **weich, daher sanft, ruhig**, auch **langsam**.

maoile subst. 4. fem. (v. altir. *mail* kahl, s. unter *maol*) die **Kahlheit**.

maoin subst. 4. masc. (altir. *maine* Kostbarkeit, Schaz, vgl. Sskr. *māna* Ehre) **Schaz, Vorrath, Reichthum**.

maoin adj. (v. vor.) Tighm. VII., 137 im Sinn von **glücklich, froh**.

maol subst. 3. fem. (v. altir. *mail* kahl, gäl. *maolaich* abstumpfen, ob mit goth. *malan* malen, *malvjan* malmen, lat. *molere* μόλλειν, Sskr. *mṛd*, verw.?) **Vorgebirge**.

maoth adj. (Nebenform v. *maith*, von altir. *moith-im* weich werden, ident. mit lat. *mitis*) **zart**.

mar praepos. cum dat. und acc. und conj. synt. (altir. *amal*, ident. mit *simul*, *similis*) 1. praepos. **gleich wie**, 2. *mar a*, *mar an sowie*, 3. *mar gu'n*, c. opt. **wie wenn**.

mar conj. synt. (auch *mur*) (entstanden aus *ma ni*) **wenn nicht** c. opt. s. §. 289.

mara s. *muir*.

maraiche subst. 4. masc. (v. *muir*) der **Seemann**.

mar-aon adv. (aus *mar* und *aon*) „wie Ein Mann," **miteinander, zugleich**.

marbh adj. (altir. *marb* v. d. sanskr. Wurzel *mṛ*, *mori*) **todt**.

marbh subst. (v. vor.) der **Tod**.

marbh verb. trsit. (denom. v. *marbh*) **tödten, morden**.

marcaich verb. intrs. (vgl. altir. *marcach*, gall. *marca* der Reiter, vgl. ahd. *marach*, *mara* Märe, Pferd) **reiten**.

mar-ri praep. c. acc. (von *mar* und *ri*) **zusammen mit**, local und temporal (Tighm. VI., 154; VII., 213; Cathlod. III., 102).

mar so, „wie dieses," d. h. so.
math neugäl. Form für maith.
mathair subst. 1. fem. Gen. mathar. (Ident. mit Sskr. mútr, μήτηρ, mater, ahd. môter vom Naturlaut ma, und nicht von Sskr. má messen, was dann nebenhei gebären heissen soll!) die **Mutter**.
meadhon subst. 3. masc. (altir. medón, ident. mit Sskr. madhja, μέσος, medius, ahd. mitti, mittamo, mitten, Mitte) die **Mitte**. Am meadhon c. gen. **inmitten, unter, zwischen**.
meagal adj. (v. altir. mec schrecken, vgl. Sskr. makara Ungethüm) **erschrecken, aufgeschreckt**. Fionngh. I. 92.
meall verb. transit. (v. altir. mal übel, ident. mit lat. malus) **betrügen**.
meall subst. 1. masc. Gen. mill (ident. mit μῆλος, nicht mit moles) 1. **Knopf. Beule.** 2. **Hügel.** 3. **Klumpen** (Nebels).
meallan subst. 2. masc. (v. vor.) der **Hagel**. C!och-meallain **Hagelkorn**.
meamnach adj. (vgl. das altir. memniche Uneinigkeit, aus mén-mniche, von mén-inur uneinig sein, ident. mit Sskr. manju Zorn, μῆνις, μαίνομαι (vgl. minari) — und mniche, subst. verb. von men-im denken, ident. mit Sskr. man denken, vgl. mens, μένος) **streitlustig, kampfgierig**.
meang subst. masc. (ident. mit ahd. mangen entbehren, woher mangolôn mangeln, verw. mit μινύς, minus vgl. das altir. mintach klein) der **Mangel**, der **Fehler**, daher der **Tadel** (im obj. Sinn, als das Tadelnswerthe).
mear adj. (aus menr, Sskr. manóratha Vergnügen, manórama erheiternd, v. manas) **fröhlich**. (Daher das engl. merry).
meas subst. masc. (altir. mess Mass, Urtheil, von mess richten, ident. mit Sskr. má, mátra Mass, metiri, ahd. mëzan messen) urspr. das (öffentliche) Urtheil über jemand, der **Ruf**, in dem jemand steht, auch positiv: der **Ruhm**.
measg subst. masc. (ident. mit Sskr. miçr mischen, μίγνυμι, miscere, ahd. miskan, mischen) ursprünglich: **Vermischung**, daher am measg. c. gen. **mitten unter**.
meata adj. (ident. mit metuere, vgl. μῆτις, abzuleiten von der Sskr. Wurzel man denken, überlegen) **besorgt, furchtsam**.
meirg verb. intrs. (v. altir. merc dahinschwinden [vgl. das altir. mergach runzlich] ident. mit Sskr. mrj trocknen s. unter mairg) **rosten; runzelig werden**.
meirg subst. 4. fem. (v. vor.) 1. **Rost**, 2. **Runzel** (Croma 147). Fo mheirg rostig, verrostet.
meirghe subst. 4. masc. (von Sskr. márg suchen, márga Weg, woher ahd. merchen merken, Achtgeben, merken) das **Feldzeichen, Banner**, das dem Heer den Weg zeigt, und worauf das Heer achtet. (Es ist an wirkliche Fahnen zu denken, vgl. Fionngh. IV., 360 ff. Fionnghal's Banner hiess Deoghreine „Sonnenstrahl," es „entfaltete seinen Fittig im Wind" und war „blau mit goldnen Muscheln.")
mend subst. masc. (altir. méit von ma, Sskr. mahat s. unter mor) die **Grösse**.
meur subst. 1. fem. Gen. meoir (altir. mér, Finger, urspr. Glied, ident. mit μηρός wie mén mit μῆνις) der **Finger**.
mi pron. pers. 1. sing. (Sskr. aham, mám, έμοῦ, min, meiner) **ich**.
miann subst masc. (ideut. mit ahd. minnja Minne, v. Wurzel man, denken) 1. **Liebe, Verlangen, Sehnsucht**, daher 2. **Entschluss, Wille**, 3. **Liebhaberei, Lieblingsaufenthalt**. (Fionngh. V. 299.)

min adj. (v. vor.) **lieblich, süss** (im trop. Sinn), **zart.**
minig adj. (altir. *menicc*, ahd. *managi manche*, goth. *manags* viel, armen. *manawant* mehr, viell. von Sskr. Wurzel *md* messen) **manche, viele.** Als adv. **oftmals.**
miol-chu subst. 1. masc. irreg. Gen. *miolchoin*. (Von *cu*, der Hund, und *miol*, neugäl. schmeicheln, ident. mit μειλίσσω, *mulceo*, von μέλι, *mel* Süssigkeit, *mild*) der **Lieblingshund** (nicht: Schoosshund).
mion adj. (ident. mit μινύς, *minus*, vgl. altir. *mintach* klein) **klein, winzig.**
misneach subst. 2. fem. (v. Sskr. Wurzel *musch*, wie in *muschti* der Kampf, wüten, toben) **Kampflust, Muth.**
mna, mnaoi s. *ban* Weib. Vgl. §. 79.
mo pron. poss. 1. sing. (ident. mit *meus* s. unter *mi*) **mein.**
mo compar. von *mor* (altir. *moa, maa*) **grösser.** S. §. 85.
moch adj. (ident. mit *mox*, Sskr. *mukha* das Vordere) **frühzeitig, baldig, früh,** 'na mhaidne *moich*, am frühen Morgen.
mol verb. transit. (altir. *mol-ur*, ident. mit μέλπω, vielleicht verw. mit ahd. *mâl* Denkmal und *malôn* bezeichnen, *malen*) **besingen, preisen.**
molach adj. und subst. (vgl. μώλωψ Strieme, Rauheit, v. μάω) 1. **rauh, zottig.** 2. Als subst. die **Mähne** (Tighm. VI., 296).
moladh subst. 3. masc. (v. *mol*) der **Preis,** das **Lob.**
monadh subst. 3. masc. (nicht ident. mit μονός, *main*, sondern aus *moradh* entstanden, ident. mit ahd. *muor Moor*, einer Nebenbildung von *marei*, lat. *mare Meer*) das **Moor**, auch die **Haide.**
mor adj. (altir. *mor* aus *mo-ar*, ident. mit Sskr. *mahat*, μέγας, *magnus*) **gross** im phys. polit. und moral. Sinn.
morchuis subst. 4. fem. (v. *mor* und *cuis* altir. *cós*, ident mit *causa*) 1. **Pracht,** 2. **Stolz,** 3. in üblem Sinn: **Hoffahrt, Hochmuth, Uebermuth.**
morchuiseach adj. (v. vor.) **herrlich, prachtvoll.**
mosgail verb. trs. transit. und intrs. (von *mu* und *esc* s. unter *duisg*) 1. **erwecken** [z. B. Tighm. I., 407] a) von Menschen, b) von Gefühlen und Stimmungen, auch vom Gesang, 2. **erwachen** (z. B. Tighm. I., 597).
mothar adj. (ident. mit *mutus*, μύζω, Sskr. *mŭh*, ptc. *mŭta* einschüchtern) **leise.**
mothar subst. masc. (v. vor.) **leises Geräusch, Gesumme, Gemurmel.**
mu praepos. c. dat. et acc. (altir. *imme*, ident. mit ahd. *umpi, um*, ἀμφί) **um.** 1. local: **um** etwas **herum,** und auf die Frage: wo? um etwas her, in der Umgebung von etwas; 2. temporal: **um** den und den Zeitpunkt, *mu* 'n *ear*, um die Zeit des Morgens; 3. tropisch: **um — willen, wegen; von** (vom Inhalt der Rede, lat. *de*). Seall mu, coimhead mu, **nach** etwas blicken.
much verb. transit. (altir. *mug* verbergen, vergraben, vgl. μύω schliessen, μυχ ς Schlupfwinkel, altir. *muchne* Verräther) bedecken, daher 1. **belasten,** 2. **beschwichtigen** (Fionngh. I., 93), **dämpfen.** Tighm. V., 278: die Flamme dämpft (verhüllt) ihre Spize unter ringelndem Rauch. Ger. *muchadh*.
mugach adj. (v. *muig* das Dunkel) **trüb, finster, nebelig.**
muig verb. trans. (vielleicht mit μύζω verw.) **runzeln.**
muig subst. 4. fem. (nicht v. Wurzel *miχ mih*, Sskr. *magha* Wolke (Benfey) sondern von *much*, altir. *mug*) das **Dunkel** (Fionngh.

I., 246), der **Duft, Dunst** (Tighm. II., 489. VIII., 283) das **Grausen, die düstere Stimmung** (Tighm. VIII., 76; Carraigth 169), auch die **Schwärze** einer Ranchsäule (Tighm. V., 278).

muig subst. 4 fem. (v. verb. *muig*) die **Runzel**, die **Scharfe**. Carraigth. 233: *lann gun mhuig*, Schwert ohne Scharte.

muleann sinnlose Schreibart für *meallann*, in dem comp. *clochmeallainn*. (*Cloch-mhuilinn* würde „Mühlstein" heissen (!) vom neugäl. *muileann*, die Mühle. Eine solche kommt bei Oss. nicht vor, und nicht Mühlsteine, sondern Hagelkörner fielen aus der Wetterwolke).

muineal subst. (2.) masc. (vgl. das altir. *muine* **Halsband**, ohne Zweifel aus *mu* und einem Stamme *ine* aus *ighne*, der mit αὐχήν ident. ist, vielleicht v. Sskr. *ingg*) der **Nacken**.

muing subst. 4. masc. (ident. mit ahd. *mana* Mähne) die **Mähne**.

muingeach adj. (v. vor.) **mähnig**. *Ard-mhuingeach*, **hochmähnig, starkmähnig** (Fionngh. I., 359).

muintir subst. 3. fem. (altir. *muntar*, *montar* **Familie**, latein. *manus* **Mannschaft**, verw. mit *munire*, δυίνομαι, altnord. und angels. *mund* Schuz, ahd. *munde* Schuzherr, Vormund, ahd. *muntôn* vertheidigen) **Mannschaft, Heer**.

muir subst. 5. fem. Gen. *mara* (altir. *muir*, ident. mit *mare* ahd. *marei*, Sskr. *mira*, vgl. *maru* wüst, von *mr* sterben) das **Meer**.

muirn subst. 4. fem. (v. *mair*) eigentl. Bleibstätte, Unterkunft, daher 1. **gastliches Dach**, Ort, wo man gastlich anfgenommen ist (Oigh. 5); 2. **Gastlichkeit, Gastfreundlichkeit**.

mulad subst. masc. (vom altir. *mal* übel = *malus*) urspr. Uebelbefinden, daher **Gram, Wehe**.

muladach adj. (v. vor.) **gramvoll, wehmüthig**.

mullach subst. masc. (von *mu* und *ell* sich neigen) das **Dach**, der **Grat**, der **Giebel**, **Gipfel**, von dem aus sich das Haus oder der Berg nach allen Seiten neigt.

mur unrichtige Schreibart für *mar*, wenn nicht.

murla subst. 3. masc. (*mu-urla*, was man um die Stirn hat) **Geflecht, Locke**.

N.

n, der eilfte Buchstabe des Alphabets. Sein gäl. Name ist *nuin*. Unaspirable Liquida.

'*n* Apostrophirung 1. für den Artikel *an*, 2. für das pron. poss. 3. plur. *an*, 3. für die prapoes. *an* in, 4. für die praepos. *an* sammt dem Artikel, also für *an an*, 5. für die Fragpartikel *an*.

na 1. der gen. sing. fem. und nom. dat. und acc. plur. des Artikels, 2. der nom. und acc. plur. des pron. relativum.

'*n a* Apostrophirung für *an a*' (praepos. *an* in und apostrophirter Artikel *a*') '*nam* und '*nad* für *an mo*, *an do*.

na adv. comparationis, **als**, nach Comparativen.

na andre Schreibart für *ni* **nicht**.

na 's beim Comparativ **noch**.

nach 1. pronom. relat. negat. (aus *na-ci*) **welcher nicht**, **wer nicht** (dass nicht, da nicht), 2. Negationspartikel in abhängigen Säzen, **nicht**. 3. Negative Fragpartikel im Sinne des lat. *nonne*.

naimhdeas subst. 3. fem. (v. *namhaid*) **Feindschaft**.

naire (subst. 4. fem. verw. mit ahd. *naru* eng, drückend?) das Schamgefühl, die Beschämung.

nall adv. (aus *an* und altir. *illei* hier, lat. *in loco*) hier; *a nall* hieher.

nam gen. plur. des Artikels vor Labialen.

nam conj. par. vor Labialen wenn, s. unter *nan*.

'*nam* für '*n am*, annam.

namhaid subst. 3. masc. Plur. *naimhdean*. (Altir. *namit* aus *na* oder *ne* privat. und *am-* ident. mit *amare*) der Feind.

nan gen. plur. des Artikels.

nan conj. parat. wenn zur Einführung einer als *nicht eintretend* gedachten Handlung. C. opt. *nam bitheadh*..., wenn das wäre. Vgl. §. 289.

'*n an* für *an an*, in dem, in der.

('*n ann* für *an ann*, Fragpart. *an* und verb. inflex. *ann*.)

naoidh num. card. (altir. *nói*, Sskr. *navam*, lat. *novem*) neun.

neach pronominale (altir. *nech*, wohl aus *ne = ἔνιος* und einem suffix. *ch*, analog wie Sskr. *cit*, lat. *que*) irgend einer.

neart subst. 3. masc. (altir. *nert*, ident. mit νέρθος Mannheit von Sskr. *nara* Mann) die Kraft, die Stärke, dann abstracter: die Gewalt, Macht.

neo- syllaba privativa (altir. *neb-*, *nef-*, ident. mit lat. *ne-* in *nequam*, *nefastus* etc.) un-.

neo-chlith subst. (von *neo* und *clithe*) Ehrlichkeit, Treue.

neo-choir adj. (von *neo* und *coir*) unehrenhaft, unrechtlich, ehrlos.

neo-fhann adj. stark.

neo-ghann adj. (v. *neo* und *gann*) reichlich.

neo-throm leicht.

neul subst. 1. masc. Gen. *neoil* (ident. mit *nebula*, νεφέλη, Sskr. *nabhas* Luft) 1. die Wolke, 2. im trop. Sinn: der Schlaf. Tighm. II., 213: *bitheadh gach triath fo nial le 'sluagh*, es sei jeder Anführer *unter Wolke* mit seinem Heer, d. h. er schlafe, gehe schlafen. 3. *Eirich nial uam air thu*... es steigen Wolken von mir auf über dich = ich spreche oder thue etwas, wodurch ich deinen Muth verdüstre, dir Furcht mache. Tighm. VI., 21 u. a.

ni Negationspartikel (Sskr. *na*, lat. *ne*) nicht.

ni verb. defect. liefert Formen zu *dean* thun. S. §. 137.

ni subst. 4. masc. (aus *nithe*, ptc. pass. v. *ni* thun) das Ding.

(*ni 's* für *na 's* heim Comparativ.)

nigh verb. transit. (altir. *nig-ur* waschen, ident. mit νίζω, Sskr. *nij*) waschen.

nighean subst. 2. fem. Gen. *nighinn* (Vgl. altir. *nichthetu* die Erzeugung (mit „Nichte" ahd. *nift*, lat. *neptis*, vielleicht verwandt, analog wie νίκτειν mit νίζειν, gar nicht verwandt aber mit „Nixe," *nichessa*, fem. von *nichus*, „Nickel" Kobold) — es ist von einer kelt. Wurzel *nich* oder *nig* abzuleiten, welche „erzeugen" geheissen haben muss) das Erzeugte, das Kind — dem Usus nach: die Tochter. (Auch im heutigen Schwyzerdeutsch ist „Chind" = Tochter, als Gegensaz von „Buob".)

nios subst. masc. (altir. *ness* die Nähe, von *nes* sizen ident. mit ναίειν, S. *nàs*) die Nähe. *Tìg a nios* komm herbei. (Tighm. V., 3). (Neugäl. herauf, was an d. a. St. gar nicht passen würde, da die „hoch an der Wand hängende" Harfe nicht zum Sänger *herauf* kommen kann.)

nis adv. (verw. mit *nunc*, νῦν) jezt. Auch *a nis*, *a nise*.

no'n falsche Schreibart für '*n an* (*an an*).

nochd verb. transit. (v. altir. *nochd* nackt, ident mit Sskr. *nagna*) lat. *nudus*, ahd. *nachot*, *nakod* nackend) enthüllen, aufdecken.

nochd subst. 3. fem. (ident. mit Sskr. *naktam*, *νύξ*, *nox*, ahd. *naht*) die Nacht.

nois falsche Schreibart für *nis* (Tighm. I., 686).

nos subst. masc. (von altir. *nue* neu, s. unter dem folg.) die Sitte, Gewohnheit (das, was sich immer erneuert).

nuadhaich verb. trst. (v. nuadh, altir. *nue*, Sskr. *nava*, *νέος*, *novus* *neu*) erneuern.

null adv. (altir. *anall*, *an* all, ident. mit *in illo*) dort; *a null* dorthin.

O.

o, der zwölfte Buchstabe im Alphabet. Sein gälischer Name ist *ogh*. Vokal.

o praepos. c. dat. et acc. (altir. *ua*, ident. mit Sskr. *ava*) von — hinweg, von — aus. Temporal. seit. *Teich o....* fliehen vor jemanden, *siol o . . .* sich beugen, ducken vor jemanden.

ó interj. ach! oh!

obair subst. 4. fem. (ident. mit *opus*, *oper-is*) das Werk, die Arbeit.

ochd num. card. (altir. *oct*, *ocht*, ident. mit *aschtan*, ὀκτώ, *octo*) acht.

ochdnar subst. masc. (v. vor.) die Achtzahl.

og subst. 1. masc. und adj. Gen. *oig* und *oige* (altir. *og* aus *ong* § 17, jungfräulich, intact, daher Jungfrau, identisch zunächst mit goth. *juga* jung, vgl. *juvencus*, Sskr. *juvança*, von *juvenis*, Sskr. *juvan*, nicht von Sskr. Wurzel *oḍ* glänzen, stark sein, Diefenbach 123, daraus wäre *ogh* geworden) 1. der Jüngling, 2. jung. *Og-fhear* der junge Mann.

oibre subst. 4. fem. Nebenform von *obair*.

oidche subst. 4. fem. (würde einem altir. *uadiche* entsprechen, vom. altir. Verbum *uadiy-ur*, *uat-igur* vereinsamt sein, auch: hinaus sein(?) vom altir. *uath* und *uad*, fort, hinaus. Entweder Zustand der Vereinsamung [des Fortgegangenseins der Freunde], oder wahrscheinlicher: Zeit des Fortgegangenseins der Sonne) die Nacht. — *Tein' oidche* „Flamme der Nacht," scheint das Nordlicht zu sein, oder auch nur eine vom Mond (Tighm. VIII., 384), oder sonst wie (Tighm. VII., 201, VIII., 222 f.) hellbeleuchtete Stelle oder (Cathlod. I., 36) ein Bliz.

oige subst. 4. fem. (v. *og*) 1. die Jugend im abstr. Sinn, das Jünglingsalter. 2. die Jugend im concr. Sinn, die junge Mannschaft. (Das altir. *oye* heisst „Virginität" und „Cölibat.")

oigh subst. 4. fem. (v. *og*) die Jungfrau, das Mädchen.

oir conj. parat. (altir. *air*, aus praep. *air* in der Bedeutung „wegen" entstanden) denn.

oir adj. (v. *or*) golden.

oirbh über euch s. §. 150.

oirleach subst. masc. (vom altir. *orddu* Daumen [s. unter *orday*] und einer Bildungssilbe *leach*, die etwa unserm — *ling*, vielleicht auch dem Stamme *lang*, *longus* entspricht) der Zoll (als Längenmaass).

oirnne über uns s. §. 150.

oiteag subst. 2. fem. Gen. *oiteige* (entweder statt *aiteag* von *athar* Luft, *ἀἰθήρ*, oder Nebenform von *osag*) der Luftstoss, Windstoss.

ol verb. trs. (v. Sskr. Wurzel *pr*, *pŕ* füllen) trinken.

onfath (auch **onfa**) subst. masc. (von o, ua und fath, ident. mit Sskr. vddh s. unter confath) die **Wuth**, der Wuthausbruch, daher das **Brausen** der **See**.

or subst. 1. masc. Gen. oir (ident. mit aurum) das **Gold**. (Wahrscheinlich Fremdwort. Oefter hat das Gold den Beinamen or nan daimh „das Gold der Fremden.")

oraid subst. 4. fem. (von St. or beten, singen, ident. mit oratio von os, oris, Sskr. ds) **Gebet, Bitte**.

oran subst. 2. masc. (vom gleichen St. wie oraid) der **heilige Gesang**. Hymnus (unterschieden von fonn und luaidh).

ord subst. masc. 2. Plur. ord (vom. altir. ort todtschlagen, ident. mit ahd. hurt Stoss, hurten losrennen) urspr. wohl der Streithammer, die Streitaxt, bei Ossian der **Hammer des Schmieds**.

ord subst. masc. (ident. mit ahd. ort die Spize, altsäch. ord Spize, ὀρθός d. h. ὀρϑρός, Sskr. ārdhvas) der **Hügel**.

ordag subst. 2. fem. (vom altir. orddu, vom altir. ord-igur, vom altir. ordd Ordnung, ident. mit lat. ordo, der „Ordner," mit dem man Dinge greift, um sie an ihren Plaz zu legen) der **Daumen**.

orm über mich s. §. 150.

orra über sie (eos, eas) s. §. 150.

ort über dich s. §. 150.

os praepos. c. dat. (altir. os, uas, Nebenform von ua, aus Sskr. ut, hinauf) **über, oberhalb**.

os subst. fem. (ident. mit βοῦς, goth. aúhsa, ahd. ohso Ochse) das **Ellenthier**.

osag subst. 2. masc. (v. ós über, vgl. das altir. uasal hoch, uasletu Spize) das **Lüftchen**, der **Hauch**. (Vgl. osan.)

osan subst. fem. (ebenso von os, mit der Endung an) der (aus hochgebobener Brust kommende) **Seufzer**.

osnadh subst. 3. masc. (v. vor.) 1. das **Seufzen**, 2. allg. **Athmen**, der **Athem**, **Hauch**, daher 3. der **Lufthauch**, **Windstoss**.

ospall subst. 4. fem. (von dem im Neugälischen erhaltenen Stamme osp seufzen, wo p aus f erhärtet ist, von der sanskr. Wurzel vd blasen, os-fa emporathmen) der **Seufzer**.

ospairn subst. 4. fem. (compos. aus o „aus" und spairn) die **Beklemmung**.

P.

p, der dreizehnte Buchstabe im Alphabet. Sein gälischer Name ist *t hog*. Er kommt (vgl. §§. 18 und 19) nie als ursprünglicher Stammbuchstabe, sondern nur a) als secundäre Umbildung des keltischen f, oder b) im kirchlichen Altirischen in Fremdwörtern (wie peccad peccatum, pen poena, apstel apostolus, persan persona, preceptoir praeceptor u. s. w.) vor. Im Anlaut wird er als muta aspirabilis behandelt.

Pal nom. propr. (v. *Fala* durch Rückverhärtung) **Paller**, Einwohner von **Fala** (Inischfal). Fionngh. VI., 422.

pailinn subst. 4. fem. (altir. pupall, woraus p' pall und durch compensative Aspiration (s. §. 15) phall, fall geworden ist, das sich durch secundäre Rückbildung zu pall erhärtet hat. Die Wurzel scheint palus, ahd. phal Pfahl zu sein. Aus pupall entstand das franz. pavillon) das **Zelt**.

paisg verb. intrs. (aus *fo-esc*, d. i. *fo-es-ic*, von Wurzel *IC*, *ico*, vgl. *duisg*) **einwickeln, einhüllen.** (Eben daher dürfte *fesgur* kommen.

pill verb. (aus *fill*) **falten;** 1. **anlegen, anziehen** (ein Kleid), 2. *pill o . . . sich entfalten, entschälen*, Tighm. VII., 169, 202, 3. *pill mu* sich falten um etwas, etwas **einhüllen.** Tighm. VII., 189.

pill verb. intrs. (Corruption aus *till, thill*, ohne Zweifel erst neueren Datums) **zurückkehren.** (Bei Ossian fudet sich Fiough. I., 605 und Tighm. VII., 152 — in Folge der orthographichen Willkür der Herausgeber — *pill* für *thill*. Letzteres wird als richtige Lesart zu restituiren sein. *Pill* für *thill* kommt im Neugäl. nur als Provincialismus vor.)

piseach subst. masc. (scheint Fremdwort, aus dem ahd. *wahsan, wachsen*, entlehnt, also urspr. *fiseach*, wo das gutt. *h* verloren gieng, wie schon im ahd. *wisa Wiese*). 1. **Wachsthum, Gedeihen, glücklicher Fortgang,** auch 2. **Ursprung.**

piuthar subst. 2. fem. (wird von Pictet mit Unrecht von Sskr. *putri* Tochter, abgeleitet, woraus [vgl. §. 18] im irogälischen *uthre* aber nicht *piuthar* geworden sein würde. *Piuthar* muss aus *fiuthar* entstanden sein [eine Form *fiur* Schwester, kommt nach Stokes wirklich vor]. So leitet es sich einfach von Sskr. *svasr* ab, wobei das anlautende *s* abgeworfen und durch die Erhärtung des *f* in *p* compensirt wurde, das innere *s* aber — ganz regelrecht — verloren gieng, *piu-ar*, wo denn der Hiatus graphisch durch das wie *h* tönende *th* ausgedrückt wurde. Neben *piuthar* kommt im Altir. und Neugäl. *siur* aus *sisur* (ebenfalls aus *svasr* aber mit beibehaltenem *s* und elidirtem *v*, analog *soror*) vor, wo ebenfalls *s* (durch Aspiration in *sh*) verloren gieng, und wo ebenfalls neben *siur* sich zur Vermeidung des Hiatus die Schreibart *sethur* [schon im Altir.] findet) die **Schwester.**

plaoisg verb. trans. (für *flaoisg* vom folgenden) 1. **schälen,** dann allgemein **offen legen, öffnen, enthüllen, schälen.** 2. eine Hülle **hinwegnehmen, abschälen,** 3. intrs. **sich enthüllen, entblössen.** *Mo shuile plaoisg*, meine Augen öffneten sich, ich riss sie auf. Cathlod. 1., 146. d. h. „ich machte grosse Angen," *plaoisg o shuil* [das Augenlid] vom Auge hinwegschälen, d. h. das Ange öffnen. Tighm, IV., 312. Tighm. I., 473: Die gelbe Sonne enthüllte sich (vor dem Untergang noch einmal]).

plaosg subst. masc. (ident. mit Sskr. *valka* Schale, Rinde, r. *val* umgeben) die **Hülle, Schale.** *Fo phlaosg* verhüllt; *suilean fo phlaosg* die Augen beschattet (von den Lidern), d. h. halbgeschlossen, düster blickend) Tighm. IV., 243.

(**pleat** neugäl., von *pill* (*fil'*) kleiden, umlegen, daher subst. **pleat** das Umschlagtuch, woraus die Engländer ihr „plaid" gemacht haben.)

plosg verb. intrst. (aus *flosg*, ident. mit Sskr. *valg*, sich bewegen) **in die Höhe springen,** besonders von Hunden, die an ihrem Herrn emporspringen.

pos verb. transit. (nicht vom lat. *spondere* analog dem ital. *sposa*; auch nicht von Sskr. *pati* der Herr, sondern von Sskr. Wurzel *vdh* heimführen, Zend: *vaz*, lith. *vezu*, *westi* (vgl. Sskr. *vadhu* Gattin), lat. *vehere*, hymr. *gweddu*, angels. *weddian*) ein Mädchen **verheirathen.**

pramh subst. fem. (aus *fo-ramh* von Sskr. Wurzel *ram*, sich erquicken, *upa-ram* sich ausruhen) der **Schlummer.**

priob verb. iutrs. (aus *fri-ob*, vom Stamme ΟΠΤΩ blicken) mit den Augen winken, blinzeln, einem zu-blinzeln.

R.

r, der vierzehnte Buchstabe des Alphabets. Sein gälischer Name ist *ricus*. Uuaspirirbare Liquida.

'r nach vocalisch auslautenden Präpositionen: Apostrophirung für *ar* unser, oder für *bhur* euer.

r' vor dem pron. poss. 3. sing. *a*, Apostrophirung der Präpos. *ri*.

rac, race falsche Schreibart für *ragh* (Tighm. III., 272).

ragh subst. masc. (ident. mit ahd. *rihe Reihe*, von der sanskr. Wurzel *randj*, an einander hängen) die **Reihe**.

ragh subst. masc. (aus *rathag*, von *ruith* rinnen) das **Rinnsal**.

raimh subst. 4. fem. (v. der sanskr. Wurzel *ruh* wachsen, causat. *rôpajâmi* mit Labiallaut) urspr. **Schwall, Angeschwollenheit**, daher spec. die **Fluth** im Gegensaz zur Ebbe.

raineach subst. fem. (viell. vom. altir. *rann* theilen) **Farrenkraut**.

rainig verb. trans. (erweiterte Form von *ruigh*, ident. mit dem ahd. *recchan reichen*, darreichen) **reichen, darreichen**.

rann subst. fem. (altir. *rann* Theil, aus *ramn*, ident. mit ahd. *rim* Zahl, Reim, vom altir. *rim* zählen, von unbekannter Etym.) die **Verszeile**, der **Vers**.

raon subst. 1. masc. Gen. *raoin* (ident. mit lat. *pronus* κρηνής, von *πρό*) eigentlich: geneigte Fläche; dem Sprachgebrauch nach: das tiefliegende Land im Gegensaz zur Höhe (Carraigth. 216), daher **Ebene, Schlachtfeld**, aber auch **Thalfläche**. Metonymisch (Tighm. VI., 34:) *fill an raon* das Schlachtfeld aufrollen, für: die Schlacht aufrollen.

rath subst. masc. (von *ruith* rinnen) das **Rinnsal**.

rath subst. 1. masc. (v. altir. *rat* geben, thun, vorwärts treiben, von der Wurzel *f* gehen) **Fortgang, Erfolg, Glück**.

ré subst. fem. (von der Wurzel *r* gehen, wie der Name der griech. Mondgöttin *Iω* vom Stamme *I, είμι, ire*) der **Mond**. *Garbh ré*, der schwere Mond, d. h. Unwetter.

reachd subst. 3. masc. (vgl. Sskr. *râga* Gemüthsbewegung; ein andres bei Oss. nicht vorkommendes Wort *reachd*, altir. *recht* das *Recht*, ist ident. mit lat. *rectum*, von *regere*, Sskr. *raé* [ahd. *rëht*], während unser *reachd* dem ahd. *rekkjan* überdenken, rechnen entspricht) die **Sorge**, die man sich macht, die **Besorgnis**, der **Kummer**.

reachdar adj. (v. vor.) stolz (wer von sich hoch denkt).

reidh subst. 4. masc. (altir. *reth* Laufbahn, v. *reth* laufen, s. unter *riuth*) freier **Raum**, offene Fläche, offenes Feld.

reidh adj. (v. vor.) hell (frei, offen).

reidh adj. (v. Sskr. *râdh* fertig werden) **fertig, bereit zu etwas**. Adv. früher, einst (Tighm. V., 178).

reidhlean subst. masc. (von *reidh*, Fläche, und *lean* folgen) die **Ebene**.

reir subst. 4. fem. (aus *re, ren*, „vor" mit der Endung *ir*) der **Vorzug**, daher die **Ehre**. *Do mo reir*, mir zu Ehren, Conlaoch 126.

reothadh subst. 2. masc. (altir. *reud*, gleicher Wurzel mit *pruina* und dem ahd. *freosan frieren*) der **Frost**.

reub verb. trans. (ident. mit lat. *rumpere*, Sskr. *lup, lumpâmi*, Zend. *rup, rauben*) **zerreissen, zerfleischen**. daher im Sinn von tödtlich verwunden gebraucht. Auch zerzausen (Tighm. III., 4).

reul subst. 3. fem. (vom altir. *rel-aim* offenbaren, sich kundgeben, schwerlich v. lat. *revelare*, viell. aus *reghlaim;* womit S. *ruĉira*, glänzend, zu vergleichen wäre) der Stern. (Altgälische Eigennamen einzelner Sterne, siehe in Tighm. VII., 262 ff.)

ri, ris praepos, c. acc. (altir. *fri*, *friss*, ident. mit Sskr. *prati*, πρός) 1. **gegen**... hin, local, *Scaoil suil ri ganith*, die Segel gegen den (günstigen) Wind *hin* spannen (damit er hineinwehe). 2. **bei neben, gegenüber** local; *ri cheile*, bei einander, 3. Tropisch: mit Beziehung auf, auf; z. B. *feith ri* ... warten auf..., 4. bei der Ursache, „beim Winde rauschen" (in Folge des Windes), 5. **im Vergleich mit, wie**, z. B. *gile ri* ... weisser als ... *Coltach ri m' athair* meinem Vater gleich. *Dealradh ri longadh nan reul* schimmerud wie das Flammen der Sterne.

riabhach adj. (von *ri-ob*, was jenem altir. *fri-ob* (*frisk-ob*) entspricht, aus welchem einerseits (vgl. §. 16) *ri-ob*, andrerseits (s. unter *priob*) *pri-ob* werden konnte) eigentlich blinzend, schillernd, a) zwischen Licht und dunkel schillernd, **graulich**. (Tighm. II., 529; b) in verschiedenen Farben spielend, **buntschillernd, scheckig**, c) **schillernd**, Tighm. III., 265.

riaghaill verb. intrs. (denom. vom altir. *rig* der König) **herrschen**. Ger. *riaghladh*.

riaghladh subst. 3. masc. Ger. (v. vor.) die **Leitung, Lenkung**.

riaghlaidh subst. 4. masc. (v. *riaghail*) der **Herrscher**.

riamh adv. (altir. *riam*, entweder von *ri* und *ám* die Zeit, „gegen die Zeit hin," vorher, oder Umbildung der praep. *ren*, ident. mit πρό) **stets, immer** (von früher her, von jeher).

righ verb. intrs. (ident. mit lat. *regere*, Sskr. *ráǵ*) **regieren, herrschen**.

righ subst. 5. masc. Plur. *righre* (vom vor. ident. mit *rex*, der altgall. Namenendung *-rix* in *Dumnorix*, *Vercingetorix* u. a.) der **König** (Oberhaupt sämmtlicher Stämme eines Landes oder Ländchens).

righe subst. 4. fem. (von *ruig* s. unter *ruigh*) der **Arm**.

rinn verb. defect. (praeter. zu *ni* aus *ro-ni*) liefert Formen zu *dean* thun.

rionnag subst. fem. (vom altir. *rind* Stern, was auf den Sskr. Stamm *ri* gehen, sich bewegen, zurückzuführen sein dürfte) der **Stern**.

ris 1. praepos. s. *ri*, 2. adv. oder praepos. in verb. compos. *vor-, offen da, dar-*.

ri gegen ihn, s. §. 150.

rium gegen mich, s. §. 150.

riut gegen ihn, s. §. 150.

ro I. praepos. c. dat. et acc. (altir. *tre*, ident. mit lat. *trans*, v. Sskr. Wurzel *tṛ* hinübergeben) 1. **durch** im localen Sinn 2. **über** eine Fläche hin. II. adv. 1. **sehr**, 2. **zu** (*nimis*).

roghad (*rogha*) subst. 3. masc. (v. folg.) die **Wahl**.

roghainn verb. trait. (altir. *rog* auswählen, verw. mit *procus*, von *precari*, Sskr. *praĉéami*) **auswählen**.

roimh praepos. c. dat. et acc. (altir. *ren*, ident. mit πρό, *pro*, siehe §. 237 Anm.) **vor**, 1. local, 2. tempor., 3. in verbis decompos. z. B. *cur roimh*, sich vornehmen, beschliessen.

roimhe vor ihm, vor ihr s. §. 150.

roinn verb. tra. (s. unter *rann*) **theilen**.

roinn subst. 4. fem. (v. vor.) 1. der **Theil, das Stück,** 2. die **Halbinsel,** 3. die **Schwertspize.**
romham vor mir
romhad vor dir
romhaibh vor euch s. §. 150.
rompa vor ihnen
rompa adv. (v. vor.) **voraus.**
ronn subst. 1. masc. Gen. *ruinn* (Nebenform v. *roinn*) das **Waffenstück** Tighm. VIII., 205.
ros verb. intrs. (und als Infinitiv subst. masc.) (altir. *ros* zaudern, nicht vorwärts wollen, stocken, ident. mit ὄνομαι hemmen, Sskr. *rudh* hindern) **mislingen** (das **Mislingen**).
ros subst. (v. Wurzel *rué*) **Strahl.**
rosg subst. 3. masc. (altir. *rosc* das Auge, vgl. Sskr. *lôcs* sehen) das **Auge** (Tighm. VIII., 214); das **Augenlid** (Tighm. II., 210 *is suil fo rosg,* das Auge ist geschlossen).
ruadh adj. (ident. mit goth. *rauds,* ahd. *rôt* roth, griech. ἐρυθρός, lat. *rutilus*; Sskr. *rôhita*) **roth, rothbraun,** gewöhnlich als Farbe der Hirsche und Rehe genannt, auch von vergossenem Blut.
ruadh subst. comm. (v. vor.) das **Rothwild,** der **Hirsch,** das **Reh.**
ruadhag subst. comm. (v. vor.) das **junge Reh.**
ruaig subst. 4. fem. (vom altir. *ruiccu* hernehmen, verfolgen, v. *ro* und *uicc* nehmen, lezteres wieder aus *ua* und *IC*; von *ruiccu* kommt das altir. *rucce,* die Schmach, ursprünglich wohl: das Geschlagensein, Gejagtsein) das **Verfolgen** 1. activ: die **Verfolgung** der Feindes, auch des Wildes auf der Jagd, 2. passiv: das Verfolgtwerden, daher die **Flucht.** *Cuir an ruaig*, in die Flucht schlagen. (Im Neugälischen ist *ruaig* auch noch als verb. fin. vorhanden.)
ruig verb. fin. (ident. mit ahd. *reikhan reichen* (nicht verw. mit dem altir. *ric, rig* kommen) ὀρέγω, Sskr. *arǵ,* lat. *porrigo*) **reichen, darreichen.**
ruighe subst. 4. fem. (v. vor. Consequentere Schreibart für *righe*) der **Arm.**
ruinne vor uns, §. 150.
ruinne subst. 4. fem. (v. *ruith*) die **Fluth** (Tighm. VIII., 4).
ruisg verb. trsitiv. (vgl. altir. *rusc* die Rinde, was von einem Verb. *rusc* = *ro-esc* [vgl. *es* — = *es-ic* unter *duisg*] zu kommen scheint) wörtlich: „vor — heraus-treiben," daher **blosslegen, schälen, entblössen.**
ruith verb. trst. und intrst. (altir. *reth* laufen, ident. mit *ruere,* ῥέω von der Wurzel *r* gehen; verwandt damit ist Sskr. *ra* (*arna* Fluss) ῥαίνω, *rinnan rinnen*) 1. intrs. **fliessen, strömen.** 2. trs. jemanden überströmen, d. h. **überwältigen,** auch: fortschwemmen. d. h. **jagen, vertreiben.**
ruith subst. 4. fem. (v. vor.) urspr. Erguss, Ausfluss, daher **Geschlecht. Race.**
rún subst. 1. masc. (ident. mit ahd. *rûna,* vielleicht von Sskr. *ru* tönen, ident. mit ahd. *rûnan raunen*) 1. das **Geheimnis,** daher 2. das innige traute Geheimnis, das zwei Liebende mit einander haben, die (geschlechtliche) **Liebe,** 3. abstr. pro concr. der **Geliebte,** die **Geliebte.**

S.

s. der fünfzehnte Buchstabe des Alphabets. Sein gälischer Name ist *suil*. Spirans semi-aspirabilis. (Vor *l, r* und Vocalen aspirabel.)
's Apostrophirung 1. von *is* = *agus* und, 2. von *is* ist, war, 3. von *anns*, in.
-sa 1. emphatische Enclytica, s. §. 91. 2. = 's a' Apostrophirung für *anns a* (Präpos. *anns* in mit dem Art a' oder mit dem pron. possess. 3. sing a),
saighead subst. 3. fem. (ident. mit *sagitta*) der *Pfeil*.
sail subst. 4. masc. (ident. mit lat. *sal*, ἅλς Salz, vgl. das altir. *salann* Salz [vgl. Sskr. *sara, sailia, saras*) die **Salzfluth**, das Meer.
sail subst. 5. fem. Gen. *salach*. Plur. *sailtean*. (Ident. mit lat. *solea*, ahd. *sola*, von Sskr. Wurzel *sr*, gehen) ursprünglich und wohl auch noch mittelgälisch: die **Sohle** (neugäl. die **Ferse**).
saltair verb. intrs. und trst. (ident. mit *saltare*, was von *salire*, dies wieder von *solea*) **stampfen**.
samhach adj. (ident. mit Sskr. *saumja* ruhig, mild, von *samçam* ruhen, verw. mit ahd. *samfti sanft*) **still, ruhig** im acust. Sinn, dann auch von Gemüthsruhe gesagt.
samhchair subst. 2. masc. (v. vor.) die **Stille**; die **Ruhe**, auch die des Gemüthes, z. B. Tighm. I., 526.
samhladh subst. 3. masc. Plur. *samhlan* (v. altir. *samal* Aehnlichkeit, ident. mit *similis*, ὁμοῖος, Sskr. *sama*) das **Abbild**, die **Gestalt**.
samhrach adj. (v. folg.) **sommerlich**.
samhradh subst. 3. masc. (altir. *samh*, Sommer, *Samhainn* Sonnengott, ident. mit skandin. *sumor*, ahd. *sumar* Sommer, Zend *hama*, verw. mit ahd. *sunna Sonne*) der **Sommer**.
sanas subst. masc. ident. mit *signum*, was seinerseits von *sagus* (*sagax*) kommt, und mit *segnis* und Sskr. *sañj* anhangen, verw. ist) die **Warnung**, der warnende **Wink**, auch: der warnende **Zuruf** (Tighm. VIII., 351).
saoghal subst. masc. (von gleichem Stamm mit dem altir. *sochuide, sochude*, das Ganze, Sskr. *sakala* ganz) das **All**, das **Weltall**.
saoi subst. 4. masc. (altir. *saoi* und *sui*, aus *saoidh*, ident. mit Sskr. *sAdhu* gut, trefflich, vollkommen, von *sidh* vollbringen) der **Held**, der **Tüchtige**.
saoil verb. trst. (von einem altir. Stamme *sal*, bilden, der im altir. *focsal*, d. i. *fo-co-sal*, Umbildung, latirt, sowie in dem altir. perf. *dofocosal*; nicht verw. mit ahd. *seilan* binden, alts. *simo* Band, sondern mit goth. *saivs*, σείω, σάλος [vgl. *cogitare* von *co-agitare*]) etwas in Gedanken bilden; **sich einbilden, wähnen**.
saor verb. trsit. (altir. *soir* befreien, retten, verw. mit *servare, sollvs*, σάλος, οὐλος, ὅλος, Sskr. *sarva*) 1. **retten, befreien**, 2. **reinigen**, 3. **schonen, sparen**.
sar 1. subst. 1. masc. Gen. *sair*. (ident. mit Sskr. *sdra* Kraft, Stärke) der **Starke**, der **Held**, 2. adj. **stark**.
scail subst. 4. fem. (ident. mit ahd. *scala, Schale*, σκύλλα, Sskr. *kar*) die **Hülle**, die **Decke**, der **Schleier**.
scairteach subst. 3. fem. (v. *scread*) der **Schrei**, das **Jauchzen**.
scaoil verb. trst. (v. gleichem Stamme mit *scail*, urspr. „offen hinlegen") **ausbreiten, hinbreiten**. *Scaoil lamhan*, die Hände (Arme) auseinanderbreiten (nicht: ansstrecken). *Scaol a' chuirm, am fleayh*, das Festmahl „ausbreiten," d. h. **zurichten, bestellen**, 2. **zerstreuen, entlassen, lösen** (Tighm. I., 405).

scap verb. trans. (ident. mit ahd. *scubun*, angels. *scafan* [*schaben*] vertreiben, verjagen) **zerstreuen.**

scar verb. trst. (altir. *scar* entfernen, fern sein, ahd. *scerjan*, wohin schaffen, zutheilen, altfranz. *escharir* absondern, ahd. *scarta* Scharte, κείρω, lat. *curtus*, Sskr. çṛ) **sondern, trennen.** (Vgl. ahd. *sedra* Schäre, Riff, und Pflugschar.)

scar subst. fem. (v. vor.) **Fuge, Einschnitt.**

scaradh subst. 3. masc. (Ger. v. *scar*) 1. **Trennung. Zerstreuung.** 2. Trennung eines Ganzes in Bruchstücke, **Verderben, Untergang.**

scath subst. masc. (ahd. *skuto*, σκότος, *ssla*, Sskr. *sku* und *chad* decken) der **Schatten.**

scath verb. trst. (ident. mit ahd. *skado* Schaden, *skadôn schaden*) beschädigen, verlezen, speciell: **hauen, zerhauen** (Feinde).

sceadaich verb. transit. (ident. mit ahd. *skeidan scheiden* |σχίζειν, Sskr. *chid*) d. h. mit einer Zwischenwand oder mit einer Hülle versehen, vgl. ahd. *skeida* die Scheide des Schwertes und die der Blüthe) **bekleiden** 1. einen andern Menschen bekleiden, ankleiden, 2. c. acc. einem zum Kleide dienen (Caomhmbala 145). Ger. *secadachadh*.

sceir subst. 4. fem.(v. *scar*) was in die See schneidet, das **Riff, die Schäre.**

sceul subst. 1. masc. Gen. *sceoil* (altir. *scél* Botschaft, Erzählung, ident. mit ahd. *scal*, Schall, *scellan*, *scaljan schallen*) die **Botschaft, die Kunde.**

sciamh subst. 1. fem. Gen. *scciuth* (ident. mit ahd. *scôni* Glanz, goth. *skauns*, schön, lat. *can-didus* Sskr. *kan*) 1. die **Schönheit.** 2. die **Züchtigkeit, Sittigkeit.**

scian subst. fem. (vom Stamme *scindere*, ahd. *skintjan*) das **Messer.**

sciath subst. 1. fem. Gen. *scith*, *scithe* (ident. mit lat. *scutum* von Wurzel *sku* schüzen, bergen, woher *sciura Schuler*, (s)cautus, ἐπισκύνιον) 1. der **Schild** des Kriegers. 2. die **Schwinge**, der **Flügel** des Vogels (womit dieser wie mit einem Schilde seine Seite bedeckt), 3. der **Flügel** der Schlachtordnung, *sciath an roin* Tighm. 8. 208.

sciathach adj. (v. vor.) **beschildet.** *Comhrag sciathach* der Kampf der Schilde.

scith adj. (vgl. das altir. *scith* Beschwerde, vgl. das ahd. *schit* Scheit, *schitere* locker, dünn, *schiteren* lockern, v. d. Wurzel *scindere*) **müde ermattet** (wo die Muskeln schlaff, die Bänder locker sind.)

scleo subst. 3. masc. (viell. verwandt mit Sskr. *scal* untergehen, *csara* vergänglich) 1. das **Zwielicht.** 2. der trügende **Schein.** 3. das **Trugbild** (das aussieht, wie ein Mensch und doch Luft ist), die **Erscheinung.**

scoillt verb. transit. (gleichen Stammes mit *scail*, ident. mit σκύλλω ahd. *scellan*, *scaljan* zerschallen) **zersplittern.** Ger. *scoltadh*.

scoirm subst. 4. fem. (verw. mit ahd. *scorrën*, hervorragen, von Knochen, die durch die Haut sichtbar sind) 1. der **Kehlkopf**, die **Kehle.** 2. ein aus der Erde hervorragender **Fels.**

scor subst fem. (von gleichem Stamme mit *scar*) die **Gabel.**

scorr subst. fem. (von gleichem Stamme mit *scoirm*, ahd. *scorra*) das **Riff.**

scread verb. intrs. (ident. mit ahd. *screion*, causat. v. Sskr. Wurzel *cru* hören) **schreien.** Ger. *screadan* und *screadail*.

scread subst. fem. (v. vor.) der **Schrei.**

se num. card. (ident. mit *sex*, ἕξ, *shash*) **sechs.**

seabhag subst. masc. (von *seabh* schweifen, streichen, umherstreichen, ident. mit ahd. *swëpën*, *swëbôn schweben schweifen*, träumen [*sopor*, ὕπαρ, *somnus*, S. *svap*]; nur zufällig ähnlich mit ahd. *habih*, prs. *çapah Habicht*) der **Raubvogel, Weihe.**

seac verb. intrs. (ident. mit *siccare*, *siccus* aus *siticus* von *sitis*) verwelken, verwittern, tropisch: dahin schwinden, aufgerieben werden (Tighm. II., 511).

seach subst. masc. (vom altir. Verb. *sec, sech*, ident. mit *sequi*) die **Reihenfolge, Reihe.** *Mu seach* der Reihe nach, nach einander; gegenseitig (Tighm. V., 319).

seachad adv. (v. gleichem Stamm, wie das vor.) entlang, daher *seachad air*... längs, auch unter (im Sinne v. *inter*).

seachainn verb. transit. (ident. mit ahd. *scônen schônen*, nach Dieffenbach verw. mit *scônen* verschönern [?]) 1. schonen, 2. vermeiden, Ger. *seachnadh*.

seachd num. card. (altir. *secht*, ident. mit *septem*, ἑπτά, Sskr. *saptan*, durch Vertauschung des Labialen mit einem Gutturalen, vgl. §. 16, 5.) sieben.

seachran verb. intrs. (secundäre Bildung, denom. aus einem nicht mehr vorhandenen Subst. *seachar*, die Folge, Nachfolge) wandern, dann umherirren, sich verirren.

seachran subst. masc. (v. vor.) das **Wandern**, auch: das **Fliessen** des Blutes (Tighm. V., 302), 2. der **Wanderer** (Cathlod. I., 82).

seadh subst. masc. (statt *sead*, *sent-entia*) **Sinn, Bedeutung.** (Zu unterscheiden von der, bei Ossian nicht vorkommenden Partikel *seadh* ja, altir. *side, hic, haec, hoc*.)

seal subst. masc. (v. Verb. *seall*) der **Augenblick, Zeitpunkt.**

sealg subst. masc. Gen. 1. *seilg* (viell. verw. mit ahd. *scëlo*, mhd. *Schelch* Name eines Jagdthieres, wahrscheinlicher mit *saljan* opfern, Thiere tödten) 1. das **Jagdthier**, das **Wild** (Tighm. II., 289). 2. Gewöhnlich: die **Jagd**.

sealgair subst. 2. masc. (v. vor.) der **Jäger**.

seall verb. intrs. und trs. (Stamm *se*, ident. mit goth. *saihvan*, ahd. *sëhan* sehen, vgl. lat. *sol*, Sskr. *sûrja* die Sonne) 1. **blicken**, *mu* nach etwas. *Seall m' an d' thainig*, sie sah nach ob er gekommen sei. Tighm. IV. 414, 2. etwas **erblicken**. Ger. *sealladh*.

sealladh subst. 3. masc. (Ger. v. *seall*) 1. der **Anblick, die Ansicht**, 2. der **Blick**, den man auf etwas richtet, 3. das **Sehvermögen, Augenlicht**.

sean adj. (altir. *sen*, ident. mit lat. *senex*, vgl. Sskr. *sanâ* immer) **alt, 1. bejahrt, hochbetagt, 2. alt** im Sinn von *antiquus, priscus*.

seang adj. (altir. *seim*, ahd. *smâhi* klein, verächtlich, woher *smahen* schmähen) **dünn, schlank**.

searg verb. intrs. (altir. *serc-im* veralten, verw. mit ahd. *serjan* schwächen, versehren, v. goth. *sair* Schmerz, Sskr. *sṛ* tödten) **verwittern**. Ger. *seargadh*.

seid. verb. intrst. und trans. (v. Sskr. *sad, sid*, einhergehen) 1. **blasen, schnauben, wehen, 2. verwehen, hinwegwehen**.

seidear adj. (v. vor.) **schnaubend**.

saillean subst. 2. masc. Gen. (compos. aus *seimh* Milde [nicht verw. mit dem altnord. *seimr* (zähe. Flüssigkeit), ahd. *honag-saim*, mhd. *honik-sein*] und aus *lean* voll, also: „Milde-voll" = Süssigkeits-voll") die wilde **Biene, Haidebiene**.

seimh adj. (v. altir. *seim*, Nebenform v. *seang*) **zart, mild**.

seimh subst. 4. fem. (v. vor.) die **Zartheit, Milde** auch: **Bescheidenheit, Anstand**.

seinn verb. transit. (ident. mit ahd. *singan*, goth. *siggvan* singen, Sskr. *svan* tönen, verw. mit lat. *sonare*) **singen**.

seirc subst. 4. fem. (altir. *sere*, viell. ident. mit Sskr. *srǵ* [freundlich] entlassen) Zuneigung; Freundlichkeit.

seod subst. 1. masc. Gen. *seoid*. (Nebenform v. *saoi* oder verw. mit altir. *seuts* kostbar, herrlich, Sskr. *sat* gut) der Held.

seol subst. 1. masc. Gen. *siuil* (altir. *sól* Segel, ident. mit ahd. *segal*) 1. das Segel. *Toy na siuil ri guoith*, die Segel gegen den Wind erheben, d. h. die Segel spannen, unter Segel gehen, 2. die Lenkung, Richtung. *Cur air seol* richten.

sheas verb. intrst. und trst. (ident. mit *ἵστημι*, *sis-tere*) 1. stehen. *Sheas o cheum* „vom Schritt (Schreiten) stehen," d. i. stillstehen, den Schritt hemmen. 2. stellen (Tighm. VII., 105).

sian subst. 1. fem. Gen. *sein* (altir. *sín*, vom Verb. *sinn* singen) der brüllende Sturm, Sturmgebrüll, Wirbelwind, Unwetter.

sianal adj. (v. vor.) stürmisch, unstürm.

sil verb. intrst. (altir. *sil* säen, streuen, ident. mit *serere*, ahd. *sajan*, ahd. *saejen säen*) 1. schütten, träufeln, giessen, regnen.

sin pron. demonstr. adj. jener s. §. 98.

sin verb. traitiv. (ident. mit lat. *siners*, *sinus*) 1. hinbreiten, hinstrecken, ausstrecken, 2. vor sich her verbreiten (zerstreuen), d. h. vor sich herjagen.

sinn pron. pers. 1. plur. (aus *nas*, *nos* mit Abwerfung des *na*, *no* und Anhängung der Enclytica *ne*, also aus *nasne*) wir.

sinnsear subst. 3. masc. (contrah. aus *sinn-sheanair*, was einem altir. *sen-sen-ir* entspräche, von *sen* alt, s. unter *seun*) der Ahne. *Na sinns'rean*, die Ahnen.

sinnsreadh subst. 4. fem. (v. vor.) die Ahnenschaft, das Geschlecht der Ahnen, die Zeit der Ahnen.

siobhag falsche Schreibart für *seabhag*.

siod pron. dem. subst. jener s. 89.

siol subst. 1. masc. Gen. *sil* (v. *sil* säen) der Same im Sinn von 1. Nachkommenschaft, Geschlecht, Stamm, 2. einzelner Nachkomme, Sprössling, 3. dient oft zur Umschreibung, z. B. *sil imeachd*, „Söhne der Wanderung" = Wanderer (Tighm. IV., 317).

siolaidh verb. trst. und intrst. (Nebenform von *sil*) 1. transit. (entsprechend dem mhd. *seijen seien*, entstanden aus ahd. *sajan* säen) seien, durchsickern lassen, 2. intrs. (entsprechend dem ahd. *seiejan* senken, einer Nebenbildung von *sajan*) sich senken, sich setzen, sich legen (von einer Fluth, welche abnimmt und verläuft, von einer hochwogenden Bewegung, die zur Ruhe kommt). Ger. *sioladh*. („Der Wind legt sich." „Die Fluth sinkt.")

sioll subst. masc. (v. *sil*, *serers*, ident mit *series*) die Reihe, die an jemand ist, der Turnus.

sionadh subst. 2. masc. (von altir. *sen*, alt, *sean*: der Stammesälteste, oder vom altir. *son* Wort, ident. mit *sonus*: der Redende, Befehlende) daher: der Herrscher.

siorradh subst. 3. masc. (von einem, bei Ossian nicht vorkommenden Subst. *sior* die Zeit, wahrscheinlich von Sskr. Wurzel *sr* gehen, in Bewegung sein) die unaufhörliche Dauer, die Ewigkeit. Als Adverbialumschreibung: immer. (Die altir. Wörter *sonirt* — *su-nert* — und *suthain* — *su-tan* — „wohl-kräftig," und „wohlzeitig" — beide in der Bedeutung „dauernd," sind nicht mit *sior* verwandt.)

siorruidh adj. (v. vor.) unaufhörlich, ewig.

sios adv. (altir. *sis* v. *seas*) abwärts, hinab.

slota subst. masc. (entw. von dem im altir. *sotle*, Unwille, steckenden *sot*, vielleicht mit ahd. *sôt* Wallung, Sud verwandt, oder mit dem, freilich spätlatein. *sottus*, mhd. *sote* Tropf, verw., das keinenfalls aus dem rabbinischen *schoteh* abgeleitet werden darf, daher vielleicht mit altir. *sothech* Hurenhaus, *soth* Leibesfrucht [im Sinne von „Bankert"?] verwandt ist) der **Tropf.**

slotamh subst. 2. masc. (v. vor.) **Feigheit.** Tighm. VIII., 140: *nach comhnuidh an siotaimh* „der du nicht eine Wohnung der Feigheit bist."

sith subst. 4. fem. (verw. mit *sidh* bereiten, *siddha* heilig, *siddhi* Erfolg) der **Friede** (neugäl. auch: die Treue). *Cuir gu shith* zum Frieden zwingen.

sithich verb. trs. (v. vor.) **beruhigen, beschwichtigen.** Ger. *sitheachadh*.

sithinn subst. 4. masc. (vom gleichen Sskr. Stamm *sidh* bereiten) das **Wildbrät.**

siubhail verb. intrs. (viell. ident. mit ahd. *swëllan* schwellen, fluthen, viell. comp. aus *us- hail*, ident. mit goth. *usvaltjan*, wo *valtjan* = lat. *volutare* von *volvere*, ἑλύω, εὐλύω) **gehen, fortgehen, vorwärts gehen, von dannen gehen.** Ger. *siubhal*.

siubhal subst. masc. (v. vor.) der **Gang.**

slabhraidh subst. 4. fem. (altir. *slabrad*, viell. verw. mit *slifan*, *sliphan schleifen*, auch: gleiten, *schlüpfen*) die **Kette** (von der Kette der Hunde gebraucht).

slan adj. (altir. *slan*, gesund, ident. mit *salus*, *salvus*) **unverlezt, heil.**

slan subst. masc. (v. vor.) das **Wohlsein, Heil.** *Slan leat* „Heil (sei) mit dir!"- d. h. **lebe wohl.** (Fionngh. V., 229 und 232.)

sleagh subst. 1. fem. Gen. *sleigh* (v. Sskr. *çalakâ* Wurfspiess, mit Verwandlung des *ç* in *s*, ohne Zweifel verw. mit ahd. *slahan sch'agen*) der **Speer.**

sliabh subst. 1. masc. Gen.: *sleibh* (altir. *sliab*, ident. mit *clivus*, durch Verwandlung eines *ç* in *s*) der **Berg, die Anhöhe.**

slige subst. 4. fem. (vgl. altir. *sligh-im* bestreichen, Sskr. *lih*, λιχ-, ahd. *lekjan*, *'ckon leck n*, lith. *la:ti* fressen, slav. *srikati* schlürfen) die **Schale, Schüssel** beim Gastmahl.

sliochd subst. 3. masc. (ident. mit ahd. *slaht*, *slahta* Schlag, Art, Gattung, *Geschlecht*) das **Geschlecht**, 1. die **Nachkommenschaft,** 2. die **Art, Gattung.**

sliom adj. (altir. *slemn* und *slemne*, nicht ident. mit ahd. *slimbi schlimm*, sondern mit lat. *levis*) **leicht, auch leichtfertig, leichtsinnig.**

slios subst. masc. (von Sskr. Wurzel *çri* gehen, vgl. §. 19, 3) die **Seite.**

sluagh subst. 1. masc. Gen. *sluaigh* (altir. *slung*, Heerschaar, von gleichem Stamm mit *sliochd*) das **Heer, Kriegsheer,** allgemeiner: **Volk, Menge.**

smachd subst. 3. masc. (altir. *smactu*, der Gebrauch, die Sitte ident. mit ahd. *maht*, *Macht* von *mahhôn* machen, Sskr. *mah*, s. unter *may*, die Hand) die **Autorität, Oberherrschaft; Zucht.** Tighm. II., 377, *dh' anam tha smachd air righ Eirinn*, seiner (des Erinnkönigs) Seele ist Macht über den König Erinn's, d. h. seine Seele hat die Kraft über ihn, ihm zu gebieten (dass er nicht weiche). *Fo smachd*, einer Obergewalt unterworfen, beaufsichtigt (und somit eingeengt) Tighm. VI., 22; der Uebermacht preissgegeben, v. 204; als Umschreibung v. 235: *le sleagh glan fo smachd*, mit der hellen Lanze unter (seiner) Gewalt, d. h. die helle Lanze haltend.

smal subst. masc. (ident. mit ahd. *mâl* Stelle, *Maal*, goth. *mail*) die Stelle, der **Plaz**.
smal subst. masc. (ident. mit ahd. *mëlm* Staub v. ahd. *malan, mahlen, molere*, μύλη; nach Dieffenbach ist *smal* Nebenform von *smur* [?]) **Schutt, Staub**.
smaladh subst. 3. masc. (Ger. eines nicht vorkommenden Verb. *smal* ident. mit niederl. *smeulen* = *smeuren*, d. i. *schmooren*, **Rauch**, Dampf ausstossen, vgl. Diefenbach goth. Wörterb. II., 276) das **Schnauben, Schnaufen**.
smaoin subst. 4. fem. (direct aus dem ahd. *meinjan meinen* (daher mit dem Vorschlag *s*), indirect also vom altir. *men*, Sskr. *man* denken). Der **Gedanke**. Plur. *smaointean*.
smiorail adj. (ident. mit dem im ahd. *smirwen* fettmachen, mästen und *smëro Schmeer* liegenden Stamm, goth. *smairthr*, verw. mit μύρον, σμύρνα, *merda*, Sskr. *mṛd*) **kräftig, lebendig, frisch**.
smuain andre Schreibart für *smaoin*.
smuid subst. 4. fem. (ident. mit niederd. *smudden, smodden* schmuzen, Nebenform von *smooren, smirwen*, s. unter *smaladh*) 1. **Rauch**, 2. allg. **Qualm** z. B. auch des qualmenden Nebels.
smur subst. 1. masc. Gen. *smuir* (ident. mit ahd. *smirwen* s. unter *smiorail*) verfaulte, verwitterte Substanzen, **Verwitterung, Schutt, Moder**; auch allgemein **Düsterkeit**.
snamh verb. intrs. (ident. mit Sskr. *snd* sich baden, *nare*) 1. **schwimmen**, 2. in der Luft schwimmen, **schweben; auch schwirren** Tighm. VIII., 227.
snamh subst. masc. (v. vor.) die **Fluth** (Calthonn 209).
sneachd subst. 3. masc. (v. Sskr. *snih* [*snéha* schlüpfrig] Zend *çnis*, *çnij*, lith. *snegas*, lat. *ningere, nix*, goth. *snaios*, ahd. *snéo*) der **Schnee**.
snuadh subst. masc. (ident. mit *Schnute* [altnord. *snûtd*] verw. mit ahd. *snuzan* das Gesicht reinigen, d. i. *schneuzen*; von Wurzel *snû schneiden*, daher *snûta* und *snuadh* das Profil, der *Schnitt* des Gesichts) 1. das **Angesicht**, 2. der Gesichtsausdruck, die **Miene**, 3. das Ansehen, das eine Sache hat, der **Anblick**, den sie gewährt.
so pron. dem. adj. **dieser** s. §. 98.
soillear adj. (v. *solus*) **leuchtend, hellglänzend**.
soilleir adj. (Nebenform des vor.) **leuchtend, hellglänzend**.
soillse subst. 4. fem. (altir. *soillse*, von *soillsich*) das **Licht**, der **Lichtglanz, Schein**.
soillsich verb. intrst. (v. *solus*) **leuchten, strahlen**. Ger. *soillseadh* und *soillse*.
solas subst. 2. masc. (gleichen Stammes mit *consolari*, *solatium*, vgl. Sskr. *çri* Glück) **Freude** (als innerliche Seelenstimmung im Gegensaz zu *aoibhneas*, s. unter *aoibhneas*).
solus subst. masc. (ident. mit lat. *sol*, Sskr. *sûrja* Sonne, verw. mit *seall sehen*) 1. die **Sonne**, daher gewöhnlich abstract: 2. das **Sonnenlicht, Tageslicht, Licht** überhaupt.
sona adj. (vgl. Sskr. *sánu* Gipfel, *sántv* trösten, erfreuen, *sánu* Geschenk) **glücklich**.
sonn subst. 1. masc. Gen. *suinn* (weder von Sskr. *san* lieben, noch von Sskr. *sonnadh* Höhe, sondern aus *somn*, verw. mit *summus*) der Oberste, der **Feldherr, Anführer, Kriegsheld, Held**.
spairn subst. 4. fem. (ident. mit *spirare*, vgl. Sskr. *sparça* die Luft) ursprünglich der **Athemzug**, insbesondere das mühvoll ange-

strengte Athmen. *Fo spairn a chleibhe*, unter mühevollem Athmen seiner Brust. Dann allgemein **Anstrengung.**
speall subst. masc. (Fremdwort, ident. mit ahd. *spëlta, spilta* Splitter, v. *spaltan* spalten) der **Splitter.**
speur subst. masc. (nicht unmittelbar von Sskr. *svar* Himmel, woraus *sar* oder *par* geworden wäre (vgl. *piuthar* und *siur* s. unter *piuthar*); sondern zunächst von σφαῖρα, was freilich selbst wieder auf *svar* zurückzuführen ist, wie σφεῖς, σφι, σφίσι auf *sva*) der **Himmel.** Im Sing. Fionngh. I., 100; sonst meist als plur. tant.
spiol verb. transit. (vielleicht ident. mit ahd. *spildjan* vergeuden, vgl. ψίω kahlreiben, ψιλός kahl [und σπέλλιον neben ψελλιον]) **zupfen, rupfen, picken.** Ger. *spioladh*.
spion verb. trst. (viell. ident. mit σπάω) **ziehen, ausziehen.** Ger. *spionnadh*.
spionnadh subst. 3. masc. (Ger. v. vor.) die **Anstrengung, Kraftaufwand.**
sprochd subst. masc. (v. Sskr. *sphur* zittern) **Niedergeschlagenheit, Trübsinn.**
srad verb. intrs. (viell. von Sskr. *çra* kochen, jedenfalls ident. mit ahd. *strarjen*, perf. *strâte* lodern) **Funken sprühen.**
srad subst. fem. (v. vor.) der **Funke.**
srann subst. fem. (altir. *sron* die Nase und *sren* niesen, Onomatop. analog mit *sternuere* niesen, sowie mit *schnauben, schnarchen* u. dgl.) das **Schnauben** (der Rosse).
srannach adj. (v. vor.) **schnaubend.**
srath subst. masc. (v. *stratum, sternere*, Sskr. *str* und *stṛ*) **Wiese. Ufermatte.**
sreath subst. 1. fem. Gen.: *srith* (vom altir. *sreth* streuen, lat. *sternere*, ahd. *strawjan streuen*, Sskr. *str* u. *stṛ*) die **Reihe, Lage, Schicht.**
srian subst. fem (ahd. *stric* Strick, von *stringere*) der **Strick**, speciell: der **Zügel** (des Rosses).
sron subst. fem. (s. unter *srann*) die **Nase, Nüster.**
sronach adj. (v. vor.) **grosse Nüstern habend.**
sruth subst. 1. masc. Gen. *sruith* (altir. *sruth* von gleichem Stamm mit ahd. *strouma* Strom, von Wurzel *sṛ* gehen. einer Nebenbildung, die sich zu *ṛ* verhält, wie *sruith* zu *ruith*) der **Fluss, Strom, Bergstrom.** Bildlich Tighm. VII., 178: *sruth gaoithean* Strömung der Winde, Luftstrom. Plur. *sruthan*.
sruthan subst. 2. masc. Gen. *sruthain*. (Tighm. VII., 142 als fem. declinirt, mit dem dat. *sruthain*) (demin. v. vor.) das **Flüsschen**, der **Bach.** Plur. *sruthanan*.
stad subst. masc. (vom Stamme *sthâ, stare*) der **Stillstand**, die **Pause**, der **Verzug.** Gun *stad* unverzüglich.
stailinn subst. 4. fem. (ident. mit ahd. *stahal* Stahl, nicht von *stechan* stechen) der **Stahl**, auch im concreten Sinn von Stahlwaffe, **Schwert.**
steud subst. fem. (ident. mit *stuot Gestüt*, Rossherde, woher das neuere *Stute*; verw. mit στύω, *penem erigere*) das **Ross**, die **Stute.**
stoc subst. masc. (ident. mit ahd. *stoc* **Stock**) der **Holzstrunk, Pfahl** (beides noch im Neugäl.), daher (bei Oss.) die **Kriegspfeife** (nicht-gebogene Schalmei, *lituus*), und in diesem Sinne: das **Schlachthorn.**
stoirm subst. 4. fem. (ident. mit ahd. *sturm*, v. Sskr. *str* zerstreuen, verjagen) der **Sturm**, heftige Wind. Tropisch auch vom Schlachsturm.
stoirmeil adj. (v. vor.) **stürmisch, stürmend.**

strac verb. intrs. (ident. mit ahd. *strachjan, strecken*) sich strecken, nach etwas streben.

strachdadh subst. 3. masc. (ger. v. vor.?) das **Toben**. Tighm. VII., 195.

stri Abkürz. für *strithe*, 1. **Streit**, 2. **Wettstreit**; *a' stri* im Wettstreit, wetteifernd Tighm. II., 263, der Schimmer der Waffen wetteifert mit den Sternen; V., 317, der Sturm trägt die Adler vorwärts mit der Kraft ihrer Federn wetteifernd. *Stri a' bhais*, das **Gemezel**.

striochd verb. intrs. (ident. mit ahd. *strihhan, streichen*, und: eilig weggehen, *stringere*, στελγίς) weichen, sich unterwerfen.

strithe subst. 5. fem. (ident. mit abd. *strit*, altlat., *stlis*, lat. *lis*) **Streit** mit Waffen, **Kampf**.

stuadh subst. 1. fem. Gen. *stuaidh* (v. Sskr. *sthâ* schwellen in *sthâta* angeschwollen) die Anschwellung des Wassers, die **Welle**, **Woge**.

stuagh falsche Schreibart für *stuadh*.

stuaim subst. 4. fem. (v. einem Verbalstamm, der ident. mit ahd. *zamjan zähmen*, δομάν, lat. *domare*, Sskr. *dam*; vgl. das neugäl. *stuama* zahm, gemässigt) die **Mässigung**, daher allgemeiner: **Bescheidenheit, Klugheit**.

suaicheantas subst. masc. (von *sua-cheann* dies von *suas* empor und *ceann* Haupt, was über die Köpfe ragt) das **Feldzeichen**, die **Fahne**.

suain subst. 5. fem. (ident. mit lat. *somnus* von Sskr. *çam* ruhen) der **Schlaf**.

suairce adj. (comp. von altir. *su* wohl [ident. mit Sskr. *su* — wohl] und *airce* (Betragen) vom altir. *airigur* thun, begehen) **wohlanständig, anständig**, fein von Benehmen.

suas adv. (ideut. mit *su-* im lat. *super, supra*, altir. *suas*, *suos* hiuauf) 1. **hinauf, empor; auch oben** (z. B. Tighm. III., 180, der Bliz fesselt *oben* [*in der Höhe*] die Schwingen der Stürme) 2. **auf etwas (hinab)**. *Taisgear suas 's an uir* „er wird hinabgelegt auf den Erdboden" (in's Grab). Tighm. IV., 296; V., 271. *Aom suas*, s. unter *aom*.

subhach adj. (vgl. Sskr. *subhaga* glücklich, *suka* fröhlich; *subhach* wahrschein. = *su-ach*, v. *su* gut, und der Endung *ach*) **fröhlich, froh**.

suidh verb. intransit. (ident. mit *sedere*, ahd. *sitan sizen*, vgl. Sskr. *sad, sid.*) **sizen**; von leblosen Gegenständen: **liegen, sich befinden**. *Suidh sios* niedersizen, sich niedersezen. Ger. *suidhe* (aus *suideadh*).

suidhe subst. 5. fem. (ger. v. vor.) der **Siz**, 1. das **Sizen**, 2. der Ort, worauf man sitzt.

suidhich verb. transit. (altir. *suidiy-ur* sezen. Von *suid, suidh*, wie ahd. *satjan sezen*, von *sitan* sizen) **sezen**, an einen Ort stellen oder legen; daher auch **ordnen** (Cathlod. II., 142).

suil subst. 5. fem. (von *seall* sehen) das **Auge**.

suileach adj. s. *gorm-shuileach*.

surdail adj. (aus *su-radail* von *su-* wohl, und *rad* bereit sein, s. unter *reidh*) **schnell bereit**.

T.

t der sechzehnte Buchstabe des Alphabets. Sein gälischer Name ist *tin*. Muta aspirabilis.

-*t*- Bindelaut, s. §. 43.

(*t'*, Apostrophirung von *do*, **dein**, vor vokalisch anlautenden Nominibus.)
ta praes. des Verhums *bi* sein.
tabh subst. masc. (ident. mit Sskr. *tavisha* Ocean, von *tu* wachsen, schwellen) der **Ozean**. (das altir. *tabur* hinzugeben, hängt nicht damit zusammen, sondern kommt von *do-biur*).
tachair verb. intrs. (altir. *tacair* es trifft sich, schickt sich, nicht entfernt verw. mit *decet*, sondern mit *tangere* τάσσω) **zusammentreffen** mit (ri . . .), jemanden **begegnen** (ri . . . oder *air* . . .) freundlich oder feindlich, verabredet oder unverabredet. Ger. *tachairt*.
tagh verb. trsit. (ideut. mit ahd. *zeigón* [goth. *taikns*], zeigen δείκνυμι, Sskr. *diç*, vgl. lat. *discere, docere*; δάκτυλος, διδάσκειν) **auswählen** (vgl. *designari*).
taibhse subst. 4. fem. (schwerlich von Sskr. *tu*, schwellen, wachsen, ebenso wenig von Zend *tbish* peinigen [Sskr. *dvish*, *vish*] auch nicht gleichen Stammes mit ahd. *zoubar Zauber*, Todtenbeschwörung *) verw. mit *zēbar*, altnord. *tafn* Opfer, δέπας, sondern aus *do* und einem, im Neugäl. noch vorhandenen Wort *aibhse* Gespenst, das aus praep. *aith* und der Wurzel *bhas* leuchten, schimmern, ahzuleiten ist) der erscheinende **Geist**, das **Gespenst**.
taic subst. 4. fem. (vom Stamme *tac*, wie *tachair*) das, worauf die Hand oder der Körper trifft, was er berührt, der **Stützpunkt**.
taifeid subst. 4. fem. (von Sskr. *dhanva* der Bogen, v. *dhan* klingen, schwirren; *taifeid* entspricht einer Form *dhanvida*) die **Bogensehne**.
taileasg subst. masc. (*do-ad-less-igs*, vom altir. *less* Hinterbacken) urspr. und noch neugäl: der Hinterbacken, der Schinken; daher (von ihrer damaligen Gestalt her) die **Geige**. (Auch das franz. *gigue* heisst urspr. „Schinken.")
tairg verb. transit. (altir. *tairccim, do-aircim* [ident. mit ἔργον, von Sskr. Wurzel *ard*] bewirken) **vorschlagen, anbieten**.
tairis, thairis, adv. (altir. *taresi* jenseits, drüber hinaus, aus praep. *tar* und einem affixen Demonstr. pronomen *s-si, e-se*) **vorbei, vorüber**.
tairiseach, auch **tairise**, adj. (Corruption ans dem altir. *tairisme, tairismach* beständig, zuverlässig, dies von *tairissem* der Standort, aus *tair-sheasam*, v. *tair-sheas* über etwas stehen) **zuverlässig, redlich**.
tais adj. (nicht vom altir. *taisse* Ueberrest, Reliquie, Sskr. *tjad* zurücklassen, sondern von *do-is*, vom Stamme *is* in *iosal*) **mathlos**.
taise subst. 4. fem. (v. vor.) die **Muthlosigkeit**.
taisg verb. transit. (v. altir. *toisc* nud *tascide* nothwendig, *tasgid* Lebensbedürfniss, aus *do-sech*, vom altir. *sech* Noth, *fo-segim* nöthigen, drängen, Stamm *seg*, Sskr. *sac-*, lat. *sec-*, ἕπομαι) **aufspeichern, niederlegen, aufbewahren**. Ger. *tasgadh*.
taisich verb. transit. (denom. von *tais*) **nuzlos machen, in Angst sezen, erschrecken**.
taitneach (adj. (v. Sskr. *tata* lieb, kaum verw. mit altir. *téte* Ueberfluss) **lieb, willkommen, lieblich**, daher auch **froh**.

---

*) Wie aus *tributum* des altir. *taibrith* geworden, so müsste aus *tsebar taibs* geworden sein.

tal snbst. fem. (pers. *talah* Schleifstein, Sskr. *talima* Jagdmesser, *tala* Rücken, Oberfläche, Glätte) die **Axt** (die in den ältesten Zeiten von Stein war).

talamh subst. masc. (altir. *talam* Land, v. Sskr. *tala* Rücken, Oberfläche, vgl. lat. *tellus*) das **Land**, 1. unbestimmt: die **Erde, Erdoberfläche**, 2. ein bestimmtes einzelnes **Land**.

talla subst. masc. (vielleicht aus *do-shalla*, ident. mit ahd. *sal* Haus, Saal, wahrsch. ident. mit Sskr. *çâlâ* Haus; zunächst von goth. *sa'jan* verweilen) der **Saal**, die **Halle**, d. h. das aus einem einzigen Saal bestehende Haus. *Mac-thalla* "Sohn des Hauses," das **Echo**.

talmaidh adj. (altir. *talmande*, von *talam*, *talamh*) urspr. **irdisch**, die Erde betreffend, daher 1. den **Boden stampfend** (von Rossen) Fionngh. I., 365, 2. als subst. der **Landsmann**, Tighm. III, 201.

tamh subst. 1. masc. Gen. *taimh* (nicht ident. mit *tabes*, sondern mit τέμενος, von ΤΜΑΩ, τέμνω, *templum*, verw. mit *tempus*) 1. die **Wohnung**, der Zufluchtsort, die **Ruhestätte**, daher auch abstract 2. die **Ruhe**, 3. die **Grabesstätte** (Tighm. III, 422), 4. das **Wellen**; a' *thamh* verwellend (Tighm. IV., 230).

tamull subst. masc. (altir. *tan* Zeit, ident. mit *tempus*) die **Zeitdauer**, die **Weile**.

tana adj. (ideut mit *tenuis*, ahd. *thunni* dünn, Sskr. *tanu*) **dünn**.

tannas subst. 2. masc. (nicht aus *tamhaisg*, was etwa vom altir. *taid-min-igur*, *do-aith-men*, zeigen, sich zeigen, abgeleitet werden könn'e, sondern ident. mit Sskr. *tanú* und *tanus* der Körper) urspr. die Körpergestalt, Gestalt, daher der sichtbar erscheinende **Geist** eines Verstorbenen, die **Geistererscheinung**, das **Gespenst**.

taobh subst. 3. masc. (altir. *tobe* das Abschneiden, der Abschnitt, von *tohur* = *do-o-biur* wegnehmen, *auferre*) die **Seite**, einzelne Seite eines Körpers. Daher r' a *thaobh*, ihm zur Seite, an seiner Seite, neben ihm. *Taobh-jorm* an der Seite blau, **blaue Seiten habend**.

taom verb. 1. intransit. (ident. mi. *tumere*, verw. mit Sskr. Wurzel *tu* wachsen) urspr. **anschwellen**, daher **fluthen, sich ergiessen**, von Gewässern, Strömen, sowie von dem Menschenschwall, z. B. eines Heeres: 2. transit. **hinwegschwemmen** (Tighm. II., 325) **ergiessen** (III., 308).

tar praep. c. dat. und acc. (altir. *tar*, ident. mit *trans*, Sskr. *tirah* von Wurzel *tr̥*) **über etwas hinweg, über etwas befindlich; auf etwas herab; jenseits; über jemand siegen**.

taram adv. (v. vor.) **oben vorüber**.

tarbh subst. masc. (ident. mit *taurus*, ταῦρος, ahd. *stior* Stier, v. Sskr. *sthávira* feststehend, v. *stâh* stehen) der **Stier**,

tarruinn verb. trst. und intrst. (ident. mit ahd. *serren*, *trahere*, διρειν, Sskr. *dr̥* verlezen) 1. trst. **ziehen etwas heraus- oder herbei-ziehen**, 2. intrs. **ausziehen**, mit einem Heer. Tighm. III, 25, Oigb. 22. Auch c. acc. **anführen** das Heer, **leiten** die Sch'acht. Tighm. III, 66. Ger. *tarruinn*. Aor. pass. *tairngeadh* Carthoun. 109.

teachd ger. von *tig*, *tainig*, das **Kommen**, die **Ankunft**.

teagamh subst. masc. und adv. (v. altir. *tiagu*, ergreifen, begreifen, verstehen, denken, ident. mit ahd. *thagkjan denken*, τεύχειν und δοκεῖν) urspr. subst. der **Gedanke** an etwas, das Begreifen, daher 2. *teagamh gu* ... es ist mir der Gedanke, dass d. h. vielleicht, etwa, auch als Frage, z. B. *teagamh gu 'm bheil Cuchullin*, sollte es etwa Cuchullin sein, Tighm. 498.

teaghlach subst. 2. masc. (altir. *teglach* Hausgenossenschaft, vom altir. *tey* Haus, von *tay* bauen, ident. mit στέγη, τέγη, *tegere* Dach) die **Hausgenossenschaft, Familie.**

teallach subst. masc. (entw. mit ahd. *dilla*, *Diele*, oder wahrscheinlicher verw. mit Sskr. *tála* Schlag) die **Schmiedestätte**, der **Amboss**. (*Teall* heisst. neugäl. plözlicher Angriff.)

teann verb. intrs. (ident. mit *tendere*, Sskr. *tan*, vgl. ahd. *dannôn, dannen*, da) sich nähern.

teann adj. und adv. (v. vor.) nahe, dicht dabei. Compar. *teinne*.

tearn verb. iutrst. (aus *teirinn*) herabkommen, herabsteigen. Ger. *tearnadh*.

tearuinn verb. trst. (ident. mit *tueri*, Sskr. *tṛ*) schützen, behüten.

teas subst. masc. (altir. *tés* Hize, aus *tebs* von gleichem Stamm mit *tepidus*, Sskr. *tápa*) die **Wärme**, die **Hize**.

teich verb. intrst. (aus *do-e-icc*, vom altir. *icc* retten, wahrscheinlich ident. mit ἀπέρχομαι) sich herausretten, fliehen. Ger. *teicheadh*.

teine subst. masc. (altir. *tene* das Feuer, wahrsch. aus *tebhne*, von Sskr. *tap* brennen), das Feuer, die **Flamme**. *Tein-athair* Flammen-Vater, d. i. der **Bliz** (Tighm. I., 140; VI., 197). *Tein' oidche* „Flamme der Nacht," ein plözlicher feurig rother Schein an den Wolken während der Nacht; Tighm. VIII., 222: „der Schild des Königs erhob sich gleich dem Glanz einer Flamme der Nacht, welche emporsteigt auf den rothen Bergen der kalten Gespenster." (Nordlicht?) VII., 201: „Ich stieg aus dem Streit, wie eine Flamme der Nacht aus dem Erguss der Wolken." VIII., 384: „(zornige Augen sind) wie der Mond im Dunkel des Himmels, welcher sammelt die Flammen der Nacht um sein Antliz" (beleuchtete Wolken um den Mond her) *Teine nan speur* Cathlod. I., 36: das Schiff durchschneidet die Wogen, „wie eine Flamme des Himmels durch die scharfen Risse der Wolken" (der durch die Wolken zuckende Bliz?) *Teine nan stuadh an oidche* Tighm. VI, 222: ein **Wachtfeuer** am Meer, auf das ein Adler herabfliegt, und woran er sich die Flügel versengt. *Teine nan sliabh* das **Abendglühen der Berge**, das der untergegangenen Sonne folgt (Tighm. II., 63).

teinndidh adj. (v. vor.) feurig im Sinn von **hizig, waghalsig.**

teirig verb. intrst. (ident. mit ahd. *zëran* zerren, altsächs. *tëran*, causat. *terjan*, lat. *terere*, goth. *tairan* zehren und zerren, Sskr. *dṛ*) sich verzehren, erschöpft sein.

teirig verb. intrs. Nebenform von *teiring* herabsteigen, meist mit dem Nebensinn: fortgehen.

teirinn und ***teiring*** verb. intrs. (von *do* und dem altir. *ire* = *air* auf, herab auf) auf etwas herabkommen, daher: **herabsteigen, herabkommen**. Ger. *teirneadh* und *teirngeadh*.

teom adj. (wahrscheinl. vom altir. *tomnur* denken, aus *do-fo-men*, von *men* denken, woher das altir. *toimtiu* der Gedanke) **kundig, erfahren.**

teomadh, teoma adj. (v. vor.) **kundig, erfahren.**

teud subst. 3. fem. (ident. mit lat. *tendo*, von *tendere*, Sskr. *tan*) der **Strang**, 1. die **Bogensehne** (Conlaoch 103 u. a.), 2. die **Saite** (*Moina* 83 u. oft) daher 3. das **Saiteninstrument**, das **Saitenspiel.**

teum verb. intrans. (entw. ident. mit *tentare* oder wahrscheinlicher von Sskr. Stamm *tamas* Dunkel, altir. *temul* das Dunkel) **spähen**.
thall adv. **dort**.
their fut. von *tuirt* **sagen**.
thuca zu ihnen, s. §. 150.
thug perf. v. *toir* **geben**. (Altir. *tuccu* von *do-IC*.)
thugaibh zu euch
thugainn zu uns
thugud zu dir   s. §. 150.
thugam zu mir
thuice zu ihr
thuige praepos. c. acc. (von *do* und *aig*) **gegen-hin, zu**.
thuige-san zu ihm s. §. 150.
ti subst. masc. (ident. mit *τις*) **Mensch, Person**. *Gach ti* **jedermann**.
tig fut. zu *tainig* (*Do-ic*).
tigh subst. 4. masc. (altir. *teg*, s. unter *teaglach*) das **Haus**.
tighearn subst. masc. (altir. *tigerna*, v. vor.) der **Herr**, *dominus*. (Z. B. *Vortigern* = *mhor-thigcarn*, der Grossherr.)
tilg verb. transit. (nicht ident. mit ahd. *ziljan*, sich eilen, sondern *do-fo-leic*, oder *do-in-leic*, von *leic*, lassen) **werfen, schleudern**; auch **schwingen** (zum Wurf ausholen) Tighm. I., 15.
till verb. trst. und intrst. (*do-ell*, vom altir. *ell* wenden, Sskr. *ir*) **umwenden**, 1. **zurückbringen**, 2. **rückwärtswenden, umdrehen** (Tighm. II., 15), 3. intrst. **zurückkehren**. Ger. *tilleadh*.
tilleadh subst. 3. masc. (Ger. v. vor.) die **Rückkehr**.
timchioll subst. masc. (altir. *timcell*, *do-imm-cell* Umkreis, von *imme* um, und *cell* fassen, *κελλειν*, Sskr. *čar*) der **Umkreis**, die **Umgebung**. *Mu m' thimcioll*, „um meinen Umkreis," d. h. **um mich her**.
tioma adj. (ident. mit *timidus*, *timere*) **furchtsam, schüchtern, eingeschüchtert**, daher **wehmüthig**.
tiomachd subst. 4. fem. (v. vor.) die **Wehmuth**.
tional verb. trst. (altir. *tinoll*, von *do-in-oll*, von *oillu* = *uille* alle) **sammeln, versammeln**.
tional subst. masc. (Infin. des vorigen) die **Sammlung, Versammlung, Menge, Haufe**.
tionndaidh verb. trst. und intrst. (altir. *tintaim* auslegen, übersezen, eigentlich herumwenden, *vertere*, von *do-in* und der Wurzel *de*, *dean* = *thun*, Sskr. *dhâ*) 1. **wenden, umwenden, herumwenden, kehren** 2. **sich wenden**, sich von einem Ort an einen andern wenden.
tioram adj. (verw. mit *darrjan* dürren, *darra* Dürre, goth. *thairsan*, *τέρσομαι*, *torrere*, S. *trsh*, dürsten) **dürr**.
tir subst. 4. masc. (ident. mit *terra*, Sskr. *tira* Küste) das **Land**, 1. = *cala* Land im Gegensaz zum Meer, **Küste**, 2. **ein einzelnes Land**.
tiugh adj. (ident. mit ahd. *dicchi*, *dick*, von goth. *theihan* wachsen, gedeihen, *τίκτειν*, verw. mit Sskr. Wurzel *tu* wachsen) **dick**.
tlachd subst. masc. (aus *tlathachd* von *th'lath*) 1. **Liebe, Zärtlichkeit**, 2. **Wohlgefallen**, 3. **Reiz, Schönheit**. Tighm. I., 358.
tlath adj. (wahrsch. mit *θάλλω*, *θαλίθω* ident., so, dass vor der Liquida die Aspir. in eine Tenuis übergieng, s. §. 18) **zart, mild**, namentlich von den Augen der Mädchen gesagt; auch **mild** von Ländern und Gegenden, daher **saftig, frisch, feucht**.
tobar subst. masc. (v. altir. *tobur*, aus *do-biur* geben, spenden) die **Quelle**.

tog verb. trst. (altir. *togu* erwählen, hervorziehen, *tuig* ziehen, anziehen, wahrsch. von den Präpositionen *do* und *ag*, *aig*) hervorbringen, erscheinen, entstehen lassen, 1. erheben, die Stimme einen Gesang, auch: einen sichtbaren Gegenstand in die Höhe heben; 2. errichten, erbauen, ein Grabmal, ein Haus, 3. intrst. sich erheben. Ger. *togail*.

toinn verb. trst. (vgl. altir. *toiniud*, Verdrehung; ident. mit goth. *tiuhan*, ahd. *ziohan* ziehen, *ducere*) flechten. (Daher das engl. twine.)

toir verb. trst. (*do-ir*, vom altir. *ir* zutheilen, Sskr. *r* in der Bedeutung *adhibere, dirigere*) 1. geben, 2. tauscht es seine Formen mit *beir* (altir. *biur* baren, *ferre*, Sskr. bh*r*) bringen. Daher *toir buadh* den vontragen, gewinnen. — Einzelne Formen werden v   ltir. *tuccu*, *do-ic*) andere von *beir* gebildet (s. §. 13).

toir subst. 4. fem. (ob v. Verb. *tair?* ob von *do* und *ir* [*air*]?) die Verfolgung.

toirm subst. 4. fem. (aus *stoirm* entstanden, durch Abwerfung des *s*) Lärm, Geräusch.

toiseach subst. fem. (altir. *toisech* der erste, *toisigim* anfangen, vorangehen, von *tus*) der Anfang.

toisich verb. trst. (altir. *toisigim* v. *tus*) anfangen, beginnen.

toll verb. trst. (vgl. ahd. *tol Doole*, Röhre, verw. mit κοῖλος hohl, wie *torc* mit *porcus*) höhlen.

toll adj. (v. vor.) hohl.

toll subst. (ebenso) Höhlung, Höhle.

tom subst. masc. (von *taom*, *tumere*, vgl. *tumulus* v. Sskr. Wurzel *tu* schwellen) der Hügel. Bühl als vereinzelter Erdknorren; daher auch: der Grabhügel (nicht in unserem Sinn, sondern im Sinn der altkeltischen, einen Steingang im Innern bergenden Grabhügel. So die Nurhag's in Sardinien, die Atalaja's auf den Balearen *).

tonn subst. 1. fem. Gen. *tuinne* (altir. *tonn*, aus *tomn*, von *taom*, schwellen) die Woge.

torc subst. 1. masc. Gen. *tuirc* (altir. *torc* Eber, verw. mit *porcus*) 1. der Eber, 2. *torc a` chuain* „Eber des Meeres" oder auch *torc* allein: der Wallfisch.

torman subst. masc. (demin. v. *toirm*) das Geräusch, 1. das leise Geräusch, Gemurmel, Geflüster, 2. der Lärm als aus der Ferne sich heranwälzender (Tighm. VII., 92).

torr subst. masc. (von einem, im Neugäl. erhaltenen Verb. *torr* aufhäufen, aufthürmen, verw. mit *turris*) 1. die Düne (daher *torr nan torc*, Dünen der Wallfische), 2. alles aus dem Meer ragende, auch: die Klippe.

tosd verb. intrst. (ident. mit *tacere*, Sskr. *tūsh*) schweigen.

traigh subst. 4. fem. (v. *traogh*) 1. die Ebbe. 2. der (durch die Ebbe entblösste) Strand. (Daher das neugäl. verb. denom. *traiyh* ebben).

traill subst. masc. (ahd. *drigil* und *trikil* Diener, altnord. *thraell*, wahrscheinlich von *thrayjan* laufen, ident. mit τρέχειν) der Sklave, Knecht.

---

*) Nurhag aus *an uir agh*, der heilige Boden, Atalaja aus *talamh* oder *tullach*.

traogh verb. intrst. (vgl. altir. *trog* arm, gering, *trucce* Schmach, von *do-ruiccu* weguehmen, d. i. *do-ar-ua-ic*) sich mindern, sich senken (von Gewässern) niedrig werden. Gen. *traogadh*.
trath adv. (*do-radh*, s. unter *reidh*) früh, bald, zeitig.
tre conj. synt. (von *tr* wie *trian*) so sehr auch.
treas num. ord. (ident. mit lat. *tertius*) der dritte.
treig verb. trst. (*do-fo-rig*, von *rig* kommen) verlassen.
treine subst. 4. fem. (von *treun*) Macht, Gewalt, Stärke.
treoir subst. 4. fem. (von gleicher Wurzel mit *treun*) Kraft, Muth. (Verhält sich zu *treine*, wie das Verhalten zum Zustand.)
treubh subst. fem. (Fremdwort: *tribus*) der Stamm, das Geschlecht.
treud subst. masc. (aus *tre-ed*, *tre-ad*, *trebhad* gleichen Stammes wie goth. *dreiban*, ahd. *driban treiben*) die Heerde.
treun adj. und subst. 1. masc. Gen.: *trein* (altir. *trén*, v. Sskr. Wurzel *tr* hinübergehen; überwinden; gelingen; vgl. *trai* retten; verw. ist ahd. *thrachan drängen*; mit *strenuus* nicht unmittelbar verwandt) 1. adj. stark, vermögend, daher tapfer, muthig, 2. subst. a) der Held, b) = *treunas*, der Muth (Calthonn 201); die Kraft (Tighm. III., 12).
treunas subst. 2. masc. (v. vor.) die Tapferkeit, Stärke, Muth.
tri num. card. (altir. *tri*, lat. *tres*, τρεῖς, Sskr. *tri*, ahd. *dri*) drei.
triall verb. intrs. (von Sskr. Wurzel *tr*, in deren Bedeutung: hinübergehen, *trajicere*) wandern, reisen; abgeschwächt: gehen. Ger. *triall*. *A' thriall* gehend; *bha a' thriall* er geht.
triall subst. masc. (Infin. des vor.) die Wanderung; Reise; der Gang.
trian num. ord. (v. *tri*) der dritte.
trian adj. (von *tr* in der Bedeutung gelingen, etwas erreichen, *perficere, assequi, contingere*) thunlich, leicht, auch im Sinne von leichtfertig. Tighm. III., 78 „ohne Schaum, ohne leichtes Gelächter (Geplätscher)." — Kommt gewöhnlich als adv. vor, *gu trian*, leicht (*facile*) 1. im obj. Sinn, was ohne besondere Vorbereitungen, Krisen, Katastrophen eintritt, daher plözlich, Carth. 180 („Fürsten, die plözlich, auf einmal, unerwartet, sterben sollen"), ohne weitres Calth. 290 („Hand, die beim geringsten Anlass muthlos wird"), Tighm. III., 74, allmählich, nach und nach (ohne plözlichen Wechsel und Abschnitt), Tighm. III., 350 (wo jedoch vielleicht *gun thrian* „kraftlos" zu lesen ist); 480; V. 348; VI., 115; VIII., 284; Conlaoch 91. 2. Im subj. Sinn: sorglos, Tighm. V., 334; leichthin, absichtlos Tighm. VIII, 52; keck, Calth. 199. — *Nach-trian*, nicht leicht im Sinn von *aegre* kaum; Tighm. 1, 184, Cathmor lebt und wohnt verborgen, „damit er nicht so leicht etwas von seinem Ruhme zu hören bekomme."
trian subst. masc. (v. vor.) 1. die Möglichkeit, das Vermögen, daher 2. die Kraft, Cathlod. II., 12, die Stärke Tighm. I., 722 „schaue (spähe) nach der Stärke unserer Feinde." Ebenso II., 398; VI., 155, Oina 104: „es fielen die Feinde aus der Stärke der unseligen Rüstung," d. h. sie legten die sie stark gemacht habende aber doch sieglose Rüstung ab. 3. Abstr. pro concr. die Starken, die Helden, Tighm. VI., 310. *Gu 'n trian*, a) „nach *der* Kraft," „an Vermögen ist unsere Körperstärke gleich," einer richtet so viel aus, wie der andere, Tighm. I., 254. b) „nach *ihrer* Kraft," d. h. mit ihrer ganzen Kraft, Calth. 273, „bei (all) ihrer Kraft" (= troz ihrer Kraft) Tighm. V., 158; 318. *Gu 'thrian* „nach seiner Kraft," d. h. nach Vermögen, so stark er nur konnte, Tighm.

V., 289; **in voller Kraft** Fionngh. IV., 275; ebenso Tighm. VIII.
488, *tuit e a fo ghruaim*, *is e gu' thrian*, er (der erschieuene
Geist) sank unter düster, obgleich er mit voller Kraft war
(d. h. mit aller Kraft sich anstrengte, sichtbar zu bleiben);
Tighm. IV., 127 *gu 'n trian* „nach *ihrer* Kraft," d. h. mit voller
Kraft. — *Gu thrian* „nach Vermögen," d. h. **im Stande, vermögend, möglich**, Tighm. VIII., 493, „nicht würde sein Erinnerung an ihre Trauer im Stande (vollzogen zu werden),"
sie würde nicht möglich sein. IV., 424 „kein Lichtstrahl ist
im Stande zu mir (nämlich: durchzudringen") Carthonn 115:
„meine Seele ist im Lodern im Stande durch sich selbst, d. h.
vermag durch sich selbst zu lodern." Tighm. III., 101: „nach
Vermögen," soviel wie „deutlich," so dass man die Worte
verstehen konnte. V. 416: „Nicht war Carthonn im Stande (über
den Fluss) zu springen." — *Gun thrian*, **ohne Kraft**, 1. unvermögend, Tighm. V., 158. Calth. 119, *gun thrian do soillse*,
„unvermögend zum Licht (zu gelangen);" 2. **kraftlos, schwach**,
Tighm. III., 350.

Es muss hier bemerkt werden, dass in den gedruckten
Texten *gu trian*, mit *gu thrian* und *gu' thrian*, ja sogar *gu 'n
trian* mit *gun thrian* hin und wieder auf sinnwidrige Weise
verwechselt wird.

triath subst. 1. und 3. masc. (von dem gleichen Stamme *tŗ*) der
Mächtige, der Fürst.
tri-bhuail verb. trsit. (compos. aus der altir. praepos. *tri* = gäl.
troimh durch, und *bhuail* schlagen) **kräftig schlagen** (die
Harfe).
tric adv. (vom St. *thraihan drängen*, dem Sskr. *tŗ* entsprechend) **oft**.
triuir subst. numerale (v. *tri*) die **Dreizahl**.
troimh praepos. c. acc. (alt. *tre* und *tairm* Nebenform von *tar* s. §. 237
Anm.) **durch, entlang** (local.).
trom adj. (altir. *trom*, wahrsch. gleichen Stammes mit ahd. *thruoen*,
druoan leiden) 1. **schwer** von Gewicht, **lastend**, 2. tropisch:
belastend oder belastet im Gemüth; **schwermüthig, ernst,
sorglich, sorgenerregend**.
trom subst. masc. (v. vor.) 1. **Last, Bürde**, 2. **Kummer**.
truagh adj. (v. *traogh*) 1. **arm, elend, beklagenswerth**. Gegenstand
des **Mitleids**; *Is truagh gu*, es ist **schade, dass**.., *o dass
doch nicht*.., c. indic. constr., 2. **verhängnissvoll** Tighm. VI.,
266 u. a. 3. auf Töne übertragen: **dumpf** (Tighm. II., 39).
truaighe subst. 4. fem. (v. vor.) 1. **Elend**, 2. **Mitleid**.
truaill subst. 4. fem. (wahrsch. von *tar* oder *troimh* und *ell* wenden)
die **Scheide des Schwertes**.
trus verb. trst. (ident. mit ahd. *thriusan* fallen, Wurzel *tŗd* spalten?)
herabnehmen, einnehmen (die Segel).
truscan subst. masc. (*do-rusc* vom altir. *rusc* Rinde, Schale, v. Sskr.
ruh wachsen) die **Kleidung, die Kleider, das Gewand**.
tu pron. pers. 2. sing. (altir. *tu*, ident. mit lat. *tu*, *sv*, Sskr. *tvam*,
ahd. *thu*) **du**. Mit enclyt. *tu-sa*.
tuagh subst. fem. (*do-agh*, ident. mit ahd. *achus* Axt, lat. *acies*,
dξίνη und πελε-κυ, v. Wurzel *ak*, Sskr. *ag*, essen, beissen) die
Streitaxt.
tuar subst. 3. masc. (*do-ar*, von *do* zu, und *air* auf, über) das **Umund-an-sein, das Ansehen**, daher die **Farbe**. Auch die **Gestalt, Erscheinung**, Carraigth, 290. *Gun thuar* ohne Farbe,
bleich, Prädic. der Todten, daher oft geradezu so viel, wie

todt. (Das altir. *tuare* hat die Bedeutung: Lebensunterhalt, Speise, aus der gleichen Etymologie.)

tuath subst. fem. (altir. *tuaith* links, von *do* und *aith* rückwärts, zurück) ursprüngl. die linke Seite, daher: der **Norden.**

tuath subst. fem. (altir. *tuath*, *tuad*, Volk, ident. mit ahd. *thiuda* Volk) das **Volk.**

tualhal adj. (v. *tuath* der Norden) **nordisch.** Tighm. VII., 249.

tuch verb. trst. (ob ident. mit Sskr. *tusch* erheitern?) (ein Lied) **vor sich hin summen, leise singen.**

tug s. *thug.*

tuil subst. 4. fem. (altir. *tuile* Fluth als Gegensaz zur Ebbe, von Sskr. *tu* schwellen) der **Giessbach, Waldstrom.**

tuille pronominale (von *do* und dem altir. *uile*, gäl. *uille alle*) **mehr, mehrere,** als adv. **ferner.**

tuilleadh subst. 3. masc. (v. vor.) die **Menge,** eine Menge (**viele**).

tuin verb. instr. (aus *do* und *in*) **wohnen.** Ger. *tuinidh* neben *tuineadh.*

tuineadh subst. 3. masc. (v. vor.) die **Wohnung.**

tuiness subst. fem. (v. *tuin*) das **Gebäude,** der Aufbewahrungsort. Fionngh. I., 355.

tuinidh subst. 4. fem. (v. *tuin*) die **Wohnung,** und allg. die **Stelle, Stätte.** *Gabh tuinidh* **Plaz nehmen.** Fionngh. II., 489.

tuireadh subst. 3. masc. (von *tuir*, dies eutw. gleich dem altir. *tury, durg*, aus *do-erey* [vgl. *ereum* die Klage] aus *do-air-ey*, von *ey* klagen, s. unter *eigh* das Stöhnen, oder ident. mit ahd. *trûren* trauern, ident. mit θρῆνος, θρέω, was bereits im Lat. durch Wegfall der Aspiration zu *tristis* geworden ist) der **Grabgesang,** die **Todtenklage.**

tuirse subst. 4. fem. (ebenso v. *tury*) die **Schwermuth,** die **Trauer.**

tuirseach adj. (v. vor.) **schwermüthig.**

tuistich verb. intrs. (vom altir. *tuisel* der Fall, *do-fo-isel*, von *isel* zu Boden liegend, s. unter *iosal*) **straucheln.**

tuit verb. intrst. (eutw. *do-fo-eit*, vom altir. *eit*, s. unter *eathar*, oder wahrscheinlicher verw. mit Sskr. *tund*, lat. *tundere*, nämlich das diesem causativum entsprechende intransit.) **fallen,** daher 1. im **Kampfe fallen.** *Tuit leam*, er fiel durch mich, ich tödtete ihn. Auch von Thieren **erlegt werden,** 2. **hinabstürzen** im Sinn von: **hinabeilen,** Tighm. III., 198, 206 u. a., 3. **abstammen,** Tighm. VII., 128. Ger. *tuiteam.*

tuiteam subst. 3. masc. (ger. v. vor.) der **Fall.**

tulach subst. 3. fem. (von gleichem Stamm mit *talamh*) **Erdaufwurf, Erdhöcker,** kleiner Hügel.

tur subst. 1. masc. Gen. *tuir* (ident. mit *turris*) **Thurm, Veste.**

tur subst. masc. (altir. *tuth* Geist [also wahrsch. aus *tuthair* entstanden], verw. mit *in-tueri*, goth. *stojan staunen*) **Erfindung, Kunst,** *tur nan trud* **Spiel** der Saiten. Croma 197.

tursach adj. (Nebenform v. *tuirseach*) **schwermüthig, betrübt.**

turus subst. masc. (ident. mit *turnus*) **Reise.**

tus subst. masc. (altir. *tús, túus,* Anfang, vgl. das altir. *tuistiu* Erzeugung, von einem Stamme *tuis*, erzeugen, ident. mit τίκω, Sskr. *taksh*) der **Anfang.** *Air tus* **zuerst, vor allem.** *O thus* von **Anfang an.**

U.

u der siebzehnte und lezte Buchstabe des Alphabets. Sein gälischer Name ist *uir*. Vocal. Er lautet um *iu oi* und *ui*.

(*na* die altir. Form von *o* aus.)
naibh aus euch, von euch hinweg, s. §. 150.
naibhreach adj. (von *ua* aus, und *biur* tragen) hochtragend, 1. hoch, hochfahrend, hochmüthig, stolz.
naigneach adj. (aus *uaithneach*, vom altir. *unthad* Einsamkeit von *ua* und *atta* draussen sein, oder aus *oinathad*, von *oin*, *unus*) einsam.
nail subst. 4. fem. (altir. *uall*, vom altir. *ua* aus und *aill* Wille) Eitelkeit, Stolz.
naine adj. (ident. mit Sskr. *punja* rein, schön) grün, frischgrün (von Wiesen und Laubgehölze).
nainn aus uns, von uns weg, s. §. 150.
nair subst. 4. fem. (altir. *uair*, ident. mit *hora*, ὥρα) die Stunde, der Zeitpunkt; 'n *uairibh* und *air uairibh* zu Zeiten, zuweilen, 'n *uair* c. indic. constr. als, c. potent. wann (so oft) s. §. 285. Pleonastisch: *air uair* . . ., 'n *uair* zur Stunde, wenn . . . Tighm. VII., 2 f. *Anns an uair* zur Stunde, jezt, für's erste Tighm. VI., 19.
naire subst. 4. fem. (Nebenform von *uair*) die Stunde, Zeit (Conlaoch 108).
nallach subst. masc. (v. altir. *uallac* übermüthig, von *uall* Uebermuth, s. unter *uaill*) übermüthig, leichtfertig, leichtsinnig, sich über alle Rücksichten hinwegsezend.
nam aus mir, von mir hinweg, s. §. 150.
namh subst. fem. (ident. mit *humus*, verw. mit *aom*) der Erdboden, daher das Grab, auch: unterirdischer Ort, Höhle.
namhasach adj. (v. vor.) schauerlich.
nar subst. masc. (ident. mit *aequor* wie *uisce* mit *aqua*) das Meer.
nasal adj. (altir. *uasal* edel, herrlich, hoch, von *ua*, *uus*) herrlich.
nasail adj. (Nebenform des vor.) herrlich.
nat aus dir, von dir hinweg, s. §. 150.
uchd subst. masc. (ident. mit *pectus*) die Brust, der Busen.
ud pronom. demonstr. jener.
uidh subst. 4. fem. (von *ua* und Wurzel *i* gehen) der Schritt, der Gang. *Fear-uidhe* der Wanderer. *Ceann-uidhe*, wörtlich: das Ziel der Schritte, d. i. der zu dem man gerne reist, bei dem man gastlich aufgenommen wird, der Gastfreundliche.
uile pronominale (ident. mit *ullus*, ὅλος, ahd. *al* alle) alle, jeder.
uima aus ihnen, von ihnen hinweg ⎫
uime aus ihm, von ihm hinweg ⎬ s. §. 150.
uime subst. (altir. *imme* um) Ursache in der Verbindung c' *uime* was-Ursache, warum?
uine subst. 4. fem. (ident. mit *quando*, ahd. *hwanne wann*) eigentlich „das Wann," die Zeit. C' *uinne* wann?
uinneag subst. 4. fem. (aus *bhuinneag*, vom Stamme φαίνω, ΦΑΩ, Sskr. *bhá*, woher wohl auch *fenestra*) das Fenster.
uir subst. 4. fem. (ident. mit Sskr. *urvi*, οὐρός die Erde) der Erdboden, daher das Grab.
uisce subst. masc. (altir. *uisce*, ident. mit *aqua*, Sskr. *puschka* See) das Wasser; auch der Regen (z. B. Tighm. VIII., 196).
ullamh adj. (Nebenform von *ealamh*, oder aus *ua* und *ealamh*) bereit.
umad um dich, *de te*, s. §. 150.
umam um mich *de me*, s. §. 150.

ur adj. (nicht ident. mit dem altir. *urde* frisch, grün, *viridis*, sondern mit Sskr. *avara* der spätere) neu. *Gealach ur*, Neumond. *As ur* von neuem, wieder.

'*ur* für *bhur*, euer.

uraich verb. trst. und intrst. (von *ur*) erneuern; sich erneuern. *Uraich an gaoth*, der Wind dreht sich.

urla subst. 3. masc. (aus *ur!adh*, von einem nicht vorkommenden verb. *ural* sehen Stamm *ur* = ὁράω) die Stirn, das Antliz.

urlar subst. masc. (compos. aus *uir* Erde und *lar* Boden) Erdboden.

urrainn adj. (aus *aur-rainn* = *ir-rainn* [wie das altir. *aur-latu* = *ir-latu*) von *ir*, *air* und *rann* Theil) ursprünglich: betheiligt, daher: fähig, im Stande.

urram subst. fem. (aus *auram* = *iram*, von altir. *ire* höher, vom Stamm *air*, *ari*, *ir*) Ehrfurcht.

Zusäze und Berichtigungen zur Grammatik.

Zu §. 5:

Es haben nicht nur vor Mac Pherson Manuscripte des gälischen Ossiantextes existirt, sondern nach V. A. Huber's Untersuchungen (in der Neuen Jenaischen Literaturzeitung, 1843 Nr. 27—29), hat auch Mac Pherson selbst — wenigstens für einen Theil der Ossian'schen Epopöen — ältere Handschriften neben den Dictaten seiner hochschottischen Zeitgenossen benüzt. Durch seinen Verwandten, Lachlan Mac Pherson, einen geachteten und gebildeten Mann, liess er sich bei einzelnen adeligen Familien in Invernessshire einführen, und entlehnte von ihnen verschiedene Ossian-Manuscripte. Er erhielt dieselben, hat sie aber den rechtmässigen Besitzern nie zurückgestellt, und im Auftrage der Wittwe eines der letzteren, des Angus Macdonald von Kylas, hat Bischof Macdonald ihn mehrmals schriftlich um Zurückgabe einer jener Handschriften gemahnt. — Nach seiner amerikanischen Reise (1770—1772) hat Mac Pherson jene alten Handschriften mehrere Monate lang bei Buchhändler Beckett in London zu öffentlicher Ansicht niedergelegt, und öffentlich das Publikum aufgefordert, Einsicht davon zu nehmen. Noch 1783 erbot er sich gegen einen Bekannten, ihm diese alten Manuscripte zu zeigen, nachdem er die von ihm selbst gefertigte, zum Druck bestimmte (aber erst 1807 zum Druck gelangte) Abschrift des gälischen Ossiantextes schon an die Highland society (nämlich an Makenzie) abgeliefert hatte. Damit fällt die Hypothese, dass sein gälischer Text eine von ihm fabricirte Rückübersezung aus seiner englischen Ausgabe wäre, als eine unhaltbare und unmögliche hinweg. Er, der eine so mangelhafte Kenntnis des Gälischen besass, sollte sich die entsezliche Mühe gemacht haben, einen dicken Band englischer Prosa in gälische Verse (10214 an Zahl!) zu übersezen, zu einer Zeit, wo er einen alten gälischen Text vor sich liegen hatte, den er nur abschreiben durfte?! Wenn wir auch nicht wissen, wo er jene alten Handschriften (deren keine sich in seinem Nachlasse vorfand) hingebracht*): so steht doch die Thatsache, dass er solche alte Handschriften bis mindestens 1784 in Händen gehabt, unbezweifelbar fest.

Auch darauf macht Huber mit Recht aufmerksam, dass Mac Pherson, wenn er diese Gedichte fabricirt hätte, sicherlich eine keltische Götterwelt würde angebracht haben, wozu ihm genugsame Materialien über die Mythologie der Gallier und Britonen zu Gebote gestanden hätten. Das fast völlige Fehlen der Götter entspreche aber ganz und gar dem atheistischen Charakter der Heroensage, wie dieselbe auch bei den Germanen und Skandinaviern vom 8. bis 10. Jahrhundert auftritt, in jener Zeit, die nicht mehr heidnisch und noch nicht christlich war.

Wenn Huber nur von einer gründlichen linguistischen Untersuchung des gälischen Ossiantextes eine endgültige Entscheidung

---

*) Ohne Zweifel hat er sie verschlampt. Schon als er seine Copieen der gälischen Texte für Makenzie fertigte, fand er vom Urtext des Carthonn nur noch ein Fragment bei sich vor, und sandte Jenem die Copie davon mit der Randbemerkung: Delivered all that could be found of Carthon. Ging er schon vor genommener Abschrift so lüderlich mit jenen Schäzen um: wie vollends, nachdem er die gäl. Texte in seinen an Makenzie geschickten Copieen geborgen glaubte!

jener kritischen Frage erwartet, so glaube ich im vorliegenden Werke eine solche Untersuchung geliefert zu haben. In allen Punkten, wo das Ossiangälische vom Neugälischen abweicht, nähert es sich dem Altirischen; es hat starke Formen und einzelne alte Endungen bewahrt; es finden sich in ihm Spuren von Temporibus, die jezt völlig verloren sind; es zeigt im syntaktischen Gebrauch der Tempora und Modi eine Feinheit und Consequenz, von der das Neugälische keine Ahnung mehr hat; der Sprachschaz ist ein völlig eigen- und alterthümlicher; kurz es steht genau so zwischen dem Altirischen und Neugälischen, wie das Mittelhochdeutsch des Nibelungenliedes zwischen dem Althochdeutsch des Wessobrunner Gebets oder des Otfrid und dem Neuhochdeutschen. Und bei allem dem wissen wir noch nicht einmal, wie viel Alterthümliches in Formen und vor allem in der Orthographie die Editoren des gälischen Textes (Mac Pherson selbst, und nach ihm Thomas Ross) bei ihren wiederholten Transcriptionen verwischt haben; denn von den Regeln des Neugälischen giengen dieselben aus; Ross corrigirte die Orthographie, die er in Mac Phersous Abschrift fand, als eine „fehlerhafte" gänzlich um! Hätten wir noch jene älteren Manuscripte, wir würden sicherlich noch mehr Annäherungen an das Altirische finden.

Will man denn nun aber allen diesen Thatsachen zum Troz glauben, Mac Pherson, welcher nicht einmal von der Existenz einer altirischen Sprache eine Ahnung, geschweige denn eine Kenntnis ihrer Formen und ihrer Entwicklungsgeschichte hatte, habe gleichwohl sein englisches selbstfabricirtes Product in ein Gälisch zurückübersezt, welches durch einen glücklichen Zufall (!) sich vor dem heutigen Stande der Sprachwissenschaft so wunderbar als das linguistische Mittelglied zwischen dem Altirischen und Neugälischen darstelle?

Noch sei bemerkt, dass die bei §. 60, 65, 74 u. s. w. gegebenen Uebersezungsbeispiele jedem Denkenden den Beweis liefern, dass der eigenthümliche dämmrige Duft der poet. Diction Ossian's nicht individueller Art, sondern im gälischen Sprachgeist begründet ist. Jener Duft kann also nicht von Mac Pherson herrühren, so dass dieser erst englisch gedacht und geschrieben und alsdann das Englische in's Gälische übersezt hätte.

Zu §. 45:
(Der Genitiv im Paradigma soll *an fir*, nicht: *an fhir* heissen.)

Zu §. 141:
Mit vokalisch anlautenden Adjectivis wird *gu* durch den Bindelaut -*h*- verbunden. Z. B. *gu-h-ard*, hoch.

Zu §. 146:
(In der dritten Zeile sind die Worte: *troimh*, durch, zu tilgen.)

Seite 107 Z. 1 v. u. lies:
Ebenso das auf *mar* „wie," und das auf *ged* „obgleich" folgende.

Zu §. 237, 5:
Die altirische Form von *gu* ist *co*.

Druckfehler.

S. 14 Z. 20 v. o. statt νφιέλη lies νεφέλη.
S. 45 Z. 16 v. o. st. Masculinus und Femininus l. Masculinis und Femininis.
-S. 51 Z. 20 v. o. st. ceann-fheadaa l. ceann-fheadna.
S. 52 Z. 6 v. u. st. ahhainn l. abhainn.
S. 60 Z. 6 v. u. lies den Vocativ: *a fhir mhor, a chloinn bheag*.
S. 61 Anm. 3. st. lief l. tief.
S. 52 st. *deug* l. *-deug*, -zehn.
S. 70 Z. 11 v. u. st. Präpositionen l. Pronominibus.
S. 76 Z. 10 u. 11 v. u. st. *tearnadh* und *suidhe* l. *thearnadh* und *shuidhe*.
S. 80 Z. 16 v. u. st. *togar* l. *thogar*.
S. 84 Z. 7 v. u. st. *me* l. *mi*.
S. 96 im potent. praes. von *faic* ist statt *chiteam* zu lesen *chitheam*.
S. 124 Z. 18 v. u. st. *da* l. *do*.
S. 137 Z. 4 v. u. schalte nach dem Worte: Optativ die Worte: mit ἄν, ein.
S. 142 Z. 3 v. o. lies in der Klammer: ἐάν c. conj. oder εἰ c. opt.
S. 148 Z. 18 v. u. st. à l. a'.
S. 155 Z. 13 v. o. st. *clhuais* l. *chluais*.
S. 174 Z. 17 v. o. st. *feuchainn* l. *fheuchainn*.
S. 203 Z. 13 v. u. st. *suan* l. *suain*.
S. 208 Anm. 13, st. §. 229 l. §. 227.
S. 209 Vers 99 st. *steilean* l. *stailinn*.
S. 224 Z. 8 v. o. ist zwischen *an* und *am* das Comma zu tilgen.
S. 289 Z. 19 v. o. st. εὐλύω l. εἰλύω.

108. E. 99.

Im Verlage
von **W. Braumüller, k. k. Hof- und Universitätsbuchhändler in Wien**
sind erschienen:

FRAGMENTA
VERSIONIS SACRARUM SCRIPTURARUM LATINAE
ANTEHIERONYMIANAE
e codice manuscripto
eruit atque adnotationibus criticis instruxit
Ernestus Ranke
S. S. Theologiae doctor, ejusdemque in academia Marburgensi professor p. o.
Editio libri repetita, cui accedit appendix.
gr. 4. 1868. Preis: 3 fl. — 2 Thlr.

Von demselben Verfasser:

PALIMPSESTI WIRCEBURGENSES.
ANTIQUISSIMAE S. SCRIPTURAE VERSIONIS LATINAE
FRAGMENTA
E CODICIBUS RESCRIPTIS WIRCEBURGENSIBUS
edita atque criticis adnotationibus instructa.
gr. 4. (Unter der Presse).

Die egyptischen Denkmäler in Miramar
von **Dr. S. Leo Reinisch**
Professor an der k. k. Universität in Wien.
Mit 43 lithographirten Tafeln, 20 Holzschnitten und einer Titelvignette.
Lex. 8. 1865. Preis: 20 fl. — 12 Thlr.

Die zweisprachige Inschrift von Tanis.
Zum ersten Male herausgegeben und übersetzt von
Dr. S. Leo Reinisch und **Dr. E. Rob. Rösler.**
Mit 7 Tafeln und einer Titelvignette.
Lex. 8. 1866. Preis: 5 fl. — 3 Thlr. 10 Ngr.

INSTITUTIONES FUNDAMENTALES
LINGUAE ARABICAE
in usum juventutis academicae editae ab
Hermanno Zschokke
C. R. capellano aulico, S. S. Theologiae doctore et professore publico.
8. 1869. Preis: 3 fl. — 2 Thlr.

C. Ueberreuter'sche Buchdruckerei (M. Salzer).